PARIS M'A DIT

ANNÉES 50, FIN D'UNE ÉPOQUE

DU MÊME AUTEUR

Le Roman vrai de la IIIe République, ouvrage collectif, Robert Laffont.

Les Fous du Palais, Robert Laffont, 1994. Prix Rabelais.

Au galop des Hussards, Éditions de Fallois, 1999. Grand Prix de l'Académie française de la biographie. Prix Joseph Kessel. (Le Livre de Poche.)

CHRISTIAN MILLAU

PARIS M'A DIT

ANNÉES 50, FIN D'UNE ÉPOQUE

Éditions de Fallois
PARIS

22, rue La Boétie, 75008 Paris

ISBN 2-87706-388-7

« J'aime Paris uniquement parce que c'est là que se jouent toutes les passions. »

Louis-Sébastien Mercier

« D'une époque, il ne reste que quelques traces d'écriture laissées par des écrivains qu'on lit à peine mais sans lesquels cette époque disparaîtrait sans laisser de trace. »

Jacques Chardonne

CHAPITRE 1

LA DERNIÈRE VALSE DES ANNÉES 40

« Paris sera foutu seulement le jour où *Maxim's* aura disparu. »

Puisque Jean Cocteau l'a dit, c'est sûrement vrai. Il l'a dit sur les lieux mêmes, quelques mois plus tôt, le 31 mai 1949 très exactement, à l'occasion du gala costumé « Belle Époque » donné avec retard, « pour cause de guerre mondiale », en l'honneur du cinquantenaire du restaurant le plus célèbre du monde.

Ce soir de la Saint-Sylvestre 1949, Paris, en tout cas, n'est pas encore foutu.

*

« Bonjour, Monsieur le Comte... Bonsoir, Monsieur le Président... »

Les avant-bras repliés sur le buste légèrement incliné, le menton gélatineux disparaissant dans le matelas d'un cou gonflé à bloc, la lèvre de grenouille qui clappe sous le gros nez de chanoine et, au-dessus de cette charcuterie aussi fraîche qu'appétissante, le regard faussement indifférent qui perce, à la vitesse d'une vrille, chaque arrivant, comme l'œil du commissaire après une rafle.

« Monsieur le Préfet... Ah, Madame la Baronne... » Le buste plonge encore de quelques millimètres et un sourire de Joconde s'arrondit discrètement, avant de retomber comme le lait qu'on retire à temps du feu.

C'est à mon tour de franchir le barrage.

— Oui ? laisse-t-il tomber, de l'air suprêmement dégoûté qu'aurait le majordome de Buckingham Palace, ouvrant la porte par erreur à un représentant en aspirateurs.

Je décline alors le nom du couple dont je suis l'invité et, bien qu'il n'en laisse rien paraître, je sais que, du coup, le Grand Albert, le terrible épurateur de chez *Maxim's*, où il y a beaucoup plus de chassés que de chasseurs, me regarde ou, plutôt, ne me regarde pas mais d'un autre œil.

Les 24 000 francs mensuels (et anciens) que m'alloue, du bout des pincettes, le « grand quotidien du soir de la rue des Italiens », plus les reliefs que m'abandonnent quelques journaux de provinces reculées, ne me permettent évidemment pas de m'offrir un réveillon dans « le célèbre établissement de la rue Royale », comme on dit alors dans la presse parisienne, où l'on ne se fait pas à l'idée de citer gratuitement le nom trivial d'un restaurant.

C'est un plaisir que je réserve aux rares personnes qui ont l'idée de m'inviter.

★

C'est précisément le cas ce soir. Si ce n'est que je fais coup double car j'ai réussi à caser un article sur le réveillon rue Royale, à l'officine qui exploite avec une rare rapacité mes talents à destination provinciale.

★

Avant la guerre, le mirobolant Albert, directeur de la salle, avait fait de *Maxim's* mieux qu'un restaurant : un siècle qui se refusait à mourir. Après le cataclysme mondial, dans un Paris encore souffrant, la mayonnaise qu'Albert et son patron, Louis Vaudable, décident de servir, dès 1946, va-t-elle à nouveau prendre ?

Sans la moindre difficulté. Au contraire, le luxe et l'appétit de vivre ont un sacré retard à rattraper et les bons sujets du roi *Maxim's* n'entendent pas lambiner. Les femmes ont sorti les bijoux du coffre, les hommes leur smoking du placard et

Albert s'est avec l'âge composé tout à la fois la tête d'Alfred Hitchcock et celle de Maurice Petsche, estimé ministre des Finances de la IVe République.

La République, d'ailleurs, on la lui confierait volontiers, tant il est fin diplomate, habile manœuvrier et superbement autoritaire, dans ce qu'il appelle « ma représentation du soir », laquelle dure jusqu'à 3 heures du matin.

Quand déboulent tout à la fois la *party* d'Arturo Lopez, et celle de Patino, le duc de Windsor et Martine Carol, Marcel Achard et la princesse de Polignac, Louise de Vilmorin et les Georges Auric, André de Fouquières et Denise Bourdet, un préfet de police et trois ministres, plus quelques grands patrons de presse, il faut plus que de la virtuosité, un certain génie, pour convaincre chacun, d'un mot ou d'un geste, qu'on lui donne « la meilleure table ».

Aux yeux d'Albert, dont on dit : « Tout le monde voudrait lui parler, mais lui ne parle qu'à l'Aga Khan », je n'ai évidemment pas encore le droit à l'existence. D'une manière générale, il place d'ailleurs les journalistes au même niveau que les commis de salle – ce qui n'est pas mal vu – et les méprise, sans plus, sauf quand ils sont patrons de leur journal comme Prouvost ou Lazareff. J'attendrai encore sept ans, avant de sortir des limbes, quand il me verra un soir, accompagnant une femme belle, célèbre et milliardaire.

Non, il ne me tendra pas la main – il est trop bien élevé pour ne saisir que la main qu'on lui offre, et encore, pas n'importe laquelle – mais une lueur dans son œil, et une intonation dans sa voix me hisseront au rang du général victorieux, dont Rome acclame le triomphe.

Le vieux sous-marin pour capitaine Nemo de la noce

Il n'importe. Ce soir, j'y suis. Chaque fois que je suis passé le long de cette boutique de marchand de couleurs où l'on peint la vie en rose, et que j'ai croisé, sur le trottoir, le chasseur et ses « écrevisses », assistants à la tenue écarlate, soulevant respectueusement leur casquette au moment d'ouvrir la porte d'une Rolls (si l'on n'a pas de Rolls, ça n'est pas grave, ils garent aussi les Bentley), je me suis dit en moi-même : « Voilà, en tout cas, un endroit où jamais tu ne pourras mettre les pieds. »

Et pourtant, ce soir, j'y suis. Du haut de sa loge-vestiaire, Madame Paulette a pris mon manteau, sans même me donner de ticket. Je devrais d'ailleurs savoir qu'elle n'en donne jamais. Il lui suffit de voir un visage une fois et elle s'en souvient toute sa vie, comme Albert.

Eh oui, j'y suis dans le vieux sous-marin de style nouille « pour capitaine Nemo de la noce »[1], qui gît sur le sable du bocal de la Belle Époque et mon cœur de Cendrillon en souliers vernis bat le tambour. Je me fourre plein les yeux de la viande nacrée et soyeuse de nos jeunes grands-mères qui, plus déshabillées que nues, batifolent sur les murs, se vautrent ou s'étirent, voluptueuses, entre les volutes d'acajou et le cuivre en folie et projettent leurs fesses et leurs seins d'un miroir à l'autre, dans une lumière en bois de rose.

Notre table est ancrée à mi-chemin entre l'orchestre et le « Rang Royal ». Sur l'échelle des valeurs locales, c'est un classement honorable. Bien meilleur, en tout cas, que si l'on nous avait collés sur le côté droit de la grande salle, considéré comme une zone de relégation. Sauf, Dieu sait pourquoi, par Marcel Boussac[2], qui s'obstine à y tenir boutique. Jusqu'au jour où la princesse Margaret y ayant posé son frais « postère », l'endroit sera déclaré vraiment chic.

L'orchestre de *Maxim's* est une perle. Non seulement parce qu'il a eu le privilège de faire valser Marlène Dietrich dans les bras de Jean Gabin, mais parce que nul autre au monde n'est capable de mouliner la musique de pareille façon. Il n'est pas un air, pas un style, pas une époque, qui arrivent à lui échapper. Sous ses doigts de fée et par ses bouches d'or, le slow, le be-bop, le shimmy, le charleston, le viennois, ou le brésilien, tout s'absorbe, se pénètre et s'imbibe pour dégorger un sirop à

1. Une jolie expression d'un journaliste de *Paris-Match*, Jean Mauduit, auteur d'un excellent *Maxim's*, aux Éditions du Rocher.

2. Marcel Boussac (tissus, Christian Dior et quotidien *L'Aurore*) passa pour être l'homme le plus riche de France.

forte concentration d'eau tiède sucrée, propre à combler le fossé entre les générations et, au besoin, à faire fléchir les arthroses.

★

Mais le spectacle suprême qui capte, ensemble ou successivement, tous les regards, se trouve de l'autre côté, le long du mur, à gauche de l'entrée de la grande salle. Là se dresse, sous la verrière dévorée par le règne végétal, le récif le plus prestigieux de la nuit parisienne. Sur la carte sous-marine de *Maxim's*, il est désigné sous le nom de « Rang royal », ou aussi « Banquette royale ». Les coraux, dont on sait qu'ils sont des animaux vivants, fixés sur la roche comme des plantes, sont ici phosphorescents. Ils sont attachés à cinq tables, non pas mises bout à bout, mais très rapprochées. Le partage est le plus souvent égal entre les coraux femelles, en partie enveloppées dans des robes signées Christian Dior ou Jacques Fath, et serties de diamants, de rubis ou d'émeraudes, et les coraux mâles, qui fument le havane et sont, chacun dans sa partie, le roi ou le prince de quelque chose.

On pourrait y voir aussi, surtout ce soir, une sorte de crèche à quinze ou seize personnages, où la Vierge Marie serait Martine Carol, sainte Anne, la Bégum, Aga Khan, saint Joseph, Maurice Chevalier, les rois mages, le marquis de Cuevas, Arturo Lopez, Carlos de Bestegui, et l'Enfant-Jésus, le fils, joufflu comme une paire de fesses, de la maharanée de Baroda, ployée sous vingt kilos de cailloux (cette excellente personne a bien du mérite, d'autant plus qu'elle ne se nourrit que de fraises des bois, évidemment lavées au préalable, dans du champagne Roederer). Pour le bœuf, pourquoi pas Raimu, qu'Albert vénère, et dont il connaît par cœur les faiblesses : du merlan bien gras, et de l'entrecôte double. Quant à l'âne, le rôle échoit, naturellement, au duc de Windsor, dont l'intérêt principal, dans la vie, va à l'étude comparée des nœuds de cravate et au perdreau à la goutte de sang. La duchesse, elle, fait une fixation sur le « sot-l'y-laisse » de poulet, que le chef, Louis Barthe, ne manque pas de lui mettre de côté. Un couple tout à fait passionnant, en effet.

Albert veille sur sa banquette, comme Charlemagne sur le Saint Empire, ou le pape sur son Sacré Collège. À partir de la première dynastie qui a occupé la place, il échafaude, au gré des renommées, sans jamais se tromper, un ordre de succession, où l'on voit – ou verra – la Callas et Grace de Monaco, Onassis et Paul Getty, Elizabeth Taylor et Charlie Chaplin, les Rothschild et les Rockefeller, Jacky Kennedy et Salvador Dali ou Aly Khan et Niarchos, déposer leur empreinte là où Édouard VII et Alphonse XIII, Gustave de Suède et Léopold II, Sarah Bernhardt et Réjane, Boni de Castellane et Edmond Rostand avaient inscrit la leur.

La banquette royale ne se demande pas plus qu'un général ne pose sa candidature au maréchalat. Je la verrai, d'ailleurs, une fois – mais c'était il y a bien longtemps – avec deux tables vides, dans une salle pleine, et je serai en admiration devant une maison capable d'un pareil geste sacrificiel.

Cocteau et Albert peuvent dormir tranquilles

Mais revenons à 1950 qui, justement, surgit avec les douze coups de minuit pour nous débarrasser, enfin, de ces maudites années 40, dont, vraiment, nous avons soupé. Les gens s'agitent, se lèvent, se serrent la main ou se donnent l'accolade, avec, chez les femmes, ce curieux rite qu'on suit dans le « monde », qui consiste à avancer la bouche et à la garder fermée, tandis qu'on s'effleure la joue, laissant aux enfants et à la cuisinière les baisers bien appliqués et qui claquent.

Mais la gaieté, elle, n'a, ce soir, rien de factice. L'espace d'un instant, ces hommes et ces femmes qui, j'imagine, ont eu rarement du souci à se faire dans leur vie – en tout cas, matérielle – ne sont pas, au fond, très différents de ceux, innombrables, qui, au même moment, dans les quartiers petits-bourgeois ou populaires, sur la banquette d'une brasserie, devant le zinc d'un bistrot ou autour de la table familiale, aussi bien garnie que possible, et pour laquelle on a fait des sacrifices, saluent la décennie nouvelle, le cœur battant d'espoir.

On va peut-être enfin en sortir, de l'épaisse brouillasse qui a traîné sur la France et enfumé les grandes espérances nées de la Libération. Un brouillard toxique qui, plus d'une fois, a failli virer au cataclysme.

⋆

Avec le printemps, l'optimisme renaissant a posé des taches de couleur sur le gris terne de la vie quotidienne, comme les premiers coquelicots dans les champs. Dans la rue, chez les commerçants, dans les dîners en ville, on a continué, bien sûr, à se plaindre, mais le ton est moins grave, plus râleur que tragique.

Depuis mars, l'essence est en vente libre. Le Haut-Commissariat au Ravitaillement, qui ne sert plus à rien, est fermé. *L'Île-de-France* a repris ses voyages vers l'Amérique. Le dollar à 350 francs correspond à peu près à la valeur réelle du franc. Les prix, fixés par l'État, commencent à être libérés, avant que ce ne soit au tour des salaires. L'économie a retrouvé sa capacité de 1938, et s'il lui reste, maintenant, à se moderniser, il est clair que la France, en miettes à la Libération, est à présent reconstruite.

Cocteau et Albert peuvent dormir tranquilles : Paris n'est pas encore foutu.

CHAPITRE 2

LE XVIe N'EST PAS CE QUE L'ON DIT

Suivis à respectueuse distance par leur ordonnance, les officiers de l'École militaire galopent sur le sable de l'allée cavalière, entre les deux rives de l'avenue Henri-Martin, dont les immeubles haussmanniens, ventrus comme des coffres-forts, reposent, les pieds à l'ombre des marronniers et la tête au soleil.

Square Lamartine, bonbonne ou jerrican à la main, des douairières, portant haut leur tour de cou en gros grain, piqué d'un camée (connu sous le nom de « je ne baise plus ») et bonnes espagnoles, fraîchement débarquées rue de la Pompe[1] ; vieux messieurs en col dur, rosette à la boutonnière et lycéens, dépêchés par maman, attendent leur tour devant la fontaine, dispensatrice d'une eau tiède à 28°, un peu fade mais qui remonte, depuis le fond de son puits artésien, à 587 mètres, le miracle d'une eau pure, riche en sels minéraux et en fer, réputée capable d'éponger toutes les arthrites, gouttes et lumbagos du XVIe arrondissement et, à défaut, de faire, en tout cas, oublier l'affreux goût de Javel de l'eau municipale. Des chauffeurs de maître, en tenue grise ou noire, casquette à visière et leggings, garent leur voiture au coin du square et se retrouvent, entre collègues, pour papoter, leur récipient à la

1. L'église espagnole de la rue de la Pompe devient, dans les années 50, le centre de ralliement et le bureau de placement de l'émigration espagnole.

main. Quand la file d'attente se fait trop longue, il y en a toujours un ou deux qui va, un peu plus loin, remplir sa bonbonne de la bonne eau chlorée de la ville... Qu'on s'étonne, après cela, de voir encore claudiquer sur les trottoirs de l'avenue Victor-Hugo ou de la Muette.

À deux cents mètres de chez moi, rue de la Tour, un peu avant la pharmacie d'angle qui fait face à la gare Henri-Martin (on ne dit pas « la gare » mais « la petite gare » et le « petit train »), il y a un grand terrain vague qui étend son pré sauvage entre deux immeubles et là, un tas de lapins, qui ne s'en font pas une miette pour creuser leurs terriers et grignoter l'herbe folle. L'autre jour, à l'orée du Bois de Boulogne, pas très loin de la statue d'Alexandre Ier de Yougoslavie, j'ai vu un faisan qui faisait sa promenade digestive, bien pépère, les mains derrière le dos. En promenant le chien sur l'allée cavalière, mon frère, une fois – mais c'était il y a quelques années – s'est fait mordre en approchant, imprudemment, la main d'un animal, roulé en boule, au pied d'un marronnier. Logiquement, dans ce quartier-ci, cela aurait dû être un vison ou une hermine. Si j'ai bien compris, ce n'était qu'un blaireau.

Mme Milord rase sa moustache

J'habite, rue Mignard, un grand immeuble blanc des années 30. La concierge[1] s'appelle Mme Milord. C'est une femme-cube à quatre faces égales. Elle rase sa moustache, une fois par mois. Je lui offre une lame, de temps en temps, et, deux fois par jour, elle monte le courrier au cinquième, même quand il y a une panne d'ascenseur. Elle vaporise dans tout l'escalier une odeur de soupe au chou mais elle-même se parfume plutôt au poireau-pomme de terre.

1. « Une ville sans concierge, ça n'a pas d'histoire, pas de goût, c'est insipide, telle une soupe sans poivre ni sel, une ratatouille informe. Ah ! Savoureuses raclures ! Détritus, bavures à suinter de l'alcôve, de la cuisine, des mansardes, à dégouliner en cascades par chez la concierge, en plein dans la vie, quel savoureux enfer ! » Céline, *Le Voyage au bout de la nuit.*

Le parfum préféré de M. Milord est le Postillon rouge à 12,5°, entre deux anisettes. Il a été serveur, avant-guerre, chez *Noël Peters*, le regretté restaurant où fut créé le homard à l'armoricaine. Il opérait dans les salons particuliers, arrondissant ses fins de mois, comme tous ses collègues, en rapportant aux Renseignements généraux les propos de la clientèle de gens célèbres. Aujourd'hui, il fait des « extras ». Nous l'utilisons moins depuis qu'il s'est effondré, ivre-mort, dans la salle à manger, au moment de la bombe glacée.

Rue Mignard, il y a un boucher remarquable : M. Thibault. Poète du rognon, grand inspiré du flanchet, il célèbre, chaque matin, les beautés des morceaux du jour par des poèmes, bien saisis avec des craies rouges, blanches, jaunes et tendres à cœur. Il donne des cours approfondis sur la morphologie de la normande et de la blonde d'Aquitaine et quand une cliente, légèrement excédée, se permet de faire timidement remarquer : « Ça fait quand même une demi-heure que j'attends mon steak haché… », il redresse la totalité de ses cent quatre-vingt-dix-sept centimètres et lance d'une voix à faire rentrer sous terre tout le magasin : « Sachez, Madame, que quand Thibault sert un morceau noble, il ne s'occupe pas d'un steak haché. »

Ce grand homme est également médecin. Quand l'eau de la source Lamartine n'a pas réussi à venir à bout d'une douleur, il emmène sa pratique dans l'arrière-boutique et la pend à un crochet en lui tirant sur les membres. On dit le plus grand bien, dans notre village, de cette thérapie foudroyante.

Mme Giscard d'Estaing et la purée de rutabaga

À l'angle de l'avenue Henri-Martin et de ses appartements interminables où l'on pourrait circuler à vélo, il y a, au pied de l'immeuble où habite Jacques Soustelle, un rempailleur et une rempailleuse qui s'installent chaque matin sur leur tabouret. Juste en bas de chez moi, c'est l'aiguiseur de couteaux qui, deux ou trois fois par an, arrête sa meule et se signale à tue-tête à l'attention de son aimable clientèle. Le premier à accourir, ventre en avant sur ses courtes pattes, est le chef-patron du *Restaurant de la Tour*, une institution renommée dans le quartier qui rafle tout à la fois la clientèle des peintres en bâtiment, des maçons, des marquises endeuillées à bout de ressources et des rupins locaux qui ont donné congé ce jour-là à leur cuisinière. Tout le monde se retrouve au coude à coude devant des nappes en papier où se succèdent modestement le céleri-rémoulade, la limande pomme à l'eau, la blanquette de riz et la crème caramel. On a beau dire mais nous autres, dans le XVIe, nous ne sommes pas des gens fiers.

D'ailleurs, c'est bizarre les « beaux quartiers », mais à cinquante mètres de la boulangerie Louis, où Mme Giscard d'Estaing, la mère de Valéry, fait des entrées royales pour le simple achat d'une baguette, il y a une ruelle obscure et malodorante, coincée entre un bel immeuble et le garage Panhard-Levassor où, sur le coup de midi, on voit se glisser des ouvriers maculés de cambouis, des petits vieux aux vêtements élimés et des femmes sans âge aux traits las. Ils se rendent dans un réduit sombre et bas de plafond qui pue le graillon où, dans des assiettes creuses, posées à même sur les tables de bois, une petite souillon verse un bouillon pâle, des coquillettes, du hachis d'on ne sait trop quoi et des gâteaux secs avec de la confiture de pomme. À la porte est accroché le menu du jour écrit à l'encre violette. Un matin, je jette un coup d'œil et lis : « Poumon de bœuf, purée de rutabaga. » Du rutabaga en 1950 ? Moi qui pensais que la Wehrmacht était repartie… Eh bien non, ils en ont laissé suffisamment pour nourrir encore, cinq ans après, le « Royal XVIe ».

Le bougnat fait de la résistance

Au bout de la rue de la Tour, juste avant de déboucher sur la rue de Passy, se trouve sur la gauche une petite crémerie, toujours noire de monde. On peut acheter partout du lait cru et frais mais c'est ici qu'il est le meilleur. Une vraie crème. Il arrive chaque matin en grands bidons de la ferme du champ de courses d'Auteuil. Les vaches, de grosses normandes épanouies, y sont traitées comme des reines. En remerciement, elles donnent un lait doux comme le printemps.

Le quartier, en revanche, perd ses « café-charbon ». Restent, pourtant, quelques îlots de résistance. Rue de Passy, par exemple, où, d'un côté de la cloison, le bougnat moustachu verse le coup de blanc au peintre en bâtiment et au plombier de la cour voisine et, de l'autre, ficèle les margotins imprégnés de résine et ensache les boulets, ces gros œufs, noirs comme du réglisse, qui transforment en nègres les Auvergnats.

Il y en a un autre, près du carrefour Longchamp-Kléber où les passants s'arrêtent quand déboule l'attelage du postillon en culotte blanche qui fait claquer son fouet au-dessus de ses deux gros chevaux à la robe pommelée, levant haut leurs sabots vernissés. Ce bougnat-là n'est pas bien loin du grand lavoir public qui se signale par un drapeau en zinc bleu-blanc-rouge. Les dames du quartier y passent des heures, dans la fumée du charbon, à tremper, à frotter au savon de Marseille, à rincer, à essorer et à sécher le linge qu'elles apportent à bout de bras dans un drap noué. Il suffit de glisser un jeton dans une fente pour obtenir de l'eau chaude. C'est vraiment très commode. C'est à croire qu'en 1950 rien n'arrête le progrès.

CHAPITRE 3

TOUS AUX ABRIS ! COCA-COLA DÉBARQUE

— Patron, un Coca-Cola !

Sous les bords ourlés de son chapeau melon, l'œil vif du père Alcide s'allume méchamment :

— Vous plaisantez ?

Les trois ou quatre consommateurs, déjà arrimés au zinc, en cette matinée de printemps 1950, ont posé leur verre, conscients de la gravité de la situation. C'est dans ces moments-là, où la Patrie est en danger, que la grande famille du blanc-cassis et du pernod, soudée dans le même refus indigné, se surpasse et plonge son nez dans le sublime.

Mais, à temps, je retiens par le col le cours de l'histoire et rassure l'assemblée :

— Mais oui, c'était pour rire... Servez-moi un petit chenas, comme d'habitude, et rafraîchissez le verre de ces Messieurs.

Alors, Alcide laisse tomber un propos qui interloque :

— Si vous voulez vraiment de cette saleté, j'en ai en réserve.

Je ne suis pas venu au *Café Curieux*, rue Saint-Merri, pour boire du Coca-Cola, mais pour en parler, ce qui n'est pas la même chose.

J'adore cette caverne d'Ali Baba, qu'il faut aller dégotter, à l'angle de la rue au Lard, parmi de vieux hôtels à l'abandon et des maisons nobles décapitées de leur noblesse. Depuis plus de vingt-cinq ans, Alcide Levert qui n'a pas quitté son pantalon rayé pour « noces et banquets », ni son chapeau melon, fait de la grande salle de son *Café Curieux* le musée du mauvais goût, pour ne pas dire « kitsch », puisque le mot n'est pas encore passé dans le vocabulaire.

Ancien débardeur de péniches, il s'est pris de passion pour les productions du dernier tiers de l'autre siècle, oubliées dans les greniers, ou abandonnées aux ventes aux enchères les plus minables. Son flair est étonnant. Pas une faute de goût dans son mauvais goût. Rien ici, autour du billard qui attire une pratique fidèle, ne saurait déparer, par quelque semblant de joliesse, l'amoncellement vertigineux de pêcheurs napolitains en bronze, de bassinoires en cuivre faisant office de pendules, de sièges néo-Renaissance, de plats à poisson « façon Bernard Palissy », de biscuits de Saxe « made in Japan », de gravures recoloriées de la retraite de Russie, de vues de lits-clos bretons, de caniches en porcelaine se grattant les puces ou de buffets de style Henri II remanié Fallières.

Alcide est, en outre, doté d'une remarquable tuyauterie personnelle qui lui permet de pratiquer, sans risques, l'usage alternatif du beaujolais et du petit blanc gommé, aussi bien que du guignolet et du clacquesin, sans parler du mandarin-picon qui, bien tassé, passe tout seul, on le sait.

Commençant une enquête sur l'invasion de la France par « Coca-Cola », je me dois d'aller rendre visite en premier à cet homme d'honneur.

Les « forts des Halles » qui constituent une des nobles parts de sa clientèle, avec les comédiens, les journalistes et quelques « gens du monde », ont sur la chose le même point de vue que lui. Ils s'en foutent mais alors, à un point... « De toute façon, ça ne durera pas et jamais les Ricains nous feront passer le goût du bon. Leur pharmacie, Monsieur, ils peuvent se la rembarquer ! »

Il n'empêche qu'« à tout hasard », Alcide, comme d'ailleurs la quasi-totalité des cafetiers-limonadiers parisiens, a, dans ses réserves, quelques douzaines d'exemplaires de la célèbre petite bouteille d'Atlanta qui, depuis longtemps, a conquis l'Amérique. Sur les vitres de plusieurs cafés de la place de la Bastille, on peut déjà voir des « Buvez Coca-Cola ». Pourtant de l'avis de tous ces Messieurs, c'est le bout du monde, s'ils en décapsulent plus de deux ou trois par jour : « Bah, commentent-ils, tout en versant un “ pt'it côtes ”, il y a bien un jeune, par-ci par-là. Ou le gars dans le genre sportif, si vous voyez ce que je veux dire. » Et de conclure, en se lissant les bacchantes : « En tout cas, ça mérite pas tout ce battage. »

Kravchenko, CIA et Coca-Cola : même combat

Cela n'est pas l'avis mais alors, pas du tout, du parti communiste qui, faisant tonner de toutes leurs voix, *L'Humanité* et *Ce Soir*, a lancé une violente campagne contre ce qu'il considère comme le symbole de l'« hégémonie yankee ». Les titres vengeurs ou alarmants se succèdent : « Un trust américain veut nous mettre au régime cocacolique ! » « Serons-nous cocalisés ? » « Le Coca-Cola au pays du beaujolais ? Jamais. » « Du poison pour conquérir la France ! »

Pour les communistes, ulcérés par le plan Marshall qui a eu le grand tort de sauver l'Europe, l'affaire est claire. Les Américains se servent à présent du Plan comme moyen de chantage, pour mettre les Français au régime du Coca-Cola. Un marché « donnant-donnant », surgi de leurs fantasmes, mais qui alimente le sursaut gaulois face à ce produit bizarre, dont on dit, avec insistance, qu'il serait dangereux pour la santé ! L'offensive communiste ne s'est pas perdue dans les sables. Le monde du vin et des boissons alcoolisées l'appuie à fond. Après enquête de la Répression des fraudes, une information judiciaire a été ouverte, sur requête du Parquet, soutenue massivement par les organisations professionnelles du vin, des alcools, boissons gazeuses et jus de fruits, qui se sont portées parties civiles.

Les savants « les plus autorisés » – membres de l'Institut, de l'Académie de médecine, experts auprès des tribunaux, etc. – ont fait une épouvantable découverte : le Coca-Cola contient une dose massive d'acide phosphorique (375 milligrammes au litre), qui provoque « l'acidose », laquelle « entraîne des troubles de toutes les fonctions physiologiques. » On soupçonne, en outre, la présence d'une mystérieuse substance qui créerait une accoutumance.

Il ne vient, en revanche, à l'idée de personne, de mettre en exergue la quantité excessive de sucre – bien réelle, celle-là –

dont on pourra admirer, plus tard, les effets sur les cinglés du Coca. Il est vrai qu'en 1950, les calories n'agitent pas grand monde. Le sucre est une merveilleuse gâterie, dont on a été trop longtemps privé.

Quoi qu'il en soit, la société Coca-Cola a engagé un ténor du barreau, Me Georges Izard, pour la défendre. Une occasion pour les communistes de rappeler que l'avocat est celui-là même qui a défendu (avec succès, mais on se gardait bien de souligner ce détail), « l'ignominieux Kravchenko. »

Kravchenko, CIA et Coca-Cola : même combat. Il suffisait d'y penser.

Prenant la chose très au sérieux, l'Assemblée nationale vient de voter, proposé non pas par les communistes, mais par les vertueux MRP, un texte qui réglemente la fabrication et la vente de « tout liquide contenant des produits végétaux, après avis du Conseil supérieur de l'hygiène et de l'Académie de médecine ».

Aussitôt la presse américaine est montée sur ses grands chevaux. Elle fait à la mauvaise foi le cadeau de sa sottise en brandissant une arme dont on n'a pas fini de parler : le boycott. « Nous pouvons renoncer au champagne français et boire le nôtre », écrit le *Daily News* de New York. Le *Herald Tribune* va dans le même sens, en accusant la France de « discrimination », tandis qu'ailleurs on évoque carrément une réduction de l'aide Marshall. Le chantage au plan Marshall, quelle aubaine pour le PCF qui peut se féliciter à présent de l'avoir dit avant tout le monde.

★

À Paris, il y a toutefois un homme qui ne se fait pas trop de bile pour l'avenir de Coca-Cola. C'est le prince Alexandre Makinsky. Un homme hors du commun. Il parle huit langues, a les manières affables d'un grand seigneur de l'Ancien Régime et il est une bête noire de la presse stalinienne.

Né avec le siècle dans une famille de la grande noblesse qui a ses entrées à la cour du Tsar, il a fait le coup de feu contre les Rouges en Crimée, avant d'être capturé par la Tchéka. Sur le point de passer devant le peloton d'exécution, le jeune homme a réussi à s'évader. Il s'est retrouvé à Paris et, à l'issue de brillantes études à Sciences-Po, est entré à la Fondation Rockefeller où, rapidement, il a occupé un poste important. Rappelé à Washington, au moment de la guerre, il est devenu un des conseillers du gouvernement américain pour les affaires européennes, avant de se voir confier par Bob Woodruff, le patron de Coca-Cola, l'aventure européenne de la petite bouteille d'Atlanta.

En juin 1944, le « Coke » (le « Coke » aux USA, le « Coca » en France) avait débarqué sur les plages de Normandie en même temps que les G.I's, mais les choses en étaient restées là, jusqu'à l'arrivée du prince et de son accord avec la société Pernod.

Fin 1949, début 1950, leur « machine de guerre » a commencé à fonctionner. En l'occurrence, une douzaine de camions Renault, spécialement carrossés, peints aux couleurs de Coca-Cola et dont les chauffeurs-livreurs portent tous l'uniforme « maison », marron et kaki. Tandis qu'on les aperçoit un peu partout dans Paris, les rumeurs les plus folles se propagent. Un jour, c'est la Tour Eiffel qui va être éclairée la nuit par les lettres flamboyantes de la marque « impérialiste » ; le lendemain, ce sont les tours de Notre-Dame…

En fait, le produit démarre assez lentement, plutôt boudé par le café traditionnel et, en revanche, très bien accepté dans les lieux à la mode, où domine une clientèle jeune, qui danse le be-bop, se précipite sur les derniers films américains, et s'arrache les romans « noirs » de Peter Cheyney et James Hadley Chase.

★

Ce ne serait toutefois pas suffisant pour gonfler l'optimisme du prince Makinsky, qui s'est fixé comme objectif de vendre en 1952 quarante bouteilles de Coca à chaque Français (l'Américain en avale déjà quatre-vingts, le Belge quarante, et le Philippin quatre cents), s'il ne savait, de source sûre, que le décret d'application de la loi votée par l'Assemblée n'est pas prêt de sortir au *Journal officiel.*

L'affaire sera, d'ailleurs, définitivement enterrée quand

Coca-Cola France gagnera en 1953 son procès, et qu'il ne sera plus question de l'accuser de mettre en danger les glandes parathyroïdes et le sang des malheureux Français, qui auraient, au profit de cette exotique décoction, déserté le camp des boissons de santé que sont l'anisette et le beaujolais.

L'anti-américanisme se frictionne à l'eau sainte de l'humanisme

La guerre avortée du Coca-Cola n'aurait d'intérêt qu'anecdotique si elle ne révélait une contradiction française qui nous bloque dans ses tenailles et dont on ne peut dire encore, à l'aube du XXIe siècle, si elles nous lâcheront jamais.

D'un côté, la vieille trouille gauloise de voir le ciel nous tomber sur la tête (le ciel étant tout ce qui est différent, inconnu, nouveau), de l'autre, la fascination de l'Amérique, en attendant peut-être celle de l'Asie. Deux types d'émotion qui partagent moins la société qu'elles ne se retrouvent, intimement et paradoxalement mêlées dans l'individu lui-même. Celui-ci offre le spectacle unique de mépriser une civilisation dont, en même temps, il entend tirer le maximum d'avantages matériels.

Au moins le communiste de base des années 50 est-il logique avec son credo. L'Amérique est l'ennemie du prolétariat, dont la noble cause s'incarne dans l'Union soviétique. On doit donc la combattre par tous les moyens. Cela a le mérite de la simplicité.

« Les élites de la Nation » auxquelles *Le Monde* est censé s'adresser, n'adhèrent évidemment pas à cette vision primaire. Il n'apparaît toutefois pas que celles-ci sursautent en lisant dans leur journal favori cette sidérante profession de foi : « Il ne s'agit pas tant de la boisson elle-même que du style de vie qu'elle implique – gigantesques camions rouges, néons tapageurs, publicités vulgaires. *C'est l'âme de notre culture qui est en danger.* »

Pour un peu, on appellerait au chevet du malheureux pays, condamné à roter des bulles américaines, tous les grands ancêtres, de Jeanne d'Arc à Victor Hugo, de Montaigne à Descartes…

L'anti-américanisme, il est vrai, n'est pas une invention récente.

Alexis de Tocqueville avait décrit dans son essai *De la démocratie en Amérique*[1] l'éclosion en France d'un vif sentiment double d'envie-répulsion vis-à-vis des États-Unis. Du moins, n'avait-on, à l'époque, aucune dette morale envers eux. Par la suite, quand les Américains sont venus, à deux reprises, nous secourir et verser leur sang sur notre sol, un scénario identique s'est répété. À peine les *Sammies* de la Grande Guerre remerciés et cajolés par une France reconnaissante, sont-ils rentrés chez eux qu'ici, un puissant mouvement intellectuel s'est déchaîné au cours des années 1920-1930, pour foudroyer l'Amérique, brisant avec une rage furieuse les idoles du « rêve américain », son matérialisme sauvage, son obsession maladive du rendement et sa culture du dollar-roi.

Les meilleures plumes[2] ont nourri de l'encre la plus noire un antiaméricanisme qui n'allait pas chercher l'inspiration à Moscou – bien au contraire, car, à l'époque, les bolcheviks balançaient l'encensoir devant l'autel du productivisme – mais frictionnait au contraire sa colère à l'eau sainte de l'humanisme et de la morale chrétienne.

L'image d'une Amérique inculte, vulgaire, tirée vers le bas par ses appétits matérialistes et pliant l'homme au rôle subalterne de machine, s'est incrustée, de notre côté de l'Atlantique, dans la conscience collective d'une nation éperdument énamourée d'elle-même, bouleversée de bonheur à la contemplation de son génie, de son raffinement et de son éclaboussante supériorité intellectuelle.

*

1. Voir l'article de Nicolas Kessler dans l'ouvrage collectif, *Le Siècle rebelle* (Larousse).

2. Comme, par exemple, Georges Duhamel (*Scènes de la vie future*), André Siegfried (*Les États-Unis d'aujourd'hui*), Robert Aron (*Le Cancer américain*), Hyacinthe Dubreuil (*Standards*), sans parler des hallucinantes pages américaines du *Voyage au bout de la nuit* de Louis-Ferdinand Céline.

Maintenant que le *G.I.* a pris le relais du *Sammy*, l'anti-américanisme va nous rechanter sa chanson. Sur un autre air, toutefois. Nullement abusé par les discours de circonstance qui voudraient lui faire croire qu'il a gagné, le Français libéré ne se trompe pas sur l'identité du vainqueur. Avec force effusions et embrassades, tout à fait sincères, il lui montre qu'il sait à qui il doit d'être libre.

Mieux que cela, il en tombe follement amoureux. Surtout quand il est jeune et qu'il vit à Paris où, transportés par les équipages de l'US Army, les signes extérieurs du nouvel âge américain sont les plus visibles et les plus tentants.

Interdit pendant les années de guerre, un jazz tout neuf emplit les caves de Saint-Germain-des-Prés. La drôle de petite jeep qu'on voit passer avec sa grappe de filles qui rient à gorge déployée, suivie bientôt par les premières « belles Américaines », astiquées comme des salles de bains ambulantes et qui avalent de merveilleux torrents d'essence, font rêver le cycliste qui en a sa claque de pédaler et le marcheur forcé qui souffre dans sa torturante godasse à la semelle de bois.

De bonheur, on se roule dans les toiles d'Hollywood. Oui, c'est pour nous qu'ils sont tombés du ciel les Gary Cooper, Cary Grant, Fred Astaire, Henry Fonda, Humphrey Bogart, Ava Gardner, Rita Hayworth, Katharine Hepburn, Cyd Chariss et autres bien-aimés qui sont les anges gardiens de nos récréations. On se chauffe l'œil sur les pin-up de Varga, punaisées au-dessus du lit, et on allume sa Camel en tirant de la poche de son blouson vert-grenouille, trouvé dans un « surplus », le « zippo » du *G.I.*, garanti contre les coups de vent. Puis, on plonge une tête dans le sombre clapotis d'une « Série noire » pour resurgir dans un tripot clandestin, poisseux comme un fumoir à harengs, se terrer dans un hôtel minable, tout bouffé à l'intérieur par le néon de l'extérieur, ou arpenter les kilomètres de moquette d'un « living » pharaonique avant de se cogner pare-chocs contre pare-chocs à une veuve surmoulée, innocente comme le Diable.

Et pendant ce temps, nos jeunes mères allongent leurs jambes gainées de nylon, pour mesurer l'effet produit, et rêvassent à un immense frigo blanc qui crache des glaçons.

Avant d'avoir soif de Coca – ce qui ne saurait tarder –, la jeunesse, celle qui n'est pas embrigadée, a soif d'Amérique.

On coince le pied contre la porte pour empêcher le destin d'entrer

Or, chez nous, on dirait qu'on ne se lasse pas de faire grincer la vieille même scie, sur l'air de « l'inculture américaine ». La nouveauté, c'est qu'échauffés par la Guerre froide, nos communistes ajoutent quelques couplets à la chanson.

Sous la baguette de Moscou, l'anti-américanisme de tradition se politise et vire au rouge incandescent.

Bien sûr, les Français qui n'appartiennent pas à ce camp-là n'iront pas hurler dans la rue contre les bases de l'OTAN et « l'armée d'occupation », pas plus qu'ils ne liront dans *L'Huma* l'article d'un jeune reporter nommé Jean-Pierre Chabrol (qu'on retrouvera, dans le futur, nettement mieux inspiré) qui, au retour d'une visite dans la campagne autour de Châteauroux, lâche sans se démonter : « Le nouvel occupant se conduit d'une façon qui rappelle à la population les noirs souvenirs de 40-44. »

Ils ne se manifesteront pas, non plus, en 1952, contre « Ridgway-la-Peste », le général américain « criminel de guerre », accusé par les communistes d'avoir déclenché une prétendue offensive bactériologique en Corée [1].

Parallèlement à cet anti-américanisme balourd et rudimentaire dont on est stupéfait, avec le recul, qu'il ait pu abuser des intellectuels plutôt dégourdis, un autre fait son chemin dans les cervelles, pourtant les moins robotisées. Celui-là n'est pas de nature politique et touche, à l'inverse du premier, des gens, soulagés de se savoir protégés du communisme par l'allié américain mais paniqués devant ce géant nasillard et enfantin qui menace de lui changer la vie.

Accroché aux branches du vieux chêne gaulois, plutôt que de regarder en bas l'avenir qui marche à toute vitesse, on préfère cocoriser et se lisser les plumes. En ridiculisant la fausse civilisation qui boitille de l'autre côté de l'Océan ou en

1. Un grossier « bobard », lancé par le journaliste australien, Wilfred Burchett, agent des services soviétiques, à qui la chaîne câblée « Planète », sans doute mal informée, consacrait il y a peu, sous la forme d'un documentaire, un bien surprenant hommage.

dénonçant avec des trémolos le « cauchemar climatisé », on compense, comme on peut, son inaptitude au changement.

Chacun sent, plus ou moins confusément, que l'Amérique est une part de nous-mêmes. La part qui s'est échappée du nid pour aller vivre au loin la grande aventure. Son audace, son efficacité, sa réussite dansent comme des reproches, quand soi-même, claquemuré dans ses vieilles habitudes, on coince le pied contre la porte pour empêcher le destin d'entrer. On l'entend frapper et l'on sait bien qu'au mieux on va gagner un peu de temps. Le temps de se redire une fois de plus combien nous nous aimons tels que nous sommes et combien notre nature exceptionnelle fait de nous des êtres à part qu'il convient de ménager.

★

Un matin, je bois mon café à la terrasse du *Flore*. Soudain, l'irréparable s'accomplit sous mon nez. Le plateau au bout des doigts, Pascal, le petit chauve qu'une vieille tradition oblige à surnommer finement « Descartes », arrive en virevoltant et qu'aperçois-je ? Je vous le donne en mille : deux verres et deux bouteilles de la « Chose ». « L'horrible chose qui met en danger l'âme de notre culture », comme l'a si bien dit le journal d'Hubert Beuve-Mery, dont, Dieu merci, je ne suis plus l'employé. Du Coca, là où l'équipe de l'*Action française* de Maurras aiguisait ses diatribes contre *L'Anti-France* ! Là où Maurice Barrès et Paul Bourget prenaient le thé chaque mardi ; où Léon-Paul Fargue buvait le meilleur pouilly-fuissé ; où Sartre et Simone laissaient filer les années d'Occupation sans jamais parvenir à trouver le numéro de téléphone de la Résistance ; où Camus, Prévert, Vailland et Giacometti ont commandé, un jour ou l'autre, la grande spécialité typiquement rouergate de la maison, le « Welsh rarebit » ; où enfin, l'impérissable Boubal, dont le nom restera lié à l'histoire de la pensée française, aura, pendant quarante-trois ans de labeur limonadier, pressé le pur jus de l'intelligence et de la culture.

Le curé de Saint-Germain-des-Prés ne devrait-il pas sonner le tocsin ?

Mais non, il ne bouge pas. Lui aussi, s'en foutrait-il ?

BRÈVE DE PARIS

Mais c'est qu'il flotte, le vieux rafiot !

Paris des songes glisse dans la nuit, comme si nous, les passagers de cette improbable machine à vapeur, étions arrimés à la Seine, tandis que les Tuileries, l'Institut et sa coupole d'or, enfoncée jusqu'aux yeux comme un bonnet de nuit[1], *le quai Voltaire, Notre-Dame gonflant ses seins au-dessus de la cité et l'île Saint-Louis ramassant au vol ses façades, derrière les arbres courbés, filent vent debout, dévoilés, les uns derrière les autres, par les éclairs de notre falot.*

> Et la solennité de la nuit, comme un fleuve
> Sur Paris dormant ruisselait[2].

Mais ce soir, 14 juillet 1951, Paris ne dort pas. À la pointe de l'île Saint-Louis, sous la frise des lampions multicolores qui peinturlurent tout naturellement un Dufy, les couples tourbillonnent. Le vieux bateau, soufflant sa fumée noire, cueille au passage, comme des cerises à un cerisier, les tierces, les quartes et les quintes de l'accordéon du bal des pompiers.

---

1. Merci, Blondin !
2. Charles Baudelaire, *Les Fleurs du mal.*

Salut les valseurs du bitume
Voici les quatorze juillet
Tant de filles comme un bouquet
Offertes par l'été qui s'allume
Et la faim qui nous en prenait
Salut les valseurs du bitume [1] !

Combien sommes-nous à dévisager Paris à ras de l'eau, au ras des fesses ? Une petite centaine, à peine, passagers d'un soir de cette épave coriace qui a vu l'Exposition de 1900 et qu'un géant rigolard[2] est allé tirer de la rouille où elle se consumait. Sur le pont, personne ne se connaît et tout le monde chante en chœur. Le beaujolais n'a pas le temps de rougir dans les verres, ni le saucisson de vieillir dans sa peau. Les péniches, rangées le long des quais, rêvent au bout de leur laisse. Nous sommes seuls sur le fleuve où la fête fait danser ses lumières. À l'endroit, à l'envers, Paris est à nous.

La Seine est une amante
Et Paris dort dans son lit [3]

---

1. André Hardellet, *La Ronde de nuit.*

2. Taillé en joueur de rugby, tignasse épaisse et éclats de rire sonores, Jean Bruel a acheté, en 1950, deux rafiots à vapeur, datant de 1887 et anciennement exploités par la Compagnie parisienne des transports en commun. Ils auront le bon goût de flotter, sans faire prendre de bains forcés à leurs passagers mais laisseront la place, quelques années plus tard, à de grosses bêtes au long museau de plexiglas qui ficheront à l'eau nos souvenirs.

3. F. Monod.

CHAPITRE 4

SAINT-GERMAIN-DES-PRÉS COMPTE SES SURVIVANTS

Saint-Germain-des-Prés est un astre qui brille si fort qu'on se refuse à croire qu'il est mort.

Albert Cossery, toutefois, est un villageois sans illusions. Il parle de son quartier comme « d'une vitrine de souvenirs », d'un « désert culturel ».

Un jour, peut-être – par exemple, quand il aura disparu –, Albert sera fêté, encensé, couvert de prix qu'il n'aura jamais eus de son vivant [1], et la littérature, enfin reconnaissante, s'avisera qu'elle vient de perdre l'un des meilleurs des siens.

Quand je l'interviewe, pour la première fois, aux *Deux Magots*, il a derrière lui une quarantaine d'années de paresse. Né en Égypte, ce qui lui a donné un assez bon départ dans la carrière de la fainéantise, il s'est fait une tête de momie. Une momie joli garçon, le cheveu court en bataille, le nez long et fin, la bouche en lame de couteau, l'œil de chat entre veille et sieste, le verbe chuchoté qui allonge ses griffes, acérées par l'humour.

L'animal, une fois pour toutes, a dit non au travail, au bureau, à l'horloge parlante et à tous les progrès de la civilisation.

Après avoir passé son adolescence dans le vieux Caire à se chauffer au soleil et à deviser agréablement avec ses amis, misérables fellahs, poètes, fonctionnaires ou ex-professeurs de

1. On se décidera, toutefois, à lui décerner en 1990 le Grand Prix de la Francophonie, pour l'ensemble de son œuvre, et récemment le Prix Méditerranée 2000 pour *Les Couleurs de l'infamie*.

l'université, convertis à une bohème mendigote[1], il commit une erreur. Un jour, il faillit travailler.

Il s'embarqua à bord d'un navire égyptien comme chef-steward. La guerre, heureusement, éclata, et les Anglais réquisitionnèrent le paquebot. Grâce à cette heureuse conjoncture, il devint le seul officier en chômage, en même temps qu'appointé par les Alliés, qui demeurât sur le sol britannique, à se croiser les bras.

Le Saint-Germain-des-Prés de la Libération ne pouvait que séduire un homme de cette trempe. Il y débarqua donc, et posa son sac à l'hôtel de la Louisiane, rue de Seine, illustre tant par sa clientèle (Gréco, Anne-Marie Cazalis, Jean-Claude Merle, prince farceur de la nuit germano-pratine) que par l'excellence de son inconfort.

Depuis lors, il s'est imposé une règle de vie très stricte. Sauf circonstance exceptionnelle, il reste dans sa chambre toute la journée et ne sort que la nuit tombée, à l'heure où les bureaux d'embauche ne risquent pas d'être ouverts. (« Ne croyez pas les gens qui disent qu'ils ne trouvent pas de travail, me dit-il gravement. On trouve toujours du travail, hélas... ») Ce rythme de vie s'avérera particulièrement productif puisqu'il lui permettra de composer, en dix années à peine, deux chefs-d'œuvre : *Le Fainéant dans la vallée fertile*, et, surtout, *Mendiants et orgueilleux*[2].

Le soir, son périmètre d'activité est calculé de sorte à ne pas épuiser la bête. Il se limite, en gros (quelques échappées sont toujours possibles), à la petite centaine de pas qui sépare le *Flore* des *Deux Magots*, et aux trottoirs pair et impair de la rue Saint-Benoît, laquelle ne compte pas plus de vingt-huit numéros. C'est le cœur du cœur de Saint-Germain-des-Prés.

1. « Ne croyez pas les gens qui pleurent sur la misère du pauvre Égyptien, me dit-il. Elle recèle une mystérieuse opulence : l'ironie d'être au fond du trou et de savoir que rien ne peut arriver de pire. »

2. Par la suite, il publiera d'autres excellents romans qui échapperont, trop souvent, à l'attention des critiques : *La Maison de la mort certaine*, *Les Couleurs de l'infamie*, *Le Complot des saltimbanques*, *Les Hommes oubliés de Dieu*, *La Violence et la dérision*, ou *Une ambition dans le désert*. À présent, l'éditeur Joëlle Losfeld a la bonne idée de rééditer ses œuvres.

*

Au début des années 50, celui-ci, pourtant, ne bat plus comme la veille. Pour la très ancienne garde du Village, les carottes sont cuites, depuis que la presse du monde entier a fondu, tel un essaim de guêpes tueuses, sur les caves et les terrasses des cafés où tout ce qui bougeait a été aussitôt qualifié « d'existentialiste ».

Léo Larguier[1], le vieux poète habillé en poète, avec sa crinière de lion sous le feutre à larges bords, qui se penche, horrifié, à sa fenêtre de la rue Saint Benoît, sur l'infernal tohubohu, fait même remonter le grand malheur à plus avant. Qu'on lui parle des années 30 ou même de l'Occupation, quand on quittait sa chambre glaciale pour se réchauffer autour du poêle à sciure du café de *Flore* et y récolter les derniers bobards, ou bien encore de l'immédiat après-guerre, quand la « bande à Prévert » allait boire chaque jour son café crème au *Bar vert*, rue Jacob, et y retrouvait Antonin Artaud, Raymond Queneau, Roger Vailland ou Adamov : ça oui, c'était la belle époque.

L'ermite de la rue Saint-Benoît, surnommé également le « garde-champêtre » et qui prendra définitivement congé de sa petite patrie en 1950, n'est pas le seul à penser que l'Histoire se trompe sur Saint-Germain-des-Prés, comme elle s'est trompée sur Montparnasse. Dès qu'on cite le nom de Montparnasse, on pense « années folles ». Or, sa grande époque, celle de Picasso, Apollinaire et des véritables créateurs, ne s'est pas située après la guerre de 14, mais avant.

Rien n'est plus coriace, il est vrai, qu'un quartier dont les initiés ont déjà annoncé la mort car c'est précisément à cet instant-là que déboulent les curieux, les bourgeois et les étrangers, persuadés d'arriver les premiers.

Quand le cher Cossery fait sa tournée du soir, il est bien

1. Léo Larguier, membre de l'Académie Goncourt, a laissé, parmi beaucoup d'autres, un livre plein de charme, intitulé *Saint-Germain-des-Prés, mon village.*

placé pour savoir que nombre de rades qui ont fait scintiller Saint-Germain-des-Prés comme le diadème de la « Reine d'un jour », se sont éteints, transformés, ou ne clignotent plus que d'un œil.

« Monsieur Sartre, vous n'êtes pas français ! »

La petite grenouille, prénommée Jean-Paul, qui, emmitouflée dans le mouton crasseux d'une canadienne flapie, dégringolait l'escalier de son immeuble, au coin de la rue Bonaparte, pour rejoindre sa banquette au *Flore* et aux *Deux Magots*, n'a pas trouvé déplaisant, au début, de se voir reconnue. Elle ne s'en est d'ailleurs pas cachée. Mais elle a dû en avoir rapidement sa claque des tartines beurrées, à longueur de semaine, par la presse populaire – style *Samedi-Soir*, puis *France-Dimanch*e – dont pas plus d'un lecteur sur cent mille n'aurait été capable d'expliquer, même vaguement, le mot « existentialisme ». Sinon en l'associant à la « crasse », à la « paresse » et à « l'immoralité » [1], dont on taxait automatiquement la jeunesse de Saint-Germain-des-Prés, qui venait là tout simplement rattraper le temps perdu et vivre enfin.

Insultés par les uns (« Vous n'êtes pas français ! », « Si les fours crématoires ne sont pas encore démolis, il serait bon qu'ils servent à nous débarrasser d'individus de votre espèce »), traqués par d'autres en quête d'autographe, Sartre et la « Grande Sartreuse » n'ont pas tardé à fuir leurs deux cafés préférés, où les curieux ne leur laissaient plus le loisir d'écrire ou de bavarder et se sont réfugiés au sous-sol du paisible hôtel du *Pont-Royal.*

Ils n'avaient aucune raison, néanmoins, de se couper de leurs amis. Boris Vian était de ceux-là. Aussi, quand il a débarqué avec sa « trompinette » et des copains musiciens au *Tabou*, qui venait d'ouvrir, en 1947, rue Dauphine, Sartre et Beauvoir

1. « Nous avions eu le mouvement Dada, voici maintenant, le mouvement Caca » (*La France au combat*, hebdomadaire de tendance socialiste).

ont fait quelques apparitions dans cette cave crapoteuse, où l'on s'enfonçait à l'aveuglette, tant le brouillard de tabac blond y était épais. Ils s'asseyaient sur un banc de mauvais bois, où les rejoignaient leurs amies Juliette Gréco et Anne-Marie Cazalis, tandis que les « rats » – pantalon de velours ou jupe longue en corolle – essoraient jusqu'à la dernière goutte de sueur le be-bop et le boogie-woogie.

Quand des célébrités faisaient une apparition, la presse, complaisamment, voyait aussitôt le « Tout-Paris » partout. En fait, c'était le Paris d'ici et de là, d'ailleurs et de nulle part, qui faisait nombre. Ne manquaient plus que les autocars du « Gay Paris ». Boris Vian, sans les attendre, avait pris ses cliques et ses claques, dès 1948 [1].

★

Le club *Lorientais*, lui, a disparu, sans espoir de retour. C'est pourtant par lui que tout a commencé quand, au mois de mai 1946, un jeune clarinettiste nommé Claude Luter a été le premier à jouer du jazz dans une cave. Je m'y revois, à 17 ans, infichu de danser autre chose que le slow, ouvrant des yeux ronds sur ces garçons à la chemise ouverte ou carrément torse nu, qui faisaient sauter les filles au plafond, comme des bouchons de champagne. C'est ce mois-là que la jeunesse de Paris, excédée par des années de privation et d'ennui forcé, a sauté à pieds joints dans la fête, Saint-Germain-des-Prés n'étant rien d'autre que la cristallisation sur quelques hectares de cafés, de caves, de bistrots, de bars, de petits hôtels et de turnes, de l'immense joie qui avait soulevé Paris, à l'arrivée des chars de Leclerc, le 24 août 1944.

Merveilleux *Lorientais*, où Boris Vian, avant de faire la gloire du *Tabou*, va entraîner rue des Carmes ses amis Sartre, Queneau, Prévert, Marcel Duhamel – le créateur de la « Série

1. Le *Tabou* connaîtra toutefois un regain, en 1952-1953, sous la direction de Léo Campion, organisateur de spectacles. Je me souviens d'une soirée où Jean Poiret et Michel Serrault avaient fait s'écrouler de rire la salle, tandis qu'Antoine Blondin et Albert Vidalie s'effondraient à force de faire rafraîchir nos verres.

noire » – et auquel Louis Armstrong, de passage à Paris, apportera le salut de New-Orleans. Mais une pétition du voisinage a fait décamper Luter et ses musiciens[1], qui, en décembre 1948, ont investi un autre sous-sol, le dernier qui s'ouvrira à Saint-Germain-des-Prés, celui du théâtre du *Vieux-Colombier*, dont Jacques Copeau avait fait un lieu célèbre après l'autre guerre. Ouverture « très parisienne » avec Martine Carol, Christian Bérard, Marcel Aymé et même Orson Welles. Puis avec Sydney Bechet, la gloire aux accents de *Petite Fleur*, et des *Oignons* s'étirera jusqu'au milieu des années 50, après quoi on ne parlera plus qu'au passé.

Rue Jacob, *Cheramy* a fermé ses portes en 1949, privant de leurs repas jamais remboursés les artistes fauchés auxquels, autour des frères Prévert, de Mouloudji ou de Francis Lemarque, le généreux patron Henri Leduc ouvrait un compte.

Né presque en même temps que *Le Vieux-Colombier*, le *Club Saint-Germain*, rue Saint-Benoît, animé par Marc Doelnitz, aura été, lui aussi, le territoire de Boris Vian, Prévert, Gréco, Annabel, bref de tous ceux – toujours les mêmes – qui « tournent » et donnent l'impression d'être partout en même temps. Mais en 1949, quand son cœur commencera à flancher, Boris Vian embouchera de moins en moins sa trompinette. On n'assistera plus jamais à ces « bœufs » historiques entre Duke Ellington, Charlie Parker, Count Basie ou Errol Garner, ni, non plus, à ces fêtes folles, comme la « Nuit de la Vertu », où Doelnitz, en culotte courte et béret marin, accueillait des flopées d'ecclésiastiques en soutane, de premières communiantes et de rosières, dont il n'aurait pas fallu renifler la vertu de trop près.

Au printemps 1950, un autre enterrement a fait sortir les mouchoirs. Celui du *Méphisto*, au coin du boulevard Saint-Germain et de la rue de Seine, un sous-sol, sous une brasserie, qui, après la Libération, était devenu un club privé. Et, sans doute, le club le plus intello, le plus brillant et le moins ouvert de Saint-Germain-des-Prés, puisqu'une fois admis, on avait le

1. Parmi lesquels Moustache, Claude Philippe, Christian Azzi et « Mowgli » Jospin, l'un des futurs trotskistes de la famille…

privilège d'y lever le coude en même temps qu'Albert Camus, Maurice Merleau-Ponty, Claude Roy, Alexandre Astruc, Nicole Védrès ou Roger Vailland ou Adamov.

Un Pont-aux-Dames hanté par des petits vieux en uniforme

Maintenant qu'il est bien clair entre nous que Saint-Germain-des-Prés, à l'aube des années 50, a cessé d'exister, poussons derrière Albert Cossery, quelques portes de la rue Saint-Benoît.

En remontant depuis la rue Jacob, au milieu d'une foule qui fait disparaître sous elle la chaussée, on butte presque tout de suite sur les tables, alignées le long du maigre trottoir, du *Petit Saint-Benoît.*

Lui, au moins, n'a pas bougé un cil depuis les quelque cent vingt ans qu'il vaporise sur le quartier les fumets de sa soupe au chou et de son bourguignon. Ancien bistrot de cochers, puis de chauffeurs, il a été annexé, au lendemain de la Libération, par l'élite penseuse du quartier, à laquelle ni Gallimard, ni René Julliard ou Le Seuil, tout proches, ne versent assez de subsides pour aller mieux manger ailleurs. Avec sa porte à tambour, son long comptoir, ses plantes vertes anémiées et ses tables de cantine, où l'on a vite fait de plonger par inadvertance sa fourchette dans l'assiette du voisin, c'est le bistrot parisien, dans son immaculée conception, tel qu'il n'a pas été encore relooké par Slavik ou l'un de ses émules. La salade de museau, le cervelas, le concombre vinaigrette, la tête de veau ravigote et la tarte aux pommes, arrosés d'un honnête vin courant, ne sont pas là pour provoquer le grand frisson, mais pour donner un semblant de vie familiale aux grands enfants perdus sans collier qui hantent le quartier. De l'autre côté, il y a une sorte de loge de concierge, nommée *L'Épicerie*, où Boris Vian achète sa moutarde, le comédien Marcel Pagliero ses cornichons, et où d'autres, moins chanceux, dînent d'une saucisse, d'un cornet de frites et d'un verre de rouquin. Tout Paris y est entré au moins une fois et en est ressorti vivant.

Ensuite, il y a *La Malène*, bar-pizzeria, où, dans la salle du fond, devant un croque-monsieur mollasson et un plat de spaghettis, les gloires locales ont appris à manger n'importe quoi. Puis, sautant sans regret quelques mangeoires à la vie éphémère, genre *Le Bougnat* ou *Le Civet*, on pousse la porte (ouverte) du *Montana* qui, au pied de l'hôtel du même nom, maintient vaillament sa réputation de bar le plus célèbre du Saint-Germain de la grande époque. On y récolte tout ce qu'on veut – une cuite, un ami perdu de vue, une aventure sans lendemain – bref, c'est le lieu idéal où commencer et terminer une soirée. On y apercevra même Roger Nimier qui déteste tant la rive gauche et Saint-Germain-des-Prés qu'il comparera le « Village » à une sorte de « " Pont-aux-Dames ", hanté par de petits vieux en uniforme, en quête des années perdues qu'ils entassent comme des mégots ».

★

À la porte suivante, c'est le *Flore*. On y trouve encore quelques intellectuels de qualité qui, ayant beaucoup à dire, se taisent et la foule des consommateurs anonymes qui n'ayant rien à dire ne s'arrêtent pas de parler. En tout cas, l'autre jour, je n'ai pas perdu mon temps en engageant un brin de converse avec Pascal, sur le thème des loisirs. Lui qui a plusieurs dizaines de milliers de kilomètres parcourus au service de la limonade, il m'a fait cette admirable déclaration : « Moi, Monsieur, je suis un homme rangé, et ma femme le sait bien. Je ne vais jamais au café. »

Quelle mouche piquera bientôt Paul Boubal ? Sera-t-il saisi par le démon de l'art décoratif ou tout simplement, en rouergat conséquent, voudra-t-il rentabiliser des mètres carrés inoccupés ? Quoi qu'il en soit, lorsque l'idée lui viendra d'aménager en bar-salon son ancien appartement du premier étage et, obéissant au dernier cri de la mode, à couvrir ses murs de boiseries claires à l'anglaise et de tissu écossais, le malheureux homme connaîtra son Waterloo.

En effet, presque aussitôt, viendront d'en face les petits ducs de *La Reine blanche*, café-phare de l'homosexualité germano-pratine, qui fixeront là leurs quartiers d'hiver avant d'annexer, aux beaux jours, la terrasse.

Promu par la presse « centre international des homos », le « vrai » *Flore* devra se retrancher sur ses positions initiales : sa grande salle du rez-de-chaussée, considérée comme un barrage sûr contre la vague bougre montante.

*

Comme à tout le monde, il est, dans un passé récent, arrivé à l'infatigable Cossery de suivre le boulevard Saint-Germain jusqu'au *Mabillon,* alors très en vogue chez les hardis « existentialistes », avant de retomber à l'état de banal café. Entre les deux guerres, l'endroit avait été encore plus émouvant, quand une baronne allemande, dite « la Papesse noire », y sacrifiait en groupe, dans le sous-sol, au culte – supposé – de la déesse Tanit. Le moment fort de la soirée étant « l'équerre magique », figure formée par trois dames fortement déshabillées, au pied d'une statue grimaçante. S'ensuivait, comme de juste, une mêlée copulatoire qu'on qualifiera d'indescriptible, afin de ne pas choquer le jeune lecteur.

Non loin de là, la *Rhumerie martiniquaise* avait réchauffé par son *Ti'punch* plus d'un villageois de qualité. Ce fut là, notamment, que Marcel Aymé avait présenté Roger Nimier à Antoine Blondin qui, pris soudain d'un rhum carabiné, renversa sur leurs pieds le guéridon avec tout ce qui s'y trouvait.

En ce début des années 50, on continue de s'y écraser mais, à présent, la terrasse accueille plus de jeunes fiancés proprets, d'étudiants prolongés et de petits ménages sans histoire, que de futurs Nobel.

Une brasserie sérieuse où tout est interdit

Après une tasse de chocolat aux *Deux Magots,* où on le réussit comme nulle part ailleurs, il est temps, maintenant, de revenir sur ses pas, et de traverser le boulevard pour aller mendier une table au père Cazes.

Marcellin, le patriarche de la brasserie *Lipp,* monte encore une garde relativement vigilante à la hauteur de la caisse. À ses côtés, légèrement en retrait, se tient une sorte de clone de Dario Moreno, dont la fine moustache barre une bonne grosse bouille, à la candeur de laquelle on a intérêt à ne pas se fier. Roger Cazes, le fiston, qui attendra patiemment que vienne son tour en 1965, a en effet l'œil américain. Un simple coup de mirettes et le visage de l'impétrant, qui débarque là pour la première fois, est enregistré, catalogué et enfoui à jamais dans les tiroirs de la brillante mémoire aveyronnaise et limonadière. Déclaré bon pour une banquette dans le boyau – très prisé des vieux habitués – qui s'étrangle sur la droite ou pour une chaise, tout au fond de la grande salle ; tout juste bon pour l'étage, autrement dit « la Sibérie », ou encore bon à rien et définitivement tricard : l'avenir du novice se joue en une fraction de seconde.

Contrairement à une légende bien établie, *Lipp* ne se trouve nullement à Saint-Germain-des-Prés, mais en face. Les enfants de Sartre, les rats de cave, le jazz américain lui sont aussi étrangers que pourrait l'être le jitterburg à la salle des fêtes de Laguiole, d'où le petit Marcellin monta un jour à Paris, pour ses quinze ans. *Lipp* est une brasserie bourgeoise, par conséquent sérieuse, où tout est interdit. À l'exception du paiement en liquide, des chiens sous la banquette et de la cigarette. Depuis l'ouverture, au tournant du siècle dernier, on y cultive la Légion d'honneur, pas la gaudriole. Par mesure exceptionnelle, Léon-Paul Fargue – le divin Froissart de la maison – avait eu, avant la guerre, seul le droit, sans susciter de remous, de se faire servir son quart Vichy bouillant. C'était lui qui, afin d'éclairer l'opinion, avait écrit : « *Lipp* est à coup sûr un des endroits, le seul peut-être, où l'on puisse avoir, au prix d'un bock, le résumé fidèle et complet d'une journée politique ou intellectuelle. » Cela reste vrai sous notre IVe République, où les ministères se font et se défont entre le hareng baltique (audacieusement introduit en 1926 par Marcellin) et le munster au cumin, ou la tarte aux quetsches (fournie par le même pâtissier depuis 1913).

De Paul Ramadier à Georges Bidault, de Félix Gouin à René Pleven, de Guy Mollet à François Mitterrand, en passant par Paul Reynaud, Édouard Herriot ou Robert Schuman, tout ce qui bouge dans les allées du pouvoir, depuis la Libération, a mangé, mange ou mangera la célèbre choucroute de *Lipp*, et l'on se demande d'ailleurs bien pourquoi elle est « célèbre », car c'est le plat le plus insignifiant d'une carte, par ailleurs, très honorable. (Pour des raisons jamais élucidées, du moins par moi, la paire de Francfort est déposée sur l'assiette du serveur au moment où celui-ci passe devant la caisse. Craindrait-on des fuites [1] ?)

Même le général de Gaulle, venu en voisin depuis les bureaux du RPF, rue Solférino, y a été vu avant la « traversée du désert ». Sans parler de tous les autres – les Christian Dior, Martine Carol, Michèle Morgan, Roland Petit et Renée Jeanmaire, Orson Welles, René Clair, Eugène Ionesco ou Yves Montand – dont Roger Cazes notera, jusqu'à sa mort, les noms, sur un gros cahier de toile noire.

Plus intéressants encore que les clients, il y a les garçons de chez *Lipp*. Quand on demande à Marcellin Cazes combien ils sont, il répond, en vrai sage du Rouergue : « Ils sont trop. » D'aucune façon impressionnés par les gloires du Tout-Paris, les six maîtres d'hôtel et vingt-six garçons regardent tout le monde d'un œil égal, en parcourant chaque jour des dizaines de kilomètres, sans rien en laisser paraître. La plupart sont là depuis quinze ou vingt ans, l'ancêtre étant Alfred, dit Bouboule, qui tiendra le record avec trente-cinq ans de maison. Quand l'un d'eux s'en va, c'est eux-mêmes qui intronisent leur successeur. Chez *Lipp*, on n'est jamais admis par hasard.

En face, à Saint-Germain-des-Prés, la mode, versatile, gonfle les voiles aussi rapidement qu'elle les fait s'abattre. Ici, on ne parle même pas de mode, ce serait trop commun. Tant que Laguiole sera aux commandes, l'avenir demeurera incrusté dans le passé.

Et personne n'ose encore imaginer qu'un jour Laguiole n'y sera plus [2].

---

1. L'affaire « des fuites », dite également « des généraux », a éclaté en 1949, à la suite de la diffusion par le Viet-Minh du rapport secret du général Revers.

2. On lira avec profit et on regardera avec plaisir l'excellent album illustré, *Saint-Germain-des-Prés*, par Jean-Paul Caracalla (Flammarion).

CHAPITRE 5

IL N'Y A PAS DE CAMPS EN URSS

« Le régime pénitentiaire soviétique qui est le plus progressiste et le plus avancé du monde... »

Une moitié de la salle s'esclaffe, tandis que l'autre, suspendue à ses glorieux soleils, se laisse bercer par la musique de Me Joë Nordmann qui, avec son visage de bretteur, éclairé d'un bon sourire, poursuit, d'une voix enflée par la foi : « Oui, le système soviétique, contrairement au système français, est fondé, non pas sur la détention, mais sur le travail. Et nous le démontrerons... »

En ce début d'après-midi du samedi 25 novembre 1950, l'automne parisien et civilisé, qui faisait glisser sa lumière douillettement dorée à travers les hautes fenêtres de la 17e chambre correctionnelle, vient d'un coup d'être balayé par les vents polaires de la mer Blanche et de la Sibérie. Plus l'avocat de l'hebdomadaire communiste, *Les Lettres françaises*, en état d'extase hargneuse, tisse sa légende, plus les camps de la mort soviétiques prennent corps, avec leurs barbelés, leurs miradors et leur immense cortège d'ombres saignantes, au milieu de cette salle peinarde, taillée plus pour les petits drames que pour les grandes tragédies. Une centaine de photographes et de journalistes, venus du monde entier, s'y entassent dans une animation vibrante, tandis que, dans les couloirs, rescapés du choléra rouge et rescapés de la peste brune, attendent l'heure où ils pourront parler.

Le procès – mon premier procès – qui vient de commencer sur les rives de la Seine, a pris consistance, douze mois plus tôt, le 12 novembre 1949, quand David Rousset a lancé dans

Le Figaro littéraire un appel à tous les anciens déportés, afin de constituer une commission qui étudierait sur place, en Union soviétique, la réalité des « camps de travail collectif ».

La chevelure en bataille, la mine poupine, les joues rebondies sous les lunettes rondes, l'homme n'a plus rien à voir avec le « petit tas d'os » libéré de Buchenwald en 1945. Il y a laissé un œil mais pas sa formidable vitalité. Quelques semaines de repos avaient suffi à l'ancien résistant, arrêté par la Gestapo en octobre 1943, pour se remettre aussitôt à sa table de travail. L'ancien militant de la SFIO, passé au trotskisme pendant la guerre d'Espagne, avant de s'en détacher définitivement, avait été le premier à décrire, avec la précision du sociologue et la force de l'écrivain, l'enfer des camps nazis. Dès 1946, le prix Théophraste Renaudot avait couronné *L'Univers concentrationnaire.*

Puis il avait opté pour la forme romanesque avec *Les Jours de notre mort*, avant de reprendre le combat politique et fonder, avec Sartre et des révolutionnaires non staliniens, le Rassemblement démocratique révolutionnaire, en février 1948. Un feu de paille, sur lequel Sartre avait soulagé sa conscience en donnant, l'année d'après, sa démission, chagriné qu'il était, par les démangeaisons par trop anticommunistes, qui grattaient de plus en plus fort le RDR.

Pour David Rousset, l'horreur stalinienne est une blessure à la dignité humaine aussi indigne que l'hitlérienne. Quand il donne son article au *Figaro littéraire* – un choix d'ailleurs impardonnable aux yeux des dévots du communisme – il vient de suivre passionnément, pendant tous ces mois de 1949, l'éclaboussant procès Kravchenko contre *Les Lettres françaises.* Il a entendu Me Nordmann aboyer sa foi stalinienne, mais aussi les fines bouches du parti, d'André Wurmser à Pierre Daix, de Claude Morgan à Vercors, de Roger Garaudy au compagnon de future déroute, Emmanuel d'Astier de La Vigerie, couvrir d'immondices verbales, avec la rage d'un procureur de Staline, l'ancien fonctionnaire soviétique, passé à l'Ouest et auteur du très dérangeant *J'ai choisi la liberté.* Peut-être même a-t-il été choqué, en tout cas surpris, d'entendre son ami Louis Martin-Chauffier, ancien déporté comme lui, et membre du comité directeur du RDR, jurer que Kravchenko a trahi « non seulement son pays, mais tous les Alliés ensemble ».

Le jumeau rouge du nazi brun

Il est vrai qu'en cette après-guerre glauque, où les consciences se fripent aussi vite qu'une chaussette mouillée, c'est un véritable martyre, pour quelque « progressiste » que ce soit, d'admettre la vérité sur ce déchirant « secret de famille ». L'idée que la Russie des partisans, la Russie de Stalingrad et des millions de morts de la « Grande Guerre patriotique » n'a jamais cessé d'être le plus sanglant des bagnes, est difficilement supportable.

Y compris pour le jeune bourgeois de vingt ans que je suis, en 1949, dont le grand-père maternel, paisible marchand juif de Moscou, a disparu dans l'enfer du goulag de la mer Blanche.

Depuis que je suis en âge de recevoir les rares confidences de ma mère et de mes oncles qui, eux-mêmes, ont combattu pendant la Grande Guerre sur le front français, comme engagés volontaires dans une unité russe, et aussi d'interpréter les non-dit familiaux, plus nombreux encore, j'ai un dégoût quasiment physique du marxisme, des bolcheviks et du communisme, ce jumeau rouge du nazisme brun.

Et pourtant, depuis la Libération, combien de fois, voyant un film de guerre soviétique, n'ai-je pas été, comme tout le monde, soulevé d'admiration par l'héroïsme de ce peuple ? Combien de fois n'ai-je pas été tenté d'attribuer à un régime, capable à ce point de sublimer son pays, les plus nobles desseins ? Cette émotion, je la partage, j'en suis certain, avec la majorité des Français non communistes, et il faudra du temps, et ce sera dur pour chacun, de consentir à ouvrir les yeux.

Or, justement, le procès Kravchenko, qui s'est terminé par la condamnation pour diffamation des *Lettres françaises*, vient de marquer un tournant.

★

Nous ne sommes plus tout à fait à cet instant de l'Histoire, où la vérité était soluble dans le mirage, et où la morphine du socialisme anesthésiait les cerveaux. Il faut vraiment avoir la passion du mensonge, pour ne pas être édifié par les témoignages qui commencent à émerger. Tel celui de Margaret Buber-Neumann, *Déportée en Sibérie*.

Réfugiée en URSS avec son mari, un des leaders du parti communiste allemand, elle a été déportée par Staline, puis livrée à la Gestapo, au lendemain du pacte germano-soviétique en 1939, pour être expédiée à Ravensbrück. Vient de paraître également *La Condition inhumaine*, le terrible récit de Jules Margoline, juif polonais réfugié en URSS, qui a passé cinq ans dans les goulags de la mer Blanche. Et combien d'ouvrages, repoussés dans les greniers de l'Histoire et les oubliettes de la mémoire, avaient déterré depuis longtemps les cadavres du léninisme et du stalinisme !

Mais, en cette fin des années 40, qui s'en souvient encore, à part quelques spécialistes ou des familles directement concernées, comme la mienne ? On aurait aussi vite fait de dénombrer les bibliothèques où jaunissent, en seconde rangée, les réquisitoires incandescents de Boris Souvarine et de Victor Serge. Et, encore plus rarement, un exemplaire des *Prisons soviétiques* par Olga Kolbassine-Tchernoff (1922), de *An Island Hell* par le capitaine Malsagoff (1926), de *La Terreur rouge en Russie* par S.P. Melgounov (1927), d'*Un bagne en Russie rouge* par R. Duguet (1927), ou de *Mes 26 prisons et mon évasion de Solovki* par le capitaine Beszonov (1928). Sans parler de la presse, publiée en France par des réfugiés russes – souvent d'anciens socialistes-révolutionnaires –, en premier lieu *La Russie opprimée* qui, de 1927 à 1933, avait accumulé les terribles révélations et témoignages croisés de prisonniers évadés et de gardes tchékistes passés à l'Ouest.

Le personnage de Kravchenko, avec ses zones d'ombre et ses faiblesses de buveur impénitent, a toutefois semé un certain trouble dans les esprits les mieux disposés. Il paraît que, par d'autres traits de caractère, le capitaine Dreyfus n'avait pas, non plus, toujours emporté la sympathie de ses plus fervents défenseurs.

★

David Rousset n'est pas de la même farine. Son courage, sa générosité, son verbe sonore de tribun attirent même ceux qui ne partagent pas son anti-gaullisme ou combattent son neutralisme.

Aussi, quand Pierre Daix l'a accusé dans *Les Lettres françaises*, le 17 novembre 1949, d'avoir truqué les textes soviétiques sur « le travail collectif », et d'être un agent américain, doublé d'un « fauteur de guerre », David Rousset a aussitôt eu avec lui toute l'opinion non communiste. Le PC multiplia d'ailleurs les erreurs. À l'Assemblée, un de ses députés, un certain Virgil Barel, le traita de « journaliste hitlérien », tandis que Jacques Duclos s'égara à prétendre que « le trotskiste David Rousset » a écrit, sous l'Occupation, des articles appelant les ouvriers français à travailler en Allemagne. Précieux cadeau fait à l'intéressé qui a intenté aussitôt une action en diffamation contre *Les Lettres françaises*, en assignant Claude Morgan, directeur de la publication (qui se trouve être le fils de l'académicien, on ne peut plus bien-pensant, Georges Lecomte, et, lui-même, un ancien maurrassien), et Pierre Daix, auteur de l'article.

Quelques jours plus tard, coup de théâtre : dans l'espoir d'escamoter le procès, Morgan et Daix ont annoncé qu'ils renonçaient à faire la preuve de leurs affirmations ! La dérobade, pourtant, n'a servi à rien. Le grand déballage sur les camps en Union soviétique commence, bel et bien, à l'automne 1950, et la commission internationale d'enquête, composée d'anciens déportés des camps nazis, comme Rémy Roure, du journal *Le Monde*, Germaine Tillion, Edmond Michelet ou Jean Cayrol, se met au travail pour publier un *Livre blanc sur les camps soviétiques*, où, froidement, l'horreur videra son sac.

La peur remet sa patte sur la France

Aujourd'hui, 25 novembre 1950, la France ne peut encore s'offrir le luxe de s'ennuyer, comme elle le fera dix-huit ans plus tard. La foule qui se masse devant les barrières du Palais de Justice, habituellement désert le samedi, ne peut pas ne pas être sous le choc des événements.

Depuis cinq mois, la guerre fait rage en Corée, où, le 26 juin, l'armée du Nord communiste a envahi le Sud, protégé par les Américains, qualifiés évidemment d'« agresseurs ». Début octobre, Mac Arthur a ordonné aux forces des Nations Unies dont il est le chef, de franchir le 38e parallèle et, aussitôt, les premiers « volontaires » de la Chine de Mao sont apparus sur le terrain. À la radio, les dernières nouvelles sont mauvaises. L'offensive de Mac Arthur est stoppée par les Sino-Coréens, et la VIIe Armée américaine est même sur le point de se trouver encerclée.

Après l'embellie qui a bercé la IVe République depuis 1949, voici la peur qui remet sa patte sur la France. On se voit au bord d'un conflit mondial. À l'ambassade des États-Unis, le service des visas fonctionne à plein régime. Les capitaux s'enfuient vers la Suisse ou le Maroc.

Paris, toujours fébrile, fait des provisions à en perdre la tête, tandis que les étiquettes s'envolent – près de 40 % d'augmentation sur les prix de détail, depuis le début du conflit –, que l'industrie de guerre tourne à plein, et que, lamentablement, l'économie s'affaisse.

Défendre, en un moment pareil, les beautés du système concentrationnaire soviétique, voilà qui donnerait plutôt envie, même à un stalinien pur sucre, de fermer sa gueule.

C'est d'ailleurs ce que, prudemment, Pierre Daix et Claude Morgan ont annoncé qu'ils allaient faire. Ils comptent sur leurs avocats, Mes Nordmann et Vienney – le premier, de style Fouquier-Tinville, le second, dans le registre chanoine –, pour avoir la peau du président Coulomiès, qu'ils récusent, selon une tactique classique mais, cette fois inopérante, d'obstruction. Le magistrat, un peu du genre costaud mou, se laisse bousculer, mais puisqu'il y est, il y reste.

On va patauger dans la procédure pendant encore quelques séances, et le 8 décembre on ouvre enfin les portes à l'Histoire.

★

David Rousset, dont *L'Humanité* se plaît à souligner la posture « avachie » et les « bras courts », a appelé cinquante-cinq témoins de tous pays, dont beaucoup ont été de sincères communistes, trahis par le communisme.

Le journal *Ce Soir*, de stricte obédience, a dénoncé, la veille de l'audience, leurs « élucubrations que les agents des services secrets américains vont chercher dans les poubelles de la *Propagandastaffel* nazie ».

Quand Rémy Roure – ancien déporté, profondément respecté et aimé par tous les collaborateurs du *Monde*, dont je me trouve être le plus jeune stagiaire – arrive à la barre, Me Nordmann crie si fort, pour l'empêcher de parler, que le président, qui aurait vraiment besoin d'une petite cure de vitamines, se décide quand même à lui clouer le bec. L'avocat hurle de plus belle, et avec ses ailes noires qui battent l'air, on dirait un perroquet en furie, qu'on serait en train de retirer d'un buisson d'épineux, à rebrousse-plumes.

Le journaliste du *Monde* n'apporte aucun élément nouveau, n'étant pas un témoin direct, mais la manière dont il exprime l'émotion que lui a causée la lecture de plusieurs livres de survivants, en particulier celui d'Elinor Lipper, qui va lui succéder à la barre, place le procès à sa juste hauteur.

Arrive alors une jeune femme assez frêle, au visage plutôt attrayant mais atrocement pâle. Juive allemande, Mme Lipper a fui les nazis pour se réfugier à Moscou en 1937. Deux mois plus tard, elle s'est retrouvée à la prison de Bourtika...

— Voilà un texte appris par cœur ! l'interrompt Me Nordmann.

— On m'a visitée corporellement...

— Elle continue à lire son texte !

— Je n'ai jamais vu un tribunal ou un juge, poursuit Mme Lipper. Puis, on nous a transportés en wagons à bestiaux jusqu'à Kolyma, où l'on nous a fait travailler quatorze heures par jour par cinquante degrés au-dessous de zéro... J'avais été condamnée à cinq ans, et j'en fait onze.

Onze ans dans le bagne soviétique, c'est le titre qu'elle a donné à son livre.

— Ah oui, s'exclame Me Vienney, elle a écrit du roman, et elle continue !

Claude Morgan demande la parole. Il raconte son voyage en URSS où il n'a rencontré que des gens « ravis du régime ». Pierre Daix monte d'un cran : « Mme Lipper est l'amie des hommes qui assassinèrent Maxime Gorki[1]. » Gorki, dont il

1. On dit aujourd'hui, en Russie, sans apporter de preuves formelles, que l'écrivain n'aurait pas été tué par des contre-révolutionnaires, comme on l'avait murmuré à l'époque, mais, au contraire, empoisonné, sur ordre de Staline, en 1934.

raconte la visite au goulag – pardon, au camp de rééducation – de l'île Solovki, sur la mer Blanche, dont il avait tant apprécié le caractère humain et hautement pédagogique.

Curieusement, personne dans la salle, ne semble avoir lu les récits horrifiants sur Solovki dont j'ai parlé plus haut, comme celui de Duguet ou de Beszonov. Pierre Daix peut donc, en toute tranquillité, poursuivre sa promenade de santé et nous entraîner au doux pays des bonheurs soviétiques.

Le lendemain, *L'Humanité*, dont le compte rendu se fait curieusement laconique, passe une grande photo de Claude Morgan avec, en légende : « L'Union soviétique est un pays où le peuple est heureux. »

« *Puisque vous vous considérez comme juif…* »

À l'audience suivante, la défense communiste, consciente peut-être de ce qu'elle n'a rien à dire, parle, et parle, et parle encore, enfilant les insultes comme les perles d'un collier. Hélas pour elle, le président calomnié arrive, tout requinqué – se serait-il fait remonter les bretelles, en haut lieu ? – et décroche des uppercuts là où ça fait mal.

C'est le professeur Margoline – un homme tout en douceur – qui, le premier, fait les frais des violences verbales des avocats Nordmann et Vienney.

Citoyen israélien, docteur en philosophie, il était en Pologne en 1939, quand les Soviétiques ont envahi la terre promise par Hitler. Sans jugement, il fut déporté dans un camp pendant six ans.

Juste avant qu'on donne la parole au témoin, David Rousset se fâche : « On insulte mes témoins. On prétend qu'ils ressemblent à Déat, que ce sont des doriotistes ou des hitlériens. Si c'était la vérité, c'est moi qui demanderais qu'on les pende ! »

La salle chauffée à blanc va alors voir, avec stupeur, Me Nordmann pencher son profil juif contre le profil juif du professeur Margoline, et demander à ce juif rescapé des camps de la mort : « Puisque vous vous considérez comme juif, avez-vous entendu dire que des millions de juifs ont été exterminés pendant la guerre ? »

Question suivante :

— Avez-vous entendu parler d'une guerre de l'Union soviétique contre Hitler ?

— Votre ironie est vraiment de mauvais goût, répond le professeur.

Alors, Me Nordmann d'enchaîner : « J'ai visité le ghetto de Varsovie, il y a quelques jours, et il m'a paru très déplacé que ceux qui ont assassiné des centaines de milliers de juifs du ghetto continuent la propagande qu'ils faisaient à l'époque contre l'Union soviétique. »

Me Rosenthal, un des avocats de David Rousset, bondit : « C'est infâme, ce que vous dites là ! »

Me Nordmann n'a pas dit que le témoin faisait partie de ces assassins, mais suivez son regard...

La bagarre se durcit, avec un nouveau témoin, un éminent savant viennois, Alexandre Weissberg, ancien membre du parti communiste autrichien.

Claude Morgan l'interrompt aussitôt, le traite de « renégat », et lance : « C'est écœurant, ce procès de l'Union soviétique fait, devant un tribunal français, par des Allemands ! »

Hurlement dans la salle. Le directeur des *Lettres françaises* est sur le point de foncer sur M. Weissberg, quand le président, tapant comme un sourd avec son marteau, interrompt la séance.

À la reprise, pas content du tout, il menace Claude Morgan, s'il recommence, des foudres de la Justice. Le savant autrichien, à bout de forces, s'adresse à Morgan, d'une voix brisée : « Pendant six ans, Monsieur Morgan, j'ai mené la lutte clandestine contre les nazis en Autriche. Mon père a été gazé en Allemagne, comme un de mes frères. Mon second frère a été pendu, ma femme a été fusillée et moi, en janvier 1945, les Russes, qui libéraient l'Autriche, m'ont expédié pendant trois ans dans un camp de concentration. Est-ce que cela vous suffit, Monsieur Morgan ? Est-ce que cela vous suffit ? »

Commentaire, quelques jours plus tard, dans *L'Humanité*, de Pierre Daix : « La mascarade des témoins antisoviétiques cités par Rousset n'a pu s'accomplir que sur ordre gouvernemental, pour aider à la campagne de guerre contre l'URSS [1]. »

★

Dehors, c'est le temps de Noël. Un Noël dont on prépare le rituel par habitude, mais le cœur n'y est pas. Les nouvelles de Corée sont très inquiétantes. Rien n'arrête les sino-communistes dans leur percée vers le Sud. Bientôt ils seront à Séoul. Le président Truman a déballé son cadeau. Un cadeau dont on se passerait bien. « L'emploi de la bombe atomique demeure à l'étude », a-t-il déclaré, sur le ton du boutiquier prêt à entamer son inventaire.

Il n'y a plus grand monde en France qui ait envie de se battre, à part les anciens combattants.

Dans la crèche du Palais de Justice, les santons sont face à face. D'un côté, les santons rouges – comme les appelle Pierre Scize, du *Figaro* –, à genoux et béats devant la Sainte Famille du Kremlin, et ses jolis camps de vacances. De l'autre, les pauvres santons qui, justement, en sortent de ces camps épatants, qui offrent à la fois le travail et la santé. Magistrat, astronome, bûcheron, femme de lettres, journaliste à l'agence Tass, poète, général ou employé de chemin de fer ; polonais, allemand, russe, tchèque, espagnol républicain, ou antifasciste italien ; juif, chrétien, ou athée, ils apparaissent et disparaissent, en un pathétique carnaval de spectres, laissant derrière eux l'empreinte d'un regard, l'horreur d'une image, et des mots, encore des mots, toujours des mots qui suintent la douleur, l'injustice et, pire que tout, l'incompréhension.

Déportés à Kolyma, à Vorkhouta, à Solovki, à Mourmansk, à Kotlass, à Petchorsky ou à Narym, leurs dépositions pourraient être interchangeables. En Pologne ou en Sibérie, le diable rouge ou brun a la même odeur. Seule la personnalité du témoin fait la différence.

---

1. Recouvrant la vue, Pierre Daix aura l'honnêteté, en 1976, de disséquer, sans ménagements, son aveuglement passé (*J'ai cru au matin*, Robert Laffont).

Héroïne du procès Kravchenko, Margaret Buber-Neumann, l'Allemande antinazie dont Staline a fait cadeau à Hitler, après lui avoir fait goûter aux camps soviétiques, ne peut que répéter, ici, ce qu'elle a déjà dit.

En revanche, une semaine avant Noël, un petit homme, noir comme un *toro* andalou, va écraser la scène de toute la force de ses muscles. C'est Valentin Gonzalès, dit « El Campesino », « le paysan », héros de Teruel, un des trois chefs, avec Lister et Modesto, de l'armée républicaine espagnole.

« En prison en France, plutôt que libre à Moscou ! »

On dirait une chaudière de locomotive bourrée de feu. Quand la porte s'ouvre, on fait un pas en arrière, comme si le brasier allait vous cracher ses flammes au nez.

Un destin exceptionnel pour un homme d'exception.

Il n'est pas venu ici pour se plaindre mais pour embrocher ceux qui l'ont trahi et leur sortir les tripes du ventre. Quand il entre dans son récit, en agitant les bras comme les ailes des moulins de Don Quichotte, on s'attend à voir de la fumée sortir de ses naseaux. Celui-là, ce n'est pas le pion habituel qui tire au mètre les phrases autorisées et ânonne avec application le Pater Noster marxiste-léniniste. Après avoir juré, le poing fermé, de dire la vérité, et rien que la vérité, il fait comprendre, pour que ce soit bien clair, que la révolution, il l'a aimée, comme un vrai homme aime une femme.

La salope ou, plutôt, les salauds qui se faisaient passer pour les enfants de la Révolution, l'ont trompé, elle et lui, de manière honteuse. Après l'échec des Républicains en Espagne, il est allé chercher asile en URSS. On l'y a recueilli en héros. Il y a même eu un timbre à son effigie, ainsi que des boîtes d'allumettes. Puis, on l'a nommé général de division à l'École de guerre, l'Académie Frounzé. Très vite, il a découvert la face cachée de ce monde : « Le fascisme avec un drapeau rouge. Bien sûr, j'ai commencé par douter de moi. Je me disais : tu te trompes. C'est ton tempérament qui ne s'adapte pas. » Mais non, son instinct de paysan ne le trompait pas. Il demanda à partir. Ni le camarade Staline, ni le président Kalinine ne prirent la peine de répondre au héros de la guerre d'Espagne. Le NKVD, en revanche, sut très bien s'occuper de lui.

Bien qu'il n'y ait pas de quoi, on ne peut, par moments, s'empêcher de rire. Quand, par exemple, El Campesino rapporte le motif de son arrestation : il fréquentait trop les filles et les cafés ! Indigne d'un général soviétique.

Moyennant quoi on l'expédia au camp de Vorkhouta, où il passa près de dix ans, avant de réussir l'exploit de s'enfuir.

El Campesino ne laisse pas beaucoup de blé à moudre dans le moulin de la défense communiste. Celle-ci tente une diversion : le témoin connaît-il l'existence de ses compatriotes espagnols « déportés » en Corse ?

— Oui, répond-il, et s'ils me demandaient un conseil, je leur dirais : Surtout, gardez-vous d'échanger votre place contre celle d'un déporté russe.

Le regard braqué sur Claude Morgan, il ajoute :

— Pour moi, j'aimerais mieux être en prison en France que libre à Moscou.

Livide, le directeur des *Lettres françaises* lève son nez pointu et se met à injurier l'ex-général. L'idolâtre est tellement hors de lui, qu'il en bafouille. Le président le fait expulser *manu militari.*

Me Nordmann n'a plus qu'à aller pêcher dans la gadoue de l'Histoire un misérable argument : El Campesino n'est pas un patriote, il n'a pas servi l'Armée rouge, comme il aurait dû.

Le *toro* – un courage de légende, onze blessures au feu – va-t-il lui rentrer dedans et lui donner le coup de corne fatal ? La salle en rêve. Imaginez que, pour une fois, ce soit le taureau qui rapporte les oreilles et la queue...

El Campesino ne nous fera pas ce plaisir. Il ne prend pas la peine de répondre, le silence étant aussi le langage du mépris.

⋆

À l'audience suivante, on lira un long télégramme expédié depuis Moscou par un « groupe de militaires espagnols ».

Le « nommé El Campesino » a été chassé « pour son

comportement indigne » ! Il a converti son domicile en « un lieu d'orgies », « maltraité sa femme », « volé », « assassiné de bons combattants », et il n'est autre qu'un « chien fidèle de la bourgeoisie », un « garde-chiourme », et un « détritus humain ».

★

Les témoins cités par la défense sont tout aussi pitoyables que le télégramme de Moscou.

À la question : « Parlons donc des camps de concentration en URSS », l'un d'eux répond : « Il n'y a pas de camp en URSS. »

« Mais s'il y en avait, quand même ? » « Il ne peut pas y en avoir. »

Puis c'est au tour de l'une des grandes figures du PC, Marie-Claude Vaillant-Couturier. Elle a survécu à l'enfer des camps de la mort nazis. Va-t-elle reconnaître en ces témoins qui se succèdent et dont les accents de sincérité ne peuvent tromper, des frères et des sœurs de misère ?

Comme si elle n'avait rien entendu, elle lance, sur un ton indigné : « Cette campagne est une incitation à la guerre ! » Et conclut avec la certitude que donne la foi : « Le système pénitentiaire soviétique est indiscutablement le plus souhaitable pour le monde entier. »

Ensuite, c'est Jean Laffite, écrivain, et ancien déporté, qui ne nie pas l'existence du système pénitentiaire soviétique, mais « on n'y trouve que des traîtres à la Patrie et des criminels de droit commun ». Les « interdits de séjour » espagnols forcés à résidence en Corse sont, eux, des « déportés ». On est prié de ne pas confondre. Ou bien, c'est un ancien ministre nommé Willard qui, émerveillé par le travail « constructif » des prisonniers en URSS, s'exclame : « Eux, au moins, on ne les oblige pas à faire des chaussons de lisière ! »

Ou encore, c'est le gentil dessinateur et compagnon de route, Jean Effel, qui a passé cinq semaines en Union soviétique. Il en est revenu emballé. Les camps de concentration ? « Je n'ai pas demandé à en visiter, car ç'aurait été une idée bizarre. »

La salle s'esclaffe. « Bande d'hitlériens ! » hurle Claude

Morgan. Le naïf Effel n'a plus qu'à retourner chez son petit ange et son bon petit diable. Et les avocats Nordmann et Vienney à se débrouiller comme ils peuvent pour défendre l'indéfendable, relayés par un Pierre Daix bien terne mais qui trouve le moyen de dire à David Rousset qu'il n'est pas « un homme d'honneur », et par un Claude Morgan qui, faute d'arguments, aboie. On entend : « Armée française, nouvelle LVF... Croisade hitlérienne... *Figaro* nazi. » Une fois de plus, la salle est évacuée de force.

Le 12 janvier 1951, David Rousset a gagné son procès contre *Les Lettres françaises*. Claude Morgan et Pierre Daix sont condamnés respectivement à 20 000 et 15 000 francs d'amende, et à 100 000 francs de dommages-intérêts au bénéfice de David Rousset.

★

Donc, pour la seconde fois, après le procès Kravchenko, le monde sait à quoi s'en tenir sur la réalité des camps soviétiques.

Patience, il va tout oublier jusqu'au jour où, vingt ans plus tard, un grand livre, intitulé *L'Archipel du Goulag* [1] par un certain Alexandre Soljenitsyne, la lui fera découvrir à nouveau [2].

---

1. Le terme de « goulag » a d'ailleurs été utilisé par David Rousset dès 1949.

2. Non sans mal, d'ailleurs : comme si le rapport Khrouthchev n'avait jamais existé, les injures les plus ignobles pleuvront sur l'écrivain russe, comme, hier, sur ses prédécesseurs. Elles ne seront pas seulement l'œuvre des communistes orthodoxes mais d'une partie de cette « intelligentsia » de gauche qui n'en finit pas de se vautrer dans la falsification de l'Histoire au nom de « l'idéal de pureté » du marxisme-léninisme. En 1975, Bernard Chapuis écrira dans *Le Monde* : « *Soljenitsyne regrette que l'Occident ait soutenu l'URSS contre l'Allemagne nazie... Avant lui, des Occidentaux, comme Laval, avaient pensé de même, et des gens comme Doriot et Déat accueillaient les nazis en libérateurs* » (cité par Jean-François Revel, dans son récent ouvrage *La Grande Parade*, Plon. Un livre clé à lire absolument si l'on veut comprendre la nature criminogène de l'utopie marxiste que rien ne distingue, pour l'essentiel, de la criminalité nazie).

BRÈVE DE PARIS

Je m'arrête rarement devant les vitrines des magasins de pantoufles. Marchant l'autre jour sur le trottoir impair de la rue Claude-Bernard et arrivant à la hauteur d'une très vieille boutique de « chaussures et bas », mon œil qui traîne – une habitude professionnelle – m'a fait stopper d'un coup, comme le cheval dont on tire les rênes.

Au-dessus d'une paire de charentaises, il y avait un objet surprenant : une statuette. Une merveille de petite statuette. Une Vierge en ivoire, dont la grâce et la finesse de son modelé trahissaient son origine Renaissance. Je venais de découvrir « La Vierge aux pantoufles » !

J'ai poussé la porte. La propriétaire du magasin était une charmante vieille dame, Mme Friedérès. Plutôt que de tourner autour du pot et de faire semblant de m'intéresser à sa marchandise, j'ai préféré lui dire la vérité. Une aussi jolie statuette en pareil lieu piquait ma curiosité et je brûlais d'en savoir plus.

Non, non, je ne suis pas un marchand. Un passant curieux, rien de plus.

Mme Friedérès m'a raconté qu'elle était la plus vieille cordonnière du quartier, où sa famille avait exercé ce métier depuis 1860.

— C'est une de mes vieilles clientes, Mlle Jeanne de Celles, qui, sachant à quel point je vénérais la Sainte Vierge, m'a montré un jour sa collection. Oh oui ! C'est qu'elle en avait plusieurs comme celle-ci d'images pieuses. Et elle m'en a fait cadeau, me disant : « Si je les lègue, la personne qui les recevra les considé-

rera pour leur valeur artistique, alors que vous, je le sais, vous les aimez pour ce qu'elles représentent, et il y a une grosse différence. » Voilà pourquoi j'ai exposé cette Vierge à la vue des passants, avec l'espoir que, de temps en temps, il y en ait un qui la remarque, pas à cause de son prix que d'ailleurs j'ignore mais pour ce qu'elle est : un objet de prière.

— Vous n'avez pas peur que quelqu'un vous la vole ?

— Ah, mon bon monsieur, vous ne croyez pas que la Sainte-Vierge est capable de se préserver toute seule ?

Après tout, c'est elle qui a raison. Certes, la presse relate les hauts faits des malfaiteurs qui braquent les banques ou font sauter les coffres-forts dans les beaux quartiers, mais comme tout cela est loin de nous autres, Parisiens ordinaires, qui glissons la clé de l'appartement sous le paillasson, ne fermons pas les volets quand nous nous absentons et nous promenons, la nuit, les mains dans les poches, dans le vieux Paris où jadis on détroussait, parfois même trucidait, les promeneurs égarés.

À deux heures du matin, sur les quais de la Seine, déserts, l'idée qu'un mauvais coup, là-bas, dans l'ombre, pourrait se préparer, est trop absurde pour qu'on perde son temps à en parler.

CHAPITRE 6

JULIEN GREEN VEUT DÉTRUIRE LA TOUR EIFFEL

« Je n'aime pas la Tour Eiffel. Il faudrait la jeter au fond de l'eau… Elle raye même le soleil. »

Je rêve… Nous sommes en 1951 et, sauf pour quelques très vieux messieurs qui n'ont toujours pas avalé le mécano de M. Eiffel, il semblerait que la question ne soit plus d'actualité. D'ailleurs, il y a prescription.

L'homme qui tient mordicus pour sa destruction immédiate n'est pas un fossile déterré sur les lieux de l'Exposition Universelle de 1889. Il a eu cinquante ans, cette année, et ce n'est pas non plus un enragé.

Julien Green qui me reçoit dans l'appartement qu'il partage, à l'ombre pieuse de Saint-Sulpice, avec un de mes amis journalistes, Robert de Saint-Jean, a l'air appliqué d'un premier prix de catéchisme, les bras croisés sur la poitrine, avant de recevoir sa récompense. Une image à manier, toutefois, avec précaution.

L'auteur de *Moïra*, seul grand auteur américain écrivant en français, et que le vocable « d'écrivain catholique », dont on l'affuble souvent, met dans tous ses états, me racontera plus tard, dans le courant de la conversation, un de ses derniers rêves. Un homme, qui lui ressemble, trait pour trait, se promène dans le quartier de Saint-Sulpice, un bidon à la main. Il a l'air tout à fait inoffensif mais, soudain, il se met à arroser d'essence toutes les librairies pieuses et magasins d'articles religieux du coin, et y met le feu.

Donc, quand cet homme-là parle de détruire la Tour Eiffel,

on ne doit pas prendre la chose à la légère. L'idée fixe, heureusement, ne s'attarde pas et, rapidement, je découvre un Julien Green que je ne soupçonnais pas, tellement loin des hallucinations de ses personnages, hantés par le péché et la mort. C'est un amoureux fou de Paris, que j'ai devant moi. Il semble connaître chaque rue, chaque pierre, et il en parle le plus délicieusement du monde, comme l'amant de l'être aimé. Peut-être est-ce lui « l'Américain à Paris », tel que Gershwin l'a rêvé, émerveillé, comme au matin du premier jour, feuilletant, au milieu du concert joyeux de la rue, l'album d'images sonores, où bat à tout rompre le cœur de la ville.

Mais non, ce n'est pas ce Paris-là qui retient ses promenades solitaires : « J'aime la province à Paris, faite de silence, de verdure, de vieilles pierres. J'aime l'ombre, les squares, les rues perdues, les stations devant les portes cochères. Je pourrais vous dire où se trouvent les plus beaux arbres de Paris, et de quel endroit il faut regarder la coupole d'or des Invalides, pour en avoir l'image la plus totale... Paris, voyez-vous, c'est un être cher dans l'intimité duquel on vit sans prendre garde à l'attraction qu'il exerce, tant celle-ci est discrète, nuancée, mais si ce climat vous quitte, on peut en mourir de chagrin. C'est pourquoi je ne pars pas en vacances. »

Quand, jeune lycéen à Janson-de-Sailly, il donnait, dans la maison familiale de la rue de Passy, des leçons de français à sa mère américaine, il nourrissait déjà pour la France un amour farouche. Dans son livre d'histoire, celle-ci était représentée par une toute petite fille à l'époque de Vercingétorix, une jeune femme sous Louis XV, et ainsi de suite.

« Le livre s'arrêtant à Napoléon, j'avais une peur horrible que la France ne mourût. »

En septembre 1940, il avait quitté la France, n'emportant que les vêtements qu'il avait sur lui, son chapelet et un livre de prières. Pendant ces longues années de guerre, il n'a pas cessé, la nuit, d'errer par la pensée le long des rues de Paris : « Je touchais de la main les pierres des maisons familières, le tronc des arbres... Entre Paris et moi, je me retrouvais dans un état bizarre, à la fois déçu de me réveiller de ce côté-là de l'Atlantique, et enchanté de ma promenade nocturne. »

Ses errances le conduisaient dans les plis et les replis de la grande ville, dont la forme, dessinée sur le plan épinglé dans sa chambre américaine, lui rappelait celle du cerveau humain. Mais chaque fois, en finale, elles le tiraient du côté de son enfance, dans le vieux village de Passy. Même si aujourd'hui il s'en est écarté, il ne l'a jamais quitté. Il en savoure chaque bouchée, comme d'un gâteau merveilleux et, en l'écoutant, je ressens un vrai bonheur.

Quand j'entends sortir de sa bouche des noms qui me sont plus que familiers – rue de Boulainvilliers, rue des Vignes, rue des Eaux, rue des Marronniers, rue Berton – puisqu'ils se trouvent « sur mes terres », c'est comme s'il me faisait cadeau d'une jeunesse en partage.

Rue Berton… J'adore me glisser la nuit, la main dans une main, dans cette ruelle qui s'en va toute bête, au pied d'un bloc d'immeubles lourdauds, à l'angle de la rue Raynouard et de l'avenue de Lamballe et qui, quelques mètres plus loin, vous bascule dans le XIXe siècle, du côté de chez Balzac.

De la Seine, toute proche, monte souvent un léger brouillard chargé d'humidité. C'est le moment de venir, quand les gros pavés disjoints luisent dans la lumière bleutée d'un des derniers becs de gaz de Paris, et qu'assis sur la borne de pierre qui délimitait autrefois les seigneuries d'Auteuil et de Passy, et dont on se servait aussi pour sauter à cheval plus facilement, on guette l'instant où la porte cochère va s'ouvrir devant l'éternel endetté de *La Comédie humaine*, s'enfuyant, tandis que l'attendent là-haut, à l'autre entrée, rue Raynouard, des créanciers mal informés.

Rue des Marronniers, sous l'Occupation, il y avait un architecte dont mes parents parlaient avec une admiration mêlée de jalousie. Sur le toit de son immeuble, il avait réussi à aménager une véritable petite ferme, avec une basse-cour, un potager, des arbres fruitiers, des ruches… Selon un bruit incontrôlé, il aurait même poussé dans l'escalier jusque là-haut un petit veau que, par la suite, il aurait, par attendrissement, laissé grandir, tant et si bien qu'à la Libération l'animal serait devenu un vrai casse-tête. Je n'en crois pas un traître mot, mais l'histoire mérite quand même d'être contée. Alors, comme si la chose va de soi, Julien Green me dit d'une voix douce : « Chaque semaine, je vais chercher mon lait à la ferme... Où ça ? Pas très loin de là, où habite Malraux »[1].

« L'élevage à Paris, c'est un peu juste comme avenir »

J'ai de bonnes raisons de savoir où vit le grand homme, puisqu'il occupe, à l'orée du Bois de Boulogne, l'étage supérieur de l'hôtel particulier, dont sont propriétaires les parents de mon vieil ami Claude Renard.

À quelques mois de là, après une visite à mon ami Renard, je fais un léger crochet par la rue La Rochefoucauld, près du boulevard d'Auteuil. J'ai gardé le papier où j'avais noté le numéro indiqué par Julien Green, mais j'ai beau passer et repasser devant le 51, je vois là la façade d'un café, mais de la fameuse ferme, pas la moindre trace.

Je me décide à pousser la porte. Me voici dans un café de village, minuscule, où quelques buveurs de « p'tit côtes » et de calva, accoudés au zinc, me jettent le même regard soupçonneux, dont on accable l'individu qui, s'étant trompé de porte, débarque en pleine séance d'un conseil d'administration. L'un des hommes porte une casquette et une blouse noire qui s'arrête à la hauteur des genoux, au-dessus de grosses bottes de caoutchouc toutes crottées. Il a la face rougeaude du paysan et l'air d'un qui n'a pas encore vu la grande ville.

À ma question, il répond par un geste. Il me désigne une porte au fond du café. Une inscription, aux trois quarts effacée, indique sobrement : *FERME.*

Je tourne la poignée, m'engage dans un obscur boyau qui file sur la gauche, et arrivé au bout, me pince un bon coup pour m'assurer que je ne rêve pas.

Là, une cour de ferme étale le traditionnel désordre rustique : bottes de paille, tas de luzerne, bidons de lait,

1. Julien Green publiera, en 1983, un essai d'une centaine de pages, intitulé *Paris*, où je retrouverai avec infiniment de plaisir, sinon la lettre, du moins l'esprit, dans son intacte fraîcheur, de cette conversation tenue une trentaine d'années plus tôt.

fourches, et vieille carriole. Les poules caquettent, les canards cancanent en s'ébattant dans une maigre flaque d'eau, tandis que des hennissements et des meuglements s'élèvent à droite d'un bâtiment au toit bas, d'où surgit un homme en pantalon de grosse toile bleue.

— C'est pour le lait ?

— Oui et non. En fait, je suis journaliste et j'aimerais bavarder avec vous.

— Beuh... J'aime pas trop qu'on parle de moi.

Dans les années 50, la paysannerie, notamment parisienne, ne passait pas encore au journal télévisé de 20 heures.

Peut-être bien que je ferais mieux de lui acheter un litre de lait, six œufs, et filer sans demander mon reste. Mais à cet instant, les hennissements en provenance de l'écurie redoublent.

— Ah ! C'est Mouton qui m'appelle.

J'en profite pour lui emboîter le pas, et nous nous retrouvons autour d'un vieux cheval débordant d'affection, qui regarde son maître avec cette petite étincelle de tendresse que les amis de la race chevaline arrivent, seuls, à trouver dans le regard absent du cheval. Je fais assaut de politesses, flatte son encolure, m'émerveille de sa prestance, et de son allure fringante. Buvant visiblement du petit lait, le fermier parisien se détend d'un coup. Il a devant lui un ami sincère des équidés.

— Ah ! ça, je l'aime bien mon Mouton. On vit ensemble depuis toujours. Je sais bien, il n'est plus bon à grand-chose, mais un vieux camarade, ça ne se laisse pas tomber. Il mourra ici, à la ferme.

Il me plaît, ce bonhomme, d'autant qu'une fois mis en confiance, il ne demande qu'à parler. Il s'appelle Louis Vézolle. Il est né ici même, juste avant la Première Guerre mondiale, dans la ferme de La Rochefoucauld, où son père s'était installé en 1887. Les pâturages, à cette époque, s'étendaient jusqu'à la Seine, là-bas, très loin, à la hauteur de l'île Seguin, où M. Louis Renault installera son usine dix ans plus tard. Le domaine se rapetissera au fil des ans, et un jour, l'autre Monsieur Louis se retrouvera dans sa cour de ferme, coincé entre un atelier de blanchisserie et des immeubles. Tel le touchant banlieusard qu'immortalisera plus tard Sempé, il n'allait pas, depuis ce jour, cesser de se battre contre les promoteurs résolus, évidemment, à le déloger de son bunker campagnard, long de cinquante mètres, et large de vingt.

Monsieur Louis n'est pas naïf. Il sait qu'un jour ils finiront par l'avoir, mais, par fierté paysanne, il continue comme si de rien n'était.

Dans son étable, il a huit vaches et deux petits veaux. Il est particulièrement fier de sa Championne et de sa Marquise qui, chacune, lui donnent entre vingt et trente litres de lait par jour. Un beau lait, bien mousseux et crémeux, qu'on vient acheter d'un peu partout.

— Vos vaches, vous les gardez chez vous toute l'année ?

— Oh ! ben non. Elles font comme tout le monde. Une fois par an, elles vont en vacances. En Normandie, pour se refaire une santé ! Mais vous savez, elles ne pensent qu'à rentrer à la maison. Ici, elles aiment bien.

— Et quand vous avez besoin d'une nouvelle vache, vous la faites venir d'où ?

— Ben, de la ferme Victor-Hugo, forcément, répond Monsieur Louis en jetant un regard de commisération sur le malheureux qui, visiblement, ignore tout des finesses de la circulation des vaches parisiennes.

— Avenue Victor-Hugo, près de l'Étoile ?

— Mais non, à Boulogne, à côté d'ici.

— Ah... À côté de chez Malraux ?

— C'est un nom qui me dit rien. Il serait marchand de bestiaux ?

— Pas vraiment...

— Je me disais aussi... Parce que vous savez, le marchand de l'avenue Victor-Hugo, il est connu de partout. Il fait venir de Normandie, du Charolais, du Limousin, et puis il redistribue.

Avide d'en savoir plus sur les conditions d'existence de Championne, Marquise et leurs copines d'étable, je lui demande comment il arrive à trouver autant d'herbe rue de La Rochefoucauld.

— Au champ de courses, bien sûr, fait-il, décidément dégoûté de l'étendue de mon inculture.

Chaque matin, Monsieur Louis attelle Mouton à sa carriole, et s'en va au champ de courses de Longchamp, pour y ramasser le déjeuner de ses vaches.

Pour le reste, une petite clientèle sûre s'approvisionne chez lui en poulets et canards de Barbarie, qui picorent dans la cour.

Ajoutez à cela une cinquantaine de lapins à la robe bien brillante et la vente d'œufs frais du jour.

— De ce côté-là, ça va. J'ai pas à me plaindre.

Sur ces entrefaites, débarque le garçon de ferme, en qui je reconnais l'homme du café. C'est un Ardennais, aussi hermétique à la conversation qu'un tas de parpaings. Il faut se faire à cette idée, je n'en saurai jamais plus sur les états d'âme des garçons de ferme de Boulogne-Billancourt. Je fais donc dévier la conversation sur la famille de Monsieur Louis. Il m'apprend que son épouse était secrétaire dans un journal financier.

— Où je l'ai connue ? Oh, c'est simple. Un jour, je me dis, il faudrait quand même monter une fois à Paris. C'est vrai, j'avais pas encore eu l'occasion. Alors me voilà parti dans le métro, et comme j'avais entendu causer des Grands Boulevards, je descends à la station Bonne-Nouvelle. Une fois sorti, je m'en vais pour demander mon chemin. Il y avait une jeune fille qui passait par là. Elle était très gentille, et puis voilà…

Ne voulant rien négliger, je lui parle des enfants.

— Ils vous succéderont ?

— Ça m'étonnerait. Vous savez, l'élevage, à Paris, c'est un peu juste comme avenir, pour des jeunes.

CHAPITRE 7

TOUT PARIS AU « BAL DU SIÈCLE »

Pfuitt ! Évanoui, le Tout-Paris... Évaporé, envolé, bref, introuvable. Mais si l'on tient absolument à mettre la main sur Jacques et Geneviève Fath, sur la Bégum, Christian Dior ou Arturo Lopez, il faut se précipiter à Venise et se débrouiller comme on peut pour décrocher une entrée au Bal.

Ceux qui en sont, disent « Le Bal ». Pour les autres, qui en bavent de jalousie, ce n'est encore que « Le bal Bestegui ». Un événement international, universel, interplanétaire qui, en cette fin d'été 1951, agite, secoue, tourmente, bouleverse les salons du monde occidental, fait tourner de l'œil les duchesses, grimper le thermomètre dans les salles de rédaction et rugir de colère dans les meetings populaires. Le parti communiste italien de M. Togliatti a lancé ses foudres sur cette honteuse provocation du capitalisme, le Vatican s'est entortillé dans les murmures de la désapprobation céleste et tandis que, d'un boudoir l'autre, les boudeuses non invitées prédisaient le « four du siècle », au palais Labia, sous les fresques de Tiepolo, au bord du Grand Canal, une nuée fiévreuse de décorateurs, d'artisans, d'ouvriers, de secrétaires et d'attachés de presse mijotaient le premier grand ragoût mondain de l'après-guerre.

Plus qu'un coûteux divertissement, le symbole d'un monde, saoul de sa toute nouvelle liberté et pressé d'embarquer vers des lendemains chargés d'or et de plaisirs. L'idée en était venue à Charles de Bestegui lorsqu'il avait acheté en 1948 l'un des plus somptueux palais de Venise mais dont l'état de délabrement nécessitait de grands travaux de restauration. Un domaine où excellait ce descendant d'une famille basque émigrée au Mexique, au XVIIIe siècle, qui avait fait fortune dans l'exploitation des mines d'argent.

Passionné de maisons et de décors, le flamboyant héritier avait confié, dans les années 30, à Le Corbusier l'agencement d'un spectaculaire appartement sur le toit d'un immeuble des Champs-Élysées. Puis, en pleine occupation allemande (il avait reçu la nationalité espagnole de son père, ambassadeur du Mexique à Madrid, à qui le roi Alphonse XIII avait fait ce cadeau), il avait transformé en une demeure féerique le château de Groussay, à Montfort-l'Amaury, le village de Maurice Ravel où il était devenu de bon ton d'avoir sa « campagne ».

À Venise, quand le palais Labia aurait retrouvé sa splendeur passée – et mieux encore –, il s'était promis de fêter l'événement, en ressuscitant l'antique tradition vénitienne du bal masqué, enterrée sous Mussolini.

Le 4 septembre, à dix heures du soir, dix laquais en livrée groseille soutachée d'or, au garde à vous sur le ponton du palais, inondé de lumière, accueillent les sept cents invités qu'à tour de rôle, les gondoles empanachées vont y déposer.

Dépêché par Roger Nimier, à qui j'ai proposé ce reportage pour *Opéra*, me voici donc, tapissé de la défroque mitée d'un marquis d'opérette, serrant fortement mon carton dans la main car, sait-on jamais ? Des invitations courent sous le manteau, à 150 dollars pièce, dont plusieurs, fabriquées par des faussaires.

Dès le matin, la foule s'était massée au bord du canal Cannaregio et j'ai eu le plus grand mal à me frayer un chemin parmi les dizaines de policiers qui cernaient le palais. Au bout de dix minutes, la porte close, devant laquelle braillaient des photographes avec leur discrétion coutumière, s'ouvrit devant un cerbère en jupons, aussi amicale qu'une lame de rasoir, qui me poussa vers un petit groupe composé d'un journaliste mexicain, d'un reporter américain, d'une comtesse russe en voie d'écroulement, d'un décorateur et de son assistant, tous deux de sexe interrompu – comme dit Audiard – et d'un plombier, venu réparer la tuyauterie des « commodités ». Nous attendions le Messie, tandis que dehors la foule s'impatientait, lorsqu'enfin d'un pas à la Scipion l'Africain, Charles de Beste-gui apparut, pour se diriger aussitôt vers sa vedette à moteur, sous les flashes des photographes.

Fort de l'expérience, je me dis, le soir, qu'en arrivant à onze heures – les invitations portaient dix heures trente – je serais parmi les tout premiers. À neuf heures une cascade de lumières se ruait déjà sur le Grand Canal et j'étais encore devant ma glace, tirant sur ma perruque en authentique crin de cheval afin qu'elle recouvre, au moins, la moitié de mon crâne.

Dali ne quitte pas Dior d'une moustache

La veille, j'avais fait la connaissance, au bar de mon hôtel, le *Regina*, où trônait la très belle vicomtesse Jacqueline de Ribes, d'un marchand de culottes du Sentier dont le bagout et la vulgarité sans faille m'avaient enchanté, au sens premier du terme. Dans un élan fraternel, imbibé au Campari et totalement incontrôlé, il m'avait fourré dans la tête de l'emmener au Bal, sans invitation. Il s'était rué chez un costumier pour y décrocher un costume de pirate oriental et nous voilà baignant dans le fond humide d'une gondole de maraîchers (rien d'autre de disponible), en route vers le palais Labia. Impossible de le rater. Le canal s'est transformé en une grosse pelote inextricable d'embarcations de toute taille et de toute nature.

« *Invitato ! Invitato !* » hurle mon gondolier, pour se frayer un chemin et nous voici bientôt, nez à nez, avec une demi-douzaine de canots à moteur, peuplés d'hommes masqués qui regardent dans tous les sens. Ils sont vêtus de longues capes noires d'où, discrètement, ici une mitraillette, là un fusil pointent le bout de leur nez. En fait, c'est tout le quartier qui est en état de siège. Le Bal du Siècle est d'abord celui des carabiniers.

Une fois débarqués sur le ponton, le plus dur reste à faire. Comment métamorphoser mon marchand de culottes du Sentier en sept cent unième invité ?

Là, je dois le dire, sans fausse modestie : le génie m'inspire, me saisit, me fait d'une main brandir mon carton, de l'autre pousser devant moi mon culottier et crier à la face du laquais-contrôleur : « Je suis avec Son Excellence. » Et de passer tous deux devant le bonhomme dont, après coup, je pense pouvoir reconstituer ainsi le travail méningé : « Le marquis mité qui a un carton est le secrétaire de l'Excellence qui est forcément invité puisque son employé l'est. »

Nous ne sommes pas les derniers. Boris Kochno, l'ami de Christian Bérard et personnage clé des ballets du marquis de Cuevas, a réglé dix-neuf entrées éblouissantes qui se font au premier étage. En Cléopâtre, peinte par Tiepolo, Lady Diana Duff Cooper, femme de l'ambassadeur de Grande-Bretagne à Paris, ouvre la marche, au son des trompettes et d'une musique du XVIIIe. Jacques Fath, éblouissant Roi-Soleil, et son épouse Geneviève, céleste en Reine-Soleil, suivent aussitôt, précédant Christian Dior dont la cagoule blanche a été dessinée par Salvador Dali et qui s'est entouré de « grotesques ».

Sautillant dans des costumes noir et blanc, empereur et impératrice de Chine, Arturo Lopez et sa femme, les doigts gainés de longs tubes en or pur, sont portés sur une litière rutilante, escortée par une suite de dignitaires et de gardes qui brandissent à bout de bras des oiseaux sacrés.

Le milliardaire chilien a dépensé 30 millions pour son entrée. Il a fait remplacer par des diamants les yeux des zibelines, portées par ses suivants. Il avait eu le projet d'arriver à dos d'éléphant mais l'architecte de la ville le lui a déconseillé : les ponts de Venise ne sont pas assez solides.

Tirée par des lévriers, la Grande Catherine, à laquelle l'imposante princesse Chavchavadzé donne tout à fait l'allure de « l'Ampleur de Russie », bat la campagne avec la foule de ses officiers-amants, tandis qu'un monsieur en chemise – brodée, naturellement – se pâme et, se dressant sur ses escarpins, s'écrie : « Chère ! Chère ! Vous êtes admirable, admirable, admirable… Je bois à votre beauté. »

Des beautés plus convaincantes, il y en a plein partout : accoudées au balcon pour mieux voir l'arrivée des cortèges, dansant sous les lustres d'argent massif dans la grande salle d'apparat ou bien encore plongeant la louche dans l'insondable réservoir à caviar. On se cogne dans les célébrités. Quelques-unes, comme les princesses Colonna et Caetani, ne retireront leur masque qu'à l'extrême fin de la soirée mais tous les autres, Barbara Hutton en Mozart jouant les prolongations, la Bégum semant son gros Aga Khan, Orson Welles derrière son triple corona, la princesse de Hyderabad, aérienne dans son domino blanc, Gene Tierney, ravissante marchande des quat'saisons qui ne peut deviner l'asile où elle finira lamentablement ses jours, Josette Day sans sa Bête, Salvador Dali qui ne quitte pas Dior d'une moustache ou Cecil Beaton qui, pour une fois, ne photographie qu'avec ses yeux, oui, tous les autres boivent, mangent, rient, s'amusent ou s'ennuient à visage découvert.

Mais, au fait, où est le maître de maison ? Charlie – c'est comme cela que nous l'appelons, nous autres les invités – est introuvable. Il serait, paraît-il, dans la robe rouge des procurateurs de la République vénitienne. Moi, je crois qu'il est allé se coucher. Après tout, on n'est pas venu pour lui, non ? De toute façon, il y a mieux à faire que de le pister. La foule des invités se masse à présent aux fenêtres pour regarder en contrebas, dans le patio, les ballets du marquis de Cuevas qui dansent le rigodon un peu barbant. Moins amusant en tout cas que les pompiers de Venise, en domino, qui bâtissent et démolissent des pyramides humaines, en soulevant les acclamations.

Après quoi, deux orchestres perruqués jouent *Copacabana* et *The man I love*. La tête emplumée de noir, Léonor Fini laisse tomber : « Dommage, la musique nuit beaucoup aux paroles... » On regrette, en effet, de ne pouvoir toutes les rapporter. Il n'est rien de plus vivifiant pour les platitudes qu'un bon « Bal du Siècle ».

À deux heures du matin, il faut se faire à cette idée : l'ennui suinte le long des murs du sublime palais Labia. Le buffet a beau être constamment renouvelé, les invités ont beau grimper les escaliers et les descendre, se croiser et se croiser à nouveau, il n'y a plus rien qui saurait surprendre. Orson Welles a tiré le rideau en disant à la jolie Parisienne qui lui grattait le ventre : « Filons, allons boire quelque chose ailleurs. »

Erreur. Dehors, on s'amuse. C'est même fou comme on s'amuse. Sur la place, amassé par centaines autour d'un très haut mât de cocagne, le petit peuple de Venise, accouru de partout, fait la fête. Il boit, il chante, il danse. Mettez-vous à sa place. C'est la première fois, après toutes ces années de chemises noires, de gloire impériale, de misère, de défaite, de victoire et tout le reste, que Venise regoûte à son grand passé. Oui, oui, aux élections, on vote communiste mais aujourd'hui, il n'y a pas d'élection. Il y a bal dans notre quartier et quel bal ! On s'en fout si les chefs râlent et si, dans les cellules, on a ordonné le boycott. D'ailleurs, les chefs de cellule, ils sont là avec la mamma et les petits. Il doit même y en avoir qui grimpent en haut du mât pour décrocher les jambons et les salamis offerts par M. l'Aristo.

C'est tellement chouette d'être là qu'on ne pense plus à lever la tête pour lorgner les fenêtres et les balcons du palais.

Mais voici qu'à présent, c'est le haut qui regarde le bas : « Comme ils ont l'air de s'amuser ! Et si on allait les rejoindre ? » Entraînées par Lady Duff Cooper et la Bégum, qui a expédié l'Aga Khan au lit, un essaim de jolies femmes dégringole l'escalier, sort sur la place et va mêler ses robes de satin aux pantalons de toile du menu peuple de Venise. Avec Monique de Beaumont, de velours et de soie, je leur emboîte le pas. Aux accents de l'accordéon les couples se forment, les rivières de diamants caressent les maillots rayés des gondoliers ou des portefaix, le vin coule à flots, les bateleurs sautillent sur les tréteaux, la foule applaudit, bon enfant, et les barrières sociales vont fondre dans la crème de l'amitié et le sirop de la *canzonetta*, quand soudain, les carabiniers surgissent de partout, le masque retiré et la cape grande ouverte sur leur arme.

Sans ménagement, ils repoussent la foule pacifique qui faisait cercle autour des danseurs, arrachent les hommes des bras de leur cavalière, font signe aux femmes du monde qu'elles n'ont plus rien à craindre, comme s'ils venaient de les arracher au péril rouge et, par la faute de ces crétins, la fête, la fête inespérée retombe comme sur un soufflé raté.

Je tire par la main ma petite cavalière à catogan et nous disparaissons dans la nuit de Venise, mate et brillante comme une moire antique.

CHAPITRE 8

LE RÊVE DE LE CORBUSIER

« ...Oui, il m'a proprement viré... »

Quelques semaines plus tôt, je pénétrais dans un immeuble miteux, crasseux, et comme abandonné, au numéro 35 de la rue de Sèvres. Sur une petite plaque émaillée de blanc, ma destination était inscrite en lettres rouges et bleues.

Le corridor s'ouvrait sur le jardin très en désordre des Jésuites et, au bout, un escalier raide, au plafond constellé de taches d'humidité, conduisait jusqu'à une porte peinte en noir. À l'intérieur, se trouvait un assez grand espace, poussiéreux, occupé par des tréteaux où s'entassaient des rouleaux de papier, des piles de dossiers, de livres et de revues. Non, je ne me suis pas trompé d'étage. Je suis bien au premier, dans l'atelier de l'architecte le plus célèbre du monde.

— Vous avez rendez-vous ? me questionne un jeune homme en manches de chemise, avant de disparaître au fond de la pièce.

J'aperçois la porte ouverte et entends sortir de là l'éclat d'une voix furibarde : « Un journaliste à qui j'ai donné rendez-vous ? Possible mais raccompagnez-le, je n'ai pas le temps. Et s'il insiste, fichez-le à la porte ! »

★

Ma première rencontre avec Le Corbusier n'a pas été, à proprement parler, un succès.

Blaise Cendrars, à qui je viens de rapporter ma visite-éclair, rigole un coup et me dit : « Je vais arranger ça... Corbu est un “pays”. Il est né en Suisse, à La Chaux-de-Fonds, comme moi, et la même année, en 88. » Il ajoute, le sourire en coin : « Et puis, c’est un poète. Comme moi… »

Le surlendemain, me voilà dans le bureau du grand homme. Grand, il l’est, en effet : à vue de nez, dans les un mètre quatre-vingt-cinq. En haut, un crâne chauve, entouré d’un gazon de cheveux gris, en bas un nœud papillon et entre les deux, deux hublots bordés d’écaille. Le tout évoquant un croisement d’André Gide et du professeur Nimbus.

Charmant, c’est beaucoup dire. Son caractère de cochon, ses déclarations provocantes lui ont fabriqué une réputation bien établie de mauvais coucheur. Il n’y a pas longtemps, il a claqué la porte au nez du sculpteur américain Calder : « Il n’avait qu’à prendre rendez-vous ! » Pourtant, quand il le veut, il sait se montrer affable, attentif aux questions qu’on lui pose et, pour tout dire, d’un commerce extrêmement agréable. Ses collaborateurs lui seront d’ailleurs d’une fidélité exemplaire et lui voueront une réelle affection. Charlotte Perriand, pionnière du design qui mourra à l’âge de 99 ans à l’automne 1999 et que Le Corbusier avait, en 1927, accueillie pour la première fois par ces mots : « Ici, on ne brode pas de coussins », avant, finalement, de l’admettre dans son équipe, parlera même de sa tendresse.

Mais, l’instant d’après, le moteur se met à tousser et crache de la bile. Comme si le monde entier s’était donné le mot pour l’empêcher de travailler et de réaliser les grands projets de sa vie. On le fait volontiers passer pour paranoïaque. Il suffit pourtant de l’écouter pour comprendre que le seul mal qui le dévore est son génie. Ce n’est pas seulement pour son époque que Le Corbusier est trop grand. À toutes les époques, il aurait trop dérangé l’ordre établi pour qu’on le laissât jamais établir le sien : « Je suis un paratonnerre, j’attire la foudre. Plus le créateur s’acharne à créer, plus il est maltraité. Vous ne pouvez pas savoir combien j’ai été insulté toute ma vie. On m’a traité de fou, de plaisantin, d’imposteur et ce n’est pas près de s’arrêter. Demandez à Cendrars, demandez à Picasso, leur avis sur le sujet. Eux aussi, ils auraient beaucoup à dire. »

La différence est que Picasso, devant sa toile, est un homme libre. Les mouvements de son crayon ou de son pinceau n’engagent que lui. Un Le Corbusier ne peut pas être libre.

Aucun architecte, aucun urbaniste ne le sera jamais. Ils engagent quelque chose qui les dépasse infiniment : c'est le pouvoir des autres, l'argent des autres et, plus grave encore, le bonheur ou le malheur des autres.

Le Corbusier en est évidemment conscient mais il n'a jamais pu accepter cette réalité, et encore moins composer avec elle. « Si j'avais suivi un enseignement classique, comme les autres architectes, j'aurais été peut-être plus docile, après tout... » Mais il veut être Dieu.

« C'est votre site qui dépare ma maison »

Quand, à l'âge de 14 ans, le fils de M. Jeanneret, émailleur de cadrans de montres et d'horloges, a été placé à l'École d'art de La Chaux-de-Fonds, parce qu'on lui trouvait un joli coup de crayon et que sa mère prédisait : « Tu seras un génie », son professeur, Charles Le Platennier, donnait à ses élèves cet unique conseil : « Étudiez toutes les formes de l'art classique et oubliez-les le plus vite possible pour créer quelque chose de neuf. »

Puis, comme Cendrars, le jeune homme, un jour, a « taillé la route », partant à pied, sac au dos et carnet de croquis à la main. Il est allé à Prague, à Belgrade, à Athènes et a poussé jusqu'à Istanbul, observant tout – les routes, les maisons, les monuments –, gagnant sa vie en chemin et apprenant l'architecture en la regardant.

« Quand je suis arrivé à Paris, en 1908, j'ai été horrifié par la laideur des constructions du moment. La gare d'Orsay en était le symbole le plus navrant. Le seul immeuble moderne qui m'ait plu était celui de la Samaritaine, pour lequel l'architecte Franz Jourdain avait utilisé, comme unique support, une ossature d'acier. »

Laissant aux étudiants des Beaux-Arts l'étude besogneuse des temples grecs et des palais Renaissance, il entre dans l'équipe d'Auguste Perret, l'apôtre du béton armé.

À propos, est-il vrai que Le Corbusier a réclamé à grands cris qu'on supprime l'enseignement des styles dorique, ionique et corinthien ?

— Oui, c'est exact. Et je me suis fait également pas mal d'ennemis en déclarant que le Grand Prix de Rome et la Villa Médicis étaient le cancer de l'architecture française.

— Vous aimez à ce point la provocation ?

— Je ne provoque personne ! J'en veux seulement aux institutions et aux règles dont l'existence est une provocation permanente à l'esprit de création.

Jeune, il ne respectait déjà que l'irrespect. À La Chaux-de-Fonds, où il avait construit sa première maison, une certaine « villa turque », il aurait répondu aux autorités locales qui l'accusaient de « déparer le site » : « C'est votre site qui dépare ma maison ! »

⋆

À cette époque, il ne s'appelait pas encore Le Corbusier.

— J'ai pris le nom de ma grand-mère quand, m'étant mis à peindre, j'ai fondé en 1920 avec mon ami, le peintre Ozenfant, la revue *L'Esprit nouveau*. C'est la première fois que j'ai signé Le Corbusier et j'ai fait composer la signature en *antique*. L'étrangeté du nom et le style inusité des caractères ont fait mouche et, du jour au lendemain, mon nom est devenu célèbre.

— C'est dans l'un des trois articles sur l'architecture, publiés dans la revue, que vous eûtes cette formule agressive : « La maison doit être une machine à vivre. »

— On n'a pas fini de m'insulter pour avoir osé dire cela. On en a complètement déformé le sens. *Le Corbusier traite les gens comme des machines ! Il veut les faire vivre dans des boîtes ! C'est un monstre !* Et patati et patata... Quelle mauvaise foi, alors qu'au contraire, je mets l'espace habité au service de l'homme, en y intégrant dès le départ tout ce que la technique la plus perfectionnée est capable d'apporter pour lui faciliter l'existence.

« Mon architecture n'est pas créée pour des robots, c'est une architecture de passion. Quoi d'autre que la passion peut faire jaillir la vie d'une pierre morte ?

« Mais à quoi bon ressasser tout cela ? Vous venez me voir et je vous reçois, parce que Cendrars me l'a demandé, mais pour parler de quoi ? Mes projets, tout le monde les connaît et personne ne s'y intéresse. Mes échecs, ils sont tellement nombreux que je suis l'architecte le plus célèbre du monde qui a le moins construit au monde [1].

« Je me bats depuis près de quarante ans pour réaliser mes idées, des idées qui sont sorties de moi et dont on parle dès que je les fais connaître, mais quand il s'agit de les mettre en pratique, on me tombe dessus, les ministères, l'administration, les confrères obscurs et les urbanistes nantis de beaux diplômes, qui me pillent à tort et à travers et dégradent le paysage avec leurs monstres insignifiants... De temps en temps, on me permet de remonter à la surface en faisant quelques glouglous, mais c'est pour mieux m'enfoncer la tête, le coup d'après...

Désespéré, Corbu, prêt à se flanquer à l'eau ? À l'écouter, on pourrait le croire mais le chien qui mord n'est pas un chien battu et il continuera de mordre, l'animal, jusqu'à son dernier souffle. Poète de la réalité, il est tiré par l'attelage de ses rêves et empile les échecs avec la noblesse des grands vaincus, là où les médiocres accumulent les victoires.

On lui chipe l'ONU et on lui refuse l'UNESCO

Aux yeux des meilleurs de ses confrères, qu'ils s'appellent Niemeyer, Peï ou Saarinen, il est ou sera « le plus grand », « le Léonard de notre temps », « celui qui nous a tout appris ». Mais en même temps, quand il édifie une cité ouvrière modèle, près de Bordeaux, les autorités locales, outrées, refusent pendant six ans le branchement d'eau ; quand son projet pour le siège à Genève de la Société des Nations est près de l'emporter contre les 359 concurrents, un délégué de la France se lève et fait remarquer que, contrairement au règlement, il n'a pas utilisé l'encre de Chine pour ses plans et obtient son éviction ; quand, à Paris, on lui confie le pavillon suisse, à la Cité Universitaire, la presse genevoise prédit qu'une pareille construction ne pourra que « pervertir » les jeunes gens qu'on y logera ; quand, pendant treize ans, de 1930 à 1942, il se bat pour faire accepter par la

1. En 1961, à l'occasion d'un voyage aux États-Unis, la presse fera le compte de ses projets réalisés à ce jour : 75, contre plus de 500 pour Frank Lloyd Wright et 150 pour Christopher Wren.

ville d'Alger sept plans successifs d'urbanisme, entièrement gratuits, et qu'enfin il est convoqué par le préfet, celui-ci après lui avoir annoncé la décision de rejet par la municipalité, lui dit :

— Vous avez reconnu l'homme qui sortait de mon cabinet ?

— Oui, bien sûr, c'était le maire.

— Il est venu ici me demander votre arrestation.

Quand, enfin, en 1947, on l'a invité à se joindre au comité d'architectes chargé de préparer l'édification du siège des Nations Unies, à Manhattan, il a déterminé grandement le résultat final en s'inspirant de son travail à la Cité Universitaire – un grand bloc de verre et de métal sur pilotis –, mais il n'en a été ni remercié, ni rétribué, et son nom ne sera même pas cité.

Malgré des promesses, on ne lui confiera pas davantage le bâtiment de l'UNESCO, près des Invalides et si, cette même année 1952, il aura tout de même la satisfaction d'inaugurer, aux côtés du ministre Claudius-Petit, sa fameuse Cité Radieuse à Marseille, que de peaux de bananes et d'insultes n'aura-t-on pas déversées sur son chemin, depuis l'ouverture du chantier en 1946...

★

Le ministre de la Reconstruction, Raoul Dautry, lui avait dit en 1945 :

— Voulez-vous faire à Marseille une de vos maisons ?

— Chiche, avait répondu Le Corbusier.

Depuis il s'est accroché, comme un forcené, à la réalisation de son immeuble locatif de 350 appartements. Pas moins de huit ministères à lui mettre des bâtons dans les roues et, sans l'obstination de Dautry, l'affaire aurait été vite enterrée.

Chauffés par une presse ricaneuse qui se faisait volontiers l'écho de ses contempteurs (« scandaleux », « invivable », « un gouffre financier »), les Marseillais prendront l'habitude, en rigolant, de désigner la « chose », qui, peu à peu, sort de terre, comme « la maison du fada ».

Dans un parc de quatre hectares, un building sur pilotis, de 130 mètres de long, dont la façade est percée, sur dix-sept niveaux, de loggias de 15 mètres carrés, exposées plein sud, chacune avec son brise-soleil ; une rue commerçante au septième étage et, sur le toit, des services communautaires à la disposition des 1 600 locataires prévus, ainsi que des installations sportives. Chaque appartement, dont la hauteur de plafond correspond à celle du Petit Trianon, dispose du confort le plus moderne, depuis la salle de bains et la cuisine entièrement aménagées – du jamais vu – jusqu'à l'insonorisation et la ventilation, en passant par les penderies, le vide-ordures, les armoires incorporées dans les murs, etc. Rien d'équivalent n'existe dans la France de l'immédiat après-guerre. Et tout cela, loué au prix des HLM, incluant tous les services : crèche, jardin d'enfants, piscine, etc.

Bref, le luxe à prix « ouvrier ».

Mais rien n'y fait. On accuse Le Corbusier de vouloir enfermer les Français dans des clapiers. Deux de ses confrères, MM. Labro et Béghin, vont jusqu'à orchestrer une campagne d'une virulence inouïe, dont les journaux se régalent, épinglant au passage la dernière « lubie » de l'inventeur fou, ce « modulor », fondé non sur le classique système métrique, mais calqué sur les proportions de l'homme « parfait », afin de régler aussi bien les dimensions d'un édifice que celles des meubles. Certains font remarquer que les mesures du « modulor » – 1,82 mètre de la racine des cheveux à la plante des pieds, 1,13 mètre du nombril à la plante des pieds, 69 centimètres du nombril à la racine des cheveux et 2,25 mètres du bout des doigts, le bras levé, à la plante des pieds – sont celles de l'homme préhistorique...

Einstein a eu beau être le premier à saluer la naissance du « modulor », la réputation de savant Cosinus dont ses ennemis affublent Le Corbusier n'a fait que croître et embellir. Celui-ci, évidemment amer, ne s'est pas démonté pour autant et a lancé à la meute : « Aboyez, aboyez ! Je continuerai. » Il a continué et la « cité-jardin verticale » du boulevard Michelet s'est trouvée un jour remplie de locataires, pour la plupart enthousiastes, qui ont même signé une pétition pour imposer le nom officiel de « Cité Radieuse » à cette « maison du fada », qui avait tant fait rire.

*

Je suis retourné voir Corbu dans son gourbi, en octobre 1953, au moment où nous préparions à *Arts* une pleine page sur Chandigarh, la capitale du Penjab, dont on lui avait confié la construction et qui venait d'être inaugurée. Enfin, il allait réaliser son rêve : bâtir une grande ville, la plus moderne du monde, qui plus est, dans un site vierge, face au sublime Himalaya.

C'est ici, rue de Sèvres, dans ce mirobolant « atelier » que chaque détail sera étudié, depuis la surface accordée à chacun en fonction de sa place sur l'échelle des salaires jusqu'à la taille, au centimètre près, de la main géante, en fer battu, dressée sur l'immense esplanade du Parlement et tournant sur roulement à billes, pour indiquer la direction du vent. C'est par l'escalier tortueux de cet immeuble à la limite de l'insalubrité, que partiront les plans de la « cité modèle des temps modernes », conçue pour abriter, au moins, un demi-million de Penjabis [1].

« Paris est un immense taudis »

Un projet – pour ne pas dire, un fantasme – plus immense encore, fait fumer le crâne de l'infatigable boa constructeur, que je retourne voir une troisième fois, en 1956.

Son idée est toute simple : il faut raser Paris. C'est, du moins, sous cette forme que la presse populaire rend compte d'une conférence explosive, tenue par « l'architecte du bonheur ». En fait, son « dada » est, depuis longtemps, au chaud, dans un de ses tiroirs. En 1925, Le Corbusier avait déjà

1. Le Corbusier n'avait pas prévu que sa « cité radieuse » serait, à la fin du siècle, une métropole de deux millions d'habitants, couverte de « squats », envahie par les taudis et les voleurs, en proie à une circulation débridée et à une des plus fortes pollutions sonores du sous-continent indien. Selon un expert américain, Charles Jencks, venu sur place constater les dégâts en 1999 : « Nous avons à présent un squelette mais il manque la chair. » Un architecte indien, Balkrishan Doshi, ancien collaborateur de Le Corbusier, estime que celui-ci avait tout simplement oublié l'existence des pauvres et leur arrivée en masse dans cette ville exceptionnelle.

présenté un plan de rénovation de Paris. Il voulait raser les Halles et une partie des quartiers nord et est de Paris. Les édiles ont haussé les épaules et renvoyé à sa turne le délirant Haussmann du XXe siècle, avec ses 18 « gratte-ciel cartésiens » et « ses prismes radieux ».

Aujourd'hui, les précédents de Marseille et de Chandigarh obligent, malgré tout, les « Responsables » à regarder l'affaire de plus près.

Radieux, Corbu ne l'est jamais. Il y a toujours en lui quelque chose de crispé, de coincé qui donne à ses élans d'enthousiasme la gaieté d'un convoi funèbre. Il est, en tout cas, plein de son sujet et, sans doute, pas mécontent de se confier à un journaliste qu'il sait ne pas lui être hostile.

En quelques phrases, il trace du Paris actuel un portrait au vitriol, à la Zola :

— Pourriture, maladie, démoralisation... Notre capitale, à l'exception du Paris touristique qui s'étend de Notre-Dame à l'Étoile et à Passy, est un immense taudis, un tas désordonné de bureaux, de logements, d'ateliers, d'usines où la circulation devient impossible, à cause de l'étroitesse de ses rues et de l'autorisation d'y stationner. L'automobile est un rat qui bouffe tout ! En 1950, on fabriquait 350 000 voitures. Aujourd'hui, c'est le double et cela continuera ainsi, jusqu'à la fin des temps, si on ne recherche pas la bonne solution. On creuse des tunnels, on multiplie les sens uniques, on invite même les automobilistes à prendre le métro et on croit avoir résolu le problème que pose au XXe siècle la circulation dans une ville du XIXe ou du XVIIIe !

« On n'arrive même pas à loger décemment les 2 850 000 habitants recensés dans Paris intra-muros. Un foyer sur trois vit à plus de deux personnes par pièce. 85 % des appartements n'ont pas le chauffage central et 45 % n'ont pas l'eau courante. Dans le quartier des Halles, c'est bien pire : 80 % sans eau courante, 90 % sans baignoire ni douche et le nombre de ceux qui n'ont même pas de WC individuel est incalculable ! C'est cela « la plus belle ville du monde » ? Mangée par les ateliers et les usines, dévorée par les incendies, incapable de fournir le moindre téléphone aux quelque cinquante mille Parisiens inscrits sur une liste d'attente dont on ne voit pas la fin. Résultat, Paris va se vider. On verra partout des maisons abandonnées s'écrouler ou devenir des repaires de truands, tandis que les banlieues et les villes-satellites vont proliférer et boucler autour de Paris une ceinture dont on se repentira de l'avoir créée mais dont on n'arrivera pas, comme cela, à se débarrasser.

— Alors, la solution ?

— La solution, c'est de construire la ville verte, de transporter la nature dans l'enceinte de Paris. On économise l'espace en augmentant la densité de la population, qui passe à 1 000 habitants à l'hectare, au lieu de 400 ou 500. Le Paris radieux est un grand parc où 100 % du sol appartient aux piétons. On y croise des écoles, des terrains de sport, des piscines, On y traverse des jardins et tous les 400 mètres se dressent, en quinconce ou en damier, des gratte-ciel de 220 mètres de haut, de 60 étages, en verre et en acier, où les habitants trouvent tout ce qui est nécessaire à la vie du foyer mais aussi des distractions (cinéma, salle de spectacles, restaurant, etc.).

« Comme ces gratte-ciel sont sur pilotis, on traverse la ville dans n'importe quel sens, sans que jamais un piéton rencontre une voiture. Jamais !

« La tendance qui est de réserver des passerelles aux piétons et de laisser le sol aux voitures est une aberration. Je fais le contraire, en établissant tous les quatre cents mètres, un réseau d'autostrades en l'air, à sens unique et sans croisements.

— Et pratiquement, comment faire entrer le Paris actuel dans cette boîte de mécano ?

— On commencerait par les îlots insalubres. 20 % seulement de la superficie des terrains étant nécessaire pour la construction d'une unité achevée, les habitants seraient relogés à 100 % et il ne resterait plus qu'à démolir les taudis pour y mettre à la place la verdure, les terrains de sport, etc.

« De proche en proche, par tranches successives, Paris se transformerait, sans presque s'en apercevoir, en cité radieuse. En finale, sur une surface construite réduite à 12 % de la surface totale, pourraient vivre dans les meilleures conditions non seulement la population de Paris mais celle de toute la région parisienne.

Un autre point essentiel de la « révolution corbusienne », c'est la construction, entre les Halles et le marché Saint-Honoré, de quatre gratte-ciel offrant des bureaux à 30 ou 40 000 personnes. Les rues seraient rendues à leur destination primitive et seraient raccordées à deux voies principales, l'une est-ouest, l'autre nord-sud. Les deux autostrades passeraient sous la Seine, évitant ainsi de couper en deux le Paris historique et touristique et se diviseraient, à la hauteur de l'Odéon, en deux branches, l'une vers l'Italie, l'autre vers l'Espagne. Le Louvre, Notre-Dame, Saint-Germain-des-Prés, etc. deviendraient réellement « des joyaux dans un écrin de verdure ».

★

À part l'Académie des Bonnes Idées, dont le siège est à Essonnes (Seine-et-Oise) et le président un chef de gare en retraite, il n'y aura pas foule pour saluer le « Paris de Le Corbusier ». Les hauts fonctionnaires qui auront reçu le plan, édité par l'auteur à ses frais, la joueront motus et bouche cousue, tandis que dans le petit monde des Beaux-Arts et de l'architecture officielle, on sera pris de tremblements nerveux devant une « opération de vandalisme, unique dans l'Histoire », la « manifestation d'une mégalomanie pire que celle d'un Nicolas Ledoux » et « l'arrogance urbanistique du suprême décideur de la vie ».

En 1965, au moment de fêter ses 77 ans, Le Corbusier recevra sa première commande officielle, à la demande d'André Malraux, ministre de la Culture : la construction, à Nanterre, du « Musée du XXe siècle » destiné à recevoir les œuvres entassées au Musée d'art moderne du Palais de Tokyo, en pleine décrépitude.

Il ne laissera même pas le temps aux aboyeurs habituels d'aboyer. Charles-Édouard Jeanneret, dit Le Corbusier, aura le tact de fermer bientôt les yeux et de s'envoler vers le pays radieux. Peut-être même que des autorités plus compréhensives l'auront laissé planter des tas de tours de cent, de mille étages et que nous y avons tous un studio qui nous attend.

CHAPITRE 9

ON COQUETÈLE CHEZ GASTON

— Celui-ci, c'est qui ?

— Jules Lemaitre.

— Connais pas... Et celui-là ?

— Sainte-Beuve.

— Non, pas la femme... L'homme, juste à côté avec une barbe en pointe.

Quelques instants plus tôt, je me suis fait harponner par un jeune homme hagard qui m'a demandé de lui servir de guide. Fraîchement débarqué de sa province, il a réussi à se faire engager à l'essai aux « Potins de la Commère », autrement dit chez Carmen Tessier, le Saint-Simon des escaliers de la rue Réaumur [1].

Ce garçon a une passion : le vélo. Aussi, pour son premier essai, l'a-t-on expédié à l'illustrissime cocktail Gallimard du jeudi : l'événement mensuel de la vie littéraire à Paris. On aurait pu tout aussi bien l'envoyer directement au peloton d'exécution, car il ne connaît personne et le monde des lettres lui est aussi étranger qu'à son idole du moment, Biquet [2].

Carnet à la main, il me suit donc à travers la foule qui caquette dans les salons et sur les pelouses de l'ancien hôtel de Léon Bailby, que Gallimard a annexé, rue Sébastien-Bottin. Je

1. Sa rubrique d'échos est un des « fleurons » du *France-Soir* de Pierre Lazareff.

2. Le surnom du Breton Robic, champion du Tour de France.

lui indique, sur la droite, la moustache très « clubman » de Jean Dutourd qui vient de s'offrir, avec l'impérissable *Au bon beurre*, un triomphal Interallié ; sur la gauche, la flanelle grise, très entourée, de Gaston Gallimard qui, du coin de l'œil, a l'air de chercher la sortie, mais mon mauvais naturel revenant au galop, je ne peux m'empêcher, au bout d'un moment, de mettre à l'épreuve l'inculture de ce charmant garçon.

Grâce à Dieu, elle est sans faille et je pourrais donner à la foule ici présente les noms des grands locataires du Père-Lachaise, sans risque de le troubler.

Du cocktail Gallimard, où l'orangeade saccharinée et le petit four anémique des lendemains de Libération ont laissé la place au scotch et au canapé honnêtement beurré, on entend dire que c'est « une rame de métro en panne », qu'« on y trouve de tout mais rien d'autre », ou que « c'est le seul endroit où il n'est pas nécessaire d'avoir du talent pour en parler ».

Partant de là, tout le monde, bien entendu, veut en être et fait des pieds et des mains, depuis que le carton d'invitation est exigé à l'entrée, pour avoir son nom en permanence sur la liste scrupuleusement tenue et rafraîchie par Claude, le « Monsieur Fils » de Gaston, qui calfeutre de courtoisie un naturel de pinson triste.

En être, du cocktail Gallimard, c'est comme prendre une option sur l'éternité. Que ne ferait-on pas pour frôler dans la cohue Albert Camus ou Marcel Aymé, faire un signe de la main, comme si on se connaissait, à Raymond Queneau, tendre un verre à Joseph Kessel, dire à Alexandre Vialatte qu'on a adoré son *Battling le Ténébreux* (il est plus « smart » de louer un livre sorti vingt-cinq ans plus tôt et injustement oublié que de faire l'éloge du dernier paru), admirer les beaux yeux de Dominique Aury, tutoyer Albert Simonin, le Vaugelas de la langue verte, qui, en fait, a horreur des familiarités déplacées, ou demander au premier venu, sur un ton suprêmement détaché, si Faulkner est arrivé, car « nous avons rendez-vous ».

« Vous aimez écrire, Monsieur Faulkner ? — Pas du tout »

En ce début des années 50, le cocktail – « coquetèle », dit Roger Nimier, qui aime bien m'y envoyer, mais y met rarement les pieds – est d'un « chic fou ». De Juliette Achard, la femme de Marcel, à Nora Auric, la femme de Georges, de Marie-Louise Bousquet à Francine Weisweiller – la « bonne dame » de Cocteau –, de Jacques Fath à Christian Dior, ou du coiffeur Alexandre au coiffeur Antoine, tout le monde – c'est-à-dire les quelque 2 000 Parisiens « qui comptent à Paris » – donne des cocktails ou s'y adonne. La petite bourgeoisie pétaradante s'y est mise à son tour, tout au bonheur de sa dernière découverte : le scotch whisky, auquel on ne trouve plus un goût de punaise écrasée mais le parfum de l'aventure échappé du biberon des « privés » de la Série Noire. Plus tard, la potion magique ayant perdu de son prestige, n'imbibera plus guère que les symposiums de vendeurs d'aspirateurs et les congrès de marchands de voitures d'occasion, mais on n'en est pas encore là.

Le public du cocktail Gallimard se compte en centaines. Dans les grandes occasions, on peut même frôler les deux mille. Bien évidemment, on y trouve la même proportion d'esprits supérieurs et d'imbéciles, d'amuseurs et de raseurs, de modestes et d'immodestes, de bouillants et de tièdes, d'originaux et de conformistes que dans n'importe quelle amicale de gens de maison ou d'anciens polytechniciens. Le cocktail – même littéraire – a toutefois cette particularité que l'individu, le plus brillant, comme porté par une force inconnue et irrésistible, ne profère, au mieux, que des banalités et, au pire, des bêtises.

Un exemple : William Faulkner, dont je parlais, il y a un instant. Pour le lecteur de *Tandis que j'agonise*, d'*Absalom, Absalom*, du *Bruit et de la Fureur*, c'est un moment mémorable, unique dans la vie que de se trouver soudain, nez à nez, avec le grand homme, sorti de sa tanière et, miraculeusement, à portée de main et de voix, sur la pelouse de Gaston.

La pipe au coin de la moustache noire qui lui brosse la lèvre supérieure, sous la cambrure d'un long nez aiguisé en bec d'oiseau, la mèche argentée, la chemise rose sous le gilet à carreaux blancs et beiges, et la veste de tweed aux couleurs d'été indien, le renard du Mississippi a tout du gentleman-rider, au pied de son cheval, à la fin d'une partie de chasse. Ma très chère copine, Christine de Rivoyre, l'a coincé au fond du jardin, près du glouglou de la fontaine. Je vais profiter de l'étincelante conversation du Prix Nobel, interviewé par l'auteur de *La Mandarine*, un pur jus de plaisir. Gentiment, elle me laisse faire et je tends donc l'oreille, comme Héraclès sa longue perche pour gauler les pommes d'or du Jardin des Hespérides.

Maintenant, la récolte :

— Vous vous souvenez de moi, Monsieur Faulkner ? Je vous ai emmené au *Flore*, en 1952, juste après votre Nobel. C'était votre premier whisky parisien après vingt-cinq ans.

— *No*.

— Monsieur Faulkner, vous aimez écrire ?

— Pas du tout.

— Que lisez-vous, en ce moment ?

— Je ne lis pas.

— Vous m'aviez dit qu'il n'y avait pas un seul écrivain de la jeune génération qui valait quelque chose. C'est toujours votre avis ?

— Absolument.

— Il y a des gens qui disent ne pas vous comprendre, même quand ils vous ont relu deux ou trois fois. Que leur dites-vous ?

— De me lire quatre fois.

— Vous me dites que vous ne lisez pas, mais on prétend que vous aimez les romans policiers.

— Ouais… Il m'arrive de lire Simenon parce qu'il me rappelle un peu Tchekhov.

— Quelle est la meilleure situation, à votre avis, pour pouvoir écrire à son aise ?

— Patron de bordel.

— Vous aimez l'argent ?

— Pas assez pour avoir envie de travailler.

— Après avoir passé votre vie au Mississippi, on dirait que maintenant vous avez la bougeotte. Comment expliquez-vous cela ?

— Je ne l'explique pas.

— Vous étiez récemment au Japon. Que pensez-vous des Japonais ?

— Ils ne parlent pas anglais.

— Y a-t-il des gens auxquels vous aimez parler de votre œuvre ?

— Non. Je suis trop occupé à l'écrire.

— Vous pensez avoir encore beaucoup de choses à dire, en tant qu'écrivain ?

— Homère et Balzac ont dit tout ce qu'il y avait à dire...

— En ce moment, à quoi pensez-vous ?

— À mes betteraves. *Well, now, will you excuse me. I like a drink*[1].

Si l'on espérait entendre Faulkner parler de ses thèmes familiers : la recherche œdipienne de légitimité, la sublimation du Sud face à la modernité ; si l'on rêvait de le voir démonter l'immense mécanique de son récit qui tend à ne faire qu'une seule phrase où, comme l'a dit Michel Mohrt, *tout* serait dit ; si l'on pensait le faire s'expliquer sur son refus – ou son incapacité – à prendre vraiment parti entre les gens du Sud et les esclaves, ou bien encore sur sa conception de l'immoralité totale de l'écrivain, capable, pour accomplir son œuvre, de tout jeter par-dessus bord, y compris sa propre mère ; oui, si l'on comptait là-dessus, on en serait pour ses frais.

Et ce serait trop simple de conclure que Faulkner appartient à cette catégorie agaçante de génies dont il faut interroger l'œuvre mais jamais son auteur. Quand il en a l'occasion, l'homme Faulkner parle abondamment et profondément de Faulkner l'écrivain.

La vérité est que, littéraire ou pas, un cocktail ne peut que rendre bête ou muet.

Grâce à Dieu, pour mon salut, il y a Auguste.

1. « Bien... Maintenant, vous voudrez bien m'excuser, mais j'ai envie de boire un verre. »

Monsieur Auguste, dont la clémence m'est sympathique

Plus passionnant que les Nobel qui dansent devant son buffet, il va me dévoiler les secrets les plus intimes du canapé à l'anchois, du pain-surprise et du saumon en bellevue. Monsieur Auguste, ancien barman à l'*Intran*, avait été remarqué par son patron, Léon Bailby, qui en avait fait son majordome dans son hôtel particulier, rue Sébastien-Bottin. Il était passé, avec les meubles, sous la couverture blanche de la NRF et, depuis lors, cet homme de grande vertu, à l'œil de lynx, jouissait auprès de Gaston, à l'égal d'un Jean Paulhan pour ce qui concernait la lecture des manuscrits, d'une confiance totale, pour ce qui était de la surveillance du buffet. Entre lui et moi, la relation se noua dans les circonstances suivantes.

Malgré un contrôle, à l'entrée, plus rigoureux que dans le passé, vraie passoire, il n'y a pas de jeudi où l'on n'aperçoive un couple bien connu dans Paris. Ce sont des professionnels, des « hirondelles » dont l'occupation essentielle est d'écumer les grands cocktails parisiens. Un jour, ils sont à l'Interallié, le lendemain, au Pavillon d'Armenonville. On les a vus à l'Hôtel de Lassay aussi bien qu'à l'Hôtel de Ville – où il suffit de dire à l'huissier : « Je viens pour la médaille » –, bref, rien ne leur échappe et ils sont, de ce fait, les plus parisiens de tous les Parisiens. Plusieurs fois éconduits, ils reviennent quand même et arrivent toujours à se faufiler.

Tous les deux, au ras des petits fours – lui, un minuscule moineau déplumé, elle, une matrone à la Dubout, qui s'empiffre avec la lenteur majestueuse d'une grosse méduse –, emplissent consciencieusement leur cabas avec des sandwiches, des tartelettes et, quand Dieu leur est propice, une bonne bouteille.

Ils font tellement partie du décor qu'on a fini par les laisser travailler en paix. Car c'est un vrai travail, m'explique Monsieur Auguste, dont la clémence m'est si sympathique que j'ai fini par le tirer dans un coin afin de le faire parler. En effet, il faut d'abord se tenir informé de toutes les manifestations et peser le pour et le contre, en jetant son dévolu sur l'une plutôt que l'autre. Savoir, ensuite, arriver au bon moment et posséder l'art de brandir une fausse carte de presse, un vieux permis de pêche ou un carton d'invitation usagé, de telle façon que le cerbère en place n'y voie que du feu.

Une fois en place, tous les coups sont permis. Y compris de faucher la pelle à tarte, les couverts en vermeil de la maîtresse de maison ou l'ampoule électrique des WC. Le moineau et la méduse ne mangent pas de ce pain-là. Monsieur Auguste ne manque pas d'insister sur ce point : ni l'un ni l'autre ne sont des voleurs. Ils s'approvisionnent. Nuance.

Ils travaillent à main nue, ce qui mérite le respect. Ils ne sont pas comme certaines gens, de peu de moralité, qui s'introduisent dans la place en se déguisant en serveurs, s'emparent d'un plateau d'argent, bien rempli, font mine de proposer alentour, filent vers la porte de sortie, vident le contenu dans le porte-parapluies et s'esquivent avec l'objet sous la veste. Il est même arrivé, au cours d'une réception dans un hôtel particulier, que ce soit un demi-queue qui s'évanouisse dans la nature. Comme le dit le sage Monsieur Auguste : « Plus il y a foule, plus le filou est en sécurité. »

Les invités ont, eux aussi, leurs faiblesses. Monsieur Auguste en est légitimement révolté. Le coup, au vestiaire, du ticket égaré par la dame élégante qui s'exclame : « C'est trop bête, j'ai perdu mon ticket ! S'il vous plaît, c'est le vison, juste là, à côté de l'imperméable », n'est heureusement pas trop fréquent. En revanche, ceux qui lèchent le caviar ou le foie gras sur les canapés et jettent le pain par terre, qui vident leur verre dans les vases à fleurs, qui s'essuient les doigts aux tentures, qui éteignent leurs mégots sur le tapis, qui se mouchent dans les napperons en dentelle ou se remplissent les poches avec les cigares du maître de maison, ceux-là sont si nombreux que, sans eux, il n'y aurait plus de réceptions du tout.

L'élite de l'arsouillerie buffetière

Sur le chapitre filou du personnel, Monsieur Auguste est naturellement tenu au devoir de réserve, à l'instar du colonel qui ne va pas dévoiler au premier venu les secrets de caserne. Néanmoins, en insistant un peu...

Il commence par me brosser un portrait à la David – du jour du Sacre – de la foule des citoyens qui revêtent chaque soir la blouse blanche, la veste noire ou la grande tenue de laquais à la française, pour aller présenter dans le beau monde les plateaux de saucisses-cocktail ou d'œufs-mimosa. L'un est bedeau dans une paroisse chic, l'autre croque-mort ou concierge, quand ce n'est pas agent de police, pompier, gazier ou ancien vrai maître d'hôtel issu – ou remercié – de grandes maisons qui ont réduit leur train de vie. Ce monde laborieux appartient à l'aristocratie de la profession, regroupée au sein de l'Association des maîtres d'hôtel d'extra de Paris.

Les grands traiteurs sérieux se les arrachent tandis que les autres doivent se contenter de faire appel à des organisations moins émérites qui ramassent leurs gens sans vérifier leur moralité.

C'est par cette voie d'eau que remonte jusqu'à la source l'élite de l'arsouillerie buffetière.

Employés de préférence au noir, ils se nourrissent et s'abreuvent, ainsi que leur famille, avec la récupération des reliefs. C'est le minimum mais pour peu qu'ils aient la main artiste, la fauche devient rapidement un art majeur.

Cela peut commencer dans le camion du traiteur conduit par « l'office réchauffeur » (l'homme qui installe les étuves et fait chauffer les petits fours) et son acolyte, le « ripeur », un polyvalent chargé de monter les caisses, déballer la marchandise et faire la grosse mise en place. Un champ d'activités illimité pour qui n'est pas manchot de naissance. Le plus intéressant est évidemment le liquide. Autant il est difficile d'écouler les restes d'un poulet, autant le commerce du champagne et du whisky, par caisses entières, procure des satisfactions quasi immédiates. C'est le rôle du « pistard », affecté au service des boissons, qui commencera à se faire la main en mettant une ou deux bouteilles pleines dans un carton « à jeter » ou bien dans une poubelle où l'on balancera, également, par inadvertance, une casserolette de cuivre ou un plateau d'argenterie, qu'un compère débarrassera rapidement au-dehors à des fins de récupération immédiate.

Le coup d'Harpo Marx d'épingler une poche en toile cirée à l'intérieur de la queue-de-pie se transmet, dans la profession, de génération en génération. Enveloppés convenablement dans de la cellophane ou du papier d'argent, un turbot ou un saumon froid ne demandent qu'à faire le voyage.

Le traiteur marron, pas idiot au point de ne rien voir, ferme les yeux sur les valises et les cabas. Il lui suffit de se rattraper en ne livrant que la moitié de la marchandise. C'est l'enfance de l'art et le client paiera. Les autocars qui, à l'issue d'une grande réception, reconduisent le personnel, seraient pour les explorateurs une source infinie de plaisir. Il suffirait à ceux-ci d'ouvrir le bagage de ces messieurs pour admirer la quantité de jambon de Virginie, de ballotines, de pâtés, de petits fours, de pâtisseries et de bouteilles qu'avec de bons bras, on peut, de force, y entasser.

La variété des roueries témoigne de l'imagination créative qui fait bouillir ces cerveaux-là.

On ne peut que lever son chapeau à la mémoire du génie qui, par exemple, a conçu le coup suivant : sachant qu'un pur malt de vingt ans d'âge coûte *x* fois plus cher qu'un méchant petit whisky, on résoudra le problème en remplaçant le premier par le second. On prendra toutefois la précaution de laisser bien en vue quelques bouteilles de pur malt, sans, bien sûr, les ouvrir. Il ne reste plus ensuite qu'à revendre le bon whisky, à son juste prix.

Et quand Monsieur Auguste narre la palpitante odyssée de cette gigue de chevreuil, présentée quelques secondes, rapportée aussitôt à l'office et qui, de réception en réception, eut ainsi plus de quinze jours d'existence ou cette poularde « en volière », rafraîchie de gelée au badigeon et même revitalisée, par le croupion, au néocide pour tuer la vermine, il me semble percevoir dans sa voix comme une note de respect, de professionnel à professionnel, devant de la « belle ouvrage », quel que soit l'opprobre jeté par cet honnête homme sur pareille friponnerie.

*

Contrairement à l'avis général, la fréquentation des maisons d'édition ne laisse pas d'être instructive.

CHAPITRE 10

LA NUIT, TOUTES VOILES DEHORS

Rue des Martyrs, une folle de génie, toutes voiles dehors, renverse la vapeur de la nuit parisienne. Elle s'appelle Maslowa. C'est un vieux clown, aguicheur et pathétique, qui présente chaque soir la revue travestie, chez *Madame Arthur.*

L'intellectuel et le bourgeois cultivé n'affichant encore qu'un solide dédain pour l'homosexualité affichée, Maslowa doit faire sa pitance des rires gras des congressistes en goguette et des gloussements de l'internationale touristico-provinciale, venue constater combien Paris est demeuré fidèle à sa réputation de polissonnerie.

En robe longue ou en kilt, l'esprit de chambrée insuffle aux trois serveurs, ronds comme des chanoines, des réparties frottées au gras double et de salaces madrigaux en chaîne, tandis que sur scène une *Baghera* pépère ou une *Violette* dont on devine sur le menton une repousse imminente survolent distraitement l'univers de la chansonnette de la Belle Époque. Tout cela ne serait qu'un spectacle bien anodin s'il n'y avait ce Maslowa, premier à Paris à avoir hissé le travesti à la hauteur d'un vrai spectacle et qui se montre, par éclats, tout bonnement sublime.

La délicatesse n'est pas son fort. Dans cet antre noir, constellé de paillettes, se produit chaque fois la même sorte de miracle. Frappés de stupeur, les tablées de joyeux rigolos, hébétés sous le flot de sa démesure, cloués sous le coup de ses répliques, se taisent d'un coup, comme pour faire l'hommage à l'énormité qui les dépasse de ce qu'ils ont en eux de plus rare et de plus profond : leur silence.

★

Peu à peu, la mode des travestis, baptisés « travelos », avec un soupçon de complicité et un zeste de mépris, va faire courir Paris un peu partout sur les deux rives. À Montparnasse, comme à Pigalle, à Montmartre comme aux Champs-Élysées, de plus en plus de garçonnettes brandiront leur poitrine aux hormones sous le nez de commerçants en goguette et de touristes ébahis. *Le Carrousel,* rue Vavin, où s'illustrent, après traitement, Bambi et ses petites camarades, demeurera longtemps le repaire le plus célèbre des adorateurs de la face cachée d'Artémis, avant de sombrer dans l'encanaillement morose des pères tranquilles et de leurs bobonnes.

Mais les bons connaisseurs se refilent des adresses plus choisies – sinon secrètes, du moins pour initiés –, comme celle où j'aperçois un soir, mêlé à la foule des routiers et des petits commerçants du quartier, un jeune homme blafard, gracile comme un faon et dont on commence à répéter le nom dans les salons : Yves Saint-Laurent.

La brasserie *Aux Cascades* se trouve au-delà des quartiers autorisés du noctambulisme parisien : boulevard Rochechouart. La vedette du lieu est une sémillante divette blonde, dont l'inspiratrice pourrait bien être Martine Carol et qui apparaît vêtue d'un pantalon court en satin bleu, relevé de galons d'argent mettant en valeur ses « formes ». Ses jambes sont gainées de bas noirs maintenus par un large ruban rose et ses pieds – qui sont grands – chaussés de richelieus noirs.

Le tout se nomme Armando. Un honnête père de famille, ancien ajusteur-mécanicien qui a eu la révélation de ses dons dans un stalag, en Allemagne. À son retour en France, il a connu ses premiers triomphes à Nantes, puis à Toulon, avant de faire les beaux soirs des *Cascades* où, sébile en mains, il entonne la marche de la 2e DB et fait reprendre à l'unisson par l'assemblée de ses admirateurs à casquettes, *La Boiteuse* ou *Le Dénicheur,* trouvant ainsi, en vocalisant, le chemin des cœurs simples et des curiosités plus compliquées.

La pureté de la race, menacée par les dames

Comme fait défaut à Paris une cave à bourrée pour homophiles auvergnats, il a longtemps manqué un *paseo* souterrain enfin réservé aux invertis espagnols. Fort heureusement, un importateur de fruits et légumes du quartier des Halles comblera cette fâcheuse lacune en aménageant, rue du Roule, le sous-sol du restaurant *Los Viveros* à l'usage – sinon exclusif, du moins majoritaire – de la fleur hispanique des gens de maison.

Le jarret cambré, la taille souple – malgré les rigueurs du service –, le regard éperdu de rêves argentins, valets de chambre de Passy, maîtres d'hôtel de la plaine Monceau ou majordomes du faubourg Saint-Germain, enlacés avec le sérieux farouche qu'apportent à toute chose les ressortissants ibériques, tracent sur la piste les arabesques d'émouvants tangos et de savants paso dobles.

Les fins de semaine, la pureté de la race se trouve légèrement menacée par l'apparition de quelques dames. Le barman Sébastien, échappé d'un délire de Zurbaran et revêtu d'une immaculée combinaison de plâtrier, n'en exécute pas moins ardemment ses numéros époustouflants de mariposa canaille.

Bien avant l'apparition de *L'Alcazar* ou du *Paradis latin*, il ne fera bientôt aucun doute que la nuit drôle, étonnante, intelligente doit à peu près tout au talent des homosexuels.

Leurs mœurs auront, d'ailleurs, bien changé, si l'on peut dire. Moins pathétiques et moins troublants mais infiniment plus à l'aise et accessibles aux autres, si bien qu'il n'y aura plus de mal à ne point en être et que les femmes elles-mêmes ne seront plus, non seulement, objet de répulsion mais leurs plus loyales alliées. C'en sera fini de l'esprit de caste et de classe. Partout où le filtrage censitaire le permettra, le camionneur et l'esthète, le garçon boucher et la vieille pédale fortunée fraterniseront publiquement sans la moindre arrière-pensée de dialectique sociale.

Rien de plus normal donc, si les endroits où l'on s'amuse continueront en grand nombre de leur appartenir et qu'y demeureront la démesure, le sens du comique, le génie du simulacre et de la parodie que le Bon Dieu, pour se faire pardonner, a déversés sans compter sur leurs têtes. Là seulement se respireront à pleines narines les parfums sulfureux de la nuit parisienne, en marge du marginal.

Témoin *Le Scaramouche* qui s'est installé dans les ors de l'ancienne confiserie Marquis, rue Vivienne. Des éphèbes, des notaires, des dentistes, des du « beau monde » et des du « tiers », de la cravate stricte et du jabot en dentelle, une foule énorme, un prodigieux grouillement de corydons, des hommes et des hommes jusqu'au cauchemar, compressés en une sorte de pâte lourde agitée par les soubresauts d'une musique furieuse.

Il faut plonger dans cette cave, ce caveau, cet ossuaire frénétique, se faire digérer par le magma palpitant, voir de près tous ces visages de danse macabre sous la lumière qui tombe d'un plafond sang-de-bœuf, admirer ces visages avides de reflets et de miroirs, ballottés par le flux et le reflux qui déversent sur la piste de danse des flots incessants de corps tétanisés par le bonheur. C'est, dans une atmosphère d'autoclave surcompressé, absolument unique à Paris, la grande kermesse permanente de l'homosexualité libérée.

Une Vénus travelote dont la voix perce la nuit

Mais il nous faudra attendre encore quelques années pour qu'un Rimbaud rêveur, vieilli dans la limonade, installe sur le rivage désolé du boulevard Pasteur le plus grandiose refuge du bizarre.

Derrière le comptoir de *L'Ange bleu*, Aldo qui a décrété tricard le marchand de sable, s'est mis jusqu'à point d'heure au service d'une clientèle d'anges mauves, sans plus de sexe qu'à Byzance. Une caméra intérieure espionne la remontée du Bois de Boulogne et repère la silhouette des hiboux hagards qui caressent la façade métallisée et implorent asile, comme au Moyen Âge le chevalier fourbu à la porte du monastère. D'un battement de paupières, Aldo délivre le sésame. Et la porte s'ouvre sur une folle perdue sans collier, un échappé du chaudron d'enfer ou le visage épanoui de Roro, yeux faits, coupe coiffante, fesses moulées et gilet de peau arc-en-ciel.

Ce père de famille n'a pas de mots assez aimables pour

décocher la bienvenue avant de rejoindre le pot-au-noir, au fond du bar, où disparaît l'agrégat enfumé des buveurs. À l'heure où les mentons bleuissent sous le fond de teint, où s'affaissent moumoutes et mammites, où les beautés les plus exubérantes écartent le masque pour montrer leurs gueules blêmes de vieilles viveuses flapies, jaillit parfois de cette foule trompeusement alanguie quelque fleur hybride et vénéneuse, quelque Vénus travelote dont la voix de rogomme perce la nuit qui blanchit. Alors, tandis qu'Aldo essuie ses verres, ils sont cinquante debout comme un seul homme à faire cercle autour du pur joyau de l'orfèvrerie esthétique qui danse pour eux seuls, le temps d'un disque, plus insolent et plus nu que Salomé : un ange bleu est passé.

Témoin défraîchi d'un monde qui coule

Il est d'autres musées vivants, à peine frelatés. Ce sont les cénacles violets et roses d'une poésie de noir, de paillettes et de strass : les dancings et bals-musettes où se perpétue la double tradition du « passé renversé », raidi de gomina et mouillé d'accordéon. De ces continents perdus du Paris d'avant-guerre, le plus intact parce que le moins connu est *Au Tango*, rue Au-Maire.

On y vient pour danser comme à l'ouverture en 1906 et la décoration « avant-garde » de la façade carrelée de faïence et de l'enseigne au néon fait comme un linceul brillant au dernier des bals-musettes. Pas de touristes mais, le samedi, des virtuoses, des initiés, tous ceux « du temps où même les durs étaient dingos de cette fleur de guinche exotique ». Du temps où les couples savaient danser avec le cœur et, plus tard, applaudissaient Piaf en lui lançant des sous. Alors, pour ces danseurs sur mesure, le patron éternise le culte de la nostalgie sous la boule de cristal qui fait tourner sur le ciel craquelé du plafond une myriade d'étoiles de pacotille. Les julots n'ont pas de casquette mais ils plaisent encore et leurs nénettes retrouvent dans la glace du fond, témoin immense et défraîchi d'un monde qui coule, la grâce inattendue que seules peuvent faire renaître les courbes concises de la valse musette.

21 heures 30, au pied de la Pucelle

Une Anglaise, coiffée d'un nid d'hirondelle, montre du doigt la Jeanne d'Arc qui, bannière au vent, dore au milieu de la place des Pyramides.

— *How old is it ?* demande-t-elle.

— *Very old, very old...* répond le guide, en la poussant à l'intérieur du car.

Le circuit enchanteur qui doit nous permettre de surprendre la vie parisienne, en son état le plus torride, a débuté par un rendez-vous très approprié : prière de se trouver, à 21 heures 30 précises, au pied de la Pucelle. Chaque soir, quarante cars en partance pour les rues chaudes la contemplent. J'ai élu celui qui se propose de nous régaler successivement du *Petit Balcon*, du *Moulin-Rouge* et du *Crescendo.*

Les messieurs arborent la pochette ou l'œillet, tandis que les dames étrennent leurs plus belles joailleries – souvenir des arcades de la rue de Rivoli. Tout le monde bagoule joyeusement. Impossible d'ignorer que les Allemands viennent d'éponger chez *Jenny* une remontée de nostalgie d'un grand coup de choucroute, calibre « royale », que les Américaines ont pris leurs précautions en se lestant la cale d'un tonneau de scotch et que les Belges se disent fin prêts à apporter le salut du plat pays aux petites femmes de Pigalle.

Une fois les explorateurs installés, le guide fait le point de la situation.

— Mesdames et Messieurs, bonsoir ! Permettez-moi de faire les présentations. Voici notre chauffeur, Jacques Un et moi-même, Jacques Deux. Je vous souhaite une excellente soirée dans la capitale mondiale des plaisirs. Nous allons la débuter par un cabaret très typique d'un vieux quartier de Paris, la Bastille. C'est le *Petit Balcon,* où vous verrez les fameux apaches, gigolos et gigolettes danser la java au son de l'accordéon. Vous pourrez déguster là un verre de mousseux. Le champagne est réservé à nos deux autres étapes... En route !

Le mousseux du *Petit Balcon* est d'une rare cuvée. Il raye profondément les verres à moutarde qui contiennent à grand peine sa sulfureuse exubérance et nos estomacs ne vont pas l'oublier de la soirée. Le spectacle est bref. Quelques javas canailles, une croqueuse de santé tirant sur la piste un Hollandais éberlué et l'invitant à lui dégrafer son corsage. Sous l'hilarité générale, un simulacre de tringlette et, vite, le gardien de notre troupeau donne le signe du départ.

— *Le gusta* les apaches, *señorita ?* Ah ! Ah ! Ah !... *Did you like* les apaches ? Etc.

Au *Moulin-Rouge*, c'est une autre affaire. Quel décor ! Ça, c'est Paris ! Le champagne est sur la table. Deux bouteilles pour huit. Trois mille paires d'yeux dans la salle comble convergent sur un illusionniste qui fait sortir des poussins du pantalon d'un spectateur. De là où nous sommes, on n'y voit guère. Les froufrous noirs nous éventent agréablement la joue à chaque passage et c'est à peine si ces demoiselles qui secouent leur généreuse poitrine à notre nez ne nous piétinent pas pour regagner en vitesse les coulisses et leur tricot laissé en place. Quoi qu'il en soit, c'est un bien beau spectacle que celui du *Moulin-Rouge* et le final avec son lâcher de girls en nacelle, dégringolant des cintres et balançant de gros ballons rouges sur les crânes chauves et les blanches épaules, déchaîne l'enthousiasme. Le guide tape dans ses mains. En route pour le *Crescendo*.

— Et voici l'ingénue, la troublante, l'audacieuse, la perverse... Nadia Nora !

Le rideau découvre une jeune mariée en robe blanche à traîne qui entreprend aussitôt de faire monter la fièvre et de jeter ses voiles un à un sur la couche nuptiale, rapidement mise à l'épreuve de quelques innocents et solitaires ébats.

Encore deux autres numéros de la même eau et le troupeau regagne sa bétaillère, avec sa provision d'images pour les soirées d'hiver.

— *Le gusta strip-tease, señor ?* Eh ! Eh !

Ah ! Paris, quand tu nous tiens...

« Ça, c'est Jockey ! »

Dans le grand cimetière de la nuit, un sarcophage mérite tout particulièrement un pèlerinage. C'est le *Jockey*, boulevard du Montparnasse. Le légendaire dancing « américano-nègre » de Cocteau, d'Aragon, de Prévert, d'Hemingway, l'ardent foyer des ténors de l'« École de Paris », où Kiki de Montparnasse hurlait des chansons de salle de garde.

Une soirée au *Jockey*, dans les années 50, est une expérience encore plus palpitante qu'aujourd'hui un week-end à Jurassic Park.

De l'Aubrac, de Sarcelles, de la Bavière ou de l'Oklahoma, c'est par cars entiers que, désormais, on conduit ici ceux qui ont payé au forfait leur ration de plaisir nocturne, qu'une blondinette en casaque ponctue de la voix et du fouet. Miss Jockey – c'est elle – a reçu pour mission exclusive de dire « Ça, c'est Jockey ! », quelles que soient les circonstances. Pour le reste, tout est manifestement d'origine. En plus noir et plus crasseux, pour ce qui est du décor. Le spectacle ensuite : il s'ouvre généralement sur la danse, dite acrobatique, d'une robuste cavale, piaffant sur un pot pourri d'airs émollients. Puis, des demoiselles s'emploient distraitement à évoquer ce que fut le strip-tease à la salle des fêtes de Montargis, à la fin des années 40. Après quoi, en une sublime et crapoteuse apothéose, les dames de l'assistance – qu'elles soient bataves, teutonnes ou brabançonnes – sont invitées à chevaucher leurs époux poussifs sur la piste transformée en champ de courses. Et de rire. Et de pouffer. Et de s'esclaffer… Fouette, fouette… « Ça, c'est Jockey ! » hennit la cavale, en essuyant d'un doigt son rimmel qui s'est mis à couler. Ah, Paris ! Paris qui sera toujours Paris… Au fait, qui ose dire que Montparnasse est foutu ?

CHAPITRE 11

LE STYLE RIVE GAUCHE : UNE POUDRE D'OR

Saint-Germain-des-Prés est, peut-être, lui aussi foutu. Je sais, en tout cas, que tous les chemins de la nuit conduisent jusqu'à lui et à quelques hameaux voisins. Cet extraordinaire succès s'explique par un seul mot : le talent.

Celui-ci a commencé d'exploser vers 1948 quand, ici dans une cave, là dans un ancien garage, ou ailleurs dans un bistrot désaffecté, de jeunes artistes et des entrepreneurs en spectacle, aussi fauchés les uns que les autres, ont totalement renouvelé le cabaret d'antan pour en faire le laboratoire le plus inventif de toutes les formes de spectacle, de la comédie à la chanson, du sketch à la poésie.

L'expression « Âge d'or » est toujours à manier avec des pincettes. Pourtant, c'est bien un Âge d'or qui, de sa poudre magique, va faire scintiller le « style Rive gauche » et propulser dans la légende le cabaret-théâtre.

Dix ans plus tard, la langue pendante, la mode, essoufflée, aura commencé à passer mais tous, tous les meilleurs seront passés par là, un jour ou l'autre. Des Frères Jacques à Raymond Devos, de Barbara à Gréco, de Pierre Dac à Francis Blanche, de Brel à Aznavour, de Mouloudji à Moustaki, de Guy Béart à Pierre Perret, de Philippe Noiret à Louis de Funès, de Léo Ferré à Jean Ferrat, de Roger Pierre à Jean-Marc Thibault ou de Poiret à Serrault, ils auront les uns fait leurs premières armes, les autres reçu la consécration de Paris sur les scènes minuscules mais métamorphosées par l'astuce géniale de décorateurs comme Jacques Noël ou Jean-Denis

Malclès, de ces gourbis dont les noms glorieux font lever, encore aujourd'hui, la nostalgie.

Ah ! ces années où l'on pouvait courir de la *Rose rouge* à *La Fontaine des Quatre Saisons*, de *L'Échelle de Jacob* à *L'Écluse*, de la *Galerie 55* au *Port du Salut*, de *La Colombe* au *Cheval d'or* ; coincer ses fesses sur un banc ou une chaise boiteuse pour attendre dans la nuit électrisée le moment magique, éclairé par le faisceau d'un projecteur, où l'on allait, dans la fumée et la poussière, aspirer goulûment le bonheur d'avoir vingt ans à Paris…

Gréco a laissé tomber Juliette

Images qui se bousculent. Au sous-sol de *La Rose rouge*, rue de Rennes, où la chance peut vous asseoir aussi bien à côté d'Orson Welles ou de Charlie Chaplin que d'un traîne-savates du Village, voici les quatre Frères Jacques, collés de noir et gantés de blanc sous le haut-de-forme, dont la salle reprend en chœur *L'Entrecôte* ou *La Queue du chat*. Et les revoilà sur la plate-forme de l'autobus débitant plus de six cents fois *Les Exercices de style* de leur admirateur, Raymond Queneau. C'est Yves Joly, le poète de la marionnette, qui en deux temps trois mouvements de main, vous expédie dans l'univers fabuleux des ombres. Et c'est bien sûr Gréco, dans sa longue robe noire, qui a laissé tomber Juliette mais pas encore son nez moche que, par malheur, on va bientôt lui raboter…

À *L'Échelle de Jacob*, une drôle de petite bonne femme qui a pêché, Dieu sait où, ses yeux de Chinoise et sa voix inimitable : c'est Cora Vaucaire, créant pour l'éternité *Les Feuilles mortes* de Prévert et Kosma… À *L'Écluse*, ancien bistrot de mariniers sur le quai des Grands-Augustins, c'est le mime Marceau extrayant du vide son « Bip dans le métro », c'est Barbara chantant Brassens à en crever, Jacques Brel étalant d'un coup de voix d'en haut *Le Plat Pays*, Darras et Noiret en irrésistibles cabots, Dufilho en « Mademoiselle Berthe » et ce public, le public tout en un qui vibre comme une locomotive à vapeur et mériterait de se faire applaudir par ceux qu'il applaudit, tellement lui-même a de talent… À la *Galerie 55*, rue de Seine, c'est d'abord ce merveilleux cinglé de René Legueltel qui a transformé la librairie de son papa (bien connue de Sacha Guitry). C'est ensuite une avalanche de comédiens et chanteurs qui, de 1956 jusqu'à très loin, va dégringoler sur le petit bout de l'estrade, entre les murs illustrés par Siné et Testu. Des visages qu'on a déjà vus ailleurs ou qu'on découvre : Devos, Colette Renard, Jean-Pierre Marielle, Hubert Deschamps, Jean Yanne, Pierre Doris, Guy Bedos, Jacques Fabbri, Romain Bouteille... Le talent claque comme un feu d'artifice et, toujours, ce public en or qui, peut-être parce qu'il est ficelé dans ce réduit comme une botte de radis, vibre avec le cœur du voisin et applaudit avec les mains de la voisine.

Empereur des barjots, roi de la déviance verbale

Si je devais pourtant désigner ma nuit préférée, je vous conduirais à la Contrescarpe, du côté de chez Verlaine, jusqu'à la mercerie de Monsieur Léon, rue Descartes. Un peu bizarre d'appeler *Le Cheval d'or* une mercerie-bonneterie et, au cas où l'on n'aurait pas compris, d'accrocher au-dessus de la porte une tête de cheval en plâtre doré.

Que je vous explique. D'abord, la mercerie n'est pas celle de Monsieur Léon mais de sa femme, Madame Marcelle qui d'ailleurs n'est plus mercière depuis qu'elle est devenue cuisinière. Avec Monsieur Léon, qui faisait dans la fourrure, du côté des Gobelins, ils se sont dit un jour : « Et pourquoi on ne ferait pas cabaret ? » En effet, pourquoi ? Vu que, juste en face, au numéro 42, il y avait bien un café dont le patron – un Médicis de la Mouff' – avait fait une sorte de crèche où dorloter et rincer les artistes-peintres, poètes, musiciens, jusqu'au guitariste Alexandre Lagoya.

Et voilà comment, dès 1955, tout Paris – à l'exception du Tout-Paris qui, heureusement, n'y mettra jamais les pieds – vient se poser sur les bancs, récupérés dans le métro, et les chaises pliantes de bois brut dont Monsieur Léon a empli sa salle, éclairée au gaz de ville et décorée de grandes peintures à fresque et de boiseries d'église. Du haut de son comptoir, Monsieur Léon – barbe et moustache à la Léon Trotsky (comment résister quand on s'appelle Tcherniak ?) – surveille son monde, tandis que Madame Marcelle, à son fourneau, remue ses casseroles. Pour son public d'habitués, Monsieur Léon a des attentions de père. Il distribue les abonnements car, ici, on s'abonne, comme aux concerts du Conservatoire, bien qu'il n'y ait pas d'obligation.

C'est également lui qui compose l'affiche. Dès le début, Georges Brassens a pris l'habitude de venir en voisin mais Monsieur Léon n'a eu besoin de personne pour faire débuter chez lui, en solo, Raymond Devos qui, auparavant, animait un numéro de duettistes à *L'Écluse*, et qui, au *Cheval d'or*, se révèle dans tout l'éclat de sa folie cosmique, avec *La Mer démontée*. À partir de là, se succèdent des personnages étranges, inclassables, qui semblent dégringoler d'autres planètes : le Languedocien Petit-Bobo, l'exquis Roger Riffard – qui a d'ailleurs l'allure d'un riflard de notaire –, l'ancien masseur Ricet-Barrier qui dégoise sublimement *La Servante du château*, Pierre Perret, qu'aussitôt tout le monde adore et, empereur des barjots, roi de la déviance verbale, prince de la désarticulation, le foudroyant Boby Lapointe, éperdu de trac, qui balance son *Avanie et framboise* ou son *Ta Katie t'a quitté* à la tête d'un public plié en deux et hurlant sa joie sur ce tour de scenic-railway du langage :

Ce soir au bar
De la gare
Igor hagard est noir
Il n'arrêt' guer' de boir
Car sa Katia, sa jolie Katia vient de le quitter
Sa Katie l'a quitté
Il a fait chou blanc
Ce grand duc avec ses trucs, ses astuces, ses ruses de Russe blanc
Ma tactique était toc dit Igor qui s'endort, ivre mort au comptoir
Du bar
Un Russe blanc qu'est noir
Quel bizarre hazard se marr'nt
Les fêtards paillards du bar
Car encore Igor y dort
Mais près d' son oreille
Merveille un réveil vermeil
Lui prodigue des conseils

Pendant son sommeil :
Tic tac tic tac
Ta Katie t'a quitté
Tic tac tic tac
Ta Katie t'a quitté
Tic tac tic tac
T'es cocu, qu'attends-tu ?
Cuite-toi, t'es cocu
T'as qu'à, t'as qu'à t'cuiter
Et quitter ton quartier

Ta Katie t'a quitté
Ta tactique était toc
Ta tactique était toc
Ta Katie t'a quitté

François Truffaut, dont je suis l'un des voisins de colonne à *Arts*, ne vient au *Cheval d'or* que pour ce fondu qui le fait fondre de bonheur. Quand il tournera *Tirez pas sur le pianiste*, il ne reconstituera pas *Le Cheval d'or* dans un studio. Il viendra ici et posera sa caméra au milieu du public pour enregistrer, en direct et en une seule prise, *Avanie et framboise*. Il reviendra chez Monsieur Léon pour *Baisers volés*, et après mai 68 il ne restera plus rien de ce paradis pour anges du bizarre.

Rien que le souvenir de Monsieur Léon et de son chantre chaotique :

Il a du bobo Léon
Il va peut-être caner Léon[1].

---

1. Durant la même période, le style « Rive gauche » a trouvé son prolongement au Palais-Royal, notamment chez *Agnès Capri*, dont les spectacles, sur des textes de Jarry, Radiguet ou Cocteau, furent de véritables petits bijoux ; chez *Gilles*, qui accueillit la Cie Grenier-Hussenot et, plus encore, chez *Milord l'Arsouille*, où Francis Claude attira les meilleurs jeunes talents du moment comme Léo Ferré, Brel, Gainsbourg, Moustaki, Dufilho, Michèle Arnaud, etc.

Bien que d'un style différent – « bourgeois » teinté « BOF » – plusieurs cabarets aux Champs-Élysées servirent très tôt de piste d'envol à de futures vedettes : *L'Amiral* (Roger Pierre, Jean-Marc Thibault, Jacqueline Maillan, Jean Richard), *La Villa d'Este* (Gilbert Bécaud, Léo Ferré, Dalida, Colette Renard, Jacques Brel) et *Le Drap d'or* où, dès 1952, on a pu applaudir les Frères Jacques, Odette Laure ou Gréco.

Si on décide, un jour, d'ouvrir un musée de la coiffure, inutile de chercher plus loin : il existe déjà dans le faubourg Saint-Antoine, au numéro 60 et en parfait état de marche.

C'est le dernier salon, intact, que nous a laissé la Belle Époque. Son propriétaire, Monsieur Louis, a repris les ciseaux des mains de son père qui, en 1909, fit décorer cette modeste échoppe de glaces, de meubles à tiroirs d'acajou et de marbre beige vermiculé. Un an plus tard, l'historique inondation balaya tous ces trésors et il fallut recommencer. Entre des murs qui peinent à se souvenir qu'ils furent un jour verts, un matériel de cuivre chromé, d'une complication effrénée, parle du temps où l'on taillait et frisait les moustaches des ébénistes du Faubourg en prenant des airs inspirés.

Entre deux glaces et deux cuvettes de céramique profondes, le regard suit avec passion le fonctionnement ésotérique de la machine à serviettes chaudes. Entre l'étuve et le cylindre antiseptique, un chauffe-fer et un flamboir réglable sont flanqués de gros tubes chauffe-shampooing au couvercle bombé. Des hygroscopes – autrement dit, des pots à eau chaude métallique – et des vaporisateurs à poire de gros verre rouge entourent une machine étrange, composée d'axes, de courroies et de brosses circulaires, qui font penser à une scierie du siècle dernier et dont le résultat final est, tout simplement, d'assurer un brossage à vos cheveux, digne des onguents extravagants et des lotions, depuis longtemps disparues du marché, qui vous font sortir de là, empestant le patchouli ou la violette.

Rien de plus simple que de prendre rendez-vous dans ce salon qui ne porte pas de nom. Il suffit de tenter sa chance et d'attendre son tour, ce qui peut prendre une bonne petite heure ou bien, plus sagement, y dépêcher la veille un gamin à qui l'on donnera une piécette en récompense, et reviendra avec l'heure du rendez-vous ou encore, si l'on ne craint pas les frais et si l'on assure ici une pratique régulière, d'expédier, à l'avance, un pneumatique en exprimant son souhait, pneumatique auquel il sera répondu, par la même voie, mais dont, bien entendu, le coût sera à votre charge.

Le sous-marin du capitaine Merlan ne possède pas, Dieu nous en garde, cet instrument acoustique, aléatoire et sans avenir, censé transmettre à distance la voix humaine.

CHAPITRE 12

PARIS NE VEUT PLUS MANGER CHEZ SES ANCÊTRES

La mèche noire sur l'œil sombre qui navigue du plafond jusqu'au fond de l'assiette, les longues mains, belles et fines, de pianiste virtuose qui s'enroulent et se déroulent en volutes, les tics qui zigzaguent autour de la bouche, oui, c'est bien lui, là-bas, au fond de la salle, posé en équilibre derrière ses mots et ne répondant qu'à lui-même : André Malraux, qui déjeune au *Café de Paris.*

C'est ma première visite – et ce sera la dernière – à cet antique monument de la restauration parisienne, dont on commence à parler au passé. Le premier *Café de Paris* avait été ouvert dans les années 1820 sur le boulevard des Italiens. C'était le restaurant des « dandys ». On y faisait des mots et l'on y goûtait l'une des spécialités les plus coûteuses à Paris : le faisan truffé à la Sainte-Alliance, bardé d'ortolans, qu'on accompagnait d'un clos de Vougeot.

« Qui n'a pas vu le *Café de Paris* n'a rien vu », comme l'écrivait Roger de Beauvoir en 1840. L'établissement, pourtant, avait fini par fermer ses portes mais pour renaître, en 1878, au 41 de l'avenue de l'Opéra. Toutes les gloires de la IIIe République ont défilé dans ses pompeux salons, où l'on pouvait se faire servir à peu près tout ce qu'on désirait, même en dehors des saisons, à condition, bien sûr, d'y mettre le prix. On y a vu le prince de Galles casser la vaisselle et Léon Daudet faire honneur à la pyramide de truffes entières, et introniser les déjeuners des Goncourt avant qu'ils ne se fixent chez *Drouant.*

C'est d'ailleurs le même *Drouant* qui, juste avant 1939, a pris le contrôle du *Café de Paris*.

Le chef Billon qui, depuis la Libération, est aux fourneaux de ce conservatoire de la cuisine noble, ne manque pas de talent. Son coq en pâte est renommé, la cave est somptueuse et le service, le plus nombreux et le mieux stylé de Paris. Pourtant, malgré les soirées dansantes et les dîners de gala du vendredi, il y a beaucoup plus de chefs de rang, de maîtres d'hôtel, de sommeliers, de trancheurs, de garçons, de commis et de chasseurs que de clients.

La salle, aux trois quarts vide, fait songer à un arbre de Noël après la fête, quand les bougies sont éteintes et les guirlandes flapies. Écrasé sous le poids des charges, le *Café de Paris* se meurt [1].

Malraux, enfoncé dans sa solitude discoureuse, y a néanmoins ses habitudes, depuis que le RPF – Rassemblement du peuple français – a installé ses bureaux, en 1948, boulevard des Capucines. Avec l'un ou l'autre de ses « compagnons » – Christian Fouchet, Diomède Catroux, Albert Ollivier ou Pascal Pia, le rédacteur en chef du Rassemblement – il peut tout à son aise, entre la truite à l'essence d'écrevisse et la caille désossée en caisse, faire parler le monde du silence, dans les palpitations d'un grand destin.

Le ramasseur de cailloux sculptés d'Angkor Vat, l'aventurier de la *Condition humaine*, le pilote casse-cou de *L'Espoir*, le « colonel Berger » de la libération de l'Alsace, dont de Gaulle a fait son Bayard, ne goûte nullement la promiscuité et la familiarité des bistrots. Il aime la belle argenterie, le linge fin, le service des pingouins virevoltant autour des tables, le cérémonial du bordeaux, apporté comme le Saint Sacrement par un auguste rondouillard aux allures de suisse d'église et si, comme l'affirmait Balzac, « les destinées d'un peuple dépendent de sa nourriture », il y a fort à parier que, s'il en avait le pouvoir, Malraux collerait les Français au régime du vol-au-vent financière, de la sole Dugléré et du tournedos Rossini plutôt que de l'œuf-mayo, du merlan et du bœuf miroton.

---

1. Il mourra pour de bon l'année suivante, en 1953, à peu près au même moment, d'ailleurs, que le RPF.

En matière domestique et plus particulièrement culinaire, Malraux est très « tapis rouge ». Prédisposé, en somme, aux appétits ministériels, à la volupté soyeuse du maroquin et au ballet des motards à gants blancs. Le luxe, exigence morale s'il en est, lui est absolument nécessaire. La politesse, dont il fait montre à l'égard du personnel, est rien moins qu'aristocratique. D'ailleurs, s'il était distant envers le petit peuple, comme on sait l'être chez les bourgeois, on ne l'appellerait pas « le gars Dédé », dans les couloirs du RPF...

Les noms gravés au diamant par les cocottes

Le temps est venu où Paris va cesser d'aller manger chez ses ancêtres. De tous les grands noms, fleurant bon la truffe, le foie gras, la bécasse et l'Yquem, qui ont fait saliver le Second Empire ou la IIIe République, ou bien les deux – *Café anglais, Paillard, Café Riche, Voisin, Bœuf à la Mode, Durand, Maison dorée, Noël Peters* –, il ne reste plus, en dehors de *Maxim's* et de la *Tour d'Argent,* que quelques survivants en grand péril.

À tort, car la sole Lucas, la timbale de homard et le rognon flambé y sont superbes, mais plus personne ne parle de *Lucas Carton*[1], si ce n'est quelques vieux parlementaires polissons qui grimpent en douce l'escalier – où une marche secrète déclenche une sonnerie – desservant, dans la Galerie de la Madeleine, les petits salons particuliers réservés au repos du guerrier.

Dans la grande salle où Majorelle a disposé un admirable ensemble de boiseries d'érable et de sycomore, de coffrages et d'appliques en bronze, on dîne dans une semi-solitude lugubre, surveillé du coin de l'œil par Mme Allégrier qui, du haut de sa caisse, veille au grain et aux petites cuillères. Chez *Lapérouse*, où l'on peut lire encore, sur les miroirs des cabinets particuliers, les noms gravés par les cocottes avec les diamants que des bons papas à monocle venaient de leur offrir, entre la

1. Lucas Carton retrouvera son rang et sa notoriété à partir de 1961, quand le premier Guide Julliard de Paris le tirera, avec éclat, du semi-oubli.

poire et le fromage, le gratin de langoustines Georgette, le canard Colette ou le poulet docteur, à l'estragon et au porto rouge (créé en l'honneur du célèbre médecin légiste, le docteur Paul, l'ami du commissaire Maigret) ont des hauts et des bas. Proche – même un peu trop – de ses 25 000 belles bouteilles, Roger Topolinski, dont les colères pourraient faire tourner un beurre blanc, sent déjà pointer le crépuscule.

Weber, rue Royale, où Léon Daudet aimait à souper avec le dessinateur Caran d'Ache, tandis que Marcel Proust « aux regards de faon, emmitouflé d'un énorme paletot », cherchait toutes les occasions de prendre la défense du capitaine Dreyfus, au besoin par quelque duel, *Weber*, qui avait été le lieu de fête, par excellence, des noctambules, ressemble chaque jour un peu plus à un banal grand café, même si les profiteroles au chocolat et l'île flottante y sont toujours exquises Enfin, au numéro 3 de la place de la Madeleine, *Larue*, dont l'extraordinaire praticien Édouard Nignon, ancien chef du Tsar, puis du président Wilson, avait fait une maison à l'éclat culinaire exceptionnel, survit encore à l'après-guerre. Pas pour longtemps [1].

En revanche, depuis trois ou quatre ans, le grand restaurant qui a la cote, c'est *Lasserre*. Une ascension spectaculaire que celle de ce fils de restaurateur béarnais. Après avoir, à 13 ans, lavé les verres dans un café de la rue de Provence, René Lasserre a gravi un à un les échelons de la restauration avant d'acheter en 1945 un très banal bistrot, au bout de l'avenue Victor-Emmanuel, qui allait devenir Franklin-Roosevelt. Il a construit, à la place, un petit hôtel particulier et ouvert, sur deux niveaux, un restaurant qui a très vite laissé babas les producteurs d'Hollywood, les « acheteuses » de Bloomingdale's et, d'une manière générale, tous ceux pour lesquels le « luxe à la française » passe nécessairement par une profusion de satin, de soierie, de dentelle, de vases de Chine, de porcelaines de Saxe, d'appliques tarabiscotées, de lustres mastocs et autres signes extérieurs d'une réussite sociale accélérée.

1. *Weber* disparaîtra en 1961 et *Larue* aura fermé ses portes en 1954.

René Lasserre a donné une touche finale à cette boîte à bonbons par deux innovations de génie. La première, c'est l'ascenseur-boudoir qui vous fait grimper quelques mètres jusqu'au premier étage (du jamais vu dans la restauration parisienne), en compagnie d'un maître d'hôtel dont on vous donne l'impression que vous venez de l'engager à votre service. La seconde, dont Tout-Paris n'a pas fini de parler, est le toit de la salle à manger – peint par Touchagues, alors très à la mode – qui, ô miracle, s'ouvre et se referme à l'heure du café, afin de permettre, non pas aux vapeurs d'essence de l'extérieur (la pollution est un mot encore ignoré, à Paris) de pénétrer à l'intérieur, mais à la fumée des cigarettes et des cigares, dont le public américain s'accommode admirablement bien, de s'échapper dans le ciel pur de la capitale.

L'endroit va plaire si furieusement à André Malraux que l'auteur du *Musée imaginaire* – en rien dérangé par l'esthétique lasserienne qui, via la « Casserole », imprime sa marque sur le moindre cendrier, pot de fleurs ou morceau de tapis – y viendra presque chaque jour, après la fermeture du *Café de Paris*, y déjeuner d'une cassolette de filets de sole, d'un gratin de ris de veau ou d'un canard à l'orange.

★

De l'autre côté du Rond-Point des Champs-Élysées, le *Berkeley* n'est pas un « grand restaurant », dans le style noble des *Lasserre* et *Tour d'Argent*, mais depuis que Louis Jouvet, avec Jean Giraudoux, l'a lancé en 1936 en y déjeunant ou dînant quasiment tous les jours avec les comédiens ou les auteurs de l'*Athénée*, on pourrait mettre un nom sur presque chaque visage.

Le menu a été dessiné par Christian Bérard, l'addition montée en neige afin de faire fuir le passant ordinaire et la cuisine, dans sa banalité soignée (steak au poivre, fricassée de volaille), de nature à rassurer l'estomac des milliardaires, vedettes de cinéma et grands hommes d'affaires qui demandent, en vérité, aux restaurants exactement le contraire de ce que ceux-ci ont à cœur d'offrir, dans une grande débauche de sauces et de flambages.

De Jean Gabin à Clouzot, de Gary Cooper à Charles Boyer ou de Paul Reynaud à Jacqueline Auriol, à peu près les mêmes têtes s'affichent au *Cabaret*, chez Georges et Henri Rabu, à deux pas du Rond-Point. Aux beaux jours, la terrasse fleurie l'est doublement par le nombre de jolies femmes qui fréquentent ce restaurant « très parisien » (très marché noir » sous l'Occupation) et où la table est une des meilleures de Paris. Moins « saucière », moins flonflon que celles des grandes maisons mais misant tout, au contraire, sur le naturel, la fraîcheur et la simplicité raffinée d'authentiques bouquets de Concarneau, d'un saumon frais de la Loire, d'un foie de veau entier, d'un quartier d'agneau de Pauillac rôti ou d'une tarte chaude aux pommes à rendre jalouse une mamie cordon bleu.

Le homard Thermidor dans son armure gratinée

Cette grande cuisine de « maison bourgeoise » est furieusement moderne à sa façon car, en ce début des années 50 où les Français se jettent sur les saveurs retrouvées, après des années de restrictions et de nourritures indicibles, la majestueuse Cuisine Française, avec des majuscules, n'a pas encore opéré sa mue. Elle se complaît en ronds de jambe sans s'apercevoir ou oser s'avouer que, très souvent, elle triche avec le passé.

Les grands plats d'avant les deux guerres sont devenus – pas toujours, évidemment – de tristes caricatures d'eux-mêmes. Par facilité, par manque de conscience professionnelle, par souci d'abaisser le prix de revient et de compenser ainsi l'augmentation constante des charges, bref, pour toutes sortes de raisons, bonnes ou mauvaises mais qui fabriquent un univers trompeur à la mesure des gogos qui s'en délectent. D'un original excellent, on tire d'exécrables copies. Ici, une bouchée à la reine dont la croûte a été faite d'avance et la sauce est un empois de farine, mouillé d'un brouet clair auquel on a ajouté des quenelles tirées d'une boîte. Là, une côte de veau Orloff où l'on marie un veau déjà gavé de farine et sans le moindre goût avec un foie gras d'importation et des truffes en boîte. Un homard Thermidor, déjà discutable dans sa version d'origine, avec sa béchamel moutardée, sa chair cuite dans le vin blanc et ses quartiers de truffe mais qui devient à fuir depuis qu'on l'enrichit d'une armure de parmesan gratiné. Ou bien encore, la fameuse poularde truffée qui ne mérite son nom que si elle est farcie d'au moins 300 grammes de truffes et non de quelques grammes hachés qu'on glisse dans une farce de porc, plus quelques lamelles sous la peau, pour faire joli. Le tout vendu à un prix exorbitant.

Sans parler des herbes de Provence qu'on va vite découvrir, en même temps que les vacances au soleil de la Méditerranée et les virées à Saint-Trop'. On les grille, on les brûle, on les utilise presque au kilo. Herbes grillées à la viande, comme un incendie de forêt ! Fenouil au loup auquel on fout le feu, comme à la malheureuse Jeanne d'Arc, avec, en supplément, une grande giclée de pastis pour noyer définitivement le goût !

Dans les restaurants « BOF » qui, heureusement, vont peu à peu disparaître, on n'a pas fini de s'en lécher les doigts. Le mauvais goût, l'enflure, la démesure, le tape à l'œil ont toujours été parties intégrantes – minoritaires, grâce à Dieu – de notre culture gastronomique. Il ne fait pas de doute que la fin d'une longue période de privations et l'élévation rapide du niveau de vie ne peuvent que donner des ailes à ce fâcheux héritage.

Le chef parle de lui à la troisième personne

Tout en s'interdisant de schématiser et de généraliser, on ne peut dissocier la table des années 50 d'un certain goût pour le mauvais goût. Me rendant un soir dans un restaurant dont certains font grand cas, je regrette de ne pas avoir la compagnie du Bourgeois gentilhomme et de M. de Pourceaugnac. Les turlupinades et turqueries de mise à *La Table du Roy* les auraient enchantés.

La dague à la main, la poitrine couverte, comme un maréchal de l'Union soviétique, de décorations – gastronomiques, celles-là –, coiffé d'une toque blanche deux fois plus haute qu'il n'est d'usage, entouré d'un escadron d'assistants plus nombreux que pour un grand chirurgien s'apprêtant à ouvrir le ventre d'un chef d'État, le maître des lieux, M. Georges

Bensaïd, parle de lui-même, à la troisième personne, en se qualifiant de « roi des chefs et chef des rois ». Même Paul Bocuse n'osera jamais et Dieu sait pourtant... Il a tout compris, M. Bensaïd : son époque et son public.

Ses trucs marchent à plein. Sur un petit réchaud devant les clients, il flambe le cognac, empale les volailles avec la dextérité du bourreau du Grand Vizir, touille les sauces et, en bonimenteur accompli, affuble les plats d'appellations rocambolesques : queues de langoustes amoureuses, coquelet Mimi Trottin, pigeonneau à la Mata Hari, pintadeau à la Robin des Bois, Stromboli en éruption, bananes King-Kong... Rien que du fin, du très fin.

Les messieurs-dames se pâment, le chef lance, en clignant de l'œil, des sous-entendus bien huilés. Rien ne saurait l'arrêter dans son Niagara verbal, sinon de l'abattre sur place et celui qui, à la fin du repas, se sera enfilé un nombre suffisant de verres, aura le privilège d'être couronné « Cardinal Paf », sous les applaudissements de la salle. Il repartira avec un diplôme et un bon de réduction de 5 % sur sa prochaine addition.

Dans un registre plus « rabelaisien » (un mot dont raffolent les critiques gastronomiques de l'école « serviette autour du cou », qui fait florès dans les années 50), le *Mouton de Panurge*, rue de Choiseul, est un pur enchantement, avec ses fresques de Dubout, ses tablées de futurs « beaufs » (le mot n'existe pas encore) et de joyeuses luronnes, ses rires si gras qu'on croirait voir les yeux du bouillon, ses chansons à boire, son « Porte Jarretière » qui vous noue la serviette au col, et ses petits pains en forme-de-vous-voyez-ce-que-je-veux-dire, qu'on met dans la bouche des dames, en se boyautant.

Mais il y a aussi quelques nouveaux, de bonne race, qui font astucieusement leur trou, à mi-chemin entre le grand restaurant par la qualité de leur cuisine, et le bistrot[1] par leur service sans chiqué et leur atmosphère de bon ton euphorique.

Le Paris gourmet se presse ainsi chez Alex Humbert, élève du grand Alexandre (Dumaine), qui a ouvert, à la Bourse, *Le*

1. Je parlerai plus loin des bistrots.

Caneton, une petite maison où il va perdre un pan de sa chemise qu'il récupérera en devenant, pour un long bail, le chef de chez *Maxim's*. Hors de prix, ses coquilles Saint-Jacques, sa cassolette de ris d'agneau, son carré d'agneau, flanqué des meilleurs petits légumes qu'on puisse manger à Paris, sa chartreuse de perdreau et son soufflé Rothschild hissent au niveau de la perfection l'art de maîtriser l'appétit.

Mais une étoile est née qui, sans doute, les éclipse tous. Au-dessus de son berceau se sont penchés ou s'inclinent encore des parrains et des marraines dont les noms font battre le cœur : Bonaparte, Joséphine, Murat, Brillat-Savarin, Lamartine, Balzac, Victor Hugo, le duc de Berry, Alfred de Musset... Jean Cocteau, Colette... Elle brille dans ce qui fut, au XVIIIe siècle, le plus extraordinaire jardin de plaisirs de Paris et qui est, en ce début des années 50, le jardin mort des déesses disparues : le *Palais-Royal*.

CHAPITRE 13

LE LIÈVRE DE RAYMOND OLIVER FAIT COURIR MADAME COLETTE

« Cirez vos chaussures, nous allons déjeuner au *Grand Véfour.* »

Roger Nimier roule vite mais pas sur l'or. En tout cas, il préfère être pauvre dans une Jaguar et un grand restaurant que riche dans le métro et un petit bistrot.

C'est la première fois que je suis invité par mon patron, dont je sais par ailleurs qu'il a le goût des bonnes tables luxueuses mais – qui lui en voudrait ? – moins pour y emmener ses collaborateurs que la jolie femme du moment. Je suis donc sensible à l'attention et plus encore au soin extrême que met Nimier à choisir les vins. Comme tout ce qui a, de près ou de loin, occupé jusqu'à présent sa vie – la littérature, la philosophie, la boxe, la philatélie, le bridge, le journalisme, les voitures ou les femmes –, il faut qu'il ait tout compris tout de suite, qu'il soit incollable et par conséquent, le meilleur.

Il en est du vin comme du reste, du moins pour l'instant, car, bientôt, les travaux pratiques l'emporteront, hélas jusqu'à plus soif, sur la théorie.

Il n'est pas du tout homme à étaler son savoir mais quand le dialogue s'engage avec Philibert Henocq, le vieux sommelier – puits de vin et de science –, il parle quasiment d'égal à égal. Une pensée mauvaise, alors, me traverse l'esprit. Et si, comme le héros du *Diable au corps*, qui renvoie une bouteille soi-disant parce qu'elle est bouchonnée et, en vérité, pour épater Marthe, son aînée et si, lui aussi, faisait semblant de s'y connaître ? Son insistance à proclamer qu'il n'y a qu'un champagne au monde, le Pol Roger 1929, a un petit relent « mode » qui me paraît suspect. Mes connaissances sont encore plus que modestes mais je sais en tout cas que le « meilleur » de ceci, « le meilleur » de cela n'est, le plus souvent, que l'expression savante de l'ignorance.

Eh bien, je me trompe. De sa bouche coule une fontaine de bons millésimes, de saint-estèphes de la seconde rangée, comme on dit de certains auteurs qui font le bonheur du connaisseur, de pomerols qui se cachent derrière Pétrus, de sauternes cousins d'Yquem ou de côteaux-du-Layon, passés de mode mais bien habiles à caresser la langue. Sa science sent, peut-être, le frais. Qui, pourtant, oserait prétendre que la fraîcheur est un crime ?

À sa différence, c'est mon premier repas au *Véfour*. Je suis subjugué par la légèreté exquise de ce petit théâtre français, comme devait l'être un chevalier de Faublas, lorgnant dans les galeries de bois du Palais-Royal, à la lueur des quinquets, la belle Zulina à l'œil bien fendu ou la Zaïre enroulée dans la gaze transparente. Les arabesques de l'exquis plafond à l'antique, les peintures allégoriques sous verre [1], les banquettes qui ont gardé le souvenir des fesses de Mlle Mars ou de George Sand, les petites chaises Directoire noir et or, rien qui pèse ni écrase. On sent comme une connivence entre Paris et Venise, entre le XVIIIe siècle finissant et le XIXe d'avant la pompe funèbre de la société bourgeoise, entre le libertinage et le maintien du salon de bon ton. C'est le plus joli « café » du monde.

On serait venu quelques années plus tôt, au lendemain de la Libération, on aurait pleuré, comme René Héron de Villefosse devant « les banquettes à demi crevées » et les « peintures à moitié jaunies où tout portait la trace de générations de mouches qui y avaient vécu en paix ». En effet, après les jours fastes de l'époque révolutionnaire, quand le *Véfour*, à la fin de la Terreur, était un rendez-vous de la contre-révolution où des jeunes gens, armés de gourdins ferrés, se retrouvaient pour faire la chasse aux Jacobins ; après avoir brillé sous le Consu-

1. On découvrira plus tard qu'elles ne datent pas du Premier Empire, comme on le croyait, mais du Second. Et alors ?

lat, l'Empire, la Restauration, la monarchie de Juillet et le règne de Napoléon III, dont il avait accueilli toutes les figures marquantes, il avait entamé son déclin à la fin du XIXe siècle pour n'être plus, à partir des années 1920, qu'un banal « casse-croûte » pour joueurs d'échecs.

Par quel miracle le *Véfour* a-t-il ressuscité pour devenir l'un des restaurants les plus brillants de Paris ? Roger Nimier vient de saluer Jean Cocteau. À une autre table, Emmanuel Berl déjeune avec sa femme, Mireille (« un petit chemin qui sent la noisette... »), et Roger me raconte que c'est Louis Jouvet qui lui a fait connaître la maison.

Bref, alors que Colette a entendu « un bruit d'écroulement, discret... Ce n'est rien, c'est le Palais-Royal qui fond » et que derrière les grilles à tête dorée, gèlent sur pied, comme des ceps trop vieux, d'antiques boutiques à fantômes, l'air de Paris, vif, allègre, souffle à plein sur ce fond obscur de cour royale.

Après que nous eûmes englouti les œufs Louis Oliver et le poulet au homard, bu un premier café et, moi, écrasé mon mégot dans la main en porcelaine de George Sand, le voici, le faiseur de miracles qui s'avance, immaculé de blanc, vers notre table, l'air d'un Tartarin reconverti sur le tard en prof' de physique ou de sciences nat', avec les lunettes et la barbe d'usage. On pourrait le prendre également pour un grand patron de la Salpêtrière ou de Bichat qui s'en va visiter ses malades, sauf que dans cet hôpital-ci, on ne souffre que du plaisir d'avoir divinement mangé.

Avec une voix de violoncelle occitan, Raymond Oliver nous souhaite la bienvenue, demande si le repas nous a plu et tourne les talons pour recommencer à la table voisine. Il doit savoir qui est Nimier, le Hussard bleu, mais on ne peut pas trop demander à quelqu'un que l'on dit intime avec Colette, grand ami de Cocteau, et qui traite assez souvent l'auteur dont on parle le plus à Paris, Jean-Paul Sartre. Donc, on s'en tient là. Mais je reviendrai voir Raymond Oliver et, au fil des ans, nous deviendrons amis. Ainsi, j'apprendrai comment le malheureux *Véfour* a pu renaître de ses cendres.

*

Crevettes Rothschild pour Aragon

À la Libération, Louis Vaudable, qui attendait de récupérer *Maxim's*, a repris le *Grand Véfour* pour en faire un bistrot mondain.

En 1947, il en confie la direction à Raymond Oliver, un cuisinier de 38 ans qui vient de vendre son hôtel à l'Alpe d'Huez et son restaurant d'été à La Croix Valmer, près de Saint-Tropez. Par sa mère, Oliver descend d'une lignée de maîtres de poste girondins, établis à Langon. Il est né dans l'auberge familiale, *Le Lion d'or*, où son père, Louis, tient les fourneaux. Celui-ci a impressionné François Mauriac qui, après l'avoir vu à l'œuvre dans ses cuisines, lui a consacré un passage dans son roman *Genitrix*.

Louis aimerait que son fils fasse des études. Il l'oriente vers les Arts et Métiers. Raymond y goûte du bout des lèvres et retourne à la maison, auprès de son père, devant les fourneaux. Sous l'Occupation, il fuit Langon pour se réfugier en Haute-Savoie. Il donne des leçons de ski à une jeune Savoyarde, l'épouse et ensemble ils s'installent à l'Alpe d'Huez, l'hiver, et dans le Var, l'été.

Quand il découvre le *Véfour*, il y a des rats qui galopent dans tous les sens. Le lieu est poussiéreux, désert et, malgré les travaux de rénovation, les clients se feront longtemps attendre, au rythme de huit ou dix couverts par repas. En vérité, c'est le tandem avec Vaudable qui roule de travers. Quand, en 1950, celui-ci se retire et que Raymond Oliver reprend la maison à lui tout seul, le succès va vite cogner à la porte. Il faut dire que c'est le quartier des bonnes fées.

Jean Cocteau qui habite le même village, à deux pas de là, dans un de ces entresols « aux fenêtres cintrées comme l'entrée d'un terrier », dit Colette, a accueilli le cuisinier, les mains tendues. Oliver l'a conduit dans le réduit où il a posé sa valise. Il a débouché une bouteille de sauternes : « Il était là, tranquille et calme, le regard rieur, aussi détendu qu'un marchand de bestiaux qui a conclu l'affaire. Il avait tout son temps[1]. » Le vin était tiède mais l'amitié, elle, ne le sera pas : « Jean Cocteau possédait ce don, rare dans la vie courante et quasiment inexistant chez les gens célèbres, ce don de donner à son interlocuteur le sentiment que lui seul existait. »

Cocteau vient au *Véfour* presque chaque jour. Cela se sait vite dans Paris. Le milliardaire-mécène Paul-Louis Weiller lui emboîte le pas, tirant derrière lui la « belle société ». Une sorte de club informel se crée, où l'on aperçoit un jour Christian Bérard ou Jean Genet, un autre jour Sacha Guitry ou Louis Jouvet et, un autre encore, Aragon et Elsa Triolet auxquels leur stalinisme n'interdit pas de manger des crevettes Rothschild.

★

L'autre bonne fée a été la dame aux yeux de chatte du Palais-Royal : Madame Colette. Raymond Oliver prend sur lui d'aller sonner à la porte de son appartement, rue de Beaujolais, « afin, dit-il à l'homme qui lui ouvre, de lui présenter ses hommages ». L'homme, c'est Maurice Goudeket, le mari de Colette. Gentiment mais fermement, il éconduit son nouveau voisin. Oliver s'en retourne, dépité mais, un peu plus tard, il fait la connaissance de Colette de Jouvenel, la fille de Colette – Bel-Gazou – qui est antiquaire et va d'ailleurs l'aider à aménager le *Véfour*. Ils deviennent rapidement amis et, quelque temps après, Oliver se retrouve devant le long canapé Empire où est allongée la plus grande gourmande des Lettres françaises. Un cuisinier, cela ne peut qu'intéresser Colette, d'autant plus que tout le monde sait dans le quartier que c'est un bon et même un très bon. Elle croit toutefois nécessaire de l'avertir : « Je ne suis pas une femme pour vous. J'aime la cuisine roborative. Pas celle des Parisiens qui n'a le goût de rien. »

Elle promet tout de même sa visite et tient sa promesse. Tous deux deviennent amis, de grands amis. Elle lui demande de refaire les recettes de Sido, sa mère. La sauce aux abricots,

1. Raymond Oliver publiera, en 1984, chez Robert Laffont, un livre de souvenirs *Adieu fourneaux*, raconté par lui et très joliment écrit par Étienne de Montpezat, contenant de belles pages sur Cocteau et sur Colette.

notamment. De son côté, quand Oliver prépare un cassoulet, il lui en fait aussitôt porter chez elle. En son honneur, il crée le « coulibiac de saumon Colette » mais quand un plat ne plaît pas à son illustre voisine, celle-ci ne se prive pas de le lui dire : « Mon petit Raymond, ta tourte de bécasse, ça n'est pas ça. Va voir le vieux Victor. » Le vieux Victor, cuisinier à la retraite, habite les Landes. Oliver grimpe dans le train et revient avec la recette. Pour aider au lancement du *Véfour*, Colette a composé une plaquette, Cocteau écrit un article, Christian Bérard fait un dessin. Rarement cuisinier a eu de pareils dieux tutélaires. Et tandis que régulièrement deux serveurs transportent Colette, de plus en plus accablée par l'arthrite, dans une chaise à porteurs, son protégé galope vers la gloire.

Il découpe un poulet en cinquante-trois secondes

Un siècle plus tôt, Balzac aurait pu faire de Raymond Oliver un héros de la *Comédie humaine*. Dès qu'il a posé le pied au Palais-Royal, le jeune Girondin, doué d'une cervelle fertile, d'une éloquence de mousquetaire, d'un immense appétit de connaissance et d'un sens inné des relations sociales, a saisi la nouvelle dimension à laquelle sa profession – jusque-là réduite, dans l'opinion, à l'état de métier manuel – pouvait atteindre dans une société sur la voie de sa métamorphose. Avec de pareils voisins – Colette, Cocteau, Emmanuel Berl – le lieu sera rêvé pour faire de la cuisine un instrument de culture. De ce rapprochement naîtra un personnage hors du commun, capable de jongler aussi bien avec les mots qu'avec les saveurs et les produits, de se servir d'un crayon pour croquer un visage, d'un stylo pour noircir des feuillets, de conférencer comme un professeur à la Sorbonne, de dévorer des masses de livres et de réunir l'une des toutes premières collections de livres gastronomiques au monde, avec plus de 3 500 éditions rares, depuis des recettes babyloniennes.

Sa vie durant, il s'intéressera à tout. À la télévision, à laquelle, en 1953, il n'y a pas foule pour croire mais où, pendant quinze ans, aux côtés de Catherine Langeais, il s'installera dans la cuisine de Madame Tout-le-Monde, avec sa barbe, son œil roublard, son accent frotté d'échalote, son emphase odéonesque et ses recettes qui donneront à chacune l'illusion d'être aussi forte que lui. Il se passionnera pour la cuisine préhistorique et la sociologie alimentaire, bien avant les chercheurs du CNRS qui nous bombarderont de leurs savantes études. Il parcourra le monde. Il sera le premier à initier les Japonais à la cuisine française. Il ira manger du renard volant en Nouvelle-Calédonie, du kangourou en Australie, des termites et du crocodile en Afrique et nous goûterons ensemble à la patte d'ours à Hong-Kong, lors d'un « banquet impérial » où, pendant trois jours d'affilée, de l'holoturie à la queue de daim, défileront les plats les plus extravagants.

Toutes les nouvelles techniques de cuisson et les instruments d'avant-garde qui, dix ans après, seront entrés dans la vie courante, il les aura testés, avant tout le monde.

Quand la surgélation apparaîtra, faisant pousser à la plupart de ses confrères des cris de vierges effarouchées, au lieu de déclamer, comme eux, des professions de foi – généralement hypocrites – il étudiera le sujet, sans parti pris. Il n'y verra pas motif à partir en croisade gastro-franchouillarde mais il l'abordera comme une technique nouvelle avec ses bons côtés à utiliser et ses mauvais à éviter, résumant en une phrase expressive sa philosophie : « Si vous surgelez de la m..., vous mangerez de la m... »

Cuisinier classique, bien enraciné dans son terroir gascon, il aura sur la masse des autres cuisiniers le rare privilège de ne jamais réagir à partir d'*a priori*. Seule aura de valeur, à ses yeux, l'expérimentation. Par exemple, quand nous lui demanderons, en 1976, de préparer un repas piège avec des produits dits « de l'an 2000 » – dont beaucoup à base de soja –, il acceptera avec enthousiasme. Avec les Frères Jacques, invités à titre de cobayes, non informés de ce qui allait suivre, nous ferons un déjeuner ahurissant avec de la dinde sans dinde, des hamburgers sans viande, des croquettes de porc sans porc, du bacon sans bacon, de la pâte d'amande sans amande et du gâteau à la framboise sans framboise... Pour Oliver, cet essai n'aura pas été un simple jeu destiné à amuser les lecteurs d'un magazine. Il lui aura permis de porter un jugement véritablement fondé sur des produits révolutionnaires dont, ailleurs, on se contentera de discourir, sans les avoir goûtés. C'est lui encore qui, décidant un jour de se perfectionner dans l'art du découpage, ira à la Faculté de médecine de Toulouse où deux grands chirurgiens, les professeurs Villard et Dubourg, lui apprendront à dénerver un muscle, à reconnaître le point faible d'une jointure, à deviner au dixième de millimètre près la carcasse sous les chairs, bref à devenir une fine lame. À Johannesburg, devant les rois du diamant, il découpera un poulet en cinquante-trois secondes...

Dans un monde de chefs, qui se couchent en faisant une prière (« Je vous salue Marie, pleine de graisse. Je vous promets de mettre dans ma cuisine encore plus de beurre et encore plus de crème. Ainsi soit-il »), Oliver, fort de ses 95 kg, sera le premier, dans les années 70, avec Michel Guérard, à risquer sa réputation en prenant au sérieux la « diététique » dont l'apparition dans le vocabulaire alimentaire sera considérée, au sein de la corporation, comme la plus insultante des provocations. La cuisine « légère », célébrant le mariage inédit de la bonne santé et de la bonne cuisine, deviendra même l'un de ses sujets d'étude favoris.

Bien sûr, la médaille aura aussi son revers. Premier, dans sa profession, à se saisir de la publicité en accordant son nom et son image à des fourneaux et à des marques de produits, on l'accusera (non, ce ne sera pas Paul Bocuse...) de se laisser trop facilement acheter et de dévaloriser ainsi son noble métier. Après quoi, d'ailleurs, ses plus vertueux confrères iront frapper fébrilement aux mêmes portes ou à d'autres.

On lui reprochera aussi de dispenser trop volontiers ses conseils, contre monnaie sonnante et trébuchante, à l'industrie agro-alimentaire, décrétée d'office « ennemi public n° 1 » par les gardiens du Temple du goût, qui devraient au contraire se réjouir de toute occasion d'améliorer le fade panier de la ménagère.

Mais, plus grave, on sera bien obligé – à commencer par mon propre guide – de déplorer, dès le milieu des années 60, ses absences de plus en plus fréquentes. Sans cesse appelé à traverser les mers pour dispenser son savoir, il deviendra, certes, le meilleur ambassadeur itinérant de la gastronomie française mais il n'y aura plus d'Oliver dans les cuisines du

Grand Véfour. Bocuse sera encore – pour peu de temps, il est vrai – devant ses fourneaux que depuis longtemps Oliver aura déserté les siens.

Cela ne retirera rien à ses mérites, immenses. Aux yeux de l'Histoire, le cuisinier moderne de la première moitié du XXe siècle aura été Escoffier. Pour la seconde moitié, ce sera Raymond Oliver parce qu'il aura été tout, à la fois : un grand cuisinier de tradition régionale et un précurseur, un érudit du passé et un découvreur d'avenir. S'il devait y avoir un ex aequo, la place irait tout naturellement à Michel Guérard, trait d'union lumineux entre la tradition et l'innovation, la gourmandise épanouie et la forme raisonnée.

La vieille lionne est toute frêle

« Venez, mon petit. Approchez-vous. Oui, Raymond m'a annoncé votre visite. Vous avez déjeuné au *Véfour* ? Allez, racontez-moi. Ah, vous avez mangé du lièvre. Mmm... À l'occasion de mon anniversaire, Raymond m'a appelée : "Je voudrais vous préparer mon lièvre à la royale." "Bien, très bien, mais mon petit Raymond, surtout, n'oubliez pas les quarante gousses d'ail et les quarante gousses d'échalote. Et qu'il n'en manque pas une seule !" Le jour venu, il a posé sur la table un plat où se trouvait un lièvre bien dodu mais, patatras, où sont donc l'ail et l'échalote ? La bête est bourrée de foie gras à en éclater... Non, non, ce n'est pas ma recette ! Alors, aussitôt, est arrivé un second plat avec un second lièvre et cette fois il y avait bien quarante gousses d'ail et quarante d'échalote. Raymond m'a raconté qu'il ne connaissait pas ma recette. Alors, il a décidé de me servir son lièvre d'apparat et, en cherchant dans ses livres, il a retrouvé la recette du sénateur Couteaux, sans foie gras mais avec l'ail, l'échalote, le vinaigre de vin et une bouteille et demie de bon bourgogne. Quelle idée d'embaumer un lièvre dans le foie gras ! Il n'y a que les Parisiens pour inventer des affaires pareilles... »

La vieille lionne secoue sa crinière, avec de petits rugissements de rire.

En cet automne 1952, sous la fourrure d'une autre bête, le fauve du *Palais-Royal* que jamais homme aimé ni femme adorée n'ont réussi à apprivoiser, repose, adossé à un empilement de coussins. Sur le pupitre qui enjambe son divan, un désordre d'enveloppes, de lettres, un pot dont les fleurs en bouquet sont des stylos, un long couteau à manche d'argent, qui doit servir à égorger les livres, à peine nés et, tout autour, un caprice de brocanteuse, qui aurait jeté à la volée sur les murs, les étagères, les guéridons et les tables basses, les petits cailloux magiques qui ont jonché sa vie, ses voyages, ses amours, ses lubies : des montres, des coquillages, des cannes, des pipes, un thermomètre, un baromètre, des sulfures presse-papiers, des boussoles, un album de fleurs, des boîtes à papillons... Mais dans cette chambre se trouvent deux pièces de collection avec lesquelles nulle autre ne peut rivaliser : les yeux verts de Colette, cernés de mascara, des yeux, dont Julien Green, venu la visiter quelques mois plus tôt a dit : « beaux comme ceux d'un animal rempli d'âme jusqu'au bord et de tristesse » ; et les mains de la vieille vagabonde, qu'elle parvient encore à jeter vivement en l'air et qui, par un effet de magie, semblent disparaître avant qu'elle n'en ramasse d'autres, le temps de voir scintiller à son annulaire les rayons du saphir, accordés à l'éclat tamisé de son « fanal », cet abat-jour qu'elle a fait elle-même avec du papier bleu pour en coiffer la lampe de dessinateur au bras articulé, fixée au mur au-dessus de la feuille blanche prête à noircir.

Pour ne l'avoir vue qu'en photo, la tignasse en soleil, j'attribuais à Colette de l'ampleur, du volume. C'est tout le contraire. Elle est si frêle qu'on pourrait l'emporter dans ses bras.

Raymond Oliver a failli le faire, l'été dernier, quand le feu s'est soudainement déclaré à l'entresol de l'immeuble de Colette, menaçant de gagner les étages. Il s'est précipité, a franchi le rideau de fumée qui s'épaississait dangereusement et s'est rué vers l'appartement où Colette et Maurice Goudeket risquaient d'être rapidement bloqués. « Sautez, sautez ! » criait la foule, amassée dans le jardin. Les pompiers, heureusement, sont arrivés très vite, ont éteint l'incendie et, immobilisée sur son divan, Colette, qui avait conservé un calme parfait durant tout cet épisode, s'est contentée de dire : « Ce n'est tout de même pas une raison pour ne pas prendre le café [1] ! »

« Giraudoux me donne le vertige »

Ce qui vient de me conduire chez Colette, c'est la reprise à la Comédie des Champs-Élysées, où l'on m'a confié un petit boulot [2], de *Siegfried*, de Giraudoux. Je dois consacrer à l'événement une page entière dans l'hebdomadaire *Carrefour*, et après avoir interviewé Valentine Tessier, qui avait tenu le rôle de Geneviève à la création en 1928, mais aussi les critiques Robert Kemp, Jean-Jacques Gautier, Thierry Maulnier et Paul Guth, j'aimerais faire parler Colette de Giraudoux, car elle-même avait été critique dramatique et avait assisté, vingt-quatre ans plus tôt, dans cette même Comédie des Champs-Élysées à la première représentation.

— Ah, *Siegfried !* roucoule Colette, en roulant l'*r* et en posant sur sa lèvre un doigt, comme pour marquer sa nostalgie... Avant toute chose, ce nom m'évoque Bayreuth et les sonorités de la musique wagnérienne. Comme c'est loin, tout ça... J'étais presque une petite fille.

— Vous n'associez tout de même pas le nom de Wagner à celui de Giraudoux ?

Colette lance son rire sonore mais qui se casse soudain.

— Giraudoux est unique. Sa manière ailée s'est miraculeusement rencontrée avec l'art de Jouvet, prince du chatoiement et de la légèreté... Toutes les images provoquées par Giraudoux se sont mariées entre elles dans mon cœur. À quelles pièces de lui appartiennent plus spécialement ce trait subtil d'esprit, ce ton ironique, cette image charnelle et crue, cette

1. Propos rapportés par Maurice Goudeket, dans son livre, *Près de Colette* (Flammarion).

2. Je suis chargé par Claude Sainval de lire les pièces et de recruter de nouveaux auteurs.

puissance d'analyse des idées, qui donnent le vertige et qui demeurent en moi ? En vérité, on peut même se demander comment le poète Giraudoux a pu se plier à l'action théâtrale. L'étonnant est qu'homme de théâtre, Giraudoux n'ait rien trahi du Giraudoux poète.

Colette saisit un livre, le gros volume de *Lunettes noires* où sont consignées ses impressions théâtrales d'antan.

— Ah ! Voilà. J'écrivais ceci : « Tout ce qui, au théâtre, semble interdit au commun des mortels, le couplet, le monologue, l'explication du personnage par lui-même, Giraudoux s'en saisit pour nourrir notre illusion. Vertu de la poésie : Giraudoux nous entraîne dans son climat – mot aussi galvaudé que l'emploi de " sous le signe " –, nous y maintient et nous tenons son lucide oxygène pour notre ère natale. »

— Vous n'ignorez pas qu'aujourd'hui le théâtre de Giraudoux est très discuté. Plutôt en mal. On le trouve démodé, trop précieux. Un ravissant bavardage... Et puis, à la création, quand Siegfried, officier français amnésique, se présente sous les traits de Jean Renoir, en claquant des talons à la prussienne, l'armistice avait dix ans et Hitler n'était pas encore chancelier.

— Que Giraudoux soit un « précieux », je le veux bien, à condition qu'on n'entende pas par ce mot un écrivain occupé aux seules arabesques du langage. La chair est là, et le cœur, et le destin... Mon ascendance campagnarde apprécie le festin de hérisson, de louve, de brochet, de canard, de lièvre qu'il savait si bien servir. Certains de ses personnages en disent souvent un peu plus qu'ils n'auraient à dire mais ses pièces sont faites de bien meilleures matières que d'esprit. D'émotion, pour tout dire. Le grand instant de son théâtre était la découverte de ce moment, étouffé d'émotion, assourdi, religieux.

« Si je pense que la pièce va marcher ? Renoir n'était pas optimiste avant la générale et Giraudoux encore moins. Quant à Jouvet, il ne croyait jamais au succès des pièces qu'il montait. Là, il s'attendait tellement à un four qu'ayant besoin pour le rôle du général de Fontgeloy d'une tunique noire, il fit arranger un de ses vestons : « Il pourra me resservir, dit-il. Comme ça, rien ne sera tout à fait perdu... » Si je me souviens, *Siegfried* a été joué plus de trois cents fois. Pourquoi n'y aurait-il pas un nouveau miracle [1] ?

Avant de quitter Colette, je lui demande si elle-même, qui s'est décrite comme « une pauvre petite fille triste », n'avait pas le trac en montant sur la scène d'un music-hall :

— J'étais bien bâtie et sur la scène, la barrière des feux de la rampe me protégeait contre tous… Je ne sais pas pourquoi, on a toujours raconté que j'apparaissais nue. C'est complètement faux. Je ne portais pas grand-chose sur moi mais beaucoup plus qu'aujourd'hui les girls du *Lido* ou du *Moulin-Rouge* !

— Une dernière question, si vous permettez : est-ce vrai qu'à cette époque, Maurice Chevalier était amoureux de vous ? La future grande Madame Colette, de l'Académie Goncourt, et Maurice Chevalier, quel couple !

Son rire explose à nouveau :

— Il me l'a dit mais c'était trop tard…

---

1. Le miracle n'aura pas lieu. Sans être un « four », le *Siegfried* 1952, interprété par Raymond Rouleau, Françoise Christophe et Jany Holt, aura une honnête carrière, sans plus.

CHAPITRE 14

MARTHE RICHARD A ROULÉ LA RÉPUBLIQUE

Marthe Richard, « l'espionne au service de la France », qui a fait fermer les « maisons », réclame un million de dommages-intérêts à Jean Galtier-Boissière, le polémiste du *Crapouillot*. Surnommé le « vénéré directeur », le « Commodore », le « Grand frisé », la « Galtouse », il fait, depuis trente-cinq ans, la loi dans les lettres, les arts, les spectacles, le monde et le demi-monde.

Comme le crapouillot des tranchées de la guerre de 14 d'où, par miracle, il est revenu indemne, il fait du bruit et de la casse. Il est vache mais pas méchant. Il assassine mais il ne tue pas. Pour ses amis, il est le roi de Paris.

Le procès s'ouvrira dans une semaine, le 10 juin 1952, devant la 17e chambre correctionnelle. Je file, sans attendre, au 3 place de la Sorbonne où la grande gueule a ses bureaux, au-dessus de la librairie.

Je l'ai rencontré une seule fois, trop rapidement, alors que j'étais accompagné d'un de ses potes, Pierre Devaux, dit « Pierrot les Grandes Feuilles », distingué linguiste de l'argot des macs. Bien sûr, comme tout le monde, j'ai lu *La Fleur au fusil* (ou sept ans de malheur sous les drapeaux), je me suis régalé de ses *Journaux... Pendant l'Occupation...*, *Depuis la Libération... Dans la drôle de paix...* et, toujours comme tout le monde, j'ai attendu avec impatience la dernière livraison du *Crapouillot* dont, entre autres, *Les 200 familles*, *Expéditions coloniales* (numéro exclusif auquel avait collaboré Malraux) avaient secoué le public, avant-guerre, alors que celui, paru en 1950, sur les homosexuels l'avait fait se tordre de rire [1].

Un travesti sur les genoux de Mauriac

Pour le garçon de 23 ans que je suis, Galtier, avec son inépuisable collection de gilets, incarne l'avant-guerre. La flamboyante avant-guerre des casse-graines entre artistes et écrivains, des joyeuses décarrades des Années Folles et des grandes marrades de jeunes gens, tout juste sortis d'une guerre horrible et absurde dont ils ne comprenaient toujours pas le sens. Quel bonheur c'eût été de se cacher sous la table des légendaires dîners du *Crapouillot* qui, de 1919 à 1930, avaient renoué avec la grande tradition du XIXe siècle des soupers Magny ou Bixio ! Des soirées où s'empiffraient et se cuitaient au coude à coude un Henri Béraud, futur condamné à mort à la Libération, et le communiste Paul Vaillant-Couturier, Léon-Paul Fargue et Jean Oberlé, Drieu La Rochelle et Dorgelès, Segonzac et Derain, Mac Orlan et Marcel Achard... Et des équipées nocturnes comme celle où un travesti à perruque blonde se retrouva sur les genoux de François Mauriac qui se cramponnait à son parapluie, tandis que l'autre lui susurrait : « Loulou, mon petit chéri, appelle-moi Marguerite. »

Fils de « famille », comme on disait alors respectueusement – un père médecin, directeur du *Larousse médical*, un grand-père peintre, de l'École de Fontainebleau, ami de Millet, un grand-oncle, célèbre helléniste dont Barrès fut le disciple –, Galtier, lui-même licencié en philo et auteur d'une thèse sur le

---

1. Henri Jeanson écrira un texte d'une drôlerie impayable sur un déjeuner, chez Galtier, avec Marcel Jouhandeau et Roger Peyrefitte qui, tous deux, allaient contribuer à ce numéro. On y voit Jouhandeau demander à Charlotte, la femme de Galtier, la permission de donner un baiser à son « grand cuirassier » et Galtier le repousser affectueusement en s'écriant : « Arrière, salope ! Trop tard, tu es trop vieille pour moi ! Je n'aime que la chair fraîche des communiants. » Et aussi, au moment de prendre congé, Peyrefitte se mettre à genoux devant Jouhandeau et couvrir sa main de baisers.

peintre Poussin, était tombé pile sur cette époque où l'on pouvait faire de l'amateurisme un métier, du pacifisme une profession de foi et, de l'irrespect le plus total envers toute forme de conformisme social et intellectuel, sa propre croisade. Homme d'avant-guerre, sans doute mais nullement prêt, à 60 ans, à baisser les bras ni la voix durant les drôles de nouveaux temps qui s'annoncent. Son indépendance rend quasiment intouchable un homme qui a vu son *Crapouillot* suspendu par la censure de Daladier, le 1er septembre 1939, et n'a repris contact avec son public qu'en 1948, ou qui a passé toute l'Occupation avec le portrait de Pétain au-dessus du siège de ses WC mais qui s'est indigné en 1947, par une campagne dans *Paris-Presse*, de « l'hypocrisie de l'épuration ». Peu importe sa cible – les militaires, les grandes familles, les curés, les politiciens, les gogos, les truqueurs ou les profiteurs –, Guignol donne du bâton sans que jamais le gendarme n'arrive à le fourrer au trou.

C'est la trente et unième fois qu'il va être poursuivi pour diffamation et trente fois il a été acquitté. Il contrôle tout car il garde tout. Vingt ans après, il est capable de mettre sous le nez de n'importe quel ministre, écrivain ou journaliste, le bout de journal où il a écrit le contraire de ce qu'il prétend aujourd'hui. Tout ce qui est entendu de lui est consigné : « Note, Charlotte ! » dit-il à sa femme, plusieurs fois par jour, depuis qu'il l'a épousée en 1930. Si bien que son avocat et grand ami, Maurice Garçon, qui se délecte d'avoir à le défendre, a pu lancer, lors du dernier procès, cette phrase, digne de passer à la postérité : « L'innocence de mon client fait maintenant jurisprudence ! »

★

Donc voilà, en gros, le bonhomme (87 kilos pour 1,87 mètre) qui, au première étage de l'immeuble construit par son autre grand-père, éditeur, me fait une place entre les piles de magazines poussiéreux et des amas d'enveloppes, de lettres, de factures, de pipes et de pots à tabac.

Hilare, il est, sous la tignasse frisottante, le brailleur qui, à la fin de tout repas digne de ce nom, entonne d'une voix à faire tourner le lait : « On m'appelle l'hirondelle du faubourg. »

Ah ça oui, la mère Richard va connaître son bonheur. Il va se la faire, la maman-fouettarde qui a ouvert les volets de nos chères « maisons » et mis sur le trottoir d'honnêtes pensionnaires qui ne demandaient qu'à rester au chaud. En fait, il vient déjà de se la faire, dans le numéro spécial du *Crapouillot*, intitulé « La farce des services secrets » où il l'a gratifiée de l'appellation « d'héroïne post-fabriquée », mettant fortement en doute sa carrière « d'espionne au service de la France » et d'héroïne à faire pleurer dans les chaumières.

Galtier a écrit sur Marthe Richard beaucoup moins qu'il en sait et il en sait, à ce jour, beaucoup moins qu'il ne tardera pas en savoir. Les temps glauques de l'après-guerre ont beau apprendre à ne s'étonner de rien (ne sommes-nous pas dans la décade où l'on décerne le prix « Vérité » à un certain Martin de Hauteclair qui a tout inventé depuis son nom jusqu'à ses exploits guerriers ?), la Notre-Dame des « claques », si elle s'était appelée Pinocchio, se serait pris depuis longtemps les pieds dans son nez, tant ses mensonges l'auraient fait s'allonger.

⋆

Mais nous allons poursuivre la conversation au cinquième (sans ascenseur). Il y a une captivante odeur de ragoût qui descend l'escalier et, gentiment, Galtier me retient à déjeuner, à la fortune du pot. Avec Charlotte, il habite l'atelier où Baudelaire fit l'hommage à son ancêtre de la première lecture des *Fleurs du mal.*

Charlotte la blonde, c'est un ragoût de mouton dont, fine cuisinière, elle fait aujourd'hui l'hommage à son « Commodore ». Chez les Galtier, Colette serait à son affaire. On s'y shoote au potage paysan, au bœuf bourguignon, au gigot bretonne, au civet de lapin, à l'introuvable Tokay de l'autre côté du rideau de fer, au très vieux Château-Chalon et, vin préféré des « demi-castors » du Second Empire, au Bouzy rouge dont les Parisiens n'ont pas encore redécouvert les charmes.

Comme il se doit, à table, on parle table et resurgit une anecdote, qui date de l'Occupation. Dînant un soir, au restaurant, avec Henri Jeanson, ils sont abordés par un officier supérieur allemand qui, passablement éméché, a envie d'engager la conversation. L'officier balafré pose une question à Jeanson, qui lui répond : « *Yes, Sir.* » Et l'entretien s'arrête là.

Joli, aussi, le mot de Cocteau qui, invité dans le grand monde, renifle le faisan que l'on vient de servir, se lève, sa serviette sous le bras et s'écrie : « Le faisan de Mme la Marquise est avancé. »

Galtier, soit dit en passant, ne fait que très rarement des « mots ». Doué d'une mémoire prodigieuse, il rapporte ceux des autres. Il est, par excellence, le passant du XXe siècle qui tend l'oreille et à qui rien – ni trait d'esprit, ni grosse bêtise – n'échappe. Pour les uns, il est Ratapoil. Pour Marcel Pagnol, il est le « Saint-Simon de notre époque ». Sauf qu'il lui manque un Louis XIV. Tant pis, il lui faudra se consoler avec une Marthe Richard.

Elle aimait à rôder du côté des casernes

Quand deux ans après ce déjeuner, en juin 1954, un jeune inspecteur de la Sûreté nationale, M. Jacques Delarue (futur auteur d'une remarquable *Histoire de la Gestapo*), conduira la dame Richard à la Petite Roquette pour vol de bijoux, il ne sera plus possible de fermer les yeux sur les quarante ans d'imposture de notre héroïne nationale. Ce sera pourtant le cas et quand on reparlera d'elle, au moment de sa mort, en 1982, à l'âge de 92 ans, certains rechanteront la même chanson et serviront la même salade. Sans parler, plus tard, de prétendues « révélations » qui ne seront que la resucée de ce que l'on savait depuis longtemps [1].

De temps en temps, on repasse à la télévision le film censé relater les authentiques exploits de l'héroïne, incarnée par Edwige Feuillère aux prises avec le monoclé von Krohn, joué par Eric von Stroheim. La prochaine fois, on le regardera d'un autre œil, après avoir lu ce qui suit et qui mériterait d'ailleurs un autre film. Beaucoup plus amusant, celui-là et même assez

1. En 1954, *Noir et Blanc* publiera un article très détaillé qui aurait dû provoquer les poursuites de l'intéressée, si les faits rapportés avaient été faux.

fascinant, car la petite héroïne Marthe Betenfeld, apprenti-culottière à Nancy, a réussi à berner tout le monde, y compris les plus hautes instances de la République.

« Montée » à Paris, la demoiselle qui, dans sa ville natale, aimait à se promener du côté des casernes a séduit un riche industriel, nommé Louis Richer. Belle maison, belle voiture, grand train de vie et même, en 1912, le cadeau d'un avion Caudron à la bouillante Marthe qui veut s'attaquer au record féminin de durée. Du Crotoy, elle s'envole pour Zurich avec un pilote nommé Poulet. L'avion a de si nombreuses pannes que les deux aviateurs arrivent à Zurich par le train, avec, dans un fourgon, l'appareil en pièces détachées... Une rocambolesque équipée qui est à l'origine de la légende d'une Marthe Richard, championne d'aviation. Dans la foulée, elle fonde la Ligue de l'Union patriotique des aviatrices de France, alors que son mari, mobilisé, ne va pas tarder à être tué au front.

Elle entretient des relations avec un jeune Russe – ancien anarchiste – qui travaille pour le Deuxième Bureau. Il la présente au commandant Ladoux qui la charge d'une mission en Espagne. Elle rencontre effectivement le baron von Krohn, attaché militaire à Madrid et ne se fait pas prier pour dormir avec lui, puisque c'est pour la Patrie. Son amant l'engage et l'envoie en mission, aux frais de l'Allemagne, en Amérique du Sud. Elle rentre à Paris en 1917, ayant accompli, pour son pays, la seule et unique mission de sa carrière, consistant à coucher avec le baron, neveu du général Ludendorff, adjoint au commandant en chef Hindenburg et à communiquer plus tard au Deuxième Bureau des renseignements qu'on jugera « pratiquement inutilisables ». Quand elle débarque chez le commandant Ladoux, celui-ci se trouve en prison pour fautes graves dans son service. La grande carrière de l'espionne se termine, du même coup.

En 1926, elle épouse un Anglais, M. Thomas Crompton, directeur financier de la Fondation Rockefeller. Il meurt deux ans plus tard, laissant derrière lui une riche veuve, de nationalité anglaise, qui mène grand train dans sa propriété à Bougival, couverte de bijoux par un magnat du pétrole, nommé Aronsohn. En 1930, Ladoux, se souvenant de la belle Marthe Richer, se met à écrire un roman d'espionnage. Il la baptise

Marthe Richard et lui fait vivre toutes sortes d'épisodes aussi dangereux que palpitants. Grâce à la courageuse espionne qui a fait don de son corps à la Patrie, des tas d'espions allemands ont été coffrés, au pied des Pyrénées ; un méchant plan visant à détruire des stocks de céréales sur le territoire français, grâce à l'introduction sournoise de charançons, a pu être déjoué ; et mieux encore, le séduisant von Krohn qui, soit dit en passant, a un œil de verre et un râtelier, lui a refilé, sous l'oreiller, les plans secrets du Haut État-Major allemand ainsi que la combinaison du coffre de l'ambassade.

Elle connaît Spirito, de la Gestapo française

Le livre a du succès, ce qui donne à Marthe Crampton une idée : elle va écrire ses Mémoires. Deux « nègres » s'y mettent aussitôt et, à travers *Paris-Soir* et *Lectures pour tous*, les Français apprennent enfin l'existence de la plus valeureuse héroïne de la Grande Guerre.

Elle n'est pas décorée. Injuste, non ? Le gouvernement français, pour remercier feu M. Crampton de sa générosité (il a financé en partie la rénovation du Petit Trianon), décerne la Légion d'honneur à sa veuve. Au titre des Affaires étrangères, et non à titre militaire… Mais elle a le ruban. Comment faire la différence ? On n'y songe d'ailleurs pas, puisque c'est une « héroïne ».

En 1937, le film – très médiocre – qui retrace ses exploits a un succès énorme. Marthe Richard conquiert définitivement son brevet de patriotisme.

Elle en profite pour demander à être réintégrée dans la nationalité française, puisque, ne l'oublions pas, elle est devenue anglaise par mariage. Curieusement, toutes ses demandes sont refusées.

Après l'armistice de 1940, elle s'installe à Vichy puis en 1943 rentre à Paris. En tant que citoyenne anglaise – et après tous les mauvais tours qu'elle a dit avoir joués aux Allemands, pendant la guerre de 14-18, elle risque gros. Pourtant, il ne lui arrive rien…

Retrouvant sa vieille copine Loulou, ancienne danseuse de

music-hall, et voyant celle-ci en larmes, elle se fait raconter le drame : de faux policiers allemands lui ont volé tous ses bijoux et une forte somme d'argent. Apparemment, ils étaient bien renseignés.

Or, après la Libération, Loulou se retrouvant nez à nez, dans la rue, avec Marthe, qu'elle n'avait pas revue depuis, s'exclame, en voyant le bracelet qu'elle porte au poignet :

— Ah ! On dirait un des bracelets qu'on m'a volés.

— Des bijoux comme ceux-là, il en existe des milliers ! répond l'autre.

Les choses en restent là. Mais, par la suite, Loulou se souvient qu'après le cambriolage, elle avait soupçonné un Corse de ses relations, membre de la Gestapo française et ami du gangster Spirito, d'être l'auteur du coup. Or, elle sait que Marthe Crampton connaît Spirito. Elle va raconter son histoire à la police qui lui rit au nez. Pensez donc, une héroïne nationale, qui a été élue conseillère municipale du IIIe arrondissement sur la liste « Résistance unifiée », conduite par Léo Hamon (futur chef de file des « gaullistes de gauche) ! Une grande dame qui, plus est, participe au renouveau moral de la France. Brandissant l'étendard de la libération des femmes victimes du proxénétisme, elle a porté la première estocade, le 13 décembre 1945, devant le conseil municipal de Paris, sous les acclamations du MRP, aux patrons de bobinards, suspectés, en outre, d'avoir été de bien mauvais Français sous l'Occupation, en fournissant des distractions à l'ennemi.

La campagne a porté rapidement ses fruits : le 13 avril 1946, l'Assemblée, après un débat de pure forme, a voté la loi n° 46-685, aussitôt appelée dans la presse et le public « loi Marthe Richard », « tendant à la fermeture des maisons de tolérance ». Le texte de loi a été signé par Félix Gouin, président du gouvernement provisoire, et André le Troquer, ministre de l'Intérieur. Le premier coulera, l'année suivante, dans le pitoyable « scandale des vins » et le second, des années plus tard, dans « l'affaire des ballets roses ».

En 1948, deux tuiles tombent sur la tête de Mme Crampton. Sur une plainte d'une dame qui lui a versé 300 000 francs pour faire sortir de Fresnes un homme inculpé de trafic avec les Allemands, elle est arrêtée, condamnée à une amende et aussitôt amnistiée « en raison de son glorieux passé ». Il n'empêche... Puis, les autorités prennent enfin conscience de ce qu'elle a été élue illégalement au conseil municipal, puisque étrangère. Logiquement, toutes les séances auxquelles elle a assisté devraient être annulées... On se contente, toutefois, de lui interdire de se représenter.

Mais il faut avouer qu'avec tout cela il y a, pour un Galtier-Boissière à qui on ne la fait pas, du grain à moudre quand il prépare son numéro sur les Services secrets.

*

Eh bien, une fois de plus, le mythe de « l'héroïne nationale » fonctionne.

Jean Galtier-Boissière, dont l'innocence fait jurisprudence, est condamné, pour la première fois de sa vie, par la justice, à la somme modique, il est vrai, du franc symbolique.

Deux ans plus tard, il aura quand même sa revanche quand, grâce au travail de fourmi entrepris depuis plusieurs années par le commissaire Delarue, Marthe « Richard » se retrouvera dans une maison tout à fait close, appelée la Petite Roquette, pour complicité et recel dans le vol des bijoux de Mlle Loulou.

Une génération privée de boxon

Personnellement, je continuerai à en vouloir énormément à Marthe Richard. Non pas d'avoir roulé, sa vie durant, les pouvoirs publics, les politiques, les magistrats, la presse et l'opinion. Je trouve cela, au contraire, extrêmement plaisant.

En revanche, au risque de passer pour un irrécupérable vieux beauf, je ne puis lui pardonner de m'avoir privé de l'institution éducatrice la plus formatrice dont nos pères ont recueilli les bienfaits, tout au long de notre Histoire. Je veux parler du boxon, du bobinard, du bordel, du claque, du brocart, bref des chères « maisons ». Le jeune homme qui, en ce début des années 50, ne demande qu'à s'instruire, a du chagrin de se voir brutalement rejeté du salon douillet et causant jusque sur le trottoir impitoyable et désespérément anonyme. Pourquoi, s'interroge-t-il, de grands esprits, d'éminents artistes, tels que Toulouse-Lautrec, Picasso, Dali, Ernest Renan, Louis Aragon, Éluard, Anatole France, Oscar Wilde, Luis Buñuel, Michel Simon ou Paul Morand et tant d'autres, sans parler des ministres, des sénateurs, des généraux, des membres de l'Institut, des professeurs de médecine, des cardinaux ou des évêques, ont-ils eu le loisir d'y aller et qu'à moi, la chose est impossible, pour cause de moralité publique ? Encore une génération sacrifiée. Une de plus.

De ne pas avoir connu, dans l'éclat de leur gloire, le *One Two Two*, le *Sphinx* ou le *Chabanais* m'est aussi cruel que si, demain, l'on m'interdisait l'entrée du Louvre, du Tombeau de Napoléon ou de Notre-Dame.

Je corrige : en fait, je connais le *One Two Two* pour y avoir été envoyé par *Le Monde* en 1949. Le petit immeuble bourgeois du 122 rue de Provence abrite, à cette date, le Syndicat national des cuirs et peaux, dont je dois interviewer le président. Me reçoit-il dans le salon du Maharadjah, dans le sleeping de l'*Orient-Express* où les secousses du train, fidèlement reproduites, avaient, paraît-il, d'heureux effets réparateurs ou bien encore dans la cabine de paquebot, agrémentée d'un léger roulis, comment savoir ? Tout a été démonté. On a remplacé les dorures et les miroirs par du formica, le jardin des caresses et la soixantaine de jeunes filles, qui assuraient le fonds de commerce de Monsieur Marcel, par des dactylos et des employés de bureau. Les colonnes (de Buren ?) où l'on faisait grimper ces demoiselles afin de les mettre mieux en valeur sont parties à la décharge et plus jamais on ne verra revenir le charmant vieux monsieur, avec un paquet sous le bras, soigneusement ficelé, d'où il sortait des pantoufles et un pyjama de cretonne à fleurs et à fruits, seul instrument dans lequel il pouvait opérer et dont, de retour à la maison, il ne manquait pas de prolonger les bienfaits au bénéfice, cette fois, de sa chère épouse.

Quelle tristesse de voir ce ciment familial bêtement gâché...

Je ne goûterai pas non plus au bœuf à la ficelle, remis à la mode par Monsieur Marcel, pour le plus grand plaisir de la clientèle choisie à laquelle il faisait les honneurs de la table d'hôte, le service étant assuré, les soirs de gala, par des soubrettes, revêtues en tout et pour tout d'un petit tablier blanc, bordé de dentelle.

Madame Marthe – pardon, Mme Marthe Richard – a-t-elle bien pris conscience de l'énormité de son geste quand, à cause d'elle, on a dû fermer le *Chabanais*, ce monument qui, d'après les témoins les plus fiables, a été à la galipette ce que la Bibliothèque nationale est à la culture ? Renan, l'auteur de *La Vie de Jésus*, en montait chaque semaine les étages, appuyé au bras de la patronne, Mme Kelly. Le *Jockey-Club* en avait fait sa succursale et c'était à juste titre que dans le vestibule un écriteau annonçait : *HOUSE OF ALL NATIONS* puisque, en effet, rarement, comme ici, les nations trouvaient motif à s'unir.

Et sait-on que si la nation britannique, qui nous a toujours regardés en bouledogue de faïence, a, par deux fois, versé son sang pour nous, c'est, en toute vraisemblance, pour remercier la direction du *Chabanais* d'avoir songé à remplir de champagne, à chacune de ses visites, la baignoire de cuivre rouge d'Édouard VII qui prenait un bain de compagnie, très animé, avant d'enfourcher sa chaise-cheval, pour un steeple-chase mouvementé. Quand je pense à tous ces jeunes gens qu'on a privés, comme moi, des régals de la chambre japonaise (Premier Prix à l'Exposition Universelle de 1900), de la suite mauresque, du salon « de » Louis XVI, dont les médaillons étaient de Boucher (enfin, presque), ou du pompéien où Lautrec avait laissé quelques peintures, en guise de paiement... Et toutes ces fructueuses visites que l'on aurait pu organiser, sous l'égide du ministère de la Culture, à l'intention des enfants des écoles : « Ici, le salon mauresque, où Guy de Maupassant... Là, la chambre chinoise, où Oscar Wilde... » Sans oublier les jeunes cinéphiles : « Dans ce palais hindou, Marlène Dietrich, déguisée en jeune homme, est arrivée un soir, en compagnie de l'écrivain Erich Maria Remarque et [1]...

Les élèves des Beaux-Arts seraient, eux, conduits aujourd'hui par leurs professeurs, en pèlerinage, boulevard Edgar-

1. L'immeuble du *Chabanais* abrite à présent le Syndicat des greffiers, parmi d'autres locataires.

Quinet, au *Sphinx*, où dès son arrivée à Paris, à la gare d'Orsay, Salvador Dali, âgé de 25 ans, se fit déposer par un taxi. Vierge à l'arrivée, il l'était encore à la sortie, car seuls l'intéressaient les décors des lupanars. Il y revint souvent, en compagnie des Surréalistes qui, Aragon en tête et Buñuel en queue (extraordinaire consommateur, paraît-il, que l'auteur du *Chien andalou*), avait fait du *Sphinx* et de son immense salle, balayée par les feux d'une grosse boule qui tournait au plafond, leur maison d'élection. On leur montrerait à ces esthètes la porte devant laquelle Dali, qui avait les aveugles en horreur, se colleta avec l'un d'eux, ce qui devint, à l'écran, l'une des scènes les plus provocantes de *L'Âge d'or*, quand Gaston Modot donne un grand coup de pied dans le ventre d'un aveugle à canne blanche.

★

De ces desserts, nous avons été privés, nous qui avions 20 ans – un peu plus ou un peu moins – en 1950.

Aujourd'hui, je comprends mieux pourquoi, invitée par le baron de Laval, propriétaire du Château Sainte-Roseline, dans le Var, à remettre une décoration à une vertueuse lauréate, Mme Marthe Richard fit, sur le tard, entre deux verres de rosé de la propriété, une déclaration qui stupéfia l'assistance et la presse : « Il faut rouvrir les maisons de tolérance ! »

Prise sans doute de remords devant le beau gâchis (pour ne pas utiliser un autre mot qui me venait tout naturellement à l'esprit) que sa croisade avait occasionné, elle s'y employa – verbalement du moins – jusqu'à sa mort.

C'était trop tard, hélas. Le mal était fait. Et le mâle, refait.

CHAPITRE 15

CHARLOT CHEZ MOLIÈRE

Charlot dans le fauteuil de Molière…

Près d'un demi-siècle plus tard, mon ami Georges Descrières revit la scène avec la même intensité qu'au soir du 5 novembre 1952, quand Charlie Chaplin, précédé par des laquais poudrés portant des flambeaux d'argent, a pénétré dans le foyer de la Comédie-Française :

« Jean Meyer en Scapin, Fernand Ledoux, Robert Hirsch, tous les comédiens qui venaient de jouer *Les Fourberies de Scapin*, jusqu'à la sonnerie de l'entracte, étaient disposés en demi-cercle, de part et d'autre du fauteuil de Molière. Le fauteuil du *Malade imaginaire*, dans lequel Molière est mort, est au Français ce que le Saint-Sépulcre est à l'Église. On l'avait revêtu d'une protection depuis qu'on avait remarqué que des visiteurs indélicats en profitaient pour arracher des lambeaux de cuir et les emporter en souvenir. En l'honneur de Chaplin, on l'avait débarrassé de sa housse, évidemment… Je les revois, lui, en habit, le regard rose et bleu myosotis sous les cheveux blancs, elle, Oona, sa femme, à son bras, frêle, ravissante, s'avançant à petits pas, comme un couple de perruches, tout intimidé… Mais nous étions, peut-être, encore plus impressionnés qu'eux ! Lorsque Chaplin a été invité à s'asseoir dans le fauteuil de Molière, il n'a rien dit – de toute façon, il était incapable de prononcer la moindre phrase en français, à part “merci beaucoup” – mais il était clair qu'à ce moment précis, nous assistions à un spectacle historique : le sacre de Charlot par Molière… Ce fut certainement l'un des plus grands jours de sa vie. Trop discret pour s'attarder sur ce fauteuil, il s'est vite levé, est resté quelques minutes dans le foyer, le temps des salutations réciproques. Après quoi, ils ont regagné tous les deux le balcon pour assister à la fin de la représentation, en compagnie du président de la République, Vincent Auriol, en grande tenue de soirée. »

La suite, je la connais car j'ai la chance d'avoir une place à ce Gala des *Fourberies de Scapin* qui a provoqué un rush sans précédent vers la place du Théâtre-Français. Au marché noir, les places se sont vendues jusqu'à 20 000 francs. Une cohue monstre de badauds et d'admirateurs cerne les abords du théâtre, dans l'espoir de voir arriver Charlot. Sans doute, l'imaginent-ils, les pieds en dehors, avec son petit chapeau, son pantalon trop large, ses godasses inénarrables et son dandinement de canard qui fend l'air, de sa badine, à grands coups de moulinets. Mais, encadré par deux gorilles qui le rendent encore plus minuscule, c'est un petit monsieur en manteau sombre et à l'air un peu ennuyé qui descend de sa limousine et s'engouffre dans le hall, entre deux haies de gardes chamarrés.

Quand il rejoint la place d'honneur, au premier rang du balcon, toute la salle se dresse et l'acclame. Une ovation fantastique, qui dure plusieurs minutes. Molière, lui-même, s'il redescendait sur terre, ne pourrait avoir accueil plus triomphal. Maintenant que le rideau vient de se lever sur le décor de Suzanne Lalique, qui a confondu le port de Naples avec un fjord glacial de Norvège, vers où peuvent bien s'envoler les pensées de Chaplin, pour qui la langue de Molière ne peut rien être de plus qu'une musique d'accompagnement ? Mais on aurait tort de se faire du souci. Pour Chaplin, l'art ne se pare pas de mots. Il suffit donc de ne prêter aucune attention aux paroles et reste alors une pièce muette dont aucun détail, aucune finesse, aucun sous-entendu ne peuvent échapper au plus grand génie du silence, de toute l'histoire du spectacle. Comme l'a rappelé Blaise Cendrars dans un article que republie *Le Figaro*, « il a ébranlé le monde avec rien ».

Ce soir, il n'est même pas besoin de sous-titres, il est vrai, pour s'apercevoir que Jean Meyer qui a signé la mise en scène et passé tous les comédiens au blanc, de la tête aux pieds (est-ce là la couleur de la Méditerranée ?), est un exécrable Scapin.

Il a fait du rusé un fourbe sinistre mais où est la surprise puisque l'on sait qu'avec Meyer, le pire est toujours sûr ? Le jeune Hirsch, lui, est merveilleux, n'est-ce pas, Charlie ?

« Charlie Chaplin est un être répugnant »

Il est dommage qu'au triomphe de Chaplin n'ait pas assisté M. Mac Granery. Il aurait certainement apprécié l'enthousiasme de cette foule vibrante, remerciant à la fois Charlot et Chaplin pour toutes les joies, les rires et les émotions qu'ils lui ont offerts depuis quarante ans.

M. Mac Granery exerce les très hautes fonctions d'attorney général des États-Unis. Le 2 octobre dernier, alors que Chaplin et sa famille faisaient route vers l'Angleterre, à bord du *Queen Elizabeth*, ils ont appris par la radio qu'une enquête était ouverte sur les activités politiques du grand comédien britannique, menacé d'être refoulé à son retour aux États-Unis. Le même jour, l'attorney général, au cours d'une conférence de presse, avait commenté sa décision en déclarant : « Publiquement accusé de turpitude morale et d'avoir appartenu au parti communiste, Charlie Chaplin, si tout ce que l'on a dit sur lui est vrai, est un être répugnant. »

Chaplin qui vit depuis quarante ans aux États-Unis n'a jamais demandé sa naturalisation. On le lui reproche, comme aussi son passé sulfureux d'amateur présumé de trop jeunes demoiselles. La vertueuse Amérique, qui en a vu d'autres, fermerait peut-être les yeux sur ces turpitudes, s'il n'y avait, beaucoup plus grave en cette période de maccarthysme délirant, la certitude de tenir en l'auteur du *Dictateur* un affreux communiste, grand admirateur du régime stalinien et, par conséquent, adversaire de la démocratie américaine. En fait, un interrogatoire serré, instruit à la demande du FBI, n'a rien révélé qu'on ne savait déjà : Chaplin est un libéral, un progressiste assez naïf pour se faire des illusions sur le régime soviétique, mais n'a jamais été inscrit au parti communiste ni fait quoi que ce soit de répréhensible, dans le cadre des « activités anti-américaines ». Il n'empêche qu'on a hâte de le voir déguerpir. Il s'est même trouvé un démocrate de la Chambre des représentants pour réclamer son expulsion.

Trop tard, puisque le voici en Europe mais le projet, c'est d'annuler son visa de rentrée aux États-Unis.

Ce voyage est donc, pour Chaplin, d'un réconfort moral extraordinaire. Londres, d'où il arrive, lui a réservé le meilleur accueil (Winston Churchill l'admire et est devenu son ami) mais ce n'est encore rien à côté de la déferlante d'amour que déchaîne sa présence à Paris.

Les « progressistes » du spectacle, de Pierre Blanchar à André Luguet ou de Louis Daquin au couple Montand-Signoret, sont évidemment les plus empressés à l'entourer mais, au coin des rues, les manifestations d'affection du peuple de Paris ne doivent rien aux mots d'ordre du PC.

Au fond, Charlot appartient à tous ces braves gens qui l'acclament. Il est la meilleure part de leur jeunesse, l'éclat de rire de leur enfance. À ses débuts, Charlot n'a-t-il pas été, lui aussi, parisien ? En 1909, quand, à vrai dire, il n'était pas encore Charlot mais un petit comique inconnu de la troupe des « Comédiens londoniens » dont le rôle, aux Folies-Bergère, était de s'asseoir au milieu du public et de lancer des trognons de chou sur ses camarades en train de jouer. Il dormait dans un hôtel miteux de la rue Geoffroy-Marie mais il avait conservé des Folies-Bergère et du quartier une telle nostalgie qu'à son voyage suivant, il y était retourné, à la recherche de sa jeunesse et de ses souvenirs de misère.

Cendrars l'avait connu à cette époque-là, « pauvre petit juif qui venait boire le thé dans une chambre d'étudiant et qui, le soir, recevait des coups de pied au cul ». Il lui faisait penser au *Violoneux sur le toit*, le personnage chimérique de Chagall, poétique, acrobatique, insaisissable, en voie de lévitation. Beaucoup plus, un personnage de Tchekhov, disait-il, que de Dickens.

Il est devenu riche en jouant les pauvres

Quand il était revenu à Paris, en 1921, ce n'était plus pour recevoir des coups de pied au cul mais les palmes académiques des mains de Léon Bérard, dîner avec le général Pershing, souper avec le boxeur Georges Carpentier, et retourner dormir dans sa suite au *Claridge*. Il n'avait pas manqué, pour autant, le pèlerinage aux Folies-Bergère, renouvelé en mars 1931, après qu'une foule estimée à dix mille personnes, rompant tous les barrages, s'était précipitée sur lui, à la gare de Lyon où il venait de débarquer du train de Venise.

À la fin d'octobre 1952, venu présenter son dernier film *Limelight* au Marignan, c'est au *Ritz* qu'il donne, à peine descendu de l'avion, une conférence de presse. Ébahi, il vient d'apprendre sa promotion dans l'ordre de la Légion d'honneur : « Mais la Légion d'honneur, je l'ai déjà ! » Il a du mal à comprendre que le ruban rouge, accordé en 1931, se soit transformé en rosette. « Encore quatre voyages et vous serez Grand-Croix ! » lance Carlo Rim, qui représente les Auteurs de films.

À ce moment précis, un « commando » de « lettristes » surgit et au nom de leur grand-maître, Isidore Isou, lance des tracts dans la salle, qui traitent Chaplin de « fasciste larvé », de « sous-Mack Sennet », de « Max du Veuzit de l'écran » et d'« escroc aux sentiments ».

C'est idiot mais quand même rafraîchissant, dans cette atmosphère semi-officielle où, dans les vapeurs d'encens, on voit sur l'écran imaginaire s'éloigner à l'horizon le petit émigré affamé de *La Ruée vers l'or*, tandis que, dans un mouvement contraire, grossit, en se rapprochant, la silhouette du cinéaste en pelisse fourrée qui tire sur son cigare et s'en va dîner à *La Tour d'Argent*[1].

La veille du gala à la Comédie-Française, M. André Marie, ministre de l'Éducation nationale, accrochera la rosette au revers du veston de M. Charles Chaplin dans les salons de la Société des Auteurs, rue Ballu. Il lui donnera l'accolade et il y aura des discours. Puis, M. Charles Chaplin, après avoir décidé de ne plus remettre les pieds en Amérique, quittera Paris.

Cette fois, Charlot ne sera pas retourné aux Folies-Bergère ni au petit hôtel miteux de la rue Geoffroy-Marie où, le soir, il frottait ses fesses rougies par les coups de pied au cul[2].

---

1. Il ira, d'ailleurs, le soir même, avec Oona et son secrétaire privé pour y goûter le fameux canard au sang.

2. Après vingt ans d'exil, il ira malgré tout, en 1972, à Hollywood recevoir un Oscar. La presse américaine parlera alors « d'erreur tragique », à propos du passé mais, à New York, il n'y aura que des journalistes pour l'accueillir.

Il est vrai que, très honnêtement, il fera plus tard cette confession : « J'ai toujours travaillé pour de l'argent. Le rire ne m'intéresse pas, il me fait simplement vivre... Je suis devenu riche en jouant les pauvres. »

« Je n'ai aucune compétence », dit le patron

Chaplin parti, les « générales » et les galas, dont la Comédie-Française s'est fait depuis la fin des années 40 une brillante spécialité, ne cessent pas pour autant.

Aujourd'hui, où il faut une occasion tout à fait exceptionnelle pour que les femmes sortent leurs bijoux et les hommes leur smoking et où, pire encore, les salles de théâtre se mettent à ressembler, même le soir de la « première », à un hall de gare de banlieue, plein de tignasses où le peigne n'est jamais passé, de jeans effilochés, de polos, de barbes de trois jours, de baskets ou d'écrase-caca, on a du mal à imaginer l'éclat fabuleux des grandes soirées à la Comédie-Française, au début des années 50.

Paradoxalement, il a fallu qu'un brave homme, particulièrement terne, s'installât dans le siège d'administrateur du Français pour que la vieille maison, qui, vers 1947-1948, agonisait, se mette à briller de feux d'une intensité rarement égalée.

Pour succéder à Édouard Bourdet, Jean-Louis Vaudoyer, et enfin André Obey (celui-là, oublions-le), le ministère est allé pêcher, dans l'inconnu, un certain Pierre-Aimé Touchard. Petit-fils d'un sabotier de la Sarthe, il a dirigé pendant un temps les porcheries de son père, à Évreux, avant de devenir prof' de latin à l'École alsacienne et répétiteur à Henri-IV. On ne peut pas lui reprocher de ne pas aimer le théâtre, puisqu'il s'intéresse à la théorie théâtrale sur laquelle il écrira une étude. Mais quand on lui a annoncé sa nomination, il a fondu en larmes, en gémissant : « Je n'ai aucune compétence, aucune compétence... » Il ne va pas tarder, d'ailleurs, à se retrouver sur le divan d'un psychanalyste, tellement sa modestie et sa sensibilité aiguë vont être secouées en affrontant les feux de la rampe. Sa gentillesse naturelle va plutôt lui attirer des sympathies parmi les Comédiens-Français ; ses naïvetés, susciter des ricanements, comme lorsqu'il dira à une actrice, pour la complimenter sur son jeu racinien : « Et puis avec vous, au moins, on ne dirait pas que ce sont des vers », ou bien quand il conseillera à Béatrice Bretty répétant le rôle de Dorine dans *Tartuffe* : « Essayez donc de casser les vers » ; et, malheureusement, sa docilité de toutou envers Jean Meyer lui attirera la haine et le mépris d'une bonne fraction des sociétaires.

Au cours de mes enquêtes sur la Maison de Molière et les crises qui ne cesseront pas de l'agiter jusqu'au départ de P.A. Touchard, j'entendrai parler de « Pat » comme d'un « roi sans sujets » qui est au Français « pour le Meyer et pour le pire ».

Jean Meyer, surnommé « Mémeille », un grand échalas dont les dents sont si longues qu'elles pourraient rayer le parquet – est en effet le vrai patron. Pat, avec ses cheveux blancs coupés ras au-dessus des petits yeux enfoncés qui clignent à la vitesse d'un phare, derrière les lunettes rondes, est sa marionnette. Mémeille fait la pluie et le beau temps, impose ses protégés, évince les autres, choisit les auteurs et se réserve, à sa guise, les mises en scène. Comme Touchard est soutenu par le ministre et surtout par Mlle Jeanne Laurent qui règne, avec une poigne de fer, sur les Arts et Lettres, Mémeille n'a pas de souci à se faire et la Comédie-Française est à sa botte, quelle que soit la rage de ses opposants.

Cette dictature à deux têtes – l'une dure, l'autre molle – ne serait qu'odieuse si elle ne produisait que des « fours » et des salles vides. Ce n'est pas le cas. Sous André Obey, le Français était devenu un désert. Au contraire, dès 1950, sous le règne de Pat et de Mémeille, le public se rue sur les guichets et le Tout-Paris attend avec impatience le carton d'invitation pour le prochain spectacle. Il n'y a pas que des triomphes mais en 1950, *La Double Inconstance* de Marivaux avec le couple Robert Hirsch-Micheline Boudet, « d'une perfection cristalline », a écrit un critique, en a été un, incontournable, comme aussi *Le Conte d'hiver* de Shakespeare avec Annie Ducaux, Julien Bertheau et Jacques Charon, *Tartuffe*, avec la même Annie Ducaux, Jeanne Moreau et l'impressionnant Ledoux et, à un moindre degré, *Les Caves du Vatican* d'André Gide que Meyer a pris le risque de monter.

Le Dindon a battu tous les records de succès, même s'il y a eu des sociétaires et des journalistes pour râler contre l'arrivée de Feydeau chez Molière et, en cette année 1952, *Britannicus* mis en scène et interprété par Jean Marais a su vaincre une cabale soigneusement montée, tandis que *Donogoo*, de Jules Romains, a eu un immense succès public et que le jeu agaçant de Jean Meyer dans *Six Personnages en quête d'auteur* de Pirandello n'a même pas réussi à stopper les applaudissements.

Mémeille a beau être un des plus mauvais comédiens du moment et un assez odieux personnage, il n'empêche que le docile Touchard ne semble pas avoir eu complètement tort de s'abandonner à lui. Comme quoi la médiocrité d'un dirigeant peut produire d'heureux effets…

Eisenhower roupille à Antigone

Pat a eu un second bon réflexe en nommant au poste de secrétaire général le jeune Franck Bauer qui a immédiatement compris le formidable pouvoir de la communication moderne.

Ce n'est pas, en effet, pour les beaux yeux des duchesses, des couturiers et des modistes qu'il va faire des « générales » ou des « premières » les événements majeurs de la vie parisienne. C'est pour que les photos s'étalent le lendemain à la vue des journaux, que la radio parle de l'événement, que les échotiers soient sans cesse en éveil et que les « gens compétents » à Paris se battent pour « en être » ce soir-là. Pour parvenir à ses fins, Franck Bauer ne craint pas de bousculer les habitudes de la maison et encore moins d'effaroucher le brave Administrateur qui se demande, plus d'une fois, si tout cela est bien raisonnable.

Ainsi, le 31 octobre 1950, avant que le président de la République, M. Vincent Auriol, n'assiste à la soirée de gala du *Conte d'hiver*, de Shakespeare, les photographes de *Paris-Match* sont dans la salle pour faire une photo couleur, juste avant le lever de rideau. Du jamais vu à la Comédie-Française. Dix ouvriers sont en train d'installer les lampes au magnésium quand M. l'Administrateur découvre ce qui se passe et repart affolé dans son bureau, après avoir interdit à son secrétaire général de laisser faire cette photo, avec le risque de voir les ampoules exploser et surtout d'indisposer la salle.

Une heure plus tard, Pat – comme d'habitude – s'avoue vaincu. Lorsque le rideau se lève et que les spectateurs s'aperçoivent qu'on les photographie, ils éclatent de rire, applaudissent et la partie est gagnée.

Franck Bauer compose ses salles avec la précision et le génie stratégique d'un Napoléon préparant la bataille d'Austerlitz. Il connaît son Tout-Paris sur le bout des doigts. Il sait qui est l'amant de Mme de... et la maîtresse de son mari. Il est au courant des brouilles, des sympathies, des liaisons secrètes, des ruptures et lorsqu'il présente la liste des invités, chaque fois différente, à son patron, on peut être assuré qu'elle ne comporte aucune erreur ni aucune gaffe. De toute façon, s'il y en avait une, Touchard serait bien incapable de la relever : c'est le bout du monde s'il peut mettre dix visages sur les noms qu'on lui soumet.

Franck Bauer commence à « dessiner » sa salle par le centre de la corbeille. C'est là qu'il emplit sa volière des plus élégants, des plus célèbres, des plus riches et, si possible, des plus jolis oiseaux de Paris. Rien que des femmes, couvertes de satin ou de soie, ruisselantes de bijoux et tout sourire. Leur cavalier derrière le dos, elles occupent les deux premiers rangs. De la comtesse de Paris à Marie-Laure de Noailles, de Ghyslaine de Polignac à Louise de Vilmorin, de la Bégum à Geneviève Fath, du mannequin-vedette Bettina à Josette Day, de Jacqueline Delubac à Martine Carol ou de Simone Simon à Michèle Morgan, les voilà piqués en brochette ces oiseaux de paradis vers lesquels, à l'orchestre, tous les visages se tournent et tous les cous se tortillent.

Jean-Jacques Gautier, le critique dramatique le plus craint [1]

1. Il existe à Paris une bonne centaine de gens qui rêvent de l'étrangler de leurs propres mains. Henri Jeanson, merveilleux dialoguiste au cinéma mais dont l'œuvre théâtrale ferait ronfler un bec de gaz, a écrit : « La bêtise – on le sait – n'ose pas dire son nom. Alors, elle prend un pseudonyme et signe "Jean-Jacques Gautier". » À partir de 1955-1956, il versera du miel dans son encre. Les brillants esquintages du début se feront plus rares. Dans les milieux du théâtre, on reconnaîtra volontiers qu'il a fait de grands progrès. Ses articles

et le plus influent, dont un seul papier fait ou défait une salle, se fend même d'un éditorial en première page du *Figaro* pour attaquer, avec une absence d'humour remarquable, les « générales » du Français. Il en profite, au passage, pour égratigner Jean Meyer, « qui fait une fulgurante carrière dans la Légion d'honneur » mais c'est au secrétaire général qu'il en veut, pour ce « harem amphithéâtral ». « Ces dames, assure-t-il, ont conscience de ressembler aux figurines des vitrines de coiffeur et se lancent des regards glacés. Pourquoi pas les brunes à droite, les blondes à gauche et les chauves au milieu ? »

Franck Bauer répond à Jean-Jacques Gautier, assis comme tous les critiques invités, à l'orchestre, que plutôt que de se dévisser le cou, au risque d'un torticolis opiniâtre, il devrait regarder sa femme, à côté de lui...

Rien n'y fait et Franck Bauer, la mèche en bataille, tout fluet dans sa chemise de smoking à pois, peut continuer à contempler ses salles, avec le sourire satisfait du général victorieux.

Ce n'était peut-être pas la meilleure des idées que d'inviter à l'*Antigone* de Sophocle le général Eisenhower et Margaret Truman, qui vont roupiller pendant toute la durée du spectacle, mais elle ne venait pas de lui. En revanche, le général de Lattre qui, lorsqu'il est disponible, ne rate pas un gala, ça ne peut que bien faire dans le décor. Tout comme Orson Welles qui, après *Tartuffe*, a participé au souper aux chandelles donné pour trois cents personnes dans le foyer où un quatuor à cordes a joué du Lulli et du Rameau avant de passer au be-bop.

Au gala du *Bourgeois gentilhomme*, l'impératrice d'Iran, la belle Soraya qui fait la couverture des magazines, a affiché pendant toute la soirée un air aussi joyeux qu'une pierre tombale. En revanche, quelques jours plus tard, elle est revenue incognito pour rire au *Dindon*.

---

deviendront sérieux et même un peu ennuyeux. D'ailleurs, il entrera à l'Académie française. Robert Kemp, du *Monde*, est l'autre critique qui compte. Il écrit avec un plumeau et s'arrête tout net de comprendre dès que ce n'est plus « raisonnable ». C'est un bon papa-gâteau d'anniversaire, un peu roudoudou qui commence ses phrases par un « Fichtre ! de mon temps... » mais quoi ! C'est un vieil amoureux. La poitrine de Mlle Annie Ducaux le trouble beaucoup.

*

Certes, ce joli monde ne paie pas ses billets et bientôt des voix s'élèvent pour reprocher à l'Administrateur et à son secrétaire général de gaspiller l'argent de la subvention... En même temps, on accuse le premier de ne penser « qu'à faire de l'argent » au détriment du répertoire, en acceptant des pièces comme *Le Dindon*. Au Conseil de la République – l'actuel Sénat – il est pris solennellement à partie : « Vous voulez faire de la Comédie-Française d'autres Folies-Bergère ou un second Grand Guignol ! »

Le mandat de Pat, devant expirer en avril 1953, ces messieurs des ministères vont se décider, après de longues cogitations, pour celui qui s'y connaît le moins. Mais M. Pierre Descaves est colonel de réserve et, par ailleurs, il est le fils d'un académicien Goncourt et, lui-même, président de la Fédération internationale des gens de lettres, ça pose un homme.

M. Touchard n'y connaissait pas grand-chose non plus. Tous les espoirs sont donc permis. Malheureusement, M. Descaves aura moins de chance et collectionnera les fours. Franck Bauer sera prié de faire ses valises. Les soirs de gala, M. Descaves garnira la corbeille de secrétaires d'État et de chefs de cabinet, avec leurs dames [1].

Les plus jolies femmes de Paris iront à Marigny.

---

1. Pierre Descaves cédera sa place à un fonctionnaire, Claude Boisanger qui, en 1960, sera remplacé par un sociétaire, le comédien Maurice Escande. Un homme exquis et compétent, tombé tout droit du siècle de Louis XIV où il aurait fait merveille à Versailles. Ses mœurs, dont il ne faisait pas mystère, effrayèrent un temps Mme de Gaulle qui, bientôt conquise par son affabilité, s'en trouva désarmée. Peut-être, ne la mit-on jamais au courant d'une soirée à l'ambassade de France à Tunis, où la Comédie-Française se trouvait en tournée. « Quel dommage », s'exclama l'épouse de l'ambassadeur, que Mme Escande n'ait pas pu vous accompagner ! » À quoi il répondit de la voix la plus naturelle du monde : « Quel dommage, en effet... Mais, à l'heure qu'il est, Mme Escande fait son service militaire à Karlsruhe. » De 1970 à 1979, ce sera le règne exemplaire de Pierre Dux, comédien chevronné et grand administrateur, qui ne laissera derrière lui que de bons souvenirs.

BRÈVE DE PARIS

Avant que les autocars du « Gay Paris » déversent leurs « joyeux fêtards » et que les mauvais garçons collent leurs fausses moustaches, la rue de Lappe redevient ce qu'elle est depuis un siècle : une rue auvergnate, de très pure rocaille.

D'un trottoir à l'autre on passe du Puy à Issoire, de Brioude à Saint-Flour. Les portails dissimulent des cours de ferme pavées, avec leurs remises, leurs pigeons et même de vieilles carrioles, au cas où un cheval passerait par là. Au n° 34, une antique maison avec une niche qui a perdu sa statue : c'est La Ville d'Aurillac, *où une petite dame du Cantal, Mme Rattier, vend le merveilleux vieux Cantal de Laguiole, la fourme, les tripoux de Maurs (« les autres tripoux, ça n'existe pas... »), le jambon, gras et mafflu, qu'on décroche du plafond, du bout d'une perche, les galoches vernies et les sabots fourrés, comme au pays.*

Chez Bouscat, *au zinc, on sirote, sous le béret, le Saint-Pourçain et le très rare madargue de Riom au goût d'herbe grillée ; à* La Ville de Rodez, *les exilés cantalous et aveyronnais fraternisent – pour une fois – dans les saveurs retrouvées de la saucisse froide au couteau, de l'andouillette aux boyaux et de la fouace au cédrat, qui parent le grand étal de marbre blanc de leurs vertus ancestrales et dans la cave de* La Galoche d'Aurillac, *les garçons de café qui composent pour l'essentiel l'association « Cabrettes et Cabrettaires », se retrouvent pour jouer de la cabrette, avant de remonter à l'étage, histoire de s'y fortifier de jambon aplati, de soupe au cantal, de cousinat (soupe aux marrons, céleri-rave, poireaux et beurre de Salers), de mourtayrol (pot au feu, au safran, de bœuf, jambon et poule), de falette (poitrine de mouton farcie), de gigot brayaude, d'estouffade de perdrix aux lentilles, de truffade (galette de pomme de terre au cantal), de pounti (hachis de lard et bettes au lait battu), de Saint-Nectaire, de Murol, de Savaron, de fouace du Cantal, de flognarde aux pommes et autres babioles qu'un coup de marcillac, bien appuyé, fait tomber, sans problème, jusque dans les sabots de l'honnête Auvergnat qu'un rien, on le sait, rassasie.*

La pratique de ces lieux saints se retrouve volontiers le samedi soir, moins au Balajo, *vraiment trop parisien, qu'au petit* Bal des familles. *Un lieu où l'on est très à cheval sur les bonnes manières. Il n'est pas question, si l'on n'a pas été présenté, d'inviter à tangoter la petite blonde à la jupe bouffante, attablée, songeuse, devant sa menthe à l'eau. L'accordéoniste-maison trône dans une curieuse guérite en contre-plaqué, sur l'estrade. Les soirs de grande inspiration, il amorce une bonne vieille bourrée que la salle danse dans l'allégresse la plus rudement auvergnate…*

CHAPITRE 16

UN BÛCHER POUR JEAN VILAR

« Toujours grisé, Monsieur Vilar ? »

Au printemps dernier, François Mauriac a signé à la « une » du *Figaro* un éditorial sur trois colonnes avec ce titre : « Un homme grisé ». Une descente en piqué sur le patron du TNP, dans le style Raminagrobis qu'affectionne l'académicien.

Un ronron pour commencer : « Jean Vilar est un fort bon metteur en scène... » et tout de suite après, le coup de griffe : « ...comme il en existait avant lui et comme il s'en trouvera beaucoup d'autres après lui. » Puis, un second, encore plus méchant, lancé pour faire saigner : « ...le genre " cabot sur le trépied " qui convient si mal à un artiste de votre classe. »

Dans les premiers jours de décembre 1952, les actions de « l'homme grisé » sont au plus bas. Aussi bien au Sénat – encore lui – que dans certains journaux, on veut sa peau et tout de suite. En un mois, il a reçu sa ration de compliments en paquets de douze et bien graissés : « mythomane », « gaspilleur de fonds publics », « collectionneur d'auteurs injouables » et pour tout arranger, en cette période de Guerre froide où, sous le gouvernement d'Antoine Pinay, on vient récemment de boucler le rédacteur en chef de *L'Humanité*, André Stil, et de poursuivre Jacques Duclos pour « complot contre la sûreté de l'État », le sénateur Debu-Bridel a accusé, en séance, Vilar d'être communiste.

À tel point que Mlle Jeanne Laurent, qui fait la pluie et le beau temps à la direction des Arts et Lettres, à qui je donne dans un article le surnom de « Dragonne de Vilar », doit monter en première ligne pour clamer son indignation : « Non, Jean Vilar n'est pas communiste. Pas plus que Gérard Philipe qui refusa par trois fois d'adhérer au Parti. » Il faut dire que, toujours prêts à susciter des martyrs, le PC et la presse stalinienne n'ont cessé de « mouiller » Vilar depuis qu'il a pris en 1951 la direction du Théâtre Populaire [1]. À les entendre ou à les lire, Vilar est l'un des leurs, bien que ce soit loin d'être la vérité, en dépit de sa « sensibilité de gauche ».

Dans les grandes sphères de l'État, où l'on n'est pas complètement dupe de la manœuvre, on s'inquiète pour d'autres motifs, au nom sacré de la Culture. Alors que personne ne s'offusquait jusqu'à présent des misérables spectacles de patronage qu'on laissait survivre au Théâtre Populaire, avec l'argent du contribuable, les choix de Vilar font hurler certains. Par exemple, pour M. Roger-Ferdinand, l'influent président du Syndicat des auteurs et auteur lui-même, qui a du goût pour la comédie gaillardement troussée « à la française », quelle idée d'aller chercher des auteurs bizarres, comme Kleist, Brecht ou T.S. Eliot, alors que le répertoire bien de chez nous fourmille de chefs-d'œuvre !

Le ministre de tutelle, le Normand André Marie, dont on a quelque raison d'imaginer qu'il préfère *Les Cloches de Corneville* à *Mère Courage*, a pointé l'échec cuisant de *Nucléa* – d'un certain M. Pichette, qui ne parle en effet que l'ostrogoth. Il ne peut qu'être d'accord avec ceux qui proposent qu'on rétablisse l'ancien système : les galas en location, du genre *La Nuit de la gendarmerie*, et les matinées dominicales de *Mme Sans-Gêne*. Son idée – originale –, ce n'est pas de mettre Vilar à la porte – il faudrait un décret justifié, il a été nommé pour trois ans –, mais de lui faire sauter la moitié de ses subventions... Une tête de ministre, c'est fou ce que ça fume.

1. Gérard Philipe, lui, est tout à fait « engagé », comme pour faire oublier le passé collaborationniste de son père qui vit en exil, en Espagne. Avec sa femme, Anne, qui professe des opinions d'extrême gauche, pures et dures, il sera de toutes les pétitions et, à son arrivée à Berlin-Est où il se rendra en tournée, on saluera « l'acteur progressiste qui a condamné l'agression américaine en Corée et la sale guerre de la France au Vietnam ».

Gérard Philipe lâche une perle

Pour toutes ces raisons, je me sens autorisé à aller poser ma question dans son bureau, sur la colline de Chaillot : « Toujours grisé, Monsieur Vilar ? »

D'un air désabusé, il hausse les épaules : « Ce grand écrivain ne m'a jamais fait l'honneur d'assister à une de mes représentations. » On le sent blessé mais il n'en dira pas plus. Quand il évoque quelque « ennemi » (jamais il ne prononce le mot), c'est toujours en des termes polis. Ainsi de Roger-Ferdinand, qui lui a fait la leçon (« Le succès du *Cid* est dû à Corneille et non à Vilar »), il répond : « Je suis tout à fait d'accord avec lui. » Ce qui est la vérité car il est trop intelligent pour prétendre le contraire. Mais, pour le dire, il a ce regard perdu dans le lointain, qui doit être sa façon de désigner l'insignifiance ; lui, dont les regards, sur scène, qu'il soit roi dans *Le Cid*, Richard II d'Angleterre, Thomas Becket ou le fou qui se prend pour Henri IV d'Allemagne, contiennent – infiniment plus que la voix assez monocorde ou le visage sans relief particulier – tout ce qu'il y a en lui d'énergie, de réflexion, de passion, de doute, de hauteur ou de douleur.

Je ne suis pas venu ici pour l'entendre défendre une cause qui n'a pas besoin de l'être. Nous savons que Vilar donne prise à la critique. Par exemple, prendre Maurice Clavel comme secrétaire général, c'est, comme le dit Roger Nimier qui défend le directeur du TNP bec et ongles, laisser imaginer « qu'on verra un jour *La Phénoménologie de l'esprit* par Hegel, adaptée en trois actes, sur le plateau de Chaillot ». De même, les supporters qui vaticinent dans les couloirs du TNP, se croyant à un meeting de la Mutualité, en font plus que trop. Sans parler du critique Morvan Lebesque dont la dévotion, sympathique au demeurant, l'échauffe au point d'écrire des bêtises. En particulier, celle-ci : « Vilar a restitué au théâtre sa véritable dimension perdue depuis trois siècles. »

Depuis trois siècles ? Fichtre ! Et Gémier ? Et Copeau ? Et Dullin ? Décidément, les coups d'encensoir font souvent plus de mal que les coups de canif.

Le directeur du TNP, non plus, n'est pas toujours très adroit. Quel besoin, par exemple, de dire une première fois et de le répéter : « L'œuvre d'Édouard Bourdet sombre » ? Personne n'en doute et cela ne sert qu'à rendre folle de rage sa veuve, qui a la rancune tenace. Elle a l'oreille des salons et des ministères. Elle ne se prive pas d'en user.

À Gérard Philipe, également, qui, hors scène, a tendance à se prendre pour le jumeau du *Penseur de Rodin*, il arrive de faire des déclarations d'une puérilité confondante. Interrogé par *L'Huma* sur le risque d'une guerre nucléaire, le Cid, que nous adorons tous quand il est sur les tréteaux, a trouvé le moyen de faire cette réponse inouïe : « Une nouvelle guerre aurait pour effet de me priver de la liberté d'esprit indispensable à l'exercice de mon métier. » Enfin, quand on monte une pièce de Jean Vauthier qui, jusqu'à plus ample informé, n'est pas un nouveau Shakespeare, est-il nécessaire d'en faire l'annonce avec plus de solennité qu'un discours, à la remise d'un prix Nobel ?

*

Ce ne sont là que vétilles mais on sait depuis longtemps que chez nous le secondaire éclipse facilement le principal. Aussi, ces brindilles alimentent-elles le feu dont certains aimeraient bien faire un bûcher pour Vilar. Le principal, c'est d'abord Jean Vilar, bien sûr, qui, à Chaillot comme à Avignon, donne à la France le théâtre le plus neuf qu'on a connu depuis longtemps. C'est la révolution qu'il a installée sur scène en purgeant celle-ci de tout ce qui l'étouffait. Finie la tyrannie des décors, de la machinerie et des éclairages compliqués. Sur l'immense plateau nu, il y a mieux qu'un décor en carton-pâte, aussi riche soit-il : suggéré par quelque accessoire qui succède à un autre, au rythme de l'action, le décor est dans le regard du spectateur et, ainsi, la liberté du mouvement scénique se trouve-t-elle décuplée. Le jeu de lumières se réduit à deux faisceaux, d'intensité variable qui, trouant la nuit noire, encerclent le personnage et créent, au milieu de ce dénuement, un foyer de vibration intense. Rien de subsidiaire ne fait plus obstacle au jaillissement du texte qui devient, alors, l'acteur principal de la pièce. C'est dans cette simplicité extrême que s'épanouit la « magie

Vilar ». Il suffit d'une carriole, tirée par *Mère Courage*, pour que, spectateur, on se trouve transporté « pour de vrai » sur les routes de la guerre de Trente Ans. Comme il suffit de voir passer le prince de Hombourg ou tel autre, de l'obscurité à la lumière, pour « sentir » que, sans l'aide du moindre accessoire, il passe d'un lieu à un autre.

Le principal, enfin, c'est le public de Chaillot. Un public « populaire » ? Non, pas vraiment. Malgré le prix des places (de 150 à 400 francs, contre 700 francs en moyenne, en 1952, dans les théâtres parisiens), le TNP ne recueille pas les sorties d'usines. Le rêve de voir l'ouvrier de chez Renault applaudir *Lorenzaccio* ou *Œdipe* n'est qu'un rêve, bien oublié depuis le Front populaire. En fait, une soirée au TNP, c'est l'équivalent d'une rame de métro, avec son wagon de première classe et ses deuxième classe bourrées d'un méli-mélo d'étudiants, d'employés, de petits fonctionnaires, de propriétaires à Passy, de locataires d'HLM à Montreuil, de rentiers, de gens qui votent à gauche, de gens qui votent à droite et d'autres qui s'en fichent. En tout cas, cette année, Vilar aura touché, avec 175 représentations, un public de 200 000 personnes. Un chiffre qui permet de dire que si le Théâtre National n'est pas, à proprement parler, « populaire », Vilar et sa troupe le sont, immensément. En face de la Comédie-Française, le TNP est devenu, comme l'a dit Nimier, une « Tragédie-Française ». Il suffit de comparer *Le Cid* tel qu'il a été monté dans les deux salles pour comprendre la différence.

Corneille lui a fait rater son examen

Vilar, quand il parle, garde la tête légèrement penchée et lève ses yeux très haut comme pour ne rien perdre de son interlocuteur. Son regard agit comme le pôle Nord sur l'aiguille de la boussole. Quoi qu'on fasse, on est obligé d'y revenir. On voit bien qu'il contrôle tout. C'est d'ailleurs la vérité. Vilar choisit les pièces, les met en scène, les joue et gère le TNP – y compris financièrement – du bas jusqu'en haut. Un dictateur, en somme, sauf qu'il est plutôt un chef de tribu qui ne vit qu'avec et pour sa tribu. Un petit détail : contrairement à ses comédiens, il ne touche aucun traitement. Alors, de quoi vit-il ? Je voulais le lui demander mais j'oublie complètement, beaucoup plus intéressé à le suivre dans le récit – trop bref – de sa jeunesse et de ses premiers pas au théâtre.

À Sète, il est quasiment né avec l'accent, comme Brassens. Qui donc est arrivé à le lui faire perdre ? Corneille ou Shakespeare ? En tout cas, chez les Vilar, on n'est pas du Midi des cigales, des joueurs de pétanque et des buveurs de Pernod. Au milieu de l'eau morte de ses canaux, Sète est la capitale de la mélancolie et, par esprit de contradiction, des jeunes gens qui portent en eux un dessein secret, comme celui par exemple de vouloir tout casser quand ils seront grands.

Dans le magasin de M. Côme Vilar, petit Jean gratte sur son violon, entre les piles d'espadrilles, les ceintures de flanelle, les bérets et les vestes de marin. Il sera musicien. Virtuose, évidemment. Pour commencer, il fait crin-crin à la terrasse du *Café des Marins* puis, plus tard, il jouera à des « jam-sessions » au *Hot-Club* de jazz local. Il n'en a peut-être pas l'air mais il est un des piliers de l'équipe de football. Il joue avant-centre au FC de Sète.

Avant de passer son bachot, l'occasion se présente de faire un essai dans une troupe d'amateurs. Il interprète un petit rôle dans *Papillote* de Rosemonde Gérard, la mère de Maurice Rostand.

— Et alors, ce fut, soudain, l'éveil… l'appel violent de la vocation ?

— Pas du tout. Je n'ai rien ressenti. Je me suis trouvé plutôt empoisonné d'avoir à traîner un pareil accent…

Son père l'expédie à Paris pour y préparer une licence de lettres. Il débarque dans son costume du dimanche soir, noir et trop étroit, qui lui donne l'air assez godiche. En 1932, son professeur s'appelle Alain. Le grand philosophe, sceptique et aimable, dont les pensées nourrissent – en même temps que le cassoulet – les grosses têtes du parti radical. Entre le professeur d'exception et l'élève, il ne se passe rien. Vilar est trop timide pour se faire remarquer. En somme, il a tout pour devenir pion. D'ailleurs, il l'est. À Sainte-Barbe, où il prépare un certificat de littérature : « C'est Corneille qui m'a fait échouer à l'examen… Le sujet portait sur la tradition cornélienne dans le théâtre français, et je me suis retrouvé sec comme un pruneau. »

Après ce « bide », il va un jour au Théâtre de l'Atelier, à une répétition de *Richard III*, emmené par un collègue de Sainte-Barbe qui a là des amitiés.

En moins de cinq minutes, il se retrouve retourné comme une crêpe. C'est la révélation. Il sera comédien. Dullin le regarde un moment, de ses yeux de renard. Il veut bien le prendre dans son cours. Cela va durer trois ans mais il lui faudra plusieurs mois, tant il est peu sûr de lui, avant d'oser présenter une scène devant son maître.

Vilar est Perdican. Il a pour partenaire une jeune apprentie comédienne, nommée Madeleine Robinson.

« Quand nous avons terminé, Dullin me lance, en grognant : "Alors, on a envie de devenir bossu, comme moi ? Redresse-toi et prépare Hamlet. Ton Perdican sent le sapin." »

À l'Atelier, il a deux amis, tout aussi fauchés que lui : Jean-Louis Barrault et Pierre Valde. Tous les trois, ils font les Maître Jacques, se retrouvant tout à la fois acteur, figurant et régisseur. Ils se nourrissent de soupe et de sandwiches mais, au moins, le logement est-il gratis. Ce n'est, il est vrai, qu'un lit défoncé dans le grenier au-dessus de l'écurie où Dullin veille sur son cher cheval, comme Harpagon sur son trésor.

Juste avant que la guerre éclate, Vilar est engagé, en même temps que son copain Jean Desailly, dans les tournées de *La Roulotte*. Comme un capitaine Fracasse, les voilà saltimbanques, errant de village en village, de grange en grange. Ils se produiront dans plus de deux cents patelins, pendant la guerre, puis au début de l'Occupation. Un soir d'hiver où il gèle à pierre fendre, ils donnent une représentation sur les tréteaux de patronage d'un bourg du Languedoc.

— Solidifiés par le froid, les couleurs de mon fond de teint ont pris un tel aspect qu'à mon entrée sur scène, un spectateur s'est levé en s'écriant : *« Aqui lou diable ! »* (Voilà le diable !) La salle a repris en chœur et je ne savais plus où me mettre... Au moment de repartir dans notre autocar à gazogène, nous nous sommes aperçus que les pneus avaient été crevés à coups de poinçon... Pour conjurer le diable ? En tout cas, depuis Scarron et *Le Roman comique*, on ne peut pas dire que les tournées ont beaucoup évolué. C'est toujours la même aventure, minable et merveilleuse.

— Vous éprouvez de la nostalgie ?

— De la nostalgie, non, mais du plaisir, oui.

Le clerc lègue son crâne pour Hamlet

À Paris, où il finit par retourner, il monte *La Danse de mort*, dans un hôtel particulier de la rue Vaneau. La pièce de Strindberg n'a pas été jouée depuis Lugné-Poe. Le premier soir, parmi les spectateurs qui, on s'en doute, ne sont pas en foule, il y a le musicien Arthur Honegger. Comme les autres, il versera son obole mais, en outre, tellement emballé par sa soirée, il se répandra en éloges dans tout Paris.

Avec de l'argent emprunté, Vilar peut à présent louer le Théâtre de Poche. Sur un plateau de cinq mètres carrés, il y monte *Orage* de Strindberg. Non seulement il arrive à faire évoluer les comédiens dans un espace ridiculement petit mais, sur une scène vide de tout décor, à donner le sentiment de jouer « vrai ».

Jean Paulhan est dans la salle. Pour renifler « l'événement », l'éminence grise de Gallimard a un flair de chien truffier : « Ou je me trompe fort, clame-t-il, ou c'est le théâtre tout entier qui recommence ! » Comme s'il pressentait le coup de tonnerre qui allait quatre ans plus tard, en 1947, secouer les premiers spectateurs du Festival d'Avignon quand, sous le ciel étoilé de Provence, Vilar fera en grand, avec pour seul décor la pierre brute, ce qu'il avait tenté sur cinq mètres carrés.

Après Paulhan, trois autres écrivains clamèrent que cet inconnu avait du génie : Cocteau, Camus et Sartre.

Depuis ce jour, Vilar n'a pas quitté la scène et sa passion a fait le reste. Mais justement, parlons-en de la passion du théâtre. C'est quoi, au juste, cette boule de feu qui brûle les tripes ?

Vilar réfléchit une seconde et me répond :

« Je vais vous raconter la plus belle histoire de théâtre et vous comprendrez ce que c'est que cette passion. À Avignon, il y avait un vieux clerc de notaire qui ne ratait aucune représentation. Il se faufilait dans les coulisses pour parler aux comédiens. Tout le monde le connaissait et sut bientôt que le rêve de sa vie était de jouer Hamlet. Il n'arrêtait pas d'en parler. Que lui répondre, sinon des paroles aimables ? Un jour, nous avons appris sa mort de la manière suivante : il avait rédigé un testament dans lequel il léguait son crâne au festival d'Avignon, à charge pour nous de le faire "jouer dans *Hamlet...*" Vous connaissez une plus belle histoire d'amour ? »

*

Mlle Jeanne Laurent aura réussi, avant la fin de l'année, à faire comprendre à son ministre que le Théâtre Populaire existe depuis trente ans, qu'il n'a pas été créé pour Vilar ni faire plaisir à Staline et que mieux vaut un inoubliable *Cid*, que *La Fille de Mme Angot* plus *Les Mousquetaires au couvent.* Il admettra, le Normand, que la moyenne des recettes au TNP est, somme toute, plus qu'honorable.

Pour faire rentrer les épées dans les fourreaux, il amputera, quand même, la subvention accordée à Vilar de quelques millions, non sans alléger son cahier des charges, en compensation.

M. Roger-Ferdinand retournera à ses œuvres et l'on pourra dire, avec un soupir de soulagement, que la Dragonne de Vilar a sauvé ses enfants.

Provisoirement du moins. Onze ans plus tard, sans donner d'explications, Jean Vilar jettera l'éponge et ainsi s'achèvera une des plus belles aventures du théâtre français. Une foule de jeunes crétins l'en remerciera au lendemain de mai 1968 à Avignon, où il dirigera encore le festival, en le huant comme « un agent du théâtre capitaliste ».

CHAPITRE 17

PÉPÉ JOSEPH EST MORT

— Dis, Mémé, c'est qui le monsieur ? demande la petite fille en tirant sur la manche de la vieille dame en noir, qui a noué un fichu autour de son bon visage de paroissienne, en route vers la messe de onze heures.

— Je te l'ai dit, Lucette, c'est pépé Joseph. Un monsieur très gentil.

— Aussi gentil que pépé René ?

— Oui, Lucette, et il aime tous les petits enfants du monde.

— Ben, pourquoi il est mort, s'il est gentil ?

Je n'entendrai pas la réponse de la bonne dame à sa petite-fille. Un mouvement dans la longue file endeuillée, qui s'étire de la rue jusqu'aux marches de l'Hôtel d'Estrées, et je les perds de vue.

Il y a trois jours, le jeudi 5 mars 1953, à 21 heures 50, le camarade Joseph Vissarionovitch Staline est mort au Kremlin, des suites d'une hémorragie cérébrale.

L'ambassade de l'Union soviétique, 79 rue de Grenelle, a remonté le rideau de fer et, pour la première fois, le public peut pénétrer librement, à travers la magnifique cour d'honneur de l'ancienne résidence d'une des filles du Régent, dans le lieu le plus entouré de secret et de mystère qui soit à Paris. Qui n'a pas éprouvé de petit frisson en lorgnant, du trottoir d'en face, le grand portail, perpétuellement fermé, derrière lequel le fameux « œil de Moscou », le « chef d'orchestre invisible » cache ses espions et ficèle ses coups tordus ? Le bruit n'a-t-il pas couru, avant la guerre, que des Russes blancs, réfugiés à Paris et enlevés par des agents du NKVD, s'étaient retrouvés dans les caves de l'ambassade, avant de s'évaporer pour toujours ? On l'avait dit, notamment, à propos du général Miller, président des Anciens Combattants russes, après sa disparition subite, le 22 septembre 1937, à la sortie du métro Jasmin. Et à nouveau en 1946, quand, rue Erlanger, un jeune réfugié, Fédor Kolessov, libéré par l'armée américaine en Allemagne où il avait été déporté fut, devant témoins, embarqué par trois hommes dans une limousine noire qui démarra sur les chapeaux de roues.

On a mis le costume du dimanche

Une odeur sucrée, douceâtre, légèrement écœurante envahit le grand hall, où ce qui subsiste du prestigieux décor d'origine se trouve englouti sous le déferlement végétal des couronnes, des gerbes et des petits bouquets de pauvres, maladroitement ficelés ; entremêlés, ils tissent une grande tenture écarlate, piquetée de taches mauves, roses ou violettes.

C'est un défilé ininterrompu qui a commencé avant-hier, avec les délégations du Comité central, de la CGT, des cellules de quartier, des délégués d'usines et de l'interminable chapelet des organisations communistes ou para-communistes, qui, depuis le Secours populaire jusqu'au Conseil national de la paix, en passant par les Comités France-URSS, la Fédération des femmes de France ou les Vaillants et Vaillantes, maillent, depuis la Libération, l'ensemble de la vie associative. Ce flot en bleu de travail ou en manteau doublé a croisé celui des représentants du président de la République, des corps constitués, des grands ministères, des Forces armées, des ambassadeurs des principaux pays – sauf les États-Unis – en même temps que le bouquet rouge-rouge ou rougissant de quelques membres de l'Institut, d'écrivains enrôlés, de deux ou trois artistes de l'Opéra ou d'un ancien et obscur sociétaire de la Comédie-Française, dont les visages sont moins connus que les noms, à force d'être lus au bas des « appels en faveur de la paix » et des manifestations « anti-impérialistes ».

Aujourd'hui, c'est différent. On a mis le costume du dimanche et, par le métro ou l'autobus, depuis La Courneuve et Ivry, Argenteuil et Saint-Denis, Billancourt et Montrouge, on est venu avec les camarades d'usine, les copains d'atelier ou bien en famille, apportant des cahiers ou des lettres, noircis de noms et de signatures. La mort de Staline, c'est quelque chose qui mérite qu'on sacrifie un jour de repos.

À Paris, c'est vrai, on adore enterrer les gens connus, et quand il y a obsèques nationales, c'est encore plus épatant. Mais aujourd'hui, ce n'est pas du spectacle. On ne vient pas par curiosité comme pour une vedette, parce que dans la foule il y aura d'autres vedettes. On a vraiment de la peine. Les larmes sont de vraies grosses larmes. C'est comme si on venait de perdre son père ou son meilleur ami.

La sincérité de ces militants ou sympathisants ne peut pas ne pas vous toucher, même si l'on aurait plutôt envie de faire sauter les bouchons de champagne pour fêter la disparition du tyran. Leur tristesse serre deux fois le cœur. Une première fois, parce qu'ils sont comme de pauvres gosses, un dimanche après-midi, dans la cour grise d'un orphelinat. La seconde, parce qu'ils sont les dupes d'un des plus monstrueux mensonges de l'Histoire et qu'ils n'imaginent pas qu'on aurait pu leur mentir.

En venant ici pour écrire un article, j'éprouvais tout, sauf de la compassion ou de l'admiration, mettant dans le même sac le chœur des fidèles qu'on trompe et le clan des grands-prêtres qui les trompent. À présent, j'ai un peu honte de me trouver parmi ces pigeons de l'Histoire, pour y picorer des impressions. Je n'ai pas d'autre choix que de les trahir et, si je leur disais, ici au milieu de la foule, les raisons de la sympathie que je sens naître en moi, ils me prendraient par le col et me jetteraient à la rue en me traitant de fasciste.

Le pape prie pour le maréchal

Dans le hall de l'ambassade, nous piétinons une première fois devant un grand portrait de Staline en majesté, *posant sur nous son regard bienveillant, et son sourire plein de bonté !* Puis l'on s'arrête à nouveau ; cette fois devant l'immense photo accrochée au mur drapé de rouge et de crêpe. Yeux clos, bras allongés, couché parmi les fleurs, à la Maison des syndicats de Moscou, le voici, *le bien-aimé qui, ici à l'ambassade, fait éclater en sanglots des femmes, des hommes, des jeunes gens, des vieillards, conscients à cet instant de l'irréparable malheur qui les frappe.*

« Comme nous l'aimions ! » dit une mère en pleurs, en serrant son enfant dans ses bras, tandis que le papa, mâchoires serrées, ne songe point à essuyer les larmes qu'il ne peut plus retenir et qui roulent lourdement jusqu'à son menton. Comme il était aimé ! Il suffit de feuilleter l'un des six livres d'or déposés à l'ambassade et où chacun s'est efforcé d'exprimer l'inexprimable amour qu'il lui portait[1].

On lit, par exemple : « Les adieux d'une mère de famille à son cher grand camarade. »

Également ceci : « De la part d'un papa et d'une maman de France : en notre nom, au nom de notre enfant chéri, au nom du simple bonheur qu'apporte à notre foyer chaque jour gagné contre l'horrible guerre, merci à toi, Staline, le meilleur des hommes et le meilleur des amis. Tu vivras éternellement dans nos cœurs. » Ou bien : « Staline, tu as été notre lumière et tu le resteras » Ou bien encore : « Tu es celui que le peuple français aime le plus au monde. »

Avant de repartir vers les ténèbres de mon monde à moi que la grâce divine n'a pas encore transfiguré, je saisis cette dernière image : souris qui trotte, une petite vieille, comme on en aperçoit autour des bénitiers de Saint-Sulpice, s'arrête devant l'image du gisant adoré, et fait un signe de croix.

Rien que de très naturel, puisque Pie XII lui-même vient de prier pour l'âme du maréchal défunt ; qu'une messe est célébrée à la cathédrale Saint-Alexandre-Nevski, rue Daru, et qu'à l'hôpital de la Salpêtrière, un médecin catholique a déclaré, les larmes aux yeux : « Staline, le plus grand génie du monde civilisé, laissera une œuvre merveilleuse derrière lui. Ce soir, en rentrant à la maison, l'objet de la discussion avec ma femme, également catholique, sera Staline. »

1. Les passages en italique sont tirés d'un article paru dans *L'Humanité*. Il décrit à merveille cette cérémonie telle qu'elle a été vue et ressentie par la foule des communiants participant à cette grand-messe.

La Passion selon saint Joseph

Depuis que *L'Humanité* a publié dans son édition de 5 heures du matin, le 5 mars, le communiqué officiel, en provenance de Moscou, annonçant « la grande maladie du camarade Staline », la Passion selon saint Joseph se joue sans interruption, avec la participation effective du chœur des fidèles, mains et voix jointes en un hymne céleste d'affliction, d'imploration, de béatitude et d'extase mystique qui réduirait le Jésus de Jean-Sébastien Bach aux dimensions d'un nain de jardin.

Aussitôt est lancé le récitatif qu'il faudra répéter dix fois, cent fois, mille fois, depuis la sortie des usines jusqu'aux motions de soutien. Staline – ne l'oubliez pas, camarades, chaque fois que vous prononcerez son nom – est *« le guide génial des travailleurs du monde, l'architecte du communisme, le défenseur le plus sûr de la paix et de l'homme »*. C'est signé Jacques Duclos.

Message reçu cinq sur cinq, répond Benoît Frachon, le patron de la CGT, qui, dans la même page de *L'Huma*, ose une audacieuse variation mélodique sur *« l'ami le plus sûr des prolétaires du monde »*. À Billancourt, aux usines Renault, on embraye (une fois n'est pas coutume en cette période de grèves à répétition) sur *« le meilleur défenseur de la paix, l'architecte du communisme »*, tandis qu'à Levallois, les travailleurs de l'imprimerie Herbert saluent *« avec Maurice Thorez, le cœur plein d'amour et de confiance, l'architecte du communisme, le champion de la paix »* ; que *France-URSS* télégraphie à Moscou son émotion devant *« maladie guide génial humanité progressiste champion de la paix généralissime Staline »* et que les élus communistes de Paris remercient de tout leur cœur Staline *« à qui les Parisiens doivent la libération de leur capitale »* [1].

1. Cette variante, plus originale, sans la moindre allusion à l'armée américaine et à la division Leclerc, ne trouvera malheureusement pas d'écho, par la suite.

La mort de l'Architecte, devenue officielle, on peut passer à la vitesse supérieure. Ce n'est pas dans le télégramme du président Auriol qui, finaud, évoque « *la part éminente prise par votre illustre compatriote aux côtés de nos alliés, dans la lutte...* » etc. qu'on va nourrir, en superlatifs, sa fièvre et sa douleur. Ni dans son éloge funèbre prononcé illico à l'Assemblée nationale par Édouard Herriot qui a eu le temps de mettre de l'ordre dans ses idées fausses depuis qu'il s'est fait rouler naïvement dans la farine, au début des années 20, en visitant le glorieux pays des Soviets. Nos officiels ont toutes les raisons (la Corée, la Guerre froide, l'Indochine) de se tenir à carreau et d'en faire le moins possible, bien qu'ils viennent de déchaîner les hurlements des gaullistes, des anciens de l'Indo et des mouvements nationalistes en ordonnant de mettre les drapeaux en berne. On ne trouvera donc pas de ce côté-là de perles langagières mais, en revanche, aussi bien à la présidence du Conseil et au Quai d'Orsay que dans nombre de journaux (*Le Monde*, *Combat*, etc.), une interprétation tout à fait surprenante de l'événement montre le bout de son nez : Staline a été l'homme de la paix, puisqu'il ne nous a pas fait la guerre... Lui parti, on peut craindre le pire...

Une peur qui va se diffuser assez largement dans l'opinion publique, à laquelle la grosse bouille du successeur Malenkov ne dit rien qui vaille.

Mais revenons à nos pleureuses du carrefour Châteaudun et de la rue du Louvre – respectivement sièges du Parti et des rédactions de *L'Humanité* et de *Ce Soir* – emballés de rouge et de noir encadrant le sourire plein de bonté du Génial Architecte.

En langage télégraphique, destination Moscou, Marie-Claude Vaillant-Couturier « *ressent immense douleur, perte guide génial des peuples vers radieuse époque bonheur pour toute l'humanité* ».

Jacques Duclos retrempe sa plume. Devant les délégués du Parti, debout, dans un silence pathétique traversé seulement de sanglots étouffés, il lit : « *terrible nouvelle venant détruire nos espoirs en la guérison de notre maître bien-aimé... Nous perdons en Staline le géant de la pensée et de l'action, bâtisseur du socialisme en marche vers le communisme... Nous nous effor-*

çons, suivant la trace du meilleur stalinien français, Maurice Thorez, d'être dignes, nous aussi, du beau titre de stalinien... »

Étienne Fajon en rajoute une pincée : « *Staline restera un des plus grands génies de tous les temps.* » Auguste Lecœur, qui sera bientôt une bête puante, chassé du Parti, n'hésite pas : « *Staline a atteint au sommet de la pensée philosophique.* » Marcel Cachin, devant un parterre frémissant, où Louis Aragon peut pleurer sur l'épaule de Roger Garaudy, trouve des accents déchirants pour parler des « *leçons immortelles de Staline, un humain parmi les meilleurs de tous les temps... Imprégné de la véritable bonté au sens plein de ce mot... un véritable sauveur de l'humanité et son plus grand bienfaiteur...* »

À ces saintes paroles, il ne manquait plus que l'onction de Mme Eugénie Cotton, présidente de l'Union des femmes françaises et « savant d'une renommée internationale ». Voilà, Dieu merci, qui est fait avec son hommage au « *géant de la pensée, du cœur et de l'action qui a tout fait pour l'Humanité* ».

Aragon fait chialer le « peuple de France »

Le jour de la mort de Staline, Jean-Paul Sartre et Louis Aragon ont, discrètement, déjeuné ensemble. Sartre a fait et continuera de faire des déclarations, de nature à justifier le célèbre axiome de Michel Audiard : « Si la connerie se mesurait, il serait mètre-étalon à Sèvres. » Par exemple, quand il a déclaré, après le déclenchement de la guerre de Corée : « Je n'ai jamais décelé de la part de l'Union soviétique la moindre intention belliqueuse, au cours des trois dernières décennies. » Ou bien encore : « La liberté de critique est totale en URSS. »

Néanmoins, tout au long de sa longue liaison avec les communistes, sur fond de scènes de ménage, nous aura-t-il épargné le spectacle de l'intellectuel en chaleur s'accouplant au vieillard « bienfaiteur de l'Humanité ». Aragon n'aura pas la même pudeur. Dans le numéro des *Lettres françaises*, en hommage à Staline, il signera un très long article – Himalaya du racolage – à faire chialer les deux orphelines où, évoquant la mort de sa mère, il dira ceci : « En 1941, c'était avant l'agression hitlérienne contre l'URSS, elle m'avait dit à un passage fugitif à Cahors : "Je n'ai confiance qu'en les Russes... que dans Monsieur Staline[1]..." Elle disait toujours comme ça, en me parlant, *Monsieur* Staline. "*Monsieur*" était chez elle une expression de la confiance... » Et puis, surtout ceci, à inscrire dans l'anthologie de la sottise chez les grands auteurs égarés en politique : « Ma mère était au plus mal... Ma mère avait un cancer du sein, c'était de cela qu'elle mourait... Il ne restait presque rien d'elle. C'était un souffle... Elle me dit tout bas : "Mais la guerre ?" Je lui dis que ça allait très bien et je lui parlais de l'Armée rouge qui tenait, qui allait bientôt... Elle tourna vers moi ses yeux verts, les yeux qui avaient veillé mon enfance et elle dit tout contre ma joue : "Staline, que dit Staline ?..." C'est presque le dernier mot que j'ai entendu sur les lèvres de ma mère. »

1. Rappelons en passant qu'avant l'invasion de l'URSS, le 22 juin 1941, « Monsieur Staline », que vénérait la mère d'Aragon, avait dépecé la malheureuse Pologne avec son allié, « Monsieur Hitler », et fait remettre à la Gestapo des communistes allemands, réfugiés en territoire soviétique.

CHAPITRE 18

RAYMOND LOEWY, NOTRE ONCLE D'AMÉRIQUE

Avec son œil de velours et sa moustache à câlins, à qui ressemble-t-il le plus ?

À un croupier de Monte-Carlo, à un *french lover* encore un peu trop jeune pour jouer les vieux beaux ou à notre compatriote Adolphe Menjou dans son rôle habituel de maître d'hôtel en train de faire flamber des crêpes Suzette sur un plateau de studio à Hollywood ? Sans doute aux trois à la fois mais en tout cas pas à l'homme qui a quasiment inventé le monde moderne, où viennent de s'engouffrer les années 50.

En face de lui, la cigarette aux lèvres et le regard en fête autour de la grosse truffe par où il renifle l'univers, Blaise Cendrars, à qui je dois d'être là, arbore la cravate la plus abominable encore jamais vue à un cocktail parisien. Sur un fond de couleur vinasse, se tortille une pin-up, roulée à la main, qui porte d'énormes lunettes. Des lunettes avec des vrais verres, qui brillent. Le dernier chic chez les éleveurs de porcs du Kansas.

On pourrait soupçonner Cendrars d'avoir voulu se payer la tête du héros du jour, si lui, le poète des temps modernes, n'était pas venu, au contraire, pour honorer le « Picasso du design », ainsi que, dans la presse, on surnomme Raymond Loewy. On l'a, également, gratifié du titre « d'homme qui a le plus d'idées au monde », avant que le magazine *Life* ne le distingue comme « l'une des cent personnes qui ont fait l'Amérique » et le seul, avec Christophe Colomb et La Fayette, à n'être pas né sur le sol américain. Tout réussit au flamboyant *Frenchie*. Tout, sauf le public français…

Alors qu'aux États-Unis, le récit de sa carrière a eu un énorme succès, la version française, pourtant aussi haletante qu'un polar sous la plume de Miriam Cendrars, s'est assez vite essoufflée. Malgré un bon départ, c'est pour essayer de vendre mieux *La Laideur se vend mal* que Raymond Loewy, avec son éditeur, Pierre Lazareff[1], a eu l'idée de rameuter en juin 1953 la presse et l'inévitable Tout-Paris autour d'un buffet, dans la gare des Invalides où la SNCF a prêté une locomotive et deux wagons.

« Mon mari a un goût merveilleux »

Mais est-il bien nécessaire de lire le livre, alors que l'on sait tout de l'homme et de sa vie, depuis le temps que Raymond Loewy répond avec empressement aux questions des journalistes ? Le seul petit détail, passé inaperçu et qui, pourtant, saute aux yeux pour peu que l'on ait déjà goûté à la crème fouettée des cafés de la Ringstrasse, c'est que ce conquérant français sent furieusement le viennois.

Il y a chez Raymond Loewy cette part de *schmah*[2] qui fait du juif viennois un être à part, à commencer dans son propre pays. Et aussi ce goût typique de l'homme de goût viennois pour le mauvais goût, dont il ne fait pas – loin de là – sa nourriture exclusive bien qu'il l'ait en permanence à son menu, comme le gourmet savoure un fruit rare.

Les magazines américains s'extasient sur la résidence « de rêve » qu'il s'est fait construire pour 100 000 dollars, près de Palm Springs, en Californie. La piscine en forme d'étoile de mer qui pousse une de ses branches jusque dans le living-room les épate. Comme les enchantent sa baignoire décorée

1. Pierre Lazareff est directeur de la collection « L'Air du temps » chez Gallimard. En tout cas, il lui donne son nom – c'est Roger Nimier qui fait le travail – et le fait profiter de l'appui de son groupe de presse (*France-Soir, Paris-Presse, France-Dimanche, Elle*, etc.), ce qui est bien commode.

2. Une expression du parler viennois, difficile à traduire, désignant tout à la fois une forme d'humour, le plaisir que procure le mensonge et le goût de la mystification.

d'une frise d'esclaves nubiens et ses étagères croulant sur les flacons de parfums et les cassolettes d'encens. Les laisse, aussi, babas sa Studebaker, carrossée par ses soins, avec ailerons en plastique et toutes sortes de fanfreluches en métal.

Les trente-six complets de luxe, dont il change trois fois par jour, lui ont valu d'être élu, en 1940, « l'homme le mieux habillé des États-Unis ». Sur ses indications, son tailleur a muni chaque costume de revers amovibles qu'il remplace à la moindre trace d'usure. Dans son appartement, à Manhattan, les fauteuils, les divans et la moquette de sa chambre sont incrustés de paillettes en plastique doré. Des masques zoulous, des chasse-mouches marocains et des sabres chinois se chargent du reste, tandis que dans le salon, où une grande toile de Dufy pivote pour découvrir le poste de télévision, des Picasso, Matisse et Miró, accrochés à touche-touche, couvrent un mur entier. Comme le dit sa ravissante seconde épouse, qui a vingt-huit ans de moins que lui : « Mon mari a un goût merveilleux. »

Une jeune mariée de la Vienne fin de siècle aurait dit à peu près la même chose en béant d'admiration devant les dorures et les clinquants de la riche demeure dans la Josefstadt que viendrait de lui offrir son mari.

L'épatant est que c'est dans cette même Vienne-là, celle du kitsch, de la boîte à bonbons, des bals à hussards et des vivats à l'empereur, qu'a déferlé au même moment la fantastique vague des « fondateurs de la modernité », les Adolf Loos ou Otto Wagner, les Sigmund Freud ou Arthur Schnitzler, les Karl Kraus ou Otto Weininger, les Klimt ou Kokoschka, les Schoenberg ou Alban Berg. Mais les deux Vienne, la première qui se conforme et étouffe sous le passé, la seconde qui se rebelle et invente l'avenir, sont si intimement liées, enlacées même, qu'elles se retrouvent ensemble dans chaque Viennois. La chose demeurera palpable, même un peu plus tard, chez un Pabst, un Fritz Lang ou, plus ostensiblement encore, un Eric von Stroheim.

Comment cette Vienne-ci et cette Vienne-là ont-elles eu l'idée de se glisser sous la peau d'un jeune Parisien qui a grandi dans le quartier de l'Opéra, a fait ses études au lycée Chaptal et se trouvait engagé sur la voie des sciences et de la mécanique moderne, quand la guerre de 1914 l'a expédié sur le front ?

De la manière la plus simple du monde : parce que Raymond Loewy est le fils d'un émigré autrichien et qu'il ne cessera pas de l'être, sous la caricature monumentale du *latin lover*, du génial *Frenchie* qu'en bon bonimenteur viennois, il s'est fait un plaisir, conscient ou inconscient, d'offrir à la rêverie américaine [1].

La laideur des objets de la vie quotidienne l'obsède

Le Traité de Versailles vient d'être signé. Sur le paquebot qui fait route vers New York, un émigrant de 26 ans a pour tout viatique 50 dollars en poche et une lettre de son frère, médecin, l'invitant à le rejoindre aux États-Unis. Raymond Loewy n'a pas encore touché le sol américain qu'il a déjà tout compris du Nouveau Monde et de sa mécanique mondaine.

Ce n'est pas un banal émigrant, parmi d'autres, qui va descendre du bateau mais un capitaine de l'armée française en grand uniforme, avec sur sa vareuse sept décorations dont la Légion d'honneur et la Croix de guerre, gagnées au feu [2]. Ainsi paré, dans l'éclat de sa jeunesse et d'un physique particulièrement avantageux, il a fait connaissance, à bord, du consul général de Grande-Bretagne. Impressionné par son agilité d'esprit et son goût de l'invention (le jeune homme lui a raconté comment, à l'âge de 15 ans, il avait breveté et vendu dans la France entière un monoplan-jouet, propulsé par un élastique, dont les bénéfices lui avaient permis de financer ses études), celui-ci a promis de le recommander à un de ses amis, à la direction du magazine *Vogue*. Promesse tenue et, pendant dix ans, le moustachu charmeur qui renfile, à l'occasion, son

---

1. Eric von Stroheim, fils d'un chapelier juif de Vienne, aura bien fait cadeau à l'Amérique d'un passé inventé de grand aristocrate et d'officier de dragons.

2. Eric von Stroheim, lui aussi émigré sans le sou, fera la conquête d'Hollywood en endossant l'uniforme des Uhlans, avec cette différence que, contrairement à Loewy, il aura usurpé sa qualité d'officier. Néanmoins, pour l'un comme pour l'autre, le prestige de l'uniforme – aussi bien du vaincu que du vainqueur – jouera à fond.

uniforme pour briller en société, sera dessinateur de mode à *Vogue* et au *Harper's Bazaar*. Sans pour autant devenir riche et célèbre, la qualité de ses dessins ne dépassant pas l'honnête moyenne. *Vogue* est, toutefois, le meilleur des tremplins pour un homme qui a du culot, des idées et une ambition dévorante. Il rencontre Horace Saks au moment où le président des fameux grands magasins a décidé d'ouvrir une succursale de luxe sur la Cinquième Avenue.

« Il faut une nouvelle philosophie des grands magasins », lui déclare, un rien pompeux, Raymond Loewy, qui n'en dit pas plus. Impressionné, l'homme d'affaires lui donne carte blanche. La « philosophie » de Loewy consiste à vêtir les vendeuses d'un uniforme noir avec des plissés blancs, d'imposer le port de gants aux garçons d'ascenseur, de refaire l'emballage des paquets livrés à domicile et de vider les vitrines du trop-plein d'accessoires qu'on a l'habitude d'y fourrer. L'effet est immédiat. Les clients se ruent sur ce grand magasin d'un nouveau type.

Loewy ne se contente pourtant pas de ce succès qui, au mieux, pourrait faire de lui un étalagiste-vedette. Dès son arrivée en Amérique, il s'est dit épouvanté par la laideur des objets de la vie quotidienne : pourquoi loger la radio dans des coffrets moyenâgeux en ogive ? Pourquoi greffer des lampes électriques sur des statuettes de dessus de cheminée ? Pourquoi les voitures sont-elles encore si hautes sur pattes, comme dans les vieux films de Mack Senett et pourquoi garder des sièges de char à banc dans les avions ou ramper à quatre pattes pour s'introduire dans un taxi ?

Est-il vraiment indispensable qu'on ne produise en série que des choses horribles et mal commodes [1] ?

Cette dernière question, Raymond Loewy, en 1929, ne se la pose même plus. Maintenant que, financièrement, il est à peu près libre de ses mouvements, il a mieux à faire que de s'interroger. Il passe à l'action.

1. « Tout ce qui est utile est laid », avait dit, bien avant lui, Théophile Gautier.

Un gorgonzola fatigué

1929, c'est l'année horrible. L'année du grand krach. Mais justement, c'est le moment de transformer des objets disgracieux, voire répulsifs, en autant d'irrésistibles tentations d'achat. « De deux objets de même nature et de même fonction, se dit Raymond Loewy, celui qui est le mieux dessiné se vendra mieux. »

L'occasion lui est fournie de mettre ses idées en pratique lorsqu'un Anglais, fabricant de duplicateurs, nommé Sigmund Gestetner, de passage à New York, lui montre une photo de sa machine.

Une véritable horreur, avec quatre cent mille petits zinzins – ressorts, leviers, vis, écrous, engrenages – recouverts d'un duvet bleuâtre « comme la moisissure d'un gorgonzola fatigué ».

— Vous pourriez améliorer son aspect ? demande le père de cette triste machine.

— Certainement, répond l'homme qui vient, du même coup, d'inventer le « design industriel ».

Trois jours plus tard, le travail est terminé. Il n'a pas inventé une nouvelle machine mais seulement « relooké » l'ancienne qui, dans l'opération, s'est vue amputée de ses quatre pieds et rajeunie grâce à un carénage simplifié, enfermant tout ce qui était disgracieux à l'œil. Par la même occasion, le prix de revient de la machine allait considérablement baisser et les ventes s'envoler.

Loewy peut fonder, en 1930, sa propre firme, d'abord dans des bureaux modestes, ensuite, beaucoup plus luxueux, au 54e étage du 500 de la Cinquième Avenue. Il va, comme il le dit, « gagner de l'argent en s'amusant ».

Il commence à s'amuser en imaginant une voiture plus longue et plus basse que le veut l'usage, avec un pare-brise incliné, des garde-boue, des vitres aux angles arrondis et un arrière profilé. Son premier client potentiel – la société Huppomobile – trouve le projet ridicule. Se trouvant en voiture, avec un dirigeant de la firme, à la hauteur d'un tramway, celui-ci pense lui en faire la démonstration : « Avec votre voiture basse, vous seriez obligé de lever très haut les yeux pour regarder les gens assis dans le tramway qui, eux, vous contempleraient d'en haut. Vous y gagneriez quoi ? Un complexe d'infériorité et eux, de supériorité ! Vous voyez bien que c'est une mauvaise idée. »

C'était sans compter avec le charme du *Frenchie* qui, finalement, a convaincu le grand patron et, avec la « Hupp » nouveau style, Loewy a gagné son premier pari. Au grand dam de Walter Chrysler, furieux de ne pas avoir traité avec le *Frenchie*.

À partir de ce moment, le modéliste industriel va voler de succès en triomphe.

Amoureux des locomotives, il fait des milliers de kilomètres sur celles de la Pennsylvania Railroad, avant de rendre son verdict. « Il faut, dit-il, des WC pour les mécaniciens de la locomotive... » Stupeur de ces messieurs de la direction. C'est tout ? Non, ce n'est pas tout. La machine doit prendre une forme aérodynamique et les pièces ne seront plus rivetées mais soudées, d'où économie en même temps que vitesse plus grande et élégance de forme.

La soudure fait beaucoup rire les spécialistes, en attendant qu'elle s'impose à toutes les locomotives. Loewy rend également les wagons plus attrayants, avec des sièges confortables et toutes sortes de petits détails, tels que les tasses oscillantes inversables ou les réservoirs d'eau glacée. En un an, la compagnie aura 37 % de passagers en plus. Tandis que le New Deal de Roosevelt braque le regard de l'Amérique vers un avenir heureux, la locomotive de Raymond Loewy l'y conduit à toute vitesse et en toute beauté.

Pour les autobus Greyhound, il change la forme des voitures, y installe de vrais cabinets de toilette, modifie les sièges, tandis qu'il fait installer sur les tracteurs Harvester des ventilateurs et surtout des dossiers spéciaux pour les conducteurs aux reins courbatus. Il invente les bouteilles de lait à fond cerclé de caoutchouc pour éviter le bruit et les heurts, simplifie toute la gamme des conserves Armour en faisant adopter une forme unique et deux couleurs, blanc et rouge. Il crée des matelas, des brosses à dents de coloris différents pour les couples et les familles, des savons ronds, des rasoirs électriques qui ne glissent pas de la main, des tubes à pâte dentifrice qui ne se percent pas, des réfrigérateurs à étagères qui ne rouillent pas, des grille-pain qui n'ont pas l'air de radiateurs ou d'instruments de torture, des téléphones dont la sonnerie ne casse plus les oreilles, des pendules, des canoës, des lampes, des couteaux à pain et quand éclatera la guerre, non seulement il installera les bureaux de l'état-major du général Marshall mais inventera des hôpitaux de campagne parachutables...

On calculera que plus de 75 % des Américains sont directement concernés dans leur vie quotidienne par le travail de la RLA (Raymond Loewy Association), où l'on travaille dans la gaieté, au son de la radio, où les filles sont jolies, les garçons survitaminés et tous dessinateurs ou peintres, quand ils ne sont pas sculpteurs ou musiciens.

*

Deux grands « coups » auront vraiment fait de Loewy le « designer du siècle » avant que je ne le rencontre une première fois, rapidement, à la gare des Invalides, une seconde, bien après et plus longuement, à l'Hôtel Hilton-Paris, dont il supervisera la décoration[1].

Le premier de ces « coups » a été, en 1940, le nouvel empaquetage des Lucky Strike. Le résultat d'un pari de 50 000 dollars entre le designer et le patron de l'American Tobacco Company, George Washington Hill.

— Vous prétendez que vous pouvez améliorer notre paquet, Monsieur Loewy ?

— Je parie que oui.

— Combien ?

— Cinquante mille dollars.

Cinquante mille dollars plus tard, Loewy avait remplacé le vert, salissant et dégageant une légère odeur d'encre, par un disque rouge sur fond blanc et imprimé le nom de la marque sur les deux côtés au lieu d'un seul. La blancheur immaculée suggère automatiquement la fraîcheur du contenu et, qu'il soit posé ou jeté, chaque paquet montre son nom. Le coût de la

1. Sans se fouler, il est vrai...

fabrication baisse et les ventes font un bond immédiat de 20 %, s'ouvrant par la même occasion au marché féminin. Camel suivra l'exemple en faisant, à son tour, un paquet blanc.

Son deuxième coup d'éclat, Loewy l'a frappé après la guerre lorsqu'il a sauvé la firme Studebaker de la ruine en faisant de la Starliner l'une des plus belles voitures jamais réalisées et la plus révolutionnaire, pour l'époque, avec sa ligne fuyante, aérodynamique et ses vitres circulaires.

Par la suite, fort de ses quelque 250 collaborateurs, de plusieurs bureaux dans le monde, dont l'un à Paris, et d'une image flamboyante collant à merveille à l'esprit des années 50, mélange explosif de clinquant et de créativité, Loewy touchera à tout. Aussi bien en remodelant la bouteille de Coca-Cola [1] ou en rajeunissant l'image de la Shell (grâce à une machine qui rend aux clients des pièces de monnaie remises à neuf, « Shell ne sent plus le pétrole ») qu'en participant à la conception de l'hélicoptère Alouette et à l'aménagement intérieur du Concorde qu'en imaginant pour la NASA la cabine du Skylab.

Avant de mourir, en 1986, à l'âge de 93 ans, l'émigré aux cinquante dollars en poche pourra dire, comme d'une évidence : « Mes dessins ont changé le monde ».

Le larbin d'une industrie qui dore ses pilules

Comment se fait-il alors que chez nous, ce chéri de l'Amérique n'ait réussi qu'à se mettre à dos le monde de la création et du design pur et dur ? Certes, sa fortune à gros bouillons, ses costards mirobolants, ses carrosses à quatre roues pour Roi-Soleil yankee, ses piscines en Californie et à Saint-Tropez, sa dégaine de vieux play-boy, ses sourires millimétrés, son carnet d'adresses planétaires et ses à-tu et à-toi avec le clan Kennedy, tout cela sentait trop le cuir neuf et le vernis frais pour ne pas chatouiller désagréablement le nez du bon vieux chic européen.

1. Surnommée « la dame au fourreau », elle deviendra à ce point légendaire qu'au début de l'an 2000, Coca-Cola, qui n'utilise plus que la canette ou l'emballage plastique, la rééditera en nombre limité pour une campagne de publicité mondiale.

Un demi-siècle plus tard, le procès Loewy est toujours ouvert. Du côté de l'accusation, les arguments pleuvent. Pour commencer, le *Frenchie* a tiré abusivement la couverture à lui. Le design, en effet, ne l'a pas attendu pour exister. Le terme, lui-même, est arrivé d'Allemagne, en direct de l'école du Bauhaus. On ne peut prétendre non plus que Loewy est tombé du ciel pour dessiner, à lui seul, l'*American way of life* des années 30-60. Au même moment que lui, des créateurs tout aussi créatifs, nommés Van Doren, Harley Earl, Dorwin Teague, Dreyfus ou Bel Geddes ont, eux aussi, dans les domaines les plus divers de l'esthétique industrielle, modelé le monde moderne. Grâce à un toupet incroyable et une force de séduction irrésistible, il a accaparé un mouvement dont il a réussi à faire croire qu'il l'avait inventé.

Mais il y a plus grave. En fait, Loewy n'a jamais fait de design mais du « styling ». Proche parent du kitsch, le « styling » est l'ennemi le plus pervers du design. Un ersatz artistique, un alibi culturel, au nom duquel on maquille n'importe quel objet utilitaire pour le rendre plus « marchand ». On lui donne la forme, la couleur, le style qui paraissent correspondre le mieux à l'attente – réelle ou supposée – du public, à un moment donné.

Se mettre au service du « styling », c'est se faire le larbin de l'industrie qui, pour vendre, a besoin de dorer ses pilules. Le designer, au contraire, est celui qui, par la voie de l'esthétique, met l'industrie, non seulement au service de l'environnement mais aussi de la beauté. Comme le dira Ever Endt, qui a travaillé quinze ans pour Raymond Loewy à Paris : « En Europe, on imagine qu'une voiture sert à transporter des gens. Dans l'Amérique des années 50, elle transportait du rêve. Quand l'Europe fabrique la Volkswagen et la 2CV, Loewy, lui, fait la Studebaker. »

Il va de soi que pour un designer, dont l'imaginaire se nourrit de l'utopie du Bauhaus – elle-même fortement imprégnée de l'idéologie première de la Révolution bolchevique – un homme tel que Raymond Loewy ne peut qu'incarner, ainsi que cela a été dit, « l'aspect le plus repoussant du design capitaliste ».

Même si l'on met de côté cet aspect socio-politique, Loewy, en posant le principe que le design n'est pas uniquement un problème d'esthétique et que la beauté n'est réellement beauté que si le public a envie de l'acheter et de la consommer, Loewy a proféré une vérité énorme, insupportable, inécoutable aux oreilles de la plupart de nos créateurs dont la démarche est instinctivement et radicalement inverse.

D'où ce mauvais procès que, dans certains cercles européens, on lui met dans les pattes de n'être rien de plus qu'un boutiquier de « quincaillerie industrielle » et un habile maquilleur du méprisable « styling ». Or, tout au contraire, Loewy a toujours dénoncé les dérives de l'esthétique industrielle. En particulier, au milieu des années 50, alors que l'industrie automobile américaine était emportée par le délire du *Gorp*, un terme qui désignait la débauche de chromes et d'ailerons, sans aucune justification technologique autre que d'en mettre plein la vue aux « ravis » fraîchement débarqués sur la planète de la prospérité. En 1955, devant la Société des ingénieurs de l'automobile, il est même entré dans le chou de son célèbre collègue de chez Ford, Harley Earl, l'accusant de faire de ses voitures des « jukebox » sur roues : « Est-il bien responsable de camoufler l'une des plus remarquables machines américaines comme si c'était une marchandise tape-à-l'œil ? »

Or, le public a adoré cette quincaillerie. On ne peut donc accuser Loewy, en dénonçant la suprématie de la forme sur la fonction, d'avoir caressé le marché dans le sens du poil. Malgré les apparences, sa rigueur esthétique était d'un autre métal que celui du même Harley Earl qui, à cette époque, avec un cynisme total, déclarait devant une classe de jeunes stylistes : « General Motors est une entreprise qui n'existe que pour une seule raison. Gagner de l'argent. Pour cela, nous fabriquons des voitures. Mais si nous pouvions gagner de l'argent en fabriquant des poubelles, nous en fabriquerions. »

Il ne croyait pas si bien dire car, pendant des années encore, Detroit produira d'époustouflantes poubelles roulantes, fignolées comme des boîtes à bonbons mais dénuées de tout progrès technologique. Les Européens et, bientôt, les Asiatiques profiteront de l'occasion.

*

Raymond Loewy, qui nourrissait dans sa tête des projets extravagants et irréalisables – c'était, avec la plongée sous-marine dans le golfe de Saint-Tropez, son délassement préféré –, aura eu, en tout cas, ce talent typiquement américain de jouer dans sa division et pas dans celle des autres. Quand, en créant un modèle d'essoreuse ou une pelle à tarte, certains voient dans leur miroir le reflet d'un immense artiste, lui, en réglant leur compte aux stylos qui fuient, aux locomotives qui toussent et aux fermetures à glissière qui coincent, se regarde, au-delà de sa fatuité de paon qui fait la roue, comme un rouage dans la grande mécanique du rêve américain.

Disons même, pour ne pas le fâcher, un rouage bigrement inspiré [1].

---

1. Et, en France, que se passe-t-il dans les années 50 ? Dans le monde du design, quelques noms émergent. En particulier celui de Roger Tallon, moins préoccupé que d'autres d'idéologie militante que d'associer esthétique et fonction en parfaite intelligence avec l'industrie et le marché. On lui doit de grandes réussites comme la caméra son, le robot ménager et le moulin à café Peugeot. Charlotte Perriand, célèbre pour la pureté de ses meubles, est associée à l'architecte Jean Prouvé, dont le bureau-compas et la chaise à boulons en bois et tôle sont des succès. Puis, un peu plus tard, Pierre Paulin triomphera avec ses fameux sièges moulés ou à armature métallique.

Pourtant, si les deux plus grandes réussites de la décennie sont la DS 19 et la Caravelle, d'une manière générale, les industriels français de l'époque se fichent du design comme d'une guigne. C'est pour eux, tout au plus, un avatar du *merchandising*. Avec d'un côté des créateurs qui, le plus souvent, méprisent l'industrie et le marché et, de l'autre, des industriels incrédules ou incompréhensifs, le design industriel a toutes les raisons de broyer du noir. De fait, les objets-symboles des années 50 seront le plus souvent importés d'Amérique, comme la chauffeuse de Mies van der Rohe (créée, d'ailleurs, avant la guerre), le fauteuil-pouf et les sièges coques en fibre de verre de Charles et Ray Eames, la chaise noix de coco de George Nelson ou l'admirable table-piédestal d'Eero Saarinen.

BRÈVE DE PARIS

« Une foule affairée se presse, se bouscule, s'entrecroise, s'interpelle, une mignonne fillette tend aux passants des paquets de soucis jaunes et d'asters violets, des marchands offrent des bottes d'aulx et des chapelets d'oignons, des abat-jour, des radis noirs, des citrons, des cartes postales et du mouron pour les petits oiseaux ; des chiens fouillent les ordures, amoncelées dans les ruisseaux ; les voitures évitent de s'engager sur la pente raide qui débouche sur la place grouillante de monde : c'est l'entrée de la rue Mouffetard[1]. »

Depuis le début du siècle, la Mouffe reste fidèle à cette description. Pour combien de temps ? On dit dans le quartier que les urbanistes la guettent, la pioche à la main. Pourtant, on n'ose pas y croire, quand le dimanche matin, sur le coup de midi, on se mêle à la foule des fidèles, sortis de l'église de Saint-Médard, et qui se faufilent entre les cageots de choux et les pyramides de fruits. Ils ne vont tout de même pas effacer trois siècles d'Histoire, sous prétexte que l'hygiène n'est pas la première préoccupation des marchands de quat'saisons et que les maisons, alentour, ont tendance à trembler, comme ces petits vieux, qui grappillent, çà et là, une pomme tombée de sa pyramide ou une pêche gâtée !

Certes, un miracle... Mais c'est une chose à laquelle on ne croit plus beaucoup dans le quartier. On n'a pas oublié l'affaire du diacre janséniste, François Pâris, et de sa tombe, prétendue

1. Georges Caïn, *Promenades dans Paris*.

« miraculeuse », sur laquelle la foule des malades, en délire, s'était ruée, jusqu'à ce que, par ordre de Louis XV, on ait mis fin au carnaval, en fermant la porte du cimetière Saint-Médard et en y pendant cet écriteau : DE PAR LE ROI, DÉFENSE À DIEU DE FAIRE MIRACLE EN CE LIEU.

Sans doute. Il n'empêche qu'un vrai miracle s'est produit, il n'y a pas si longtemps quand, un peu plus haut dans la rue Mouffetard, les démolisseurs du n° 53, qui ne tenait plus debout, ont mis la main sur un formidable trésor : 3 351 pièces d'or à l'effigie du Bien-Aimé. Elles étaient enveloppées dans un papier manuscrit, par lequel Louis Nivelle, conseiller du Roi, léguait cette fortune à sa fille, Anne-Louise.

On a fini par retrouver, en 1952, 84 descendants de cette Anne-Louise, et ils se sont partagé le pactole avec les ouvriers et la Ville de Paris.

Quand il pleut, le marché se transforme en cloaque mais, au premier rayon de soleil, l'enchantement renaît et c'est un vrai bonheur de se mêler au peuple des concierges, des femmes d'ouvriers, des filles d'artisans et des petits retraités auxquels Monsieur Charlot, planté derrière sa montagne magique de fruits et de légumes, dont vous ne trouverez pas l'équivalent à cent lieux à la ronde, réserve le traitement de faveur dû aux « gens du quartier » : « Mais non, Lucette, pas ces fraises-là ! Tu sais bien que Madame est du quartier. »

En levant le nez, on aperçoit la merveilleuse charcuterie Facchetti. Le boudin et la tête de veau n'y sont pas meilleurs qu'ailleurs mais ce décor... Ah, ce décor ! Imaginez, comme dans la vieille Allemagne, une maison à fresques : rien que des scènes d'animaux, dans un savoureux barbouillage. À droite, il y a le poissonnier. Il chante ses arrivages sur des airs à la mode. Le colin prend la Nationale 7 et le merlan fait cha-cha-cha.

Dans la petite rue de l'Arbalète, à côté de la vieille boutique de l'étameur, le café-charbon verse le rouge et livre le noir. Au 69 de la Mouffe, Vidocq venait aux renseignements, du temps où c'était un bal d'apaches.

Mais moi, j'ai mieux qu'un bal d'apaches. Rue des Patriarches, au fond d'un café lugubre, derrière une cloison, le Bal fleuri *fonctionne les samedis et dimanches soir. L'orchestre antillais est composé de vieux appariteurs qui travaillent dans plusieurs minis-*

tères. Ils font danser, sur le parquet qui craque, de jeunes Noirs dégourdis, rois de la béguine, qui font suer, à bout de bras, des quinquagénaires blanches du genre ouvreuses de cinéma. Le Tout-Paris ne connaît pas encore l'adresse. L'autre soir, j'ai entendu une cavalière dire à son jeune cavalier : « T'as encore mis tes chaussettes blanches. Tu sais pourtant que je ne t'aime pas comme ça. »

CHAPITRE 19

PARIS, FOU DE BISTROTS

Le Parisien chic des années 50, qui arrive tout aussi bien de l'avenue Foch que de Manhattan ou de Mayfair, n'aime rien tant que le bistrot un brin crapoteux où l'on fait de l'équilibre sur une chaise bancale, où l'on déchiffre à la lorgnette les plats du jour griffonnés sur une ardoise, où la serveuse bon enfant vous rudoie en gloussant et si le patron ou la patronne vous engueulent, c'est carrément le bonheur.

Il faudrait sans doute le malheur d'une nouvelle guerre, d'une nouvelle Occupation et la joie d'une Libération pour retrouver le parfum très particulier et la graine de folie qui poussent alors dans une certaine catégorie de bistrots. La cuisine peut y être excellente, bonne ou nulle : l'important n'est pas là. On y va pour se débarrasser des années grises ou noires qui collent encore à la peau, comme le chien mouillé qui se secoue.

D'une rive à l'autre, c'est à peu près toujours le même rituel : les tables qui se rapprochent et se parlent, les assiettes qu'on s'échange, les bouchées qu'on fait goûter à la pointe de la fourchette, les bouteilles qui se vident à la ronde et, flottant au-dessus de tout cela, l'onde de plaisir qui glisse délicieusement chaque fois que l'on fait irruption dans l'intimité de gens dont on sait, Dieu merci, qu'on ne les reverra pas de si tôt.

Du *Châteaubriand*, rue de Tocqueville, où sous la pancarte apposée par son mari, gardien de la paix (*ICI, LE PATRON BOIT*), Hélène gave sa pratique de tutoiement, de bœuf qui saigne et de frites qui gigotent encore dans l'assiette, on passe chez *Anna*, boulevard Delessert. Une solide paysanne basque, ex-femme de chambre au Cercle militaire qui tape sur le ventre d'Aly Khan et tutoie Marcel Boussac, tandis que Charlotte pond son œuf sur le comptoir. Anna ne peuple pas, en effet, sa maison que de propriétaires d'écuries de courses : elle y entretient également huit chats, trois chiens, un lapin et la poule Charlotte, dont elle fait gober l'œuf à l'un de ses préférés, un beau mec, du genre un peu gommeux, nommé François Mitterrand.

Haute comme trois pommes à cidre, la *Mère Michel* ne se permettrait jamais de telles familiarités avec les grands bourgeois et les célébrités qu'elle reçoit depuis 1935 dans sa salle à manger rustique de la rue Rennequin. De la Mère Clémence qui, au service du marquis de Goulaine, avant la guerre de 14, avait inventé le beurre blanc en ratant une béarnaise (elle avait oublié les œufs), Mme Michel a reçu, dans sa jeunesse, la fameuse recette. Devenue une bonne maman à chignon, gaie comme un pinson, elle passe dix heures par jour dans sa cuisine à faire fondre des kilos de bon beurre charentais dans des casseroles en cuivre.

Quand elle parle de son beurre blanc, on oublie que c'est une sauce, une simple émulsion d'échalotes avec du vinaigre et du beurre. Il devient un être vivant, un lutin des fourneaux qu'il faut apprivoiser chaque jour : « Vous ne pouvez pas savoir comme il est susceptible. Une seconde d'inattention et, hop, c'est fini. Il y a même des jours où il se rebelle. Alors, avec la spatule, il faut l'amadouer. Ah, tu ne veux pas monter ! Eh bien, tu vas voir ça. Et tap et tap ! Ça non, il ne m'échappe jamais... Oh, peut-être bien quand même une ou deux fois. Alors, c'est le drame. Il n'y a plus rien à faire... Tout se rattrape dans la vie, mon cher monsieur. Le beurre blanc, jamais ! »

La mémère au chien jaune

Les jours de mouise ou les soirs où l'on va au *Cheval d'or* faire tic-tac avec Boby Lapointe, *Solange*, la Solange aux cheveux rouges de la rue Tournefort, bricole sur son vaillant vieux fourneau les invariables trois plats qu'elle inscrit à son menu quotidien. Après Jacques Prévert ou Jean-Louis Barrault, une foule de compagnons de la débine se sont succédé entre les murs de l'indescriptible troquet sur lesquels mille feuilles de crasse superposées ont étalé un glacis du plus heureux effet. Pour l'addition, c'est selon. Elle se calcule à la tête du client, le vertueux principe de la maison commandant aux moins pauvres de payer pour les moins riches.

D'un coup de jarret qui vous propulse sur l'autre rive, on peut se retrouver chez *Chartier*, faubourg Montmartre, l'un des derniers survivants, avec *Julien*, faubourg Saint-Denis, des « bouillons parisiens ». Passé la grande porte à tambour, l'immense salle dont le plafond se perd dans les vapeurs du merlan et du miroton, rassemble sur les longues tables qui s'allongent en deux rangées sages, à l'ombre d'une forêt de portemanteaux à patères ourlés, noirs et polis, la mémère au chien jaune et l'ancien combattant sous le béret, la fraîche dactylo et la péri décatie, le garçon de bureau farceur, le veuf coliteux et toute la fière misère en manches de lustrine chère à Courteline. Sans l'abominable lumière de néon qui vous tombe dessus comme le péché sur le pauvre monde, on pourrait croire, entre ces panneaux de bois façon chêne et ces grands miroirs mouchetés, que rien n'a changé depuis 1900, quand le carafon de Graves coûtait 0,20 franc.

De coquillettes au beurre en hachis parmentier, de potage cultivateur en gâteau de riz, les conversations circulent, mais feutrées, roulant sur l'évocation du cher disparu, la cherté de la vie, le rhumatisme insistant ou l'ingratitude universelle. À l'occasion, on se confie aussi la bonne adresse, comme celle inespérée d'un bouge des Halles où l'on déjeune pour le prix de trois timbres-poste, le dernier, sans doute, à Paris, qui régale sa clientèle de mou de bœuf, la nourriture préférée des chats de concierge.

La France tuyau de poêle

Quand, au contraire, la vie roule comme il faut, on court jusqu'à la rue du Cherche-Midi, chez *Chataigner*. La patronne vous tire une gueule longue comme cela, quand d'autres vous diraient bonjour, tandis que le patron, qui n'est pas non plus du genre gracieux, fait une cuisine nantaise de rêve.

Son beurre blanc, dont il nappe le brochet, est encore meilleur que celui de la Mère Michel, son foie gras d'oie un vrai velours et sa volaille de Vendée truffée à vous faire oublier le décor tarte, les fauteuils-club où l'on s'enfonce comme le *Titanic* et le pia-pia du beau monde qui, de la comtesse de Paris, tendre épouse, à la duchesse de Windsor, dont le sourire impérial indique qu'elle a bien digéré les perles de la Couronne, se retrouvent, à bureaux fermés, dans cet ancien café de plombiers-zingueurs, afin de financer à prix d'or la future retraite de ce cuisinier d'exception.

Les *beautiful people* et les riches américaines qui font traîner leur vison dans la sciure ont beau faire : arrimé depuis plus de trente ans à ses tables de marbre, ses banquettes, ses murs marronasses sous le plafond bas, son zinc ouvragé, son cassoulet du lundi, son veau à la berrichonne du mardi, son coq au vin du mercredi et tutti quanti, *Allard*, rue Saint-André-des-Arts, est la fidélité faite bistrot. La loyauté d'un Flambeau au service du navarin. Marcel, le père Allard, se tient volontiers sur le seuil de sa maison, non parce qu'il espère l'arrivée de Racine qui vécut, un temps, à cet exact emplacement, mais pour écarter les rouspéteurs qui n'ont pas réservé et *exigent* une table. En semi-retraite, il a passé la main à son fils, André, tout sourire sous la coupe en brosse ; une bonne bouille de Bourguignon, frictionnée au Chambertin. Sa maman, cordon bleu morvandeau, insurpassable dans le caneton aux petits navets, le vrai coq au vin et le gâteau aux framboises, refilera son tablier à sa belle-fille Fernande, aussi émotive qu'une première communiante mais sacrée bosseuse et quel palais ! Tradition oblige : chez les Allard, de toute éternité, la femme trime aux fourneaux et l'homme trinque. À signaler que l'ahuri qui demanderait à André Allard, qui ne jure que par les Côtes de Nuits, un saint-émilion ou un pomerol, s'entendrait répondre : « Jamais entendu ce nom-là. »

Dans ce paradis de la cuisine de ménage, on aurait volontiers son rond de serviette. L'addition, hélas, est sans pitié, bien qu'on ne vous fasse payer ni couvert, ni service.

Ce n'est pourtant rien à côté de *L'Ami Louis*, égaré dans

une rue sans joie du IIIe arrondissement où personne ne va, à l'exception de l'Amérique entière – je veux dire celle qui se brosse les dents au *Ritz* ou au *Plaza-Athénée* – et de tout ce qui compte à Paris.

On a d'ailleurs intérêt à compter ses fafiots avant de pousser – d'un coup sec – la porte de ce pouilleux gourbi. Au moment de l'addition, c'est une sacrée mitraille qui vous rase les oreilles et mieux vaut ce jour-là oublier d'être pauvre.

Une chose est sûre : Slavik n'a pas œuvré dans ce bazar à la Bibi Fricotin dont on ne serait pas autrement surpris d'apprendre un beau matin qu'un milliardaire l'a transporté et remonté pièce par pièce dans un musée new-yorkais, comme une chapelle romane, afin que les foules s'extasient devant ce bijou du misérabilisme parisien, si représentatif de la France bistrotière et tuyau de poêle.

Le poêle et son tuyau sont bien là, parmi les chaises bancales, les nappes à carreaux blancs et rouges recouvertes d'un carré de papier, les glaces piquées à mort, comme épuisées d'avoir trop réfléchi, les faux marbres jaunis dont la peinture rend les armes, les murs recouverts de carton peint façon cuir de Cordoue et sa porte à hublot où se profile le va-et-vient d'Antoine, autour de son fourneau à bois. L'ami Louis, en effet, s'appelle Antoine. Ses amours vont à la cuisine du Sud-Ouest et c'est bien normal pour un Parisien né à Belleville en 1900, qui a fait ses classes en Suisse et en a toujours gardé un accent bourguignon. Il porte une blouse bleue de bouvier, des moustaches de sergent-major et une barbe qui le font ressembler à un capitaine de la Royal Navy qui se serait fait la tête d'Édouard VII.

Il est très affable. L'autre jour, il a viré une femme suisse qui, il est vrai, s'obstinait à vouloir boire de la bière avec la côte de bœuf.

Qu'il se serve de la cuillère pour amonceler dans les assiettes son merveilleux foie gras des Landes, sa colossale côte de bœuf, ses frites incomparables, ses cèpes, ses perdreaux, son tendre gigot qui craque sous la dent puis fond dans la bouche, ou qu'il tire, peu après, ses additions au canon de 75, le père Antoine Magnin n'y va jamais avec le dos de l'instrument. Après tout, s'il est aussi cher que Lasserre – ou presque –, lui, au moins, nourrit les pauvres du quartier et les toutous orphelins avec les restes de ses incommensurables portions.

Peut-être parce que l'ancien petit gars de Belleville est un adepte de la comptabilité créative, le Contrôle économique, épaulé par un car de flics armés, lui rendra un matin une visite de courtoisie un peu appuyée : rue barrée aux deux extrémités, descente musclée dans les cuisines, fouille corporelle, bref tout le grand jeu délicat qu'on réserve d'ordinaire à un ennemi public n° 1.

Au moment où il annoncera sa décision, cent fois différée, de prendre sa retraite, le Bon Dieu décidera pour lui et l'enverra, à 87 ans, avec une petite tape amicale sur la barbe, au paradis des cuisiniers.

Fort en gueule et saute-au-paf

Pourtant, le bistrot que je pratique avec le plus de plaisir n'est pas, de loin, celui où l'on mange le mieux. Chaque fois que la solitude d'un soir me pèse, sans avoir pour autant l'envie d'appeler une amie ou un copain, je file vers la rue des Grands-Augustins. Au numéro 26, dans la cour ruinée d'un ancien hôtel où logea un protégé de la Pompadour, une porte de service ouvre sur une courte enfilade de pièces où s'entasse jusqu'au plafond un ahurissant bric-à-brac. C'est, dans une plaisante odeur de friture et un tohu-bohu permanent, le royaume de *Roger la Grenouille*.

Même au cinéma, on n'oserait fabriquer un bistrot aussi « typiquement parisien » que celui-là. D'ailleurs, à force d'être parisien, il y a des soirs où on y entend plus l'anglais, le suédois, l'italien ou le batave que le français.

Fort en gueule et saute-au-paf, Roger, un ancien petit gars de l'Assistance publique, dont la beauté le tire plus du côté d'un Raymond Bussière ou d'un René Dary que d'un Jean Marais, s'est fait connaître, après la Libération, sur un coup de génie. Derrière son comptoir, placé juste à côté de l'entrée, il harponne chaque dame ou demoiselle qui entre, lui tend du bout des doigts une petite grenouille verte en céramique et, hop, lui file une galoche, assortie d'une prolongation, quand le sujet en vaut la peine.

Il n'en a pas fallu plus pour que la renommée de *Roger la Grenouille* fasse quasiment le tour de la terre. Et, à présent, ce sont les dames qui prennent l'initiative et avancent goulûment les lèvres.

Même quand la salle est bourrée à craquer, Roger a toujours une petite place pour moi. Il voue à mon père une reconnaissance très exagérée mais éternelle, dont il me fait bénéficier. Pendant toutes les années d'Occupation et de rationnement, il n'a jamais manqué d'offrir chaque semaine un confortable déjeuner à une trentaine de gosses, conduits par leur maître en soutane et n'a pas oublié que mon père, grâce à je ne sais plus quelle combine, lui a procuré, pour ses protégés, un stock de brodequins.

Donc, quand il me voit débarquer seul, il s'arrange toujours pour m'installer à la table d'une jolie touriste ou d'une Parisienne désœuvrée car, très en avance sur la mode, *La Grenouille* est un petit paradis secret pour les *single*. Avant de s'asseoir et, souvent l'attente est longue, il est un rite auquel on ne coupe pas, c'est le verre de kir, cadeau de la maison.

L'idée de gâcher un bon vin blanc en le mélangeant à de la liqueur de cassis est particulièrement stupide. Sauf quand le vin blanc n'est pas très bon. D'où le succès phénoménal de ce nouvel apéritif sur le marché bistrotier parisien. Le mousseux de foire, autrement dit la « roteuse », trouvera également dans le cassis dijonnais un adjuvant salutaire.

Quoi qu'il en soit, le kir est la grande découverte des années 50. La France n'en est pas peu fière. Elle en fait une héroïque réponse au Coca-Cola, un contre-feu salutaire à l'invasion yankee.

Ce n'est pas peu dire que son « inventeur » [1] jouit de l'estime de ses compatriotes. Il lui suffirait d'insister un peu pour devenir une nouvelle Jeanne d'Arc et avoir son buste dans les squares.

---

1. Au sens de celui qui « trouve », car le mélange bourguignon est pratiqué de longue date.

S'il était américain, le chanoine Kir aurait déjà fait fortune, en déposant un brevet et en faisant de ce mariage alcoolique une industrie. Mais l'homme est désintéressé. Une bonne crème de Bourguignon qui pousse la chansonnette à la fin des banquets, connaît personnellement le Bon Dieu, a du courage à revendre et tout ce qu'il faut sous la soutane pour faire de lui un sacré bonhomme.

Non seulement Dijon en a fait son maire mais le chanoine Kir est également député Indépendant de la Côte d'Or. Ses interventions à l'Assemblée nationale sont toujours attendues avec curiosité car seul des Indépendants à ne dépendre de personne, l'homme est parfaitement imprévisible.

Quand il vient à Paris, où il descend chez des cousins à lui, il est rare qu'on le rencontre dans les lieux publics. Il circule en métro et ne fréquente que des petits bistrots de quartier. Il lui arrive toutefois de venir à *La Grenouille*, lever le coude ou casser une graine avec Roger, en dehors des heures de service.

Roger m'a promis de me faire signe à son prochain passage.

CHAPITRE 20

LE CHANOINE KIR : L'HOMME DU 17 JUIN

Noir, c'est noir. Le père Kir sans soutane, c'est aussi inimaginable qu'un verre de blanc sans cassis. On ne l'a jamais vu autrement que dans son écorce fruste de curé de campagne et ses godillots à bout rond. C'est sa seconde peau à cet enfant de 77 ans, qui se maquille très légèrement la cerise au beaujolais. Sous le crâne déplumé, le regard, très au creux de l'orbite, tire vers le myosotis, la candeur virginale façon vitrail, rectifiée en vitesse, à l'étage inférieur, par la lippe franchement tendue, comme la cuillère de l'enfant vers le pot de confiture. La voix roule ; on croirait entendre Colette. Mais si l'on s'attend à voir, devant l'assiette pleine, se mettre en route les mandibules d'un bouffeur bourguignon, on en est pour ses frais. Le chanoine est un moineau anorexique. Il picore deux, trois fois et laisse tout tomber.

Un vœu ou des ennuis d'estomac ?

« Du tout, quand j'étais gosse, ma mère me donnait deux sous pour que je finisse mon assiette. »

Il n'y a que les coups de gueule et les bons mots dont il ne se rassasie jamais. Les Dijonnais s'en régalent et les Français se marrent en retrouvant avec lui la bonne vieille tradition du curé un peu farce et qui en a, de l'ecclésiastique qui vide gaillardement son verre, dit leur fait aux importants et se soucie comme d'une guigne du qu'en dira-t-on. Ouf, se disent-ils, enfin un qui ne verse pas du sucre dans son bénitier !

Vraies ou arrangées, cent anecdotes circulent. Sous le Front populaire, il est curé-journaliste à Dijon, au *Bien du peuple.*

À travers la Côte d'or, très travaillée par la franc-maçonnerie et la Libre Pensée, le béret sur la tête, la soutane courte battant de gros godillots, la taille sanglée d'un ceinturon de cuir, il court les meetings pour y porter la contradiction. Un jour qu'un spectateur, passablement excité, lui lance : « Où il est ton Dieu ? Il peut pas exister. On le voit jamais », fumant comme une locomotive, il lui rétorque : « Et mon cul ? Tu l'as jamais vu. Pourtant, il existe bien ! »

Ce petit cureton est incroyable. Il désarme les plus durs à cuire et met chaque fois les rieurs de son côté. Devenu député-maire en 1946, le voilà dans le train qui l'emporte à Paris. À son arrivée dans le compartiment, une fille qui tient un petit chien dans ses bras et a surtout très mauvais genre, trouve malin de faire « croa-croa ». Le chanoine ne pipe mot mais quand le contrôleur vient demander les billets, il lui dit : « Ne vous dérangez pas, il n'y a ici que des animaux : un chien, un corbeau et une poule. »

Une autre fois, les ménagères qui arrivent au marché, à Dijon, voient avec stupéfaction leur chanoine, derrière un étal de légumes, vendant des salades. Ou bien cette scène surréaliste, alors que la circulation bouchonne : le chanoine sort de sa voiture, s'empare du bâton de l'agent de service et, à sa place, se met à régler le trafic. Il s'y prend de telle façon qu'au bout de dix minutes, le carrefour est complètement bloqué mais tout le monde s'esclaffe et les applaudissements crépitent.

Il en fera bien d'autres, par exemple de descendre dans la cour d'honneur du Palais-Bourbon d'une monumentale limousine noire, arborant un fanion rouge, frappé de la faucille et du marteau. Ce sera Khrouchtchev qui, de passage à Paris, mettra à sa disposition sa voiture et son chauffeur, après que le chanoine lui eut rendu visite à l'ambassade d'URSS. En pleine crise, provoquée par l'affaire de « l'U 2 [1] », cela fera jaser...

Du « Père Kir », comme on l'appelle à Dijon, on retient

1. L'avion-espion américain dont la capture par les Soviétiques servira de prétexte à M. « K. » pour torpiller la conférence au sommet.

surtout ses facéties et ses clowneries. Il doit aimer cela car lui-même en rajoute mais l'étoffe dont est fait le bonhomme est d'une autre qualité.

Il s'emmêle dans ses discours

Ce n'est pas pour rien qu'il est né à Alésia (Alise Sainte Reine), à l'ombre de la statue de Vercingétorix. Sauf que lui ne capitulera jamais.

Bourguignon, il ne l'est, en fait, que par raccroc. En 1876, quand il est né, sa famille arrivait d'Alsace qu'elle avait fuie pour échapper à l'occupation allemande. Son père était un pauvre petit coiffeur de village : « Comment ne pas être pauvre, explique le chanoine, quand on a pour clients des paysans qui se font coiffer deux fois dans leur vie : une pour leur mariage et l'autre pour la communion du petit... » Il va en sabots à l'école communale et – c'est une coutume bien commode dans les familles démunies – il entre au petit séminaire à 15 ans. Ce sera en « abbé de choc », très en avance sur les mœurs de l'époque, qu'il sortira du grand séminaire.

On daubera plus tard sur ses discours de maire. Il en débitera de trois sortes mais toujours les mêmes : un pour les réunions sportives, un pour les inaugurations, le dernier pour les réunions officielles, avant qu'à la fin de sa vie, il n'ait tendance à s'emmêler les pattes, parlant cyclisme à des footballeurs et inversement...

À tous les invités et délégations de toutes sortes, depuis le Lord-Maire de Londres à l'Amicale des pompiers de la Suisse romande, il resservira toujours la même conclusion glorieuse sur « la France, flambeau de la civilisation, de la paix et de la liberté ».

On dira que, chaque fois qu'il prend la plume ou la parole, « il ajoute la syntaxe à la liste des martyrs de l'Écriture » et on prétendra même qu'un 15 août, en chaire, il s'est arrêté de parler de la Sainte Vierge pour donner la recette détaillée du canard à la rouennaise...

Des Dijonnais qui l'auront connu abbé à Notre-Dame se

souviendront, au contraire, qu'à 30 ans le jeune vicaire a derrière lui de solides études théologiques et même littéraires. Ses sermons sont substantiels et bien composés. Si Félix Kir avait de l'ambition, il pourrait grimper sûrement très haut dans la hiérarchie ecclésiastique.

Il préfère l'action et le contact avec les gens. Le monde moderne le passionne ; il place avant tout la liberté de conscience et la liberté tout court. La guerre de 40 et la défaite vont lui permettre de donner toute sa mesure.

Le 16 juin 1940, alors que dans Dijon abandonnée par sa municipalité, quelques hommes courageux, comme lui, éteignent les incendies provoqués par un bombardement de l'aviation italienne, il accepte, à l'appel d'un notable, de prendre en main les affaires de l'Hôtel de Ville. Il fait aussitôt déclarer Dijon ville ouverte et reçoit l'occupant. Au moment de sortir de son bureau, le colonel allemand qu'il vient de recevoir lui tend la main. Réponse du maire auto-proclamé : « Je ne serre jamais la main d'un officier subalterne. » L'autre s'en va, sans demander son reste.

★

De Gaulle n'a pas lancé son appel du 18 juin – « Je suis l'homme du 17 juin », dit le chanoine, en gloussant – que, lui, commence déjà à organiser une chaîne de passeurs qui va permettre de faire évader en vitesse plusieurs milliers de prisonniers du camp de Longvic et de les faire passer en zone libre. Il sauve également la synagogue de Dijon en la transformant en dépôt municipal. Les Allemands finissent par comprendre. Il est arrêté en octobre 1940, puis condamné à mort. À ses juges en *feldgrau*, il clame, en redressant sa petite taille : « Je vous embarrasserai bien davantage mort que vivant ! »

Après soixante-dix jours de captivité, il est relâché : « Je n'ai jamais compris pourquoi. Peut-être à cause de ma soutane... » Bien entendu, il n'exerce plus aucune fonction mais continue, par toutes sortes de moyens, à faire de la propagande contre les nazis et leurs collaborateurs français. En janvier 1944, de jeunes miliciens, mitraillette au poing, le tirent comme un lapin, dans sa cuisine : « J'ai senti le sang pisser dans ma culotte. Je me suis cramponné à la cuisinière en me disant : il faut mourir debout. Et puis, ils sont partis comme ils sont arrivés [1]. » Son portefeuille, à la hauteur du cœur, a amorti la plus meurtrière des six balles tirées par ses agresseurs. Soigné dans une clinique, il est parti se cacher dans un village de la Haute-Marne.

Le 11 septembre 1944, il en revient à pied et fait une entrée triomphale à Dijon où tout le monde l'embrasse et le félicite. Il grimpe sur le premier char français qui entre à ce moment-là dans la ville et la suite ira de soi.

Il retrouve la mairie de Dijon mais, cette fois, avec les voix des électeurs, dont deux ou trois mille communistes qui passent outre aux consignes du PC. Le MRP – le « parti des curés » – lui fait patte douce. Il envoie ses émissaires au bain.

— Pourquoi avez-vous dit que vous tordriez le cou à ceux qui voteront MRP ?

— Moi, pas de politique. J'ai toujours été indépendant.

Député, il faudra tout de même s'inscrire à un parti. Il rejoindra le Centre national des Indépendants, ce qui ne mange pas de pain, mais lui en fera voir de toutes les couleurs.

— Et le général de Gaulle, Monsieur le chanoine ?

À voir la tête qu'il fait, mieux vaut ne pas insister. « L'homme du 17 juin » a de l'admiration pour « l'homme du 18 juin » mais pas pour l'homme politique. Il a de bonnes raisons, en effet, pour que le RPF, lui reste en travers de la gorge. En 1948, les gaullistes l'ont « invité » à leur abandonner la mairie et, en 1951, lui ont collé dans les pattes un concurrent, dont d'ailleurs il a eu facilement raison. Jusqu'au bout, il leur gardera un chien de sa chienne [2].

---

1. Après la Libération, un de ses agresseurs sera traduit en justice. Témoin au procès, le chanoine sauvera le jeune homme *in extremis* du peloton d'exécution.

2. Aux élections présidentielles, en 1965, il appellera à voter Mitterrand contre de Gaulle, ce qui lui vaudra deux ans plus tard de perdre son siège de député – à l'âge de 91 ans – au profit du gaulliste Robert Poujade, qui s'emparera également de la mairie.

Un coup de vodka au Kremlin

Tous les matins, à la première heure, il dit sa messe à l'église Notre-Dame, après quoi il redevient le roi de Dijon. Des anciennes cuisines du Palais des Ducs de Bourgogne, il a fait un salon de réception. La soutane barrée de l'écharpe tricolore, il y reçoit les délégations françaises et étrangères qui n'arrêtent pas de se succéder. Après le petit discours d'usage, on verse généreusement le « Kir » dans les verres. Chaque année, la mairie achète trois pièces de crème de cassis, soit 684 litres, pour ses vins d'honneur. Quand un conseiller municipal s'avise de trouver la dépense excessive, il lui répond : « Il faut vraiment que tu aies le foie bien malade ! »

Il s'y entend comme personne à soigner sa propre popularité. On le voit à des banquets, trousser sa soutane et sortir une bouteille de marc en clamant : « Qui veut une gnôle ? » En Bourgogne, c'est un langage qu'on apprécie : la foule, aussitôt, applaudit. Aux fêtes de la vigne, il se met un tonnelet autour du cou, comme un saint-bernard, et va de groupe en groupe offrir du bourgogne. À ces mêmes fêtes, on vend de petites statuettes de terre cuite à son effigie. Bref, il en fait tellement qu'on le compare, en rigolant, à Staline, pour son culte de la personnalité. Il ne cessera pas, d'ailleurs, d'entretenir avec les communistes des relations qui n'arrangeront pas les siennes avec les autorités ecclésiastiques aussi bien qu'avec ses amis Indépendants. Le communisme, il est contre, mais les êtres humains, il est pour. Et il est tellement éloigné de la scène internationale qu'il se nourrit d'illusions généreuses sur l'Union soviétique.

Passe encore qu'il copine avec son collègue à l'Assemblée, Marcel Cachin, qu'il remplacera à 82 ans comme doyen d'âge, mais quand il ira se faire décorer à Moscou par le président du Soviet suprême, Anastase Mikoyan, qu'il proposera de jumeler Dijon et Stalingrad ou qu'il invitera Khrouchtchev, en grande pompe, dans sa bonne cité (M. « K. » s'y rendra mais au dernier moment, sous la pression des Indépendants et de l'Église, lui-même se fera porter pâle), les plus indulgents évoqueront, dans les couloirs de l'Assemblée ou autour des confessionnaux, le grand âge de ce candide qui rêve d'un monde en paix où tout le monde serait frère.

Compagnon de Bacchus, il ne deviendra pas, pour autant, « compagnon de route », même si, après un coup de vodka au Kremlin, il fera, d'une voix assurée, cette confidence : « Ma sympathie pour votre pays grandit de plus en plus. »

Rien de bien compromettant en vérité à un moment où, en URSS, la déstalinisation bat son plein. Peut-être l'est-il davantage pour un saint homme d'avoir son effigie au Musée Grévin, à côté de Martine Carol…

À ma grande surprise, en effet, quand avant de se quitter je l'entends faire une grosse colère contre le Concert Mayol, je découvre que le Père Kir, dont le monde entier sait qu'il n'a pas froid aux yeux, est rien moins qu'un ecclésiastique bégueule, dans la pieuse tradition du XIXe siècle.

Pensez donc : les « petites femmes nues du Mayol » osant se produire à Dijon ! Peut-on accepter pareille chose ? Ce sacrilège le met hors de lui. Mais, j'ai tout faux. On m'apprendra que ce finaud de chanoine a monté ce « scandale » de toutes pièces, rien que pour rassurer les dévotes dijonnaises et garder ainsi au chaud leurs bulletins de vote.

CHAPITRE 21

L'ABBÉ PIERRE LANCE LE STRIP-TEASE « À LA FRANÇAISE »

Le Concert Mayol... Tiens, c'est une idée. Il me semble vaguement en avoir entendu parler dans ma petite jeunesse par un très vieil oncle qui passait pour un fêtard.

De bonne bouche, j'apprends que c'est en matinée qu'il faut aller au Mayol et le samedi, de préférence, si l'on veut mourir tranquille. Entre deux soirées où des cars aux trois quarts vides s'y dégorgent de leur contenu polyglotte, ce jour-là, en effet, reste voué à la seule délectation des autochtones connaisseurs. Des femmes nues à pleins seaux, voilà le fond de leur ragoût.

Quand on entre pour la première fois dans la longue salle beigeasse qui agonise, c'est comme si l'on se glissait dans l'épave du *Titanic* avec une lampe de poche et la tête déjà ballottée par l'ivresse des profondeurs. Ah, pathétique Mayol dans son écrin crassouille, squameux, crevé, où l'on va à la revue comme au cimetière, derrière un corbillard...

Avec ses rangées de fauteuils pour culs-de-jatte, son antique projo sur le balcon et son foyer-bar où tout désespéré se devrait d'aller vider un dernier verre avant de se jeter du haut d'un pont, il fait lever de vieux souvenirs de patro de banlieue ou de gare désaffectée sur une voie de garage condamnée.

L'âge moyen qui tremblote aux douze premières rangées d'orchestre tend un fil émouvant à l'histoire du Mayol, au-dessus de la scène constellée d'imitations de simili-strass, où une poignée de braves filles font mollement sauter leurs seins, au son d'un orchestre qui n'a même plus les moyens de régler sa note.

De *Nus en fleurs* en *Mille et Un Nus*, c'est toute l'épopée de la perversité ordinaire à l'usage des rentiers et des jeunes militaires qui rend, au milieu du siècle, son dernier soupir.

Il y aura bientôt cent ans, la salle de la rue de l'Échiquier, à deux pas des Grands Boulevards et de ses vieux marcheurs, s'appelait le Concert Parisien. C'était alors un caf'conc', où pour un public de commerçants du quartier, de ménages d'employés, de petites bonnes au bras de leur zouave, des chanteuses en maillot détaillaient des couplets à faire rougir une lanterne avant que des femmes en cheveux ne se pèlent, couche par couche, de leurs jupons jusqu'à oser, parfois, le nu « intégral », à quelques poils près. Paulus y chanta *En revenant de la revue*, Yvette Guilbert *Le Fiacre* et Georges Feydeau y créa sa première pièce, *Gibier de potence*. En 1910, Félix Mayol, le fantaisiste au toupet blond et au bouquet de muguet, la folle à échappement libre, dont toute la France chante *Les Mains de femmes*, *Elle vendait des p'tits gâteaux* ou *Viens Poupoule*, reprend l'affaire et donne son nom au vieux Concert. Il a découvert Raimu, à Marseille, dans *Bouton de culotte* et *Poilus chez les cocottes* ; il le fait monter aussitôt à Paris, avec ses collègues Sardou et Tramel, pour jouer une piécette du bizarre tandem que forment le professeur d'université Abel Hermant et le boulevardier Yves Mirande. On y applaudira aussi Jean Gabin dans la chansonnette mais le cinéma parlant rendra muet le caf'conc' et peu à peu pour un public de vieux barbons, les câlins façon Lesbos, les plaisanteries salaces peinant à dérider les artilleurs du camp de Frileuse et les effeuillements las remplaceront les vieilles vedettes sur la pente fatale de la défoliation.

Alain Bernardin sait dresser les femmes

Le chanoine Kir m'a fait découvrir les femmes nues du Mayol. L'abbé Pierre, celles du *Crazy*. Alléluia ! Et Dieu reconnaîtra les siennes.

Depuis deux ans, la nuit parisienne s'est enrichie d'un singulier et attachant personnage. La silhouette élancée, le ventre plat, le cheveu ras, l'œil bleu qui vous perce comme une vrille, l'allure d'un « Gentleman-Jim » dans son costume prince de Galles, il ressemble à la fois à Boris Vian et à Fred Astaire, avec, en prime, un petit quelque chose d'Alec Guiness.

Alain Bernardin a tout pour séduire les femmes mais il préfère les dresser. Dresseur de femmes, c'est son métier ; il y est inégalable.

La presse l'a découvert en 1951. Le 15 décembre, très exactement. Ce soir-là, tandis que Micheline Presle et Charles Aznavour servaient le whisky, sur la minuscule scène du *saloon* de western, aménagé dans la cave d'un immeuble grand bourgeois de l'avenue George-V, une belle Antillaise du nom de Fortunia a retiré un à un ses vêtements, jusqu'à se retrouver à poil. Un spectacle inédit à Paris, donné au profit des « Compagnons d'Emmaüs », l'œuvre fondée par un prêtre, ex-député du MRP, qui se fait appeler « l'abbé Pierre ».

Le lendemain, le *Crazy Horse Saloon* devenait – presque – célèbre. Avant d'en arriver là, Alain Bernardin a beaucoup ramé. Volubile, il raconte volontiers sa vie, surtout au-dessus d'une assiette bien garnie, car il est gourmet comme un chat.

La vocation première de ce fils de bonne famille bourgeoise, dont les rejetons se devaient d'être admis dans les grandes écoles, fut de se retrouver régulièrement au fond de la classe, avec les cancres. Poursuivie dans dix établissements parisiens, dont la pension Saint-Ange à Neuilly, où Sacha Guitry, avant lui, avait battu tous les records de somnolence, sa retraite anticipée lui a fait visiter le lycée Pasteur, jusqu'au jour où, surpris à dessiner des femmes nues sur ses versions latines, le jeune homme a été définitivement rendu à la vie civile. Après quelques mois de guerre dans la DCA, il a longtemps traîné la patte, sans le sou, en exerçant trente-six métiers. Après avoir tâtonné dans l'antiquité et la restauration dans le quartier de l'Opéra, il a décidé que tout cela l'embêtait et que son nouveau programme allait être : « L'argent par le plaisir ».

— J'avais toujours voulu devenir millionnaire. Malheureusement, ni la peinture ni le tennis qui, avec ma passion des femmes, étaient mes sujets de prédilection, ne pourraient à jamais m'apporter un sou. Je me dis qu'une boîte de nuit, ce serait amusant. Mais que mettre dedans pour sortir de la routine des night-clubs, avec leurs larbins sinistres, leurs bouteilles de champ' sur la table et leurs chanteuses qui finissent la soirée avec les clients ? Alors, je suis tombé sur un numéro de *Life* qui consacrait tout un reportage à la reine du burlesque américain, Lily Saint-Cyr. Voilà l'idée. Je ferais du « burlesque » avec ces filles superbes qui me faisaient rêver au lycée.

★

Avenue George-V, il trouve une grande cave abandonnée. Comme il n'a plus en poche que 5 000 francs (de 1951), il laisse tomber le billet comme par mégarde, pour impressionner le propriétaire qui demande un million de francs pour le loyer. Celui-ci, de confiance, accepte d'être payé par traites, sans même songer à demander de garantie. Avec des copains et deux maçons, il aménage sa cave en bar de l'Ouest américain. Les serveurs portent des gilets à carreaux sur des chemises à rayures roses et des bretelles rouges. Des écriteaux avisent la clientèle : *DÉPOSEZ VOS FLINGUES ICI* ou *QUI DEMANDE DU CRÉDIT EST MORT*. On boit du Coca, pour faire américain, mais, en fait, le *Crazy Horse Saloon* (du nom d'un grand chef indien) n'est qu'une pâle copie de la *Rose rouge*, avec ses serveurs qui poussent la chansonnette et ses numéros assurés par des fantaisistes et des comédiens, à peine connus, qu'ils s'appellent Raymond Devos, Fernand Raynaud, Michel Piccoli ou Georges Wilson. Pour compléter le programme, il manque à Bernardin une Lili Saint-Cyr.

Il devra se contenter de Miss Fortunia, à poil. Malgré le succès de curiosité du fameux gala de l'abbé Pierre, le *Crazy*, où les effeuilleuses viennent l'une après l'autre se déloquer sur scène, n'est pas un succès.

Depuis le « Paravent chinois », « Le coucher d'Yvette », « Le bain de Suzanne » ou « La Puce », qui ont fait frissonner nos grands-pères au cabaret du *Divan japonais*, dans les années 1900, les entrepreneurs de spectacle n'ont rien inventé. Et jusqu'à ce jour, Alain Bernardin non plus, qui se contente, plus ou moins, de montrer des dames dégrafant leur corsage ou retirant leurs bas noirs. Il ne réussira que lorsqu'il aura compris, après avoir vu au cinéma un navet intitulé *Les*

Danseuses du désir, qu'il lui fallait montrer plusieurs filles nues sur scène, au lieu d'une seule. Il se met à les recruter et les dote de surnoms pétaradants : Dodo de Hambourg, avec sa minijupe de cuir et son fouet de méchante madame, Lily la Pudeur, Pussy de Luxe ou Bertha von Paraboum, avec son casque à pointe et sa croix gammée au bon endroit. Des filles superbes ou, plutôt, qu'il saura rendre superbes, il en passera quelques centaines sur la scène du *Crazy*, jusqu'à la mort de celui qu'elles appelaient « Papa ».

Donc, écartant le vieux nu 1900, aussi bien que le strip-tease à l'américaine où les filles se succèdent pour se débarrasser de leurs vêtements, sous le nez du public, et s'en retournent en coulisses, à moins que les sifflets de la salle n'aient déjà mis fin à leur numéro, Bernardin invente une formule toute nouvelle : le théâtre de la beauté féminine.

Une pointeuse comme chez Renault

Canalisant tout ce que Paris reçoit d'étrangers, de provinciaux en goguette mais aussi de Parisiens des beaux quartiers (les femmes sont les plus nombreuses et les plus attentives), le *Crazy* va devenir au nu ce que la Comédie-Française est à Molière ou l'Opéra à Verdi. Raffiné, explosif, insolite, à cent lieues de la vulgarité où se vautrent les autres, chaque spectacle est un chef-d'œuvre d'intelligence, d'innovation, d'humour et de sophistication.

Bernardin est un esthète qui aime les femmes comme Cézanne aimait les pommes (il ne les mange pas forcément). Il crée un art nouveau : l'érotisme civilisé, où la femme n'est plus un objet de vitrine, exposé comme une marchandise à la concupiscence des passants, mais une actrice qui tire les ficelles du désir et quitte la scène avec sans doute la satisfaction jubilatoire de les avoir tous roulés.

En fait, c'est lui, Alain Bernardin, qui roule tout le monde. Alors que le lamentable strip-tease, tel qu'il est pratiqué à Pigalle, à Hambourg ou à La Nouvelle-Orléans, touche le bonhomme au-dessous de la ceinture, le sien vise l'intellect, ce merveilleux alibi qui sert de tamis aux pulsions premières.

Si les femmes sont si nombreuses à entraîner leur mari au *Crazy*, ce n'est pas simplement, comme on l'entend dire, pour mesurer leur propre séduction ou, pire encore, les émoustiller le temps d'une soirée, mais parce que l'espace imaginaire qui sépare la scène du public, comme une vitre incassable, rend parfaitement inoffensif ce qui s'y déroule. Il n'y a pas de rivalité possible entre elles et ces sublimes sylphides, puisque celles-ci n'existent pas. C'est Bernardin, avec ses éclairages mystificateurs les striant de zébrures ou les mouchetant de points, ses accessoires et ses projections insolites de drapeau étoilé ou d'Abraham Lincoln sur une peau nacrée, qui transfigure ces jeunes femmes, extraites de l'anonymat, en créatures mythiques et inaccessibles. En symboles d'une sensualité désincarnée, à la limite du graphisme abstrait.

Parce qu'il les veut intouchables, ses divines vaches sacrées, autrement que par l'imagination, il impose à son petit monde une discipline d'usine et une morale de couvent.

Dans les coulisses, il y a, comme chez Renault, une pointeuse pour régler l'arrivée de ces demoiselles et, sur les murs, toutes sortes d'avertissements et d'ordres du jour, à l'attention du personnel.

Papa ne rigole pas avec le règlement. Ses grandes jeunes filles trouvent d'ailleurs cela normal. Par exemple, il leur est permis de se détester entre elles – ce qu'elles font généreusement – mais pas de se crêper le chignon dans les loges. Il n'est pas question d'engager de femme mariée et celle qui en aurait l'occasion doit s'en aller illico. D'ailleurs, on n'en verra jamais épouser de client, pas plus qu'on ne fait porter de fleurs dans une loge ou qu'il n'y a de messieurs à la sortie pour attendre la dame de leurs mauvaises pensées. Leurs « petits amis » sont, pour la plupart, des jeunes, rencontrés dans la vie courante et Bernardin prétend même qu'il n'y a pas, au *Crazy*, de filles entretenues. « Elles gagnent bien leur vie, dit-il, et voient d'un mauvais œil la condition de femme dépendante. Elles sont trop fières d'appartenir au *Crazy*. »

« La vicieuse magnifique, c'est rare à dénicher »

À propos, où et comment les choisit-il ?

— Chaque jour, il en vient de l'Europe entière qui veulent être engagées. Au début, c'est moi qui les cherchais. Le plus souvent, dans d'autres cabarets ou des petites compagnies de ballet. Les danseuses sont les meilleures. Elles ont de longues jambes et l'échine également longue. C'est primordial, la ligne du dos. Plus elle est étirée, plus elles onduleront... Non, il n'y a pas de beauté idéale pour une strip-teaseuse. Ce n'est ni la beauté d'un visage, ni le type, la taille, la couleur des cheveux ou de la peau qui me décident à choisir une fille plutôt qu'une autre.

— Alors, c'est l'intelligence ?

— Ah non, surtout pas ! Si elle en a, tant mieux, mais à condition qu'elle n'en profite pas pour en rajouter et me dire ce que je dois faire. C'est comme le fameux sex-appeal. Je m'en méfie comme de la peste. Le sex-appeal, c'est moi qui leur donne... Chez la femme la plus séduisante, il y a toujours quelque chose qui cloche et ça n'a aucune importance. Prenez, par exemple, les jambes. C'est rarissime de très belles jambes mais quand elles sont tout à fait moches, qu'est-ce que cela peut faire puisqu'on peut les cacher dans une paire de bottes. Ce qu'il faut regarder chez une femme, c'est le détail qui accroche. Pour l'une, c'est le regard, chez l'autre, ce sont les seins, chez une troisième, ce sera sa chevelure. Peu importe si le reste n'est pas à la hauteur, puisque je vais m'arranger, avec les éclairages et la mise en scène, à dissimuler ce qui doit l'être et à magnifier le point fort de chaque fille. Si toutes les femmes faisaient un peu plus attention à ce « détail », on passerait son temps à se retourner sur toutes, dans la rue... Cela dit, il faut évidemment que ma strip-teaseuse ait de justes proportions, de bons rapports de volume et de longueur entre les différentes parties du corps. À partir de là, on peut rendre n'importe quelle femme merveilleuse... sur une scène. En revanche, si vous croisez dans la rue une de mes vedettes, un foulard sur la tête, vous ne faites même pas attention à elle.

— Avec toutes celles qui ont déjà défilé chez vous, vous pouvez tout de même établir un portrait-robot de la candidate strip-teaseuse à engager ?

— Ah oui, la vicieuse magnifique... Je dois vous dire que c'est rare à dénicher. Peut-être, deux ou trois par an, et encore... Mais admettons que j'aie une petite annonce à faire passer. Voilà ce que je dirais : « Si vous avez 22 ans, une carrière de danseuse brisée, que vous avez perdu votre père et que vous soyez de sang mêlé, Polonaise de préférence, ou bien Russe, avec un peu d'anglais, présentez-vous au *Crazy*, vous avez une chance. »

— De quels milieux viennent-elles ?

— D'aucun en particulier. J'ai des filles de notaires, d'officiers supérieurs, de comédiens, de cuisiniers, de petits bourgeois, des gens du peuple... Tout ce que l'on peut imaginer. J'ai même eu la fille d'un roi africain... Si elles font du strip-tease par vocation ? C'est beaucoup dire. Elles éprouvent du plaisir à montrer leur corps mais pas spontanément. Seulement après qu'elles se rendent compte, émerveillées, de ce que l'on arrive à faire d'elles. Elles sont exactement comme ces femmes qui vont pour la première fois de leur vie dans un institut de beauté et en ressortent transformées, aussi bien à l'extérieur qu'à l'intérieur.

— Vous ne dites rien du regard ? À Pigalle, les pauvres filles qui se déshabillent ont des regards pathétiques de bétail qu'on traîne à l'abattoir. Les vôtres, non. Pourquoi ?

— Quand une fille se présente, je regarde d'abord ses yeux. L'expression de son regard. S'il n'y a que du vide, c'est fichu pour elle, mais je ne lui demande pas non plus d'avoir des yeux à la Lauren Bacall. Au minimum, de ne pas donner le sentiment qu'elle rumine ou qu'elle roupille. Ensuite, elle apprendra. De toute façon, c'est à moi de régler chaque numéro en fonction de la personnalité qui se dégage de chaque fille. On ne peut pas demander à une candide de jouer la salope et inversement.

— Ces femmes que vous fabriquez, cela ne serait pas la revanche du peintre que vous n'avez pas su être ?

— On peut dire cela. Avec un modèle très quelconque, Renoir ou Bonnard font un chef-d'œuvre. Moi, avec le pinceau de la lumière que je projette sur la chair des femmes, je crée la beauté.

— Mais c'est seulement nues que vous les aimez ?

— Vous n'y êtes pas du tout ! Il n'y a jamais de femme nue sur la scène du *Crazy*. Être nu, c'est quand on sort de son bain, sans bijoux, sans chaussures, sans rien, et c'est moche. Mes filles, elles sont en couleur. Je les tatoue, je les peins, je les sculpte à la lumière. Elles ont des colliers, des gants, des sacs, des bas, des bottes. Il y a toujours quelque chose qui pare le corps et mystifie l'œil qui le regarde... Des femmes toutes nues sur une scène devant des tas de gens, ce serait tellement vulgaire et obscène que je ne préfère pas y penser.

...Et c'est ainsi que « Papa » a créé la Femme.

BRÈVE DE PARIS

« Au milieu du grand silence et dans le désert de l'avenue, les voitures de maraîchers montaient vers Paris. Un tombereau de choux et un tombereau de pois, au pont de Neuilly, s'étaient joints aux huit voitures de navets et de carottes qui descendaient de Nanterre... »

Rien n'est changé, au marché de Neuilly, depuis le roman de Zola, Le Ventre de Paris. *Les marchands s'y succèdent, sereinement, de père en fils. Les Joly, par exemple. Eh bien, les Joly – lui, avec son gros chandail, son tablier et sa bonne trogne de campagnard, elle, la petite blonde qui porte des gants pour ne pas s'abîmer les mains –, ils sont là, au même coin de la place du Marché et de la rue de Sablonville, depuis 1880. Enfin, il y a eu l'arrière-arrière-grand-père, l'arrière-grand-père, etc.*

Avec leur sac et leur petit panier, Marcel et sa femme, qui habitent Houilles, font chaque jour le tour des fermes. Des fermes qu'ils sont seuls à connaître et où l'on cultive les fruits et les légumes, à la bonne vieille mode d'autrefois, sans antibiotiques et poudres magiques.

Au printemps, on l'appelle « le champion de la cerise » et en hiver « le champion de la poire ». Sa coquetterie, c'est de vendre des espèces de poire, qui ont pratiquement disparu. La Lectier, la Conférence, la Lesgipons, Marcel en a plein ses paniers, juteuses, tendres, parfumées. Et du côté de la pomme, il n'est pas non plus manchot. La Cox-Orange, qui a un drôle de petit goût d'orange, la Belle Fleur ou la Canada de Cordon qui pousse du côté de Chambourcy, qui en connaît encore le nom ? Elles sont merveilleuses, comme sont merveilleux tous les légumes de Marcel, pleins de terre et humides de rosée.

Maurice Blanchot est un autre roi du marché. Un roi presque clandestin car il a un bien mauvais emplacement, tout au bout, vers la porte Maillot. Mais il a ses fidèles car il vend une viande magnifique. Il choisit ses animaux vivants à La Villette et sa côte de bœuf aussi bien que son rôti de veau piqué au jambon de Parme sont des pures splendeurs qui lui assurent la reconnaissance fervente des dames de Neuilly.

Jour après jour, les maraîchers banlieusards sont remplacés par des commerçants qui s'approvisionnent aux Halles. Il s'en trouve, pourtant, une poignée d'irréductibles au marché Saint-Germain, construit sous le Premier Empire à l'emplacement de la célèbre foire, où Procope servit pour la première fois à Paris du café. Voyez, par exemple, les Maciat, à l'enseigne Au fumier, *qui, de leurs trente hectares près d'Arpajon, apportent chaque jour leurs œufs et leurs légumes, cultivés au fumier de mouton. Leurs clients leur apportent de vieux croûtons de pain dont ils nourrissent leurs lapins. Vedette du marché, Madame Lydie, bonne vieille nounou martiniquaise de Fort-de-France, cultive, en Eure-et-Loir, dans son jardin enchanté, le piment rouge, le romarin, l'origan, le basilic, l'estragon, le thym, le serpolet, dont elle fait des petits bouquets si pimpants, qu'on a envie d'en offrir un à la première jolie fille qui passe, virevoltant dans sa robe de printemps. « Les jeunes d'aujourd'hui, se lamente Madame Lydie, laissent la terre dormir. Moi, je la réveille. »*

CHAPITRE 22

À L'ÉLYSÉE, CHEZ « MÉMÉ CONFITURE »

Un peu partout, le monde grince.

Le 17 juin dernier, les ouvriers de Berlin-Est se sont soulevés massivement pour protester contre les nouvelles normes de travail. Ils ont même eu l'inconscience de réclamer des élections libres. Réponse des chars soviétiques : quelques centaines de morts sur le pavé [1]. La guerre de Corée a pris fin en juillet mais Malenkov, le bouffi du Kremlin qui a succédé à Staline, n'a pas détendu l'atmosphère en faisant exploser, le 12 août, la première bombe atomique soviétique. Pour la diriger, la France est allée chercher dans une nouvelle de Guy de Maupassant un maquignon normand : Joseph Laniel, ancien résistant et homme de bon sens mais sacré rêveur. Il nourrit en effet dans sa tête de bœuf [2] le projet de transformer le statut des fonctionnaires et de limiter le droit de grève dans le service public. Un moyen radical pour mettre la France en vacances forcées : le 15 août, on comptera quatre millions de grévistes et les blindés prendront position autour de la capitale.

Si « Momo » – Maurice Thorez – a quitté Moscou pour rentrer au pays, le sultan du Maroc, Mohammed V, a été expédié *manu militari* en Corse, par notre résident à Rabat, le

1. On ne connaîtra jamais le nombre exact.

2. François Mauriac tonne, dans *L'Express*, contre cette « dictature à tête de bœuf ». Pauvre Laniel qui serait si heureux d'avoir un millième des pouvoirs d'un dictateur pour en finir avec les sacro-saints « droits acquis ».

général Guillaume, adepte attardé de la politique de la canonnière. Une commission parlementaire a continué d'enquêter sur le trafic de la piastre indochinoise. Un tas de gens bien placés s'y sont fait des fortunes. Qu'on se rassure, on ne leur veut pas de mal. En novembre, le général Navarre a eu une grande idée qui va mettre fin à la guerre d'Indochine : il a rassemblé le meilleur de ses forces dans la cuvette de Dien-Bien-Phu, entourée de montagnes d'où les Viets pourront les bombarder.

Mais, après tout, en ce glacial mois de décembre 1953, les choses ne vont pas si mal dans notre bonne vieille France d'Épinal. À Versailles, il n'a pas fallu plus de treize tours au Congrès pour dénicher un président de la République comme on les aime, un bien brave homme, dit-on, dont la prouesse est d'avoir réussi, au bout de quarante-six ans de mandat parlementaire, à demeurer inconnu, en dehors de sa circonscription normande. C'est un sénateur, nommé René Coty[1].

En l'élisant, les parlementaires viennent, du même coup, de faire cadeau à la France d'une Première Dame, « Mémé Confiture ». Elle se prénomme Germaine, ce qui est dans l'ordre des choses.

Avec ce couple qui vient d'entrer à l'Élysée comme le marchand de sable dans la maison de Nounours, les Français espèrent bien pouvoir dormir tranquilles, sur leurs deux oreilles.

Le piqueur de « diplomates »

Entre deux palmiers en pot, une petite formation de la Garde républicaine, posée sur des chaises dorées, enfile prestement les perles du répertoire élyséen que, de Bayreuth à Salzbourg, le monde musical nous envie. *La Méditation de Thaïs*, *La Jolie Fille de Perth*, *L'Arlésienne*, *Cydalise*, *Mignon* déploient leurs volutes bienséantes sous les ors patinés et les lustres de Baccarat du jardin d'hiver, calfeutré dans sa verdure et ses lourdes tentures.

Le Président et Mme René Coty donnent une réception, à

1. Soyons équitables. Il a été deux fois ministre de la Reconstruction, dont la dernière, du 24 juillet au 28 août 1948. Plus d'un mois, donc.

laquelle une invitation m'est inexplicablement tombée du ciel. C'est la première fois de ma vie que je pénètre à l'Élysée et j'entends bien ne rien rater du spectacle.

Je vais donc de salon en salon, du jardin d'hiver, dont je viens de parler, à la salle des fêtes où l'on pourrait faire tenir aisément tout un foirail avec ses marchands et ses bestiaux. Je m'arrête un bon moment près d'une table où officie un garde républicain.

À côté d'une longue bougie allumée, un choix de cigares de plusieurs tailles est disposé sur un plateau d'argent. Pas de Monte-Cristo ni de Punch ou de Roméo et Juliette, mais les productions de la Régie qui collent fidèlement à la stratification de la société française, avec ses « ninas », dont la fumée âcre fait tousser le prolétariat, ses « voltigeurs » que savourent, en fin de repas bien arrosé, les petits commerçants, le pouce dans l'entournure du gilet, et ses « diplomates » qui sont au havane ce que la gare d'Orsay est au Château de Versailles, mais dont la taille conséquente en fait l'attribut obligé des réceptions ministérielles et préfectorales.

J'observe le manège d'un petit homme, rosette à la boutonnière qui, précédé d'un ventre de sénateur, prend un cigare, puis un second ; après quoi, il s'en va d'un air dégagé. Pas pour longtemps car, déjà, le revoilà, qui repique deux « diplomates », disparaît dans la foule et se repointe à nouveau, quelques instants plus tard, pour remettre cela, sous le regard mort du garde républicain qui fait comme s'il n'avait rien vu.

Arrive alors, fort à propos, René Puissesseau, du *Monde*, qui connaît la République comme sa poche. Je lui montre discrètement l'amateur de cigares. Hélas, non, ce n'est pas un ex-ministre, ni même un préfet. Tout juste un ancien secrétaire d'État dans le premier cabinet Edgar Faure, en 1952, qui a, quand même, tenu trente-quatre jours. Cela méritait bien une compensation.

En regardant autour de moi, je m'aperçois que finalement je connais beaucoup de monde. Le très grand à moustache courte qui a un peu l'air d'un phoque anglais, c'est le ministre de la Défense, René Pleven. Il se casse en deux pour mettre une oreille à la hauteur de la bouche de Georges Bidault qui ressemble de plus en plus à un vieil enfant de chœur qui aurait sifflé les burettes en douce. Le Noir, bien busté, à côté de

Robert Schuman, qui ne quitte pas son air de veuf à vie, c'est le président du Sénat, Gaston Monnerville. Le petit gros, qui derrière ses lunettes a comme un regard d'huître, c'est Albert Sarraut. Il préside aux destinées incertaines de l'Union française. Sans son petit chapeau rond, Antoine Pinay, ce n'est plus tout à fait cela. Il ne devrait pas s'en séparer. Edgar Faure, lui, ne risque pas d'oublier son zézaiement au vestiaire. On raconte que sa femme Lucie, aussi ambitieuse que lui-même peut l'être, lui met, chaque soir, son lit en portefeuille.

André Le Troquer, président de l'Assemblée nationale, un petit moustachu avec un faux air de Victor Boucher, se tient raide sur ses pieds. Si ma mémoire est bonne, il a donné un bras pour la Patrie, gardant l'autre – mais cela, on ne le sait pas encore – pour jouer à la main chaude avec les petites Lolitas.

Le menton haut levé, Jacques Chaban-Delmas est aussi beau et séduisant que « l'homme à l'Hispano ». Voilà quelqu'un qui ne doit pas avoir de difficulté à revendre une voiture d'occasion.

La foule qui se cogne aux buffets, comme la marée contre la falaise, est piquetée de têtes familières. Il en est une que je cherche obstinément des yeux, mais sans succès : celle de Mendès France. Depuis que l'Assemblée lui a préféré Joseph Laniel (le « bœuf de Vimoutiers », joli pendant au « taureau du Vaucluse, Édouard Daladier), une bonne partie de la France se languit de lui[1]. Il est introuvable, comme d'ailleurs François Mitterrand qui a démissionné du gouvernement Laniel, pour protester contre sa politique au Maroc. En revanche, « Monsieur Frère » est là et même un peu là. « Monsieur Frère », comme l'appelle la presse, c'est René Laniel, le frère de Joseph. Il est milliardaire et roi de la gaffe. Il fait des déclarations à tout bout de champ et exhibe des tenues extravagantes. Il n'est pas venu à l'Élysée en guêtres de chasseur, c'est déjà cela.

De toute façon, gros ou petit, ce n'est pas ce gibier qui, d'un salon à l'autre, piète, brame, jabote ou cancane, que l'on est venu, ce soir, voir s'ébrouer mais les deux nouveaux locataires du 55 faubourg Saint-Honoré.

---

1. De fait, il sera bientôt – en juin 54 – appelé par le président Coty à former le gouvernement et mettra fin, le mois suivant, à la guerre d'Indochine, avec les accords de Genève.

« *Germaine, prépare mes habits...* »

À peine élu, René Coty a aussitôt fait les frais de la conversation dans les dîners en ville. Jean Oberlé [1] l'a surnommé le « Père Magloire », vite déformé en « Père sans gloire » et le peintre van Moppès a qualifié la famille Coty de « famille Camembert ». La presse a rapporté le coup de fil du sénateur, le soir du 23 décembre. « Germaine, il va falloir que tu prépares mes habits. Je vais être élu. » Mais c'est son épouse qui a dû encaisser le plus dur de la frottée.

Paris-Match a pris une photo du couple dans son appartement du Quai aux Fleurs. Daumier s'en serait régalé de cette grosse dame à chignon et à la hanche large. Emballée dans une robe de chaisière à col en dentelle, elle tient la soupière de ses deux battoirs à étaler d'un coup une boule de pâte à tarte, tandis que son époux, l'air pensif entre ses grandes oreilles, regarde le fond de son assiette, sous le lion combattant un taureau en bronze Barbedienne, posé en dessus de cheminée. On nous l'a montrée, également, engorgée dans son astrakan, faisant la bise, au pied de l'escalier, à sa concierge, Mme Martin, et on a, alors, senti monter dans le pays comme le frisson d'une douce rigolade. Ce n'est, tout de même, pas cette dame, échappée d'un dessin de Dubout, qui va incarner l'élégance et le bon goût français ?

« Mme Auriol, susurre-t-on dans les beaux quartiers subitement convertis au socialisme à la tempera de la IVe République, avait une autre allure, *malgré ses origines modestes...* »

Après tant de gracieusetés, il ne restait plus à la première dame de France qu'à aller se rhabiller. C'est précisément ce qu'elle a fait et, ce soir, tout sourire, aux côtés du Président et aussi à l'aise que si elle recevait ses enfants et ses petits-enfants, Mme Coty est une autre femme.

Elle ne va pas remplacer Martine Carol dans les fantasmes des Français et Christian Dior qui l'a habillée de cette robe bleu nuit ne risque pas de l'engager comme mannequin-

1. Grand ami de Galtier-Boissière et brillant chroniqueur, Jean Oberlé était connu pour ses bons mots.

vedette. Mais, sous son chignon, les cheveux tirés vers l'arrière, le visage discrètement maquillé, la locataire du Quai des Fleurs est devenue, pour de bon, la dame de l'Élysée.

Mieux encore, pour elle, le cœur de la France va, pendant ces quelques mois, battre comme il n'a jamais battu et ne battra sans doute pas avant longtemps pour l'épouse d'un président de la République.

De Mme Vincent Auriol, on a admiré l'élégance, l'intelligence, le goût très sûr et, de Mme de Gaulle, on respectera la modestie, la discrétion et le sens du devoir.

Avec Mme Coty, le lien est d'une autre nature : elle fait vraiment partie de la famille, quel que soit le milieu auquel on appartient. Pour les uns, elle est la bonne maman qui comprend et pardonne tout. Pour les autres, la tatie du dimanche qui arrive toujours les bras chargés de douceurs et, pour ceux de la « bonne société », la cousine de province, pas très au goût du jour mais tellement gentille.

Mme Coty ne laisse jamais sans une réponse la centaine de lettres qu'elle reçoit chaque jour et quand il lui est possible d'intervenir efficacement, elle va jusqu'au bout. Elle visite les hôpitaux, les hospices, les pouponnières et les sanatoriums. Quand elle se trouve dans quelque village, elle emmène tous les enfants à la pâtisserie et elle en aide des centaines d'autres, de par la France. Elle puise, au besoin, dans sa cassette personnelle, pour soulager les détresses. Elle connaît le nom de tous ceux qui, à l'Élysée et au château présidentiel de Vizille, ont une tâche, même la plus humble, et elle a toujours un mot gentil, un geste délicat pour remercier... Inépuisables sont ses tendresses, innombrables ses sollicitudes.

La France de l'abbé Soury

Pourtant, n'est-ce pas ainsi que fonctionnent toutes les épouses de présidents, qui, contrairement à leur mari, n'ont le droit de commettre que de bonnes actions ?

Non, il faut aller chercher plus loin les raisons de cette singulière empathie. Il n'y a pas qu'un lien de famille entre les Français et cette grand-maman gâteau. Si elle fait vibrer à ce point leur corde sensible, ce doit être pour un motif plus puissant.

Peut-être parce qu'ils retrouvent, à travers elle, une France dont ils ont la nostalgie, une France à la fois réelle et imaginaire, retouchée pour qu'on n'y voie pas les traces des deux grands malheurs du siècle, ni tout ce qui pourrait tacher et fâcher.

C'est la France des petites sœurs en cornette et des grandes sœurs en jupe-culotte, de Mireille et de Pills et Tabet, de la Rosengart qu'on démarre à la manivelle et de la mer bleue au bout de la Nationale 7, du sinapisme Rigolo à la farine de moutarde et de la Gitane maïs qui fleurit la moustache, des frères Lissac et des trains qui arrivent à l'heure, du Prix d'Excellence sous le préau et de la Boldoflorine pour le foie, du jardinier-qui-boite et du stylo-mine à ressort, du « Bien le bonjour, Monsieur Lévitan » et des lithinés du docteur Gustin, du bébé Cadum et du pilou-pilou, du gilet Rasurel et du roudoudou, du Saint-Honoré, à la sortie de la messe, et du grand mouchoir à carreaux du cantonnier, des maîtres en blouse grise et des écoliers sans « blues », des bretelles en extra-fort et de l'odeur de la craie, de la machine Singer à pédale et des zouaves sur le couvercle du plumier, de la concierge dans l'escalier et du manteau de ratine des « Dames de France », de l'écrevisse française et des chaussures André, de la mayonnaise à la main et de la pêche à pied, de la Jouvence de l'abbé Soury et du litre de vin étoilé, des cigarettes High-Life et des bas de soie qu'on remaille, de « la véritable cuisine de famille » par Tante Marie et de la Marie-Rose contre les poux, de la bonne à tout faire de Ploërmel et de la sucette Pierrot Gourmand, de l'Émail Diamant et des Cent Mille Chemises, des hirondelles à vélo et de la gomina Argentine, de la friture de goujon et du « poireau » de la mercière...

La France de *Y a d'la joie* et de la Rivière enchantée...

Allons, s'il vous plaît, Monsieur le bourreau, encore un moment ! Permettez-nous d'oublier ces fous furieux qui jouent avec des bombes atomiques, ces peuples qui fourbissent leurs armes, ces détraqués qui nous fabriquent un monde invivable et feuilletons ensemble l'album photo, doré sur tranche et relié de velours frappé, d'une brave petite Française sans histoire.

« *Ce jeune homme ira loin* »

– Fillette, entre M. et Mme Corblet – papa et maman – dans le port du Havre. Papa est armateur. Ses quatre-mâts sillonnent toutes les mers du monde.

– Le collège, à Southampton, où Germaine, jeune fille au teint clair et à l'esprit primesautier, a été envoyée pour parfaire ses connaissances en anglais.

– 1907. Au mariage d'une amie, Germaine rencontre René Coty, jeune avocat havrais « à l'avenir prometteur ». Ils feront partie tous deux du cortège d'honneur. Imaginez-vous que, pendant le bal qui a suivi le dîner, Germaine et René ont laissé, elle, son cavalier, lui, sa demoiselle d'honneur, pour valser ensemble, avec entrain. Quelle audace ! « Entre deux danses, confesse Germaine, il m'a murmuré à l'oreille les *Stances à Ninon* d'Alfred de Musset. Mon poète préféré ! »

– Quelques semaines plus tard, René a fait sa demande officielle. « Ce jeune homme ira loin », a dit M. Corblet, approuvant avec chaleur la prochaine union des deux jeunes gens.

— À la réception qui a suivi le mariage, Germaine dans une robe de mousseline blanche, tenant dans sa main gantée de satin un éventail fermé. À 21 ans, elle est devenue une personne bien bustée, dont les formes agréablement avantageuses augurent favorablement d'un bel avenir de mère de famille.

– René, lors d'une permission. Engagé volontaire, il a fait la guerre au 129e RI, le régiment du Havre, et l'a terminée, soldat de première classe, avec la Croix de guerre.

– 1932 : Germaine porte le collier de perles fines que son mari vient de lui offrir pour leur vingt-cinquième anniversaire de mariage.

– Jules Siegfried, maire du Havre, a pris sa retraite en 1922. Il a été pour René comme un second père. Il lui a offert son siège de député et, en 1935, celui-ci est entré au Sénat. On ne l'a pour ainsi dire pas entendu à la tribune, sa préférence allant au travail obscur mais, dit-on, utile, des commissions. René a rêvé à une Constitution plus moderne où l'exécutif jouerait un vrai rôle.

– René en 1940. Ancien soldat de Verdun, il a voté les pleins pouvoirs à son ancien chef, le maréchal Pétain.

– 1945 : les électeurs du Havre ont renouvelé leur confiance à René pour les représenter à l'Assemblée. Il n'exhibe pas, comme certains, de brevet de grand résistant. Il a donné quelques conseils, d'ordre juridique, au gouvernement de Vichy[1] mais quand le ministre, Pierre Pucheu, en 1941, lui a offert la mairie du Havre, il a refusé tout net.

– 1948 : Germaine, dans leur propriété d'Étretat entourée de ses deux filles, Mmes Égloff et Georges, et de ses petits-enfants. Dans leur jeunesse, Anne-Marie et Geneviève étaient assez diables. Elles se disputaient beaucoup, surtout quand elles attaquaient au piano un morceau à quatre mains. Elles se souviennent que leur maman aimait beaucoup jouer au tennis et monter à bicyclette.

– 1952 : René, revenu au Conseil de la République – le nouveau nom du Sénat –, en est le premier vice-président. Ses pairs louent sa courtoisie souriante.

– Décembre 1953 : coup de tonnerre sur le Quai aux Fleurs. René a été élu président de la République ! Germaine a mis son manteau d'astrakan pour rejoindre René, dans une voiture à cocarde.

– Germaine en tablier, devant ses fourneaux. Une photo qui fait le tour de la France. Ça restera entre nous mais c'est le photographe qui a imaginé le coup du tablier. Si on regarde de près la photo, on s'aperçoit que la Présidente surveille de près une simple bouilloire.

– Germaine, l'arbre de Noël et les petits-enfants. L'arbre, c'est elle-même qui est allée l'acheter chez un fleuriste de l'île de la Cité. Janine, l'aînée de ses petites-filles, qui va devenir son assistante à l'Élysée, se souvient de son anniversaire dans l'appartement du Quai aux Fleurs : « Pour mes 18 ans, Grand-Mère avait invité tous mes amis. Nous avons dansé le be-bop et fait un bruit infernal ! Grand-Père nous avait autorisés à utiliser son pick-up et il nous a même prêté quelques-uns de ses microsillons. "Écoutez donc un peu de bonne musique, mes enfants, nous a-t-il dit. Mais surtout, n'abîmez pas mes

1. Philippe Alméras, *Retours sur le siècle* (Les Cahiers de Jalle). Un coup de lumière décapant sur les embrouilles d'un siècle dont l'auteur dévoile quelques secrets.

disques." » Ses musiciens préférés : Mozart, Beethoven, Tchaïkovsky, Debussy.

– Samedi 26 décembre : La Présidente quitte l'appartement du Quai aux Fleurs pour une visite de courtoisie à l'Élysée. Elle porte un chapeau de velours bleu bordé d'aigrette. C'est Mme Frédérique, sa petite modiste, qui le lui a fait, en toute hâte. Hélène, une des petites-filles de Germaine, lui a arrangé sa coiffure, en ramassant ses cheveux en un gros chignon descendant très bas sur la nuque. La Présidente a mis le collier de perles offert par René et les boucles d'oreilles anciennes, héritées de sa chère maman.

– Photo de famille avec les Auriol. « C'est dur pour une femme de mon âge de se trouver brusquement avec un rôle aussi écrasant, confie Germaine à Michèle Auriol. Une fille de roi est préparée à régner, mais me voilà lancée dans cette immense maison, avec des tas de châteaux pour y passer mes vacances. Pourvu que je puisse bien aider mon mari… »

– La Sainte-Germaine : avant que le Président n'entre en fonctions, le 17 janvier 1954, les deux filles de Germaine lui ont offert, pour sa fête, un tête-à-tête en porcelaine rose et or : « Notre mère a tellement peur de casser les merveilleux services de Sèvres qui seront à sa disposition. »

– Mme Godet, libraire, rue du Cloître Notre-Dame : « La veille de l'élection, Mme Coty est venue nous acheter, comme chaque année, à Noël, une reproduction de toile de maître pour l'une de ses petites-filles. Elle a choisi *La Mer au Havre*, de Dufy. »

– M. Dezon, *Aux toiles de Notre-Dame* : « Elle achète tout le linge de maison, chez moi, depuis 1936. Elle ne recherche pas le luxe. Elle achète des articles qui durent et que du blanc. À chaque renouvellement, elle commande une douzaine de taies d'oreiller, quatre draps en fil de Bretagne, une douzaine de torchons et des serviettes éponge. Oh, ça, M. et Mme Coty, ce sont des gens très bien. »

– Mme Legouge, blanchisseuse : « C'est une très brave femme. Elle nous a toujours estimés. C'est moi qui lui ai recommandé la petite Bretonne, Annick, qu'elle a actuellement. Chaque fois que Mme Coty vient, elle s'amuse avec Coco, mon caniche. Elle m'a toujours traitée presque en amie. »

– M. Radigon, fourreur : « Elle vient depuis des années. Elle n'achète que des garnitures d'astrakan et me fait faire des transformations. C'est une personne extrêmement simple. »

– Mme Boitard, boulangère : « Elle achète toujours des biscuits à la cuillère. Elle est peu bavarde. Chaque matin, elle prend ses six petits pains au lait. »

– Mme Charpentier, épicière, rue Saint-Louis-en-l'île : « Elle prend jamais en grosse quantité. En me réglant, elle achète quelquefois des sucettes pour ses petits-enfants. Elle va aussi au marché de la place Maubert. C'est normal. Les prix sont beaucoup plus bas. Ah oui, c'est une brave personne. »

– Mme Guérin, crémière : « Elle aime bavarder avec moi, parce que je suis normande, comme elle. Elle venait personnellement choisir ses fromages. Et puis, c'est une dame charitable. Elle s'occupe d'un tas d'œuvres. »

– Premier Conseil des ministres du président Coty : « J'espère, dit-il à l'ouverture, que mon septennat sera heureux et qu'il n'y aura pas beaucoup de gouvernements. »

– La Présidente, à son bureau : aidée de sa petite-fille, Janine, elle lit et répond à tout le courrier qui lui est adressé. Elle reçoit encore plus de courrier que Mme Auriol. Le reste de son temps, elle le consacre aux visites chez les malades, les orphelins et les déshérités.

– La chambre présidentielle : la Présidente en fait les honneurs à des représentantes de la presse féminine. Confidence : les Coty ne dorment pas dans la chambre officielle (Empire et Charles X). Ils la trouvent trop grande. Germaine en a fait installer une autre, leur « vraie », dont les lits jumeaux ont été capitonnés, selon ses indications, de satin couleur bois de rose.

– La Présidente et ses roses : « De tous les agréments que me vaut mon état, ce sont les bouquets de roses que j'apprécie le plus. »

– Mars 1954 : la Présidente a longuement visité l'école des petits paralysés de la porte d'Ivry. Elle portait une robe en satin bleu nuit sous une étole de vison et un chapeau noir de Rose Valois d'où s'échappaient de petites mèches retroussées. Un petit paralytique lui a récité un poème d'Alfred de Musset.

– Avril : en vacances, au Château de Vizille, d'où elle visite des hospices et des sanatoriums dans les environs, Mme Coty se promenant à travers le village, par un froid cinglant, s'est trouvée aussitôt entourée par une centaine de gamins. Elle a acheté pour mille francs de gâteaux qu'elle leur a distribués avec le sourire. Le même jour, le Président recevait au château l'empereur Bao Daï. À l'issue de l'entrevue, il a déclaré aux journalistes : « Je ne suis pas un arbitre mais un médiateur. Et je suis encore un " bleu " dans mes nouvelles fonctions. C'est difficile. »

– La Haye, juillet 1954 : invitée officielle, avec le président Coty, de la reine Juliana des Pays-Bas, Mme Coty a visité un centre hospitalier de La Haye. Elle portait une robe de Balmain en alpaga bleu avec une écharpe de renards argentés de chez Revillon. Pour le dîner à l'ambassade, elle est apparue en robe de guipure tête de nègre avec chaussures, sac et gants assortis. Au concert qui a suivi, elle était habillée d'une robe bleu nuit à traîne, décolletée en pointe, de Christian Dior. Les journalistes ont remarqué que Mme Coty surveillait sa « ligne ». Suivrait-elle un régime et lequel ?

– 10 novembre 1955 : malgré une forte grippe et une fatigue extrême, Mme Coty n'a pas voulu décommander sa visite au salon de l'Enfance. Prise d'un léger malaise, elle doit s'asseoir un moment dans un fauteuil.

Le lendemain, à l'Élysée, alors qu'elle reçoit une délégation d'Alsaciennes en uniforme, nouveau malaise. Le médecin veut appeler des confrères en consultation : « Vous n'y pensez pas, dit la Présidente. Appeler des spécialistes un 11 novembre, ça ne se fait pas ! »

– 12 novembre, 4 heures 30 du matin : à Rambouillet, où elle a rejoint le Président, pour la Saint-René, Germaine Coty vient de mourir d'un infarctus. Quelques instants plus tôt, une de ses plus proches collaboratrices, la sentant mal, a pris à peine le temps de se couvrir pour lui apporter au plus vite un remède, prescrit par ses médecins. « Ma petite, a dit la Présidente, ne prenez pas froid. Mettez ma robe de chambre, elle est là, sur la chaise. »

Ce furent ses derniers mots.

Désespéré, René Coty, agenouillé à son chevet, se lamente, entre deux sanglots : « J'ai perdu ma meilleure amie. »

« *J'oublierai toutes ces méchancetés* »

Le lendemain, la France, elle aussi, pleure à chaudes larmes et ce n'est pas du chiqué. Elle a perdu sa bonne maman et c'est la première fois, dans l'histoire de la République. Une foule immense défilera devant le catafalque et le 16 novembre, la capitale en deuil sera, au moins par le cœur, aux côtés de René Coty et de son innombrable famille, à l'église de la Madeleine.

Mme Claude-Salvy, son attachée de presse à l'Élysée, fera part de son embarras quand il lui a fallu montrer à la Présidente les premières coupures de presse la concernant. On n'y était pas tendre envers une Première Dame qui faisait la bise à sa concierge. « Ne vous tracassez pas, lui avait Mme Coty. De ces journées, j'oublierai tout ce qui fut peut-être un peu méchant pour me souvenir d'une seule chose : le vrai cœur de la France a battu pour nous. Le reste est sans importance. »

*

Il est des moments où les Français sont fatigués de ces généraux qui leur tendent des baïonnettes et leur imposent d'être héroïques, de ces prophètes qui leur promettent des lendemains qui chantent et de ces tribuns qui les forcent à casser des œufs pour en faire des omelettes qu'ils ne mangeront même pas. Il est des moments où le vêtement de la France est trop large pour leurs épaules. Il est des moments où ils ont moins envie de gloire que d'une robe de chambre molletonnée, de pantoufles douillettes, d'un bon Maigret et d'un cordial, au coin du feu.

La parenthèse s'est refermée en même temps que se sont clos les yeux de leur bonne Germaine. Les voici donc repartis pour un tour de plaies, de bosses, de criailleries, de disputes, de vaine gloriole, d'humeur belliqueuse, de fausses victoires et de vraies défaites.

Et tout ce vacarme qui affole les âmes simples. Dites-nous, Germaine… Quand pourra-t-on refermer les volets ?

CHAPITRE 23

GEORGES BRASSENS, L'ANAR QUI NE CASSE RIEN

Trente pas de long sur trois de large, l'impasse Florimond greffe son boyau sur la rue d'Alésia. Entre les murs craquelés de cinq bicoques, raccourcies comme le pauvre cul-de-jatte sur sa planche à roulettes, un filet d'eau trouble s'étire dans ce qui sert de tout-à-l'égout, à ciel ouvert, jusqu'au fond du chemin où rouille un portail grinçant.

Tapis sur les toits recouverts de tuiles mécaniques, les chats guettent les rats.

C'est la banlieue de Céline, le Paris de Zola.

Georges Brassens doit être le seul millionnaire de la capitale qui a le privilège de vivre dans un taudis.

René Fallet, pilier de l'équipe à Cendrars, chez qui nous éclusons de concert, une fois par semaine, m'a fait la fleur de m'introduire dans cette poubelle. René et Georges, c'est comme Brassens et sa guitare. À la vie, à la mort. Avec une nette préférence pour la vie.

Cela fait une petite paye que Fallet est entré dans « la bande des cons », qu'il est donc devenu « ce con de Fallet » et que l'impasse Florimond est sa seconde patrie, pour peu qu'on puisse qualifier ainsi la cambuse sinistre où, il y a dix ans, en 1944 donc, a débarqué un jeune ours sétois, perdu sans collier.

On ne peut pas s'en empêcher. Depuis qu'on a commencé à parler de lui, on lui a tout de suite collé l'ours dans les pattes. Trenet, le « fou chantant », Brassens, « l'ours de la chanson française »... L'étiquette n'a pas fini de lui coller au pelage. C'est très con mais ça lui pendait au nez.

Quand on le voit sur scène, pour la première fois, c'est vrai qu'il a l'air de sortir de la forêt. Tout gauche, tout balourd, accroché à sa guitare comme à un gourdin, il se dandine d'une courte patte sur l'autre, d'un drôle d'air, sans un sourire au public venu regarder l'animal. Oui, un ours mal léché qui a envie de se tirer pour regagner au plus vite sa tanière.

Mais quand il y est dans sa tanière – admirons au passage, le bout de terrasse lézardée où il se lave dans une lessiveuse, le lit-cage, la poubelle posée sur une espèce de fauteuil à roulettes, les guitares au pied des rayonnages bourrés de livres, le bahut normand, le géranium dans un pot ébréché, la table de travail et les échelles où grimpent les copains qui l'aident à repeindre ce palais des mille et une misères –, oui, je disais donc que dans sa caverne, le plantigrade n'a pas la même tête.

Il redevient un enfant d'homme, un bon gosse de cent kilos, au visage un peu mou autour de la barre broussailleuse de la moustache d'ouvrier parisien, percée par une longue pipe. Sur scène, pour cacher sa gêne à s'exhiber de la sorte, il braque son regard sur le vide. Ici, entouré de son ou de ses « cons » – quand ce n'est pas Fallet, c'est Jean-Pierre Chabrol, Loulou Bestiou et, un peu plus tard, ce sera Louis Nucéra –, sa jeunesse remonte à la surface, vaguement gaie, vaguement triste mais formidablement causeuse, sans cachotteries et qui vous envahit comme une onde douce et bienfaisante. Il y a des guérisseurs qui imposent les mains. Brassens, lui, impose le bien-être, rien que par la force tranquille de sa présence. Maintenant, je comprends la fascination qu'il exerce sur Fallet et d'autres. L'amitié de Brassens doit valoir toutes les assurances sur la vie.

★

En octobre prochain, Brassens aura 33 ans. J'imagine qu'avec ses « cons », il va se serrer autour d'une table pour fêter cela, et j'espère pour eux, autrement qu'avec du saucisson et une plâtrée de nouilles ou de frites qui m'ont l'air d'être la becquetance de rigueur, impasse Florimond. Georges bouffe plus qu'il ne mange, en tout cas, il n'a rien d'un gourmet mais, justement, ce serait l'occasion de s'offrir *Lasserre* ou *Le Véfour*. Il en a maintenant les moyens. On peut même dire que, pour la première fois de sa vie, le voilà plein aux as. Depuis son triomphe à l'Olympia, au début de l'année, et son Grand Prix de l'Académie Charles Cros, Polydor fabrique six cents disques par jour qui sont en tête des ventes. La monnaie tombe comme la mitraille à Gravelotte.

Peut-être bien que cela le dérange ? Non, ça ne change rien, sauf qu'à présent, il roule en taxi plutôt qu'en scooter, qu'il va s'acheter une auto, repousser un peu les murs de son gourbi, installer l'électricité et le chauffage. Le téléphone ? Pas question qu'on le sonne comme un larbin. C'est tout ce qu'il va faire de son argent ? Pas vraiment : Jeanne sera propriétaire de la maison qu'elle habite, Marcel pourra s'arrêter de travailler et il n'y a pas de mots assez forts pour traduire le bonheur de Brassens. Sans ces deux-là, il n'y aurait peut-être jamais eu de *Gare au gorille*, de *Mauvaise fréquentation*, ni de « *Elle est à toi cette chanson, toi l'hôtesse qui, sans façon, m'a donné quatre bouts de pain, quand dans ma vie, j'avais faim* ».

Sans ces deux drôles d'anges et leur association de bienfaiteurs, laquelle des associations de malfaiteurs aurait recueilli l'ancien mauvais garçon de Sète, seul et sans le sou, à 23 ans, sur le pavé de Paris ?

La prison et le déshonneur

Une maisonnée de braves gens, on ne peut pas décrire autrement le pavillon, au 54 rue de l'Hospice, où Georges-Charles est né le 22 octobre 1921. Au premier étage, il y a les grands-parents ; au rez-de-chaussée, les parents, Jean-Louis et Elvira, une Napolitaine. Deux générations de maçons et une petite entreprise qui marche cahin-caha.

« Mon père, un ouvrier qui avait réussi... » dit Georges, un point d'ironie sur le bout de la langue.

La famille a une seule ambition : que le petit réussisse à l'école. Cela tombe mal. Le « petit » ne court pas encore le jupon mais les rues. Aussi bien chez les sœurs qu'ensuite au collège, il n'en fiche pas une rame. Les copains, d'abord. Une bande qui préfère la glandouille aux versions latines. Rien de bien méchant, en vérité.

« J'ai toujours été un bon gars. Un type comme tout le monde, qui ne casse rien... »

Il pense sans doute au petit garçon qui chantait en duo avec sa maman tous les succès du moment : Vincent Scotto, Tino Rossi, Fréhel, Chevalier, Mistinguett... Parti avec elle pour Paris, à l'Exposition Universelle de 37, il découvre Charles Trenet : « La chanson moderne ! » Pour le jeune homme qui a commencé à gribouiller des poèmes, c'est le choc de la révélation : « Trenet m'a donné envie de chanter. »

On continue ? Non. Fallet interrompt le cours de l'histoire : « Dis, Georges, on lui raconte ? » Oui, on me raconte.

À la Villa d'Este où il passait l'autre jour – sans plaisir, d'ailleurs, car les cabarets des Champs-Élysées, ce n'est pas sa tasse de rouquin – on lui dit : « Charles Trenet est dans la salle. Vous voulez le voir dans les coulisses ? » « Pourquoi faire ? a répondu ce malgracieux de Brassens. Qu'est-ce qu'on en foutrait ? » Cela demande une traduction : Brassens admire toujours Trenet et même énormément mais la rhubarbe et le séné, de rigueur entre artistes, lui restent sur l'estomac, alors pourquoi se forcer ?

Retour aux années de collège. M. Bonafé, son prof de lettres, est son dieu. Un bonhomme peu ordinaire qui a été boxeur, ne porte pas de cravate, professe une foi d'anarchiste, pleure en récitant *Les Fleurs du mal* et initie ses élèves à François Villon plutôt qu'à François Coppée.

Est-ce la vie peu exemplaire de l'ami des Coquillarts qui donne des idées au jeune Brassens ? En tout cas, le voici expulsé du collège et, pire que cela, arrêté par la police. Il a rejoint une bande de jeunes gens de bonne famille qui n'ont rien trouvé de mieux que de jouer Fric-Frac dans les appartements ou les villas de leurs parents respectifs. Georges a été dénoncé par l'un d'eux qui a craqué devant les policiers.

Il ne s'en tire pas trop mal : un an de prison avec sursis mais pour une famille d'honnêtes ouvriers c'est le déshonneur. Il ne reste plus au fils qu'à faire sa valise et à aller planter sa « mauvaise réputation » ailleurs.

En fait, c'est une bonne occasion pour lui de monter à Paris, où il débarque un jour de février 40. Sa tante Antoinette, la sœur de sa mère, qui tient un « garni » rue d'Alésia, l'héberge, tandis que ses braves parents lui envoient de petits mandats qui lui permettent de se nourrir. Il trouve un boulot dans un atelier de reliure, puis est embauché comme ouvrier chez Renault mais l'expérience tourne court.

Serait-il paresseux ? Oui, certainement. En tout cas aux yeux du « travailleur », pour qui écrire des poèmes est le signe flagrant de la fainéantise. Avec l'aide de quelques copains, il fait éditer, à compte d'auteur, une plaquette, *À la Venvole*. La Muse, malheureusement, n'exempte pas ceux qu'elle touche de sa baguette du Service du travail obligatoire.

En mars 1943, emmitouflé dans son vieux manteau noir, il grimpe dans le train qui emporte sa cargaison de jeunes Français vers l'Allemagne. Ses compagnons de baraquement vont en avoir vite assez de ce type impossible qui se lève à quatre heures du matin pour écrire et les empêche de dormir mais quand, la première fois, il chantera devant eux, un dimanche après-midi, dans une auberge, un de ses poèmes, ils l'applaudiront très fort. Il est adopté. Il a sa bande de copains, dont l'un, Onteniente, deviendra son impresario et homme de confiance et pour eux tous, il devient « Bidet », un mot qui revient dans le refrain d'une de ses chansons.

Puis, c'est la permission à Paris, la cavale et l'hébergement, impasse Florimond, chez des amis de sa tante Antoinette, Jeanne et Marcel.

Les poubelles, les chats, les rats et l'amitié

Lui, l'Auvergnat, est peintre en carrosserie mais provisoirement sans boulot. Elle est couturière. Elle a 53 ans, Georges, 24. Très vite, elle va le couver d'un regard plus qu'affectueux. C'est une femme à ressort, la Jeanne : à 77 ans, elle convolera avec un jeunot de 37 ans et tous deux partiront en voyage de noces sur un vélomoteur, elle, à califourchon sur le porte-bagages.

Présentement, l'Auvergnat ouvre un œil sur sa Jeanne qui fait les yeux doux au jeune poète, lequel le rassure, plus ou moins, en courant les jeunes filles, dans Paris, avec sa bande de potes. Il continue à ne pas « travailler », c'est-à-dire qu'il écrit des poèmes et des chansons. Dès que le petit jour apparaît, il est à sa table et, le soir, il se couche comme les poules. Il n'a pas d'électricité et, pour se débarbouiller, un robinet d'eau froide. Il vit de trois fois rien et comme il n'a pas de besoins, il peut investir ses quelques sous, envoyés par la famille, dans l'achat de livres. L'argent, il s'en fout complètement et s'en foutra d'ailleurs toute sa vie. Il y a toujours moyen de faire sans. Par exemple, au lieu d'aller chez le coiffeur, il se raccourcit le bout des tifs à la flamme d'une allumette. Malgré ses cent kilos – ses copains l'ont baptisé « le Gros » – et son appétit, quand il n'y a rien à bouffer ou presque, il s'en passe sans difficulté : « Je suis une heureuse nature. »

Il y a la poésie et la chanson, le reste est sans importance. Son inspiration, il n'a pas besoin d'aller la chercher très loin. Elle gîte, comme lui, au fond de l'impasse Florimond, parmi les poubelles, les chats, les rats, l'amitié et les choses simples de la vie. Devant sa fenêtre, il y a un arbre. Courageux arbre pour verdir dans un coin pareil... Alors, il écrit *L'Arbre*, comme prennent vie *L'Auvergnat*, *Jeanne* et quand la cane de Jeanne meurt, il écrit *La Cane*.

Quand il ne se met pas au lit, dès que l'obscurité envahit sa thurne, il s'en va faire le tour des copains, à la sortie de l'usine ou du bureau. L'un est tôlier-chaudronnier, l'autre employé dans une perception, d'autres glandent de-ci de-là ; en tout cas, tous des fauchés. On se coince autour d'une table dans un café et Georges se lance. Quand il se met à parler, il paraît qu'on ne peut plus l'arrêter. Et quand il en a assez de raconter, il récite des poèmes. Il possède une mémoire phénoménale, ce cancre breveté. Il connaît par cœur *Ruy Blas*, mais aussi Baudelaire, Musset, Apollinaire, aussi bien que des pages d'Alphonse Allais ou le répertoire de Charles Trenet.

Son autre plaisir est de monter ses copains les uns contre les autres. Si l'un, pour une raison quelconque, quitte la table, aussitôt, il laisse tomber, à l'adresse du voisin : « Ah, si tu savais ce qu'il raconte sur toi... » Ce ne sera pas pour rien qu'avec l'arrivée de nouveaux copains, l'habitude viendra de distribuer des sobriquets, à la manière des compagnons du Devoir et qu'il sera « Sétois la Zizanie ». Homme de zinc à forte conviction, Brassens, dans ses grands débats de société, entre mandarin-picon et blanc-cassis, a la soucoupe violente.

C'est à ce moment-là que se situe la période « anar » ? Et c'était vraiment sérieux ?

« Avec les copains, nous voulions créer un mouvement : le "PP", Parti Préhistorique, en même temps qu'un journal, *Le Cri des gueux*. Roger Thérond, mon vieux pote de lycée, était le seul de nous tous qui s'y connaissait. Il travaillait à *L'Écran français*. Comme de juste, on s'en est tenu là et, alors, un autre copain, Marcel Renot, m'a emmené voir les gens qui faisaient *Le Libertaire*. C'était en 1947. J'ai duré un an, en tenant une rubrique de grammaire. Sous le pseudonyme de "Jo la Cédille" et en écrivant des papiers vengeurs, signés Gilles Corbeau ou Pépin Cadavre. »

« Vengeur », un euphémisme. « Le peuple est le plus fort. Mais le peuple ne bronche pas. Il attend un miracle. Ou bien a-t-il peur de faire du mal ? Réveillons-nous, bon sang ! Mettons en route la grève insurrectionnelle, la grève expropriatrice », c'était le genre de choses que signait « la Cédille ».

Toutefois, il a poussé son amour de l'individualisme jusqu'à ne pas prendre de carte. Anar, oui mais militant, ce n'est pas demain la veille[1]. De toute façon, il a dû prendre la porte quand il s'est mis en tête de changer les caractères qui composaient le titre du journal. Les camarades ont dit non. Lui a insisté, en ouvrant sa grande gueule et finalement, il est parti.

Sept ans ont passé et le drapeau noir lui colle pourtant à la peau. À la radio nationale, il est interdit d'antenne, comme la plupart de ses chansons. Il est l'ennemi officiel de l'ordre public, de la morale, de l'Église, des Corps constitués... Ça doit être gênant, à la longue, pour une carrière d'artiste.

« Au contraire, ça me sert énormément. Grâce à cela, on me laisse tranquille et je vis comme je l'entends. Le jour où je ne serai plus sur la liste noire, ils me neutraliseront et ça sera beaucoup plus embêtant. »

---

1. Au moment des bombardements américains sur Hanoi, il commencera à écrire une chanson débutant par ces lignes : *« Quand je contente / Ma militante / Qu'elle se pâme / Dans son délire / Elle soupire / Paix au Vietnam. » Irrécupérable*, ce Brassens.

« *Je ne suis pas fait pour chanter* »

Après l'épisode libertaire, le temps passe et pas trop bien pour lui. Il sort un roman à compte d'auteur qu'à part ses copains, tous admiratifs de ses dons, on ne s'arrache pas. Puis, un jour, ayant fait la connaissance de Jacques Grello, il lui lit quelques-uns de ses poèmes. Le chansonnier, emballé, lui offre une guitare pour qu'il puisse s'accompagner. Il ne sait pas en jouer mais, à l'oreille, se débrouille comme il peut. Il ne fera d'ailleurs guère de progrès, par la suite, d'où la simplicité mélodique et répétitive de ses chansons et aussi sa terreur, sur scène, à l'idée que sa guitare pourrait se désaccorder. Grello le fait passer dans un cabaret, un soir, un seul, car Brassens est tellement affolé que l'échec est programmé. Autre bide, à Montmartre, au *Lapin à Gil*. C'est bien la preuve qu'il a raison. Il est en effet le premier à le dire : « Je ne suis pas fait pour chanter mais pour écrire des chansons. »

Le voilà donc abonné, encore pour un tour, à la vache enragée. Pour la première fois, cela commence à lui peser. Alors, forcément, c'est ce moment-là que choisit la chance pour lui sourire.

À *Paris-Match*, né en mars 1949, où son copain, Roger Thérond va devenir rédacteur en chef, il y a un journaliste, Pierre Galante, qui a dans sa poche tout le gotha du spectacle. Et, à Montmartre, il y a une jolie pâtissière qui ne vend plus de pâtes à choux mais s'amuse, dans le local mitoyen dont elle a fait un restaurant-cabaret, à couper les cravates des clients, tandis qu'ils écoutent des couplets grivois ou les duos de deux obscurs comiques, Les Pinsons – Raymond Devos et Pierre Verbecke. Depuis que Maurice Chevalier, un soir de 1951, est entré dans le petit restaurant et a été aussitôt conquis par le charme et la gaieté de l'accorte pâtissière, on ne parle plus dans Paris (outre quelques autres sujets, tels que la guerre de Corée ou le triomphe de Gérard Philipe à Avignon) que de « Lady Patachou ».

Pierre Galante, le 6 mars 1952, pousse son gorille jusque sur la Butte Montmartre. Le spectacle vient de se terminer.

Dans la salle vide, Brassens, devant Patachou, chante deux chansons. Terrorisé comme d'habitude, accroché à sa guitare comme à une poêle à frire, l'air vraiment peu gracieux et péquenot dans son velours côtelé marron, usé jusqu'à la corde. Patachou a l'oreille fine. Elle l'engage à la seconde.

Le lendemain soir, c'est elle-même qui chante quatre chansons de sa nouvelle recrue : *Les Bancs publics*, *Le Mari bricoleur*, *Papa-Maman* et *Brave Margot*. Elle les a apprises en vitesse et répétées au cours de l'après-midi. Reste maintenant le plus dur : faire passer son protégé dans la cage aux lions.

Tête baissée, le plantigrade fait son entrée, sans saluer, pose son pied sur une chaise et entonne *La Mauvaise Réputation*. La salle éclate en applaudissements. Brassens, qui sue à grosses gouttes, enchaîne chanson sur chanson, le public en redemande, c'est un triomphe. Le lendemain soir, la presse est là avec les photographes. Ça y est, il est lancé, avec, à son cou, l'image de l'ours libertaire.

De tendres torpilles pour faire sauter la société

Sur les deux rives de la Seine, il n'y a pas pénurie de chanteurs anars, c'est le moins qu'on puisse dire. L'œil fiévreux sous la mèche rebelle (elle aussi) ils font hurler les damnés de la terre et offrent, à l'heure du pousse-café, la misère du monde aux bourgeois qui digèrent. Mais il n'y a pas de confusion possible entre le prêchi-prêcha de ces chanteurs engagés dans la méditation angoissée, qui portent agressivement leur bonne conscience en bandoulière et l'irrespect joyeux de Brassens. Quand d'autres « interpellent » l'intellect, lui, lance ses tendres et drôles de torpilles, non pas pour faire sauter la société mais surgir les émotions. Si, avec une rapidité confondante, il va faire mouche sur le grand public populaire, c'est aussi, évidemment, parce qu'il lui parle, comme Prévert, avec les mots de tous les jours.

Aux *Trois Baudets*, à l'inénarrable *Concert Pacra*, le tréteau de la Bastoche et dernier beuglant de Paris où l'on fume, à *Bobino*, où il se produit pour la première fois en octobre 1953 et fait un tabac, le public du samedi soir n'est pas long à comprendre que ce rebelle qui croque du curé, insulte placidement l'armée et les bonnes mœurs, est d'abord né pour nous réconcilier avec la vie et avec les hommes. De cœur à cœur, forcément, le courant passe [1] et passera à son plus fort chez les jeunes en cette année 1954 où Dien Bien Phu s'achève en désastre, où l'on chante *Le Déserteur* de Boris Vian et où, déjà, s'annoncent de nouvelles guerres coloniales.

Dans certains milieux, Brassens passe pour un meneur. L'autre semaine, à Caen, le commissaire de police a prévenu qu'il l'empêcherait, lors de sa tournée, de chanter *Le Gorille* et *Hécatombe*, sous prétexte qu'il troublerait l'ordre public...

« Meneur, moi ? Je dis ce que j'ai envie de dire mais je ne détiens pas la vérité. Celui qui possède la vérité, un jour ou l'autre, il tuera pour l'imposer. Jamais, je ne conseillerai à un jeune de dire merde à Dieu, ni dire qu'il ne sera pas, un jour, touché par la grâce ou qu'il n'aimera pas une fille dont le papa est militaire. On n'a pas le droit de se substituer aux autres. Je ne prêche que pour une seule chose : la tolérance. Aucune idée, même juste, ne mérite qu'on sacrifie pour elle la vie des autres. »

La vie, justement, s'y sent-il à l'aise ? Depuis quelque temps, elle semble le combler...

« Elle me gâte, c'est vrai, et je ne me sens pas le droit d'être amer. Tout juste un peu mélancolique... Pourquoi ? Je ne sais pas trop. Le monde n'est peut-être pas si mal que cela mais je crois ne l'avoir jamais trouvé à mon goût. Je suis tombé à côté, alors je m'en suis inventé un autre, comme le gosse qui dit : si on jouait à être un aviateur, si on jouait à être un explorateur ? Je n'ai jamais été capable de vivre dans la réalité. Quand je dis bonjour, comment allez-vous, ou même que je réponds à vos questions, c'est la partie superficielle de mon écorce qui est en contact avec les autres. Je suis un réfugié, au fond d'un souterrain, qui a peur de s'emmerder à la surface. »

1. Jean-Jacques Gautier, qu'on ne connaissait pas sous ce jour, écrit dans *Le Figaro* : « Moi qui ne crois ni aux théories, ni aux écoles, ni à rien de ce qui dessèche l'âme et le cœur, je crois à Brassens. C'est un généreux. »

Là, je ne comprends plus. Les copains, l'amitié, les autres... qu'est-ce qu'il en fait ? Un paravent à sa solitude ?

« Les copains ? Ils sont ma réalité. Avec Fallet, Chabrol et d'autres, nous nous sommes fabriqué notre petit monde, avec son langage, ses rites, son code, un monde en réduction où, là au moins, on peut respirer, peinards. Nous n'avons rien inventé. Les gens qui s'aiment, eux aussi, sécrètent un monde, dans lequel ils flottent en apesanteur. Quand la bulle crève, ils retombent sur terre et se sentent très malheureux... »

*

Dans l'impasse Florimond, je lève la tête. Au-dessus des chats qui guettent l'arrivée d'un gaspard, il y a, entre deux nuages, un bout de ciel où se croisent des tas de nacelles. Les unes abritent un seul passager, les autres, deux et d'autres encore, un petit groupe. Parfois, ils se font un signe de la main. De loin, sans plus. Curieux, tout de même, c'est la première fois que je les remarque.

Prions pour que la bulle ne crève pas trop vite.

BRÈVE DE PARIS

« Et pour Monsieur l'abbé, ce sera aussi une religieuse ? »

Un de mes amis, très versé dans le salon de thé, m'assure avoir saisi au vol cette perle, chez Angélina, *ex-*Rumpelmayer, *rue de Rivoli, où entre quelques duchesses décaties, soupire d'ennui le fantôme de Marcel, l'homme-à-la-madeleine-entre-les-dents. Personnellement, je préfère les petites Anglaises et les jeunes Américaines du* Tea Caddy, *à Saint-Julien-le-Pauvre où, depuis 1929, les buns et les scones sauvent vaillamment la réputation gastronomique de la Grande-Bretagne. Mais depuis que je me suis aventuré, boulevard de la Madeleine, sous le vélum jaune d'or du grand salon de la* Marquise *qui reçoit à cinq heures, je me dis qu'il faut se dépêcher de profiter d'endroits comme celui-là car, au train où va la vie, ils ne sauraient durer éternellement.*

Chapeautées, emplumées, astrakanées, endiamantées, emperlousées, toutes les sorties, Muette-Victor Hugo-Invalides-Neuilly, des Grands Magasins se posent par paires, telles des colombes éprouvées par les heures de vol, aux tables-guéridons, recouvertes de fins napperons de dentelle, pour tremper les lèvres dans une tasse de chocolat, « simple » ou « à la crème fouettée », l'un des meilleurs de Paris.

Çà et là, une grand-mère avec ses petits enfants qui se bourrent de brioche mousseline ou de « Sévigné », ce biscuit fourré de crème au chocolat ou au café qui a contribué à asseoir la réputation de la Marquise. J'ouvre ici une parenthèse : pour des raisons sur le moment inexplicables, les petits-enfants accompagnant leur grand-mère – que ce soit ici, à *La Marquise de Sévigné,* ou place de Passy chez *Coquelin* où j'ai également mes habitudes – se feront de plus en plus rares, au fil des années 50. Et ce sera pire au début des années 60, où l'on verra les petits-enfants des meilleurs quartiers, envoyer carrément au bain leur mémé. Comme s'il flottait dans l'air un pollen d'un type nouveau. Quelque chose ressemblant à de la révolte en culotte courte. Enfin... Nous verrons bien.

*Je reprends. Donc, tout ce que Paris compte de dames confites en distinction vient pratiquer ici l'art de la conversation, à la suite d'une flopée de gens célèbres. Paul Géraldy prêta volontiers son unique titre de gloire (*Toi et Moi*) à une double bouchée au café et à la vanille et le cardinal Baudrillart qui aimait tant le Maréchal et si peu les maquisards, bouda la sucrerie, nommée « Marions-nous » jusqu'au jour où une serveuse dépapillota le bonbon et lui montra l'adage inscrit sur l'enveloppe : « Tous les chemins mènent à Rome. » Joséphine Baker, Sacha Guitry, Colette, Francis Carco et l'inévitable Jean Cocteau furent aussi des fidèles du « five o'clock », en même temps que des maharadjahs fabuleux, Maurice Maeterlinck ou des stars d'Hollywood, comme Douglas Fairbanks et Mary Pickford qui, séduits par les peintures de Maurice Leloir, embarquèrent l'octogénaire avec eux pour réaliser les maquettes des costumes des* Trois Mousquetaires.

J'ai beau écarquiller les yeux, je ne vois plus rien à l'horizon qui puisse se comparer à ces visages-là, par la notoriété. Me serais-je trompé d'époque ?

CHAPITRE 24

« ICI, LA FRANCE. LES DURATON VOUS PARLENT »

— Pépé, desserre ta cravate...

De 19 heures 44 à 19 heures 55, la France des Duraton, l'œil sur sa soupe et l'oreille en chou-fleur vers le « poste », s'écoute parler d'elle-même à elle-même.

Tout au long de la première décennie des « Trente Glorieuses » et même au-delà [1], Radio-Luxembourg célébrera la grand-messe poireau-pomme de terre, où communieront chaque jour dix millions de foyers fidèles qui, pour rien au monde, ne voudraient rater le rendez-vous sacré.

C'est, en fait, un potage d'avant-guerre. Il a commencé à mitonner dans le chaudron familial, en 1936, sur les ondes de Radio-Cité, la station lancée par Marcel Bleustein, le créateur de Publicis. Patronnée par le vin de Frileuse – propriété du dramaturge Armand Salacrou – puis, par la Permanente Magic, l'émission dont on versait, quotidiennement, une louche à midi, avait commencé par s'appeler « Autour de la table », avant de devenir, l'année suivante, « La Famille Duraton ». Celle-ci était composée du père Duraton (Jean Granier), le Français cocardier, grande gueule mais le cœur sur la main, de la mère Duraton (Yvonne Gali), pleine de bon sens et de recettes ménagères, du fils (Jean-Jacques Vital, également auteur des dialogues), fervent sportif (de préférence assis) et turfiste comme papa, de sa sœur Lisette (Lise Élina),

1. Le 17 octobre 1966, Radio-Luxembourg devenant RTL, la famille Duraton passera à la trappe, pour cause de « changement d'image ».

la jeune fille « moderne », qui revendique le droit de se mettre du rouge à lèvres et de fréquenter des garçons « en copains », d'un voisin de palier (Saint-Granier), Me Laclé-sous-La-Porte, et de la Tante Gusta (Jane Sourza), plus des invités, les grandes vedettes du moment, comme Maurice Chevalier, Albert Préjean, Henri Garat ou Tino Rossi.

Les Duraton avaient conquis la France du miroton, de la ceinture de flanelle et de la Ligne Maginot « imprenable » mais malheureusement pas réussi à empêcher les Allemands de défiler, au pied de la « station », sur les Champs-Élysées. Après une longue et judicieuse vacance, les Duraton sont rentrés dans leurs foyers, en 1948, mais cette fois à Radio-Luxembourg qui s'est coiffée d'un béret basque et a enfilé des charentaises pour gagner la faveur d'une France à bretelles, qui ressemble rigoureusement à la précédente.

La distribution a subi quelques changements. Ned Rysel est devenu le père Duraton et Lisette s'est fiancée à un voisin de palier, Gaston (Jean Carmet). Mais voilà-t-il pas qu'en 1951, Lise Élina leur fait le coup de quitter l'émission. Ni une ni deux, Lucette est expédiée à l'étranger, pour toujours, et pour faire bonne mesure, Jean-Jacques épouse une jeune journaliste, interprétée par une vraie journaliste, Jacqueline Cartier.

En fait, ce sont les auditeurs qui, par leurs lettres, ont poussé au mariage. Au début, il ne s'agissait pour les deux jeunes gens que de « se fréquenter ». Et puis quand ils se sont trouvés la bague au doigt, les auditeurs ont exigé des enfants. On leur en a donné deux d'un coup.

Aussitôt, des centaines de bavoirs, de chaussons et de brassières ont déferlé sur Radio-Luxembourg. Quand un Duraton se plaint d'avoir des insomnies ou les pieds qui gonflent, les conseils et les recettes de bonne femme dégringolent, à la seconde. Les Duraton ont une existence encore plus réelle que la pipe du commissaire Maigret, le nez de Cyrano, ou la casquette de Sherlock Holmes. C'est le miracle de la radio, où triomphe l'imaginaire, que la télévision, victime de l'image, ne parviendra jamais à rééditer, même avec ses feuilletons les plus racoleurs. Si les Duraton tendent avec un tel succès aux Français le miroir où ils se retrouvent, c'est parce qu'ils tombent dans leur assiette pour leur raconter, à bâtons rompus, les mille et un petits événements de leur vie quotidienne. Ils se garderont bien de leur parler de Sartre mais se moqueront – gentiment – des « existentialistes » – aux cheveux longs. Ils ne s'aventureront pas, non plus, à prononcer le nom de Staline ou de Thorez, mais quand une énième grève obligera le père Duraton à user ses semelles et qu'il rouspétera, la mère Duraton le calmera en lui demandant de comprendre un peu les grévistes, qui ont sûrement leurs raisons, ces braves gens. De même, verseront-ils une grosse larme, en mémoire de cette pauvre Mme Coty, mais Poujade, dont ils ne sont pas si éloignés, sent trop le soufre pour ne pas les faire marcher sur des œufs, sauf à laisser le père Duraton pousser le coup de gueule de tradition contre le percepteur.

Le rendez-vous de 19 heures 44, dans sa candeur naïve, vaut, en tout cas, bien de savantes études d'économistes et de sociologues sur la personnalité du Français moyen des années 50.

À travers les membres de la famille Duraton, on peut s'amuser à en croquer la silhouette, au moment où la France accoste la seconde moitié de la décennie.

Les Françaises ont retroussé leur chemise de nuit

Après une année, lourde de la gifle sanglante de Dien Bien Phu, du rejet de la Communauté européenne de défense, de la prise du pouvoir en Égypte par l'inquiétant colonel Nasser et alors que pour répondre à l'insurrection qui a éclaté le 1er novembre 1954 dans les Aurès, le président du Conseil, Pierre Mendès France, vient d'annoncer « une répression sans faiblesse », il est peu probable que le bon M. Coty se sente heureux comme un roi dans ses nouveaux habits, bien qu'à son entrée à l'Élysée, le précédent locataire, M. Vincent Auriol, l'ait salué d'un propos assez inattendu dans la bouche d'un républicain pur jus : « Je suis arrivé ici en orphelin. Vous y entrez en roi. »

Néanmoins, pour ce qui est de la vie des Duraton et de leurs semblables, si à l'extérieur, ça castagne un peu trop à leur goût, à l'intérieur, ça roule. Même s'il faut attendre des mois et des mois pour avoir le téléphone [1]. Depuis la fin des années 40, les Français ont bravement retroussé leurs manches et les Françaises leur chemise de nuit. Résultat : ils étaient 41 millions 700 000 en 1950 ; ils sont plus de 44 millions en 1955 dont 8 vivent dans l'agglomération parisienne, ce qui a inspiré au président René Pleven cette sombre formule : « Paris, cette tête monstrueuse sur un corps exsangue. » L'économie et les statistiques, le père Duraton, ce n'est pas trop son affaire mais il écoute quand même Jean Grandmougin qui cause de tout cela sur Radio-Luxembourg et qui s'y connaît. Il sait, par conséquent, que si la planche à billets continue à fonctionner un peu trop gaiement, les inflations à 38 %, comme on en a vu en 1951, avant que M. Pinay et son chapeau rond ne vienne mettre de l'ordre dans la pétaudière, sont de l'histoire ancienne. Quand elle a entendu dans le poste que les prix français sont de 20 % supérieurs aux prix mondiaux, la mère Duraton a poussé un long soupir : elle a payé, l'autre jour, 2 500 francs une permanente à froid chez son coiffeur de quartier et comme elle dit : « Il y en a qui exagèrent. » Mais lorsque Jean Grandmougin a annoncé que la production industrielle avait fait 7 % de plus, cette année, et que ça allait continuer, le sourire est revenu chez les Duraton.

Il est un mot qu'on ne prononce jamais chez eux : chômage. Le père Duraton se souvient de l'avant-guerre et des queues à la soupe populaire mais si, aujourd'hui, il y a de la misère – l'abbé Pierre a encore tapé les Français, l'autre jour sur Radio-Luxembourg –, il y a du travail pour tout le monde [2], même que rien que cette année, il a fallu faire venir 155 000 travailleurs immigrés. D'ailleurs, tout le monde bosse davantage et voilà même qu'on a largement dépassé les quarante-cinq heures par semaine.

Jean Grandmougin, il a dit aussi que les Français, ils

1. À Paris, en 1954, 40 000 demandes n'ont pu être satisfaites. Quant au raccord automatique avec Lyon, Marseille ou Lille (ne parlons pas des petites villes et encore moins des villages), l'obtenir tient du miracle.

2. Le nombre de chômeurs ne dépasse pas 1 % de la population active.

n'étaient plus sceptiques. Il y a deux ans, quand on leur avait annoncé que jamais, même en 1900 et dans les années 20, les choses n'avaient aussi bien marché qu'à présent, ils n'y avaient pas cru. Cette année, ils y croient dans tous les sondages et quand Jean Grandmougin a parlé de la « décennie heureuse », le père Duraton a dit : « Maman, va chercher la bouteille de Dubonnet. »

Néanmoins, quand il a entendu que pour la première fois depuis la guerre, on venait d'enregistrer « un excédent commercial », il a dit à la mère Duraton, en bon connaisseur : « Je te fiche mon billet, qu'ils trouveront quand même le moyen d'augmenter les impôts. » On ne la lui fait pas.

Quoi qu'il en soit, autour d'eux s'installe le décor d'un monde complètement nouveau. C'est enfin le XXe siècle de Jules Verne qui s'installe dans la vieille boutique où le XIXe siècle n'en finissait pas de s'attarder et qui va mettre tout par terre pour construire du neuf.

Brigitte Bardot lance la mode Vichy

Si les Duraton pouvaient vivre assez longtemps pour apprendre, à la fin des Trente Glorieuses, que leur niveau de vie a grimpé de 400 % – un chiffre phénoménal – et, aussi, que la plupart des objets miraculeux de leur vie quotidienne, devenus si ordinaires qu'on n'y prête même plus attention, sont nés, pour la plupart, dans les années 50, ils déboucheraient, pour fêter cela, une nouvelle bouteille de Dubonnet.

À mi-chemin de la première décade, tout en effet arrive en même temps et se bouscule au seuil du monde moderne : le train Paris-Lyon qui atteint les 243 km-heure, record mondial, la machine à laver qui fait son apparition dans les vitrines, la première transmission télévisée en direct d'un match de football, la Caravelle, premier avion civil à réaction, la révolutionnaire DS Citroën, la FNAC, l'accouchement sans douleur, la troisième semaine de congés payés, le vaccin anti-polio, les grandes surfaces à succursales multiples, comme Casino ou Damoy, les plastiques, *L'Express*, le blouson de cuir, la révolution sexuelle, avec Bardot, Sagan et *Histoire d'O*, le câble téléphonique transatlantique qui relie, pour la première fois, l'Europe et l'Amérique, sans oublier le crylor lavable et le tergal indéfroissable.

À ce propos, « question mode », le père Duraton n'est pas homme à jeter ses fixe-chaussettes par dessus les moulins. Il dort dans un pyjama à raies qui peluche, porte un gilet de laine et se coiffe d'un béret basque. La mère Duraton a sa « petite couturière » (pour les grandes occasions). Elle découpe les patrons du *Petit Écho de la mode*, tricote avec la laine du Pingouin et quand elle va assister à une opérette à Mogador ou dîner chez ses cousins, elle sort de la naphtaline son manteau d'astrakan « rajeuni ». Une réclame dans *Modes et travaux* l'a décidée à s'acheter un soutien-gorge Lou, dont l'armature anti-bourrelets l'avantage.

Le fils Duraton qui, lui, s'habille moderne, est fidèle à son costume de velours à grosses côtes, sauf quand il sort « en ville ». Aussi, s'est-il offert chez Alba, pour 25 000 francs, un costume laine et synthétique avec revers de pantalon de 5 cm dans la couleur à la mode : bleu pétrole. De la même couleur, il possède un manteau de gabardine, avec ceinture à boucle et, pour le grand froid, son vieux duffle-coat, indémodable depuis que les premiers sont apparus sur le dos des intellectuels à Saint-Germain-des-Prés, au lendemain de la Libération.

Depuis la sortie du film *La Traversée de Paris*, avec Jean Gabin, la bonne vieille canadienne fourrée mouton, des années marché noir, est ressortie des placards. Mais, cela en jette tout de même moins que le duffle-coat.

L'élégante de la famille, c'est, bien sûr, la jeune Mme Duraton. Bien qu'elle n'ait pas les moyens, on s'en doute, de s'habiller chez Christian Dior, Jacques Fath ou Mme Carven, elle lit assidûment la presse féminine, en particulier *Elle* et *Marie-Claire*, ce qui lui permet, avec des moyens modestes, d'être quand même du dernier cri. En 1953, elle a suivi la « ligne Tulipe » et l'année suivante, pour se conformer à la « ligne Haricot », elle s'est aplati les seins comme des œufs au plat. Quand, plus récemment, Dior a causé un vrai scandale en arrêtant ses jupes juste au-dessous du genou, elle a bien failli se mettre en règle avec cette révolution mais pour ne pas faire de peine à la mère Duraton – « Tu ne vas, quand même pas, montrer tes genoux ! » – elle s'est rangée du côté de Fath qui, plus sagement, a fixé la frontière à 37 cm du sol.

Elle en a profité pour glisser en douce : « Tiens, justement, j'ai vu dans *Elle* une robe de Fath tout à fait chou... Elle s'appelle *Geneviève* et elle est décorée de feuilles de lierre en tulle. » « Ah oui, a fait le mari. Et ça coûte combien ? » « Oh, trois fois rien... Quelque chose comme 700 000 francs, il me semble... » Les Duraton en sont tombés à la renverse. Sept mois de salaire d'un ingénieur ou d'un chef de service !

Mais c'était pour de rire. La robe en question est d'ailleurs la plus chère de l'année. Pour en revenir au genou, la Française est citoyenne à part entière, c'est en tout cas ce que disent les hommes, à condition, toutefois, qu'elle cache ce maudit genou, dont Mlle Chanel confirme que c'est la partie « la plus laide » du corps féminin. Il faudra attendre 1959 pour que le jeune Yves Saint-Laurent, qui a d'autant moins froid aux yeux qu'on le dit myope, ose dévoiler, sous le prétexte d'un savant drapé, un bout de la coupable articulation du fémur et du tibia.

En attendant, une chose est sûre : Paris dicte à nouveau la mode aux capitales du monde « civilisé » et les grands couturiers, par magazines interposés, habillent une rue, encore docile à leurs commandements. Moins toutefois qu'on le laisse entendre. Il y a, en effet, de plus en plus de mou dans les voiles. Des millions de jeunes Mme Duraton prennent goût à la liberté vestimentaire. Une liberté relative, car elles ont pris l'habitude de chercher l'inspiration du côté des vedettes. Par exemple, la petite robe noire sans manches, avec un gros nœud à la hauteur de la taille, qui se porte au-dessus d'escarpins dont le talon a 4 cm le jour et 8 cm le soir, c'est Audrey Hepburn qui, sans le chercher, l'a imposée. La saharienne, si commode pour un week-end à la campagne ou une semaine aux Baléares, c'est Grace Kelly, dans *Mogambo,* qui en a donné l'envie. Enfin, c'est Brigitte Bardot qui a lancé, en même temps, la robe Vichy, façon paysanne coquine, couchée dans le foin, les ballerines, qui rendent les jambes encore plus moches quand elles sont moches mais bien commodes en « surboum », et la tenue garçon, pantalon et pull d'homme assorti.

Le blue-jean a du retard, bien qu'il habille déjà toute la jeune Amérique en pâmoison devant James Dean et Marlon

Brando, mais patience encore trois ou quatre ans, et les fesses des Français seront mûres pour se frotter au coton, « bleu de Gênes » que portaient les marins au XVIe siècle.

La révolution du collant, c'est presque pour tout de suite. Dès 1957, la petite Mme Duraton va pouvoir balancer ses bas et tout l'attirail qui les supporte, pour accéder enfin au statut de femme libre.

15 % des femmes ne se lavent jamais les dents

Les Duraton font partie des 58 % de Français dont le logement possède l'eau courante, des 25 % qui ont des WC à l'intérieur et des 10 % qui ont le privilège de se laver dans une baignoire. Ils prennent soin de leur corps, en tout cas les jeunes. Le père Duraton, cela reste à vérifier… La mère Duraton avait-elle fait partie des 15 % de femmes qui, interrogées dans *Elle* en 1951, avouaient ne s'être jamais lavé les dents et des 37 % qui concédaient ne pas faire de toilette plus d'une fois par semaine ou même moins souvent ? Elle vous jurerait ses grands dieux que non. Mieux vaut donc parler d'autre chose. Par exemple de « Dop, dop, dop, tout le monde adopte Dop » que serine la radio, à longueur de réclames. Ou bien de l'eau de Cologne « Chevalier d'Orsay » dont s'asperge « l'homme moderne ».

L'année même où RTL les chassera, les Duraton passeront, en moyenne, une heure par jour à se décrasser et à se pomponner. À la fin du siècle, comme aurait pu le dire le père Duraton, ce sera « encore pire » : neuf heures et demie par semaine, pour les femmes employées ou cadres moyens. C'est pas croyable, non [1] ?

*

Les jumeaux, élevés moitié au lait maternel, moitié au Guigoz, ont, maintenant, l'âge d'aller à la maternelle. Jamais, sans doute, les enfants n'ont été aussi dorlotés qu'à présent.

---

1. Philippe Ariés et Georges Duby : *Histoire de la vie privée*, tome V. Points Histoire.

On est en plein dans la décennie « bébé Cadum ». En 1954, les dépenses en achats de jouets ont été trois fois et demie plus importantes qu'en 1950.

Leur mère prend grand soin à habiller les jumeaux Duraton et c'est un budget qui commence à compter pour ce couple où le mari gagne dans les 100 000 francs par mois et, elle, autour de 60 000. Elle habille la petite d'une robe écossaise, toute mignonne, à bretelles croisées dans le dos, et le garçon va à l'école en caban bleu et bottes blanches courtes. Quand il s'est agi de leur choisir un prénom, la famille a longuement hésité entre Martine et Ghislaine (prononcer Jyslaine...) et entre Dominique et Thierry, bien placés sur la liste des prénoms à la mode.

*

Le budget « habillement » est toutefois assez léger par rapport à la nourriture. Avec 38 % des ressources familiales, c'est le gros morceau. Le fils Duraton a calculé qu'à eux quatre, sans les enfants, ils avalent dans l'année environ trois tonnes d'aliments solides. Pour ne pas fâcher maman, il a gardé pour lui la consommation de papa en apéritifs divers, « vins de table » la semaine, « bordeaux supérieur » le dimanche midi. Sans parler du complément de Monbazillac sucré, au dessert.

Baguette dite « parisienne » aux trois repas, pâtes Lustucru, pommes de terre, pois cassés, lentilles, riz, tapioca, saindoux, beurre, charcuteries, abats en tous genres, bas morceaux à pot-au-feu ou ragoût, plus souvent que le beefsteak à 700 francs le kilo, poulet du dimanche ou gigot des jours de fête, le père et la mère Duraton mangent gras et farineux. Ils ne fréquentent guère d'autre poisson que le colin du vendredi, un maquereau ou un merlan, par-ci par-là, et surtout les sardines à l'huile, hors-d'œuvre à répétition. Peu de légumes verts, à part le chou et le poireau, et au chapitre des laitages, outre la bouteille de lait Maggi, le camembert, le pont l'évêque et la boîte de « Vache qui rit » en portions, renouvelée sitôt que liquidée.

Leur belle-fille désapprouve cette alimentation trop riche. Elle a lu dans *Marie-Claire* de 1955 un grand article qui l'a beaucoup impressionnée : « L'ennemi n° 1 est l'embonpoint et la cellulite. » Du coup, elle s'est mise à la margarine, au fromage à zéro pour cent (celui-là même qu'on avait sans ticket, sous l'Occupation), au jus de carotte et céleri ; elle s'est payé un yaourteur électrique Lactana, un pèse-régime à cadran, inventé par Testut, et vient de s'offrir une nouveauté extraordinaire : une poêle qui n'attache pas et permet de cuisiner, quasiment sans matières grasses. Cet objet miraculeux porte le nom de Tefal.

De temps en temps, on s'autorise, quand même, des écarts. La « soirée-fondue savoyarde » entre jeunes ménages est d'un drôle… Plus le fromage coule, plus la bonne humeur roule. C'est bien simple, quand on trempe sa fourchette dans le poêlon, on a l'impression d'être aux sports d'hiver. Le barbecue – la presse féminine ne parle plus que de ça – est aussi terriblement excitant. Mais tant qu'on n'a pas la fermette aménagée, « poutre-charme » qui va avec, il faut prendre son mal en patience. On en reparlera dans quatre ou cinq ans.

Rouletabille contre Pépé Flanelle

En attendant, on se régale, autour du poste Radiola, posé sur un napperon en dentelle, au-dessus du tourne-disque. Entre « Sur le banc », avec Carmen et La Hurlette (Jane Sourza et Raymond Souplex) et « Bravo, le trio Raisner, ça c'est de l'harmonica ! », qui vient juste après « Merci, Monsieur Ségalot, ça c'est du meuble ! », entre le « Quitte ou double » de Zappy Max et « La reine d'un jour » de Jean Nohain, entre « On chante dans mon quartier » de Saint-Granier et les « Maîtres du mystère » ou « Le grenier de Montmartre », sur le Programme national, vous avouerez que les petites cellules grises des Français n'ont pas le temps de tomber en panne.

Radio-Luxembourg éclaire le quotidien de millions de Duraton, comme, dans l'Antiquité, le phare d'Alexandrie guidait le navigateur. On lui fait toutefois des infidélités depuis qu'Europe 1 s'est lancé dans la course, en 1955. Un nouveau ton qui plaît aux jeunes, avec sa musique d'aujourd'hui, ses reportages en direct là où se joue l'Histoire et ses infos enlevées à la hussarde. C'est Rouletabille contre Pépé Flanelle. Mais, enfin, pour l'instant, les Duraton n'ont pas trop de mouron à se faire.

De tous les journaux et magazines rapportés à la maison par leur belle-fille, ils ne consomment qu'un nombre restreint. *L'Aurore* est trop à droite, *L'Humanité* trop à gauche, le *Figaro* trop « beaux quartiers », *Combat* trop intellectuel et *Le Populaire* trop nul. Amateurs de faits divers, ce sont *Le Parisien libéré* – le plus fort tirage du matin – et *France-Soir* – plus d'un million d'exemplaires, l'après-midi – qui leur en donnent pour leur argent. Les hommes, dont les dieux se nomment ou se sont nommés Cerdan, Mimoun, Vignal, Bobet, se plongent dans *L'Équipe* et *Miroir-Sprint*. C'est leur façon à eux de faire du sport. Supporters de la race chevaline et du course par course, les Duraton mâles se partagent *Paris-Turf* dont ils étudient le plan de bataille – gagnant et placé – avec l'application d'un élève à l'École de guerre.

Nous Deux ou *Confidences*, c'est selon, *Le Petit Écho de la mode* ou *Modes et travaux* (la presse féminine compte plus de 200 titres) font de la mère Duraton une lectrice comblée. Quand un événement de la plus haute importance se produit, tel le roman d'amour de la « Princesse triste » (Margaret et Peter Townsend), ou le mariage de la princesse Grace et de Rainier, ou bien encore l'insurrection de Budapest, on se précipite sur *Paris-Match*, pour les images.

L'avantage de *Jours de France*, *Noir et Blanc* ou *Point de vue-Images du Monde*, c'est qu'on n'a pas besoin de les acheter. On les lit gratuitement dans le salon d'attente des médecins et des dentistes. En revanche, il est difficile de résister à *France-Dimanche*, surtout quand, entre la princesse triste et Peter Townsend, il n'y a plus d'espoir. *Le Chasseur français* procure des satisfactions moins pathétiques mais c'est du solide. C'est comme cette revue mensuelle de petit format dont le nom est imprononçable – *Reader's Digest* – mais à laquelle on s'abonne de confiance. Il y a là-dedans un article à ne pas manquer : « L'homme le plus extraordinaire que j'ai rencontré ». Avec le Reader's chose, question culture, on est paré.

Les histoires de corps sans tête et de tête sans corps, « c'est spécial », comme dit Mme Duraton mais, quand on aime, *Détective* est un vrai régal. Du Chéri-Bibi, en vrai.

★

Puisque nous causons lecture, on peut jeter un coup d'œil, en passant, sur la bibliothèque en lamifié des Duraton. Les dépenses de lecture vont bon train, au rythme de 6 % l'an. À côté de l'encyclopédie de ceci ou de cela, casée au porte à porte par un placier bonimenteur, la collection Marabout (une invention belge) est en bonne place, avec ses titres éducatifs, du genre *Comment soigner et éduquer son enfant* du docteur Spock qui enseigne à des millions de parents, à travers le monde, l'art et la manière de faire de jeunes êtres innocents des individus parfaitement insupportables, ou la série des aventures de Bob Morane ou encore les Marabout Junior, Flash, Mademoiselle et autres, soit deux cents titres chaque année, auxquels le Livre de Poche, lancé par le secrétaire général de la Librairie Hachette, Henri Filipacchi, un fou de jazz, plutôt génial, mène la vie dure depuis qu'a paru le premier petit format, en 1953, *Koenigsmark*, de Pierre Benoit. Tout Duraton qui se respecte se doit également d'avoir dans sa bibliothèque *Les Clés du royaume* de Cronin, *La Compagne* de Maxence Van der Meersch, *La Brute*, *La Corruptrice* ou *La Demoiselle d'opéra* de Guy des Cars [1], *Les Rois maudits* par Maurice Druon, *Bonjour tristesse*, cela va de soi, mais aussi *Le Rouge et le Noir*, dont l'auteur doit être Gérard Philipe [2], puisqu'il y a sa photo sur la couverture.

Le couronnement d'Elizabeth sur les trottoirs

Malgré un temps de chien, les Duraton, comme des milliers de Parisiens, étaient descendus dans la rue, où un peu partout dans la capitale, on s'écrasait devant les boutiques d'appareils de radio et les batteries de téléviseurs installés à des endroits stratégiques. Ils se souviendront longtemps de ce 2 juin 1953 où, pour la première fois, une émission franchissait les fron-

1. Si je peux me permettre, *La Corruptrice* de cet homme infiniment drôle et charmant, que la critique littéraire surnommait dédaigneusement « Guy des Gares », est un bon bouquin qui mérite d'être relu.

2. Le film de Claude Autant-Lara, avec Danielle Darrieux et Gérard Philipe, est sorti en 1954.

tières pour les faire assister en direct, depuis l'abbaye de Westminster, au couronnement d'Elizabeth II.

Ballottés par l'émotion, buvant les paroles de Léon Zitrone comme du vin de messe, écarquillant les yeux devant la somptuosité du décor et la magnificence des costumes, ils n'avaient pas eu honte d'essuyer une larme. À leur émotion se mêlait un sentiment de fierté : ils avaient vu l'Histoire se faire devant eux et c'était un peu comme si, soudain, le monde leur appartenait.

Trois ans plus tard, ils ne possèdent toujours pas la boîte magique à images. Quand Pierre Sabbagh a présenté, en avril 1949, le premier journal télévisé, il y avait, en tout et pour tout, 300 postes pour suivre l'événement. En 1954, on en comptait 60 000, devenus 300 000 l'année d'après, mais cela reste encore un jouet coûteux pour privilégiés. D'ailleurs, en 1956, faute de relais, une moitié de la France est dans l'incapacité de recevoir la « télé ».

Le mouvement est, toutefois, irrésistible et les Duraton le rejoindront enfin, en 1958, quand près de 700 000 postes éclaireront les foyers de leur reflet pauvre et de leurs images sautillantes. Au paradis de « Trente-Six Chandelles », de « La Tête et les Jambes », de « La Piste aux étoiles » et de « La Joie de vivre », sous l'œil bombé du Pathé-Marconi, ils mangeront leur soupe en silence avec Jean Nohain, Pierre Bellemare, Gilles Margaretis, Henri Spade et, sur leur chaise ou dans leur fauteuil, comme la liane dans son pot, des racines peu à peu leur pousseront aux jambes et aux bras, des rhizomes les enlaceront et les ligoteront, jusqu'à ce qu'ils n'aient plus rien à se dire, et ce jour-là, en effet, la France n'aura plus besoin des Duraton.

Il en pince toujours pour Martine Carol

En attendant, c'est dans une salle obscure de leur quartier que, le samedi soir ou le dimanche en matinée, ils vont terminer leur esquimau au moment où le petit bonhomme de Jean Mineur lance sa pioche dans la cible. Il y a 350 salles à Paris et elles ne désemplissent pas, mobilisant 60 millions de spectateurs dans l'année, dont 4 sur 10 ont entre 15 et 20 ans.

Pour ces jeunes et leurs frères aînés, la question ne se pose même pas : le cinéma est américain. En 1953, ils se sont jetés sur Marlon Brando, dans *L'Équipée sauvage*, Marilyn Monroe dans *Les hommes préfèrent les blondes* et Audrey Hepburn dans *Vacances romaines*. L'année suivante, ils ont retrouvé Brando (*Sur les quais*), Marilyn Monroe (*La Rivière sans retour*), Audrey Hepburn (*Sabrina*) et le cœur des jeunes cinéphiles a battu très fort pour Ava Gardner, la comtesse aux pieds nus. En 1955, ils ont été estomaqués par la maestria « noire » d'Aldrich (*En quatrième vitesse* et *Le Grand Couteau*) ; sont tombés dingues de James Dean dans *La Fureur de vivre* jusqu'à copier sa coiffure, son blouson, ses jeans ; et, avec Richard Brooks, peut-être ont-ils senti lever en eux la *Graine de violence* des trottoirs de New York. Enfin, en cette année 1956, il y a les tours de passe-passe du père Hitchcock (*L'homme qui en savait trop*, *Le Faux Coupable*), le grand bazar de Cécil B. de Mille (*Les Dix Commandements*), un beau Wyler (*La Loi du Seigneur*, avec Gary Cooper), la petite vicieuse de *Baby Doll*, et tant d'autres – westerns, thrillers, comédies légères – qui monopolisent les entrées.

Les Duraton, comme tout le monde, aiment le cinéma américain – à condition qu'il soit doublé – mais c'est, quand même, la « qualité française », au fumet bien de chez nous, qui les rassure et les contente, au même titre qu'un bon saucisson ou un camembert fait à cœur. Elle se fait de plus en plus popote, la « qualité française ». *Les Enfants du paradis*, *Le Corbeau*, *Les Dames du Bois de Boulogne*, c'était hier et même avant-hier. À présent, ce serait plutôt *Papa, maman, la bonne et moi*, après *Caroline chérie*. Vivement Truffaut et les années 60… Mais soyons justes, au milieu des bijoux en toc, il en est d'or et d'argent, que ce soient *Les Vacances de M. Hulot*, et *Le Salaire de la peur*, en 1953, *Touchez pas au grisbi*, l'année d'après, *Lola Montès*, *Les Grandes Manœuvres* ou *French Cancan* en 1955 et cette année on a été plutôt gâtés avec *Un condamné à mort s'est échappé*, *Le Monde du silence*, *Monsieur Arkadin*, *Le Mystère Picasso* ou *Le Ballon rouge* qui, pour la première fois, a montré la France aux Français, vue du ciel. Et au-dessus de tout, le miracle de *Et Dieu créa la femme*, ce navet creux, taillé par Vadim, qui a réussi à s'épanouir en la plus désirable des fleurs : Brigitte Bardot. Son talent, tout entier contenu dans sa mine boudeuse, ses seins et ses reins, va rapporter à la nation plus de devises que les carrosseries de Renault.

Le père et la mère Duraton ne voient pas, pour autant, « ce qu'on lui trouve » à cette gamine. Lui en pince toujours pour Martine Carol et elle, pour Luis Mariano. Les jeunes Duraton voient la chose différemment.

La « zone bleue » interdite aux chevaux

France-Soir, le 15 mai 1956, jette un cri d'alarme (le « cri d'alarme » est une fonction naturelle de la presse parisienne) : « Paris, menacé d'asphyxie ! » Un million et demi de véhicules roulent dans la capitale. Quatre fois plus qu'en 1950 !

Les voitures à chevaux sont-elles comprises dans le lot ? Eh oui, il y a toujours de braves bourrins, nourris au picotin, qui tirent leur charrette dans les rues de Paris. Enfin, il y en avait car, le 7 mars dernier, le préfet de police, M. André Dubois, « à son grand regret » a dû interdire la circulation et le stationnement des voitures « à traction animale », de 10 heures à 19 heures, mais, heureusement, seulement « en zone bleue », laquelle comprend les Champs-Élysées, les Grands Boulevards, l'Opéra et la gare Saint-Lazare. Le même M. Dubois, homme des plus charmants qu'on s'arrache dans les salons (les salons mondains, pas ceux de l'Agriculture), a pris, deux ans plus tôt, en plein mois d'août, dans un Paris désert, une mesure qui a semblé à tous complètement folle, mais à laquelle les plus rebelles ont dû finir par se soumettre. Cette révolution, c'est la loi du silence : 1 200 francs d'amende à quiconque – y compris le cycliste – utilisera son avertisseur.

Aussi invraisemblable que cela paraisse, ça marche. Qu'ils l'aient mauvaise ou pas, tous les Duraton de Paris roulent en la bouclant. Il est vrai que, faute de klaxonner, on peut téléphoner dans les embouteillages en faisant sur le cadran Oberkampf 88.00. À condition toutefois d'être l'un des vingt-huit privilégiés qui ont payé entre 400 000 et 600 000 francs, plus un abonnement annuel de 72 000 francs et plus une surtaxe de 105 francs par communication, limitée à trois minutes, le luxe inouï d'un radiotéléphone à bord.

Le directeur de *France-Soir*, Pierre Lazareff, a été l'un des premiers parmi les vingt-huit. Une histoire court les rédactions. Dès qu'il a appris la nouvelle, Max Corre, le directeur de *Paris-Presse* (le petit frère du grand *France-Soir*), a fait installer un poste dans sa voiture et a aussitôt appelé Lazareff : « Allô, Pierre, c'est Max. » « Désolé, a répondu une voix. Je suis le chauffeur. M. Lazareff est occupé sur l'autre ligne... »

Mais la grande attraction de la rue, qui rameute les badauds, c'est une drôle de bagnole, comme on n'en avait encore jamais vu. Elle a un capot aérodynamique et quand elle démarre, la caisse se lève, puis quand elle s'arrête, se baisse, comme si on la gonflait ou la dégonflait. Les Duraton, au dernier salon de l'Auto, ont fait longuement la queue, dans une atmosphère d'émeute, pour regarder de près l'étrange animal, sur son podium tournant, au stand Citroën.

L'Auto-Journal, qui a expliqué en détail sa suspension hydropneumatique, son embrayage hydraulique et sa direction assistée, l'a qualifiée de « révolutionnaire ». Les journalistes l'ont surnommée « Déesse », tellement ils l'ont trouvée belle. Le père Duraton a porté, sur son esthétique, un jugement plus tempéré : « Elle est spéciale », a-t-il dit. Quoi qu'il en soit, les premiers exemplaires de la DS 19, carrossée par l'Italien Bertoni, commencent à se balader dans Paris, vers la fin de 1956. Se balader, c'est peut-être beaucoup dire... À peine sortie de la chaîne, la Déesse ne veut plus rien savoir, comme si l'émotion lui coupait les jambes. Partira, partira pas ? Tous les Duraton de France qui font cercle autour de la bête capricieuse et n'ont pas les moyens de s'en payer une, se tiennent les côtes de rire. Ce n'est pas leur bonne vieille 4 CV, leur Frégate ou leur Aronde qui leur jouerait des tours pareils... Tout finira quand même par s'arranger pour la DS, qui vivra sa belle vie pendant vingt ans et permettra même, grâce à la nervosité de ses reprises (et au talent du chauffeur), au général de Gaulle d'échapper aux balles du Petit-Clamart.

Alors que l'autoroute du Sud est en projet et que Charles Trenet chante sa dernière chanson *Nationale 7*, les Duraton de 1956 mais aussi tous les autres Français à quatre roues ont une maîtresse en commun : leur voiture. Dès qu'ils ont cinq minutes, ils la font reluire d'un coup de Nénette, à manche plastique noir, n'arrêtent pas de parler d'elle, entre copains, et assomment leur femme, que le sujet intéresse peu, en accablant les repas familiaux de comparaisons interminables entre Renault et Peugeot, Ford et Citroën, la Dyna 54 Panhard et la Trianon. Dans deux ans, avec 4 millions de voitures particulières contre 1,7 million en 1951, il y en aura une pour 7 habitants. De quoi faire rêver tous ceux qui n'en ont pas encore et doivent se contenter d'une Vespa, d'une mobylette Motobécane, d'un scooter Lambretta ou d'un Vélosolex (5 millions et demi de « deux roues » en 1958).

Le rêve de chevaux sous le capot qui vont les emporter, le dimanche, jusqu'à la forêt de Fontainebleau et, le 31 juillet, à Pornichet ou sur les plages de la Méditerranée, n'a plus rien d'insensé. En exposant sa 500 000e 4 CV sur l'esplanade du Trocadéro, Renault a annoncé une baisse sensible de son prix. Comme Simca, d'ailleurs, qui a diminué son coupé de ville, de près de 300 000 francs.

Cela tombe à pic avec cette troisième semaine de congés payés [1] et la nouvelle frénésie de camping qui, en cette même année 1956, expédie un million de jeunes et de moins jeunes vers les pinèdes ou les prés à vaches. Tiens, à propos, Jean Grandmougin vient d'en raconter une bien bonne « sur » Radio-Luxembourg. Alors que le revenu moyen aura augmenté cette année de 6 %, 92 % des Français interrogés ont répondu : « Mon revenu n'a pas bougé... »

Entendant la nouvelle, le père Duraton a fait ce commentaire : « Il y a quelque chose de bizarre dans ce pays. C'est toujours le revenu des autres qui augmente. Jamais le nôtre. »

La grand-messe des Arts Ménagers

Deux fois par an, au Grand Palais, les Parisiens, renforcés par la province, ont rendez-vous avec le rêve : en octobre, pour le salon de l'Auto, en février pour les Arts Ménagers.

1. Il n'y a, malgré tout, que 4 français sur 10 qui partent en vacances.

Le premier, pour les hommes et donc le second, pour les femmes ? Non, curieusement, même aux Arts Ménagers, il y a plus d'hommes que de femmes. (54 % contre 46 %). On ne cherche pas à savoir pourquoi mais c'est ainsi. J'ai dit : la femme au foyer ! Compris ?

Si on l'imagine comme une vulgaire foire à aspirateurs, à chauffe-bains et à balayettes à cabinet, c'est que l'on n'a aucune idée de l'événement majeur que représente le Salon, dans les années 50, pour la vie et l'évolution de la société française.

Pendant trois semaines, devant un million et demi de Duraton – mais pas seulement, car viennent aussi des ouvriers et des agriculteurs, aussi bien que des bourgeois aisés – le monde moderne dévoile ses secrets, ses progrès et souvent même son génie.

Sous l'immense verrière de cette ruche, industriels, savants, artistes, designers, antiquaires, décorateurs, et grands chefs cuisiniers composent le plus excitant pêle-mêle d'un nouvel art de vivre que, guidé par des gardiens à galons d'or, le bon peuple s'en vient butiner jusqu'à plus faim.

Depuis la réouverture, le 26 février 1948, les Duraton n'ont pas raté un Salon. Les vedettes de la scène, de l'écran ou du livre, non plus. D'Arletty à Michèle Morgan, de Louise de Vilmorin à Françoise Sagan, de Jeanne Moreau à Minou Drouet, de Tino Rossi à Jean Sablon ou Annie Cordy, on est venu, on vient ou on viendra se faire tirer le portrait, pour *Elle*, *Marie-Claire, Paris-Match* ou *Jours de France*, dans une salle de bains, devant un réfrigérateur ou une rôtissoire électrique. Cette année 1956, où nous allons rattraper les Duraton dans leur tournée, Boris Vian a même composé pour l'AFNOR (Association française de la normalisation), *La Complainte du progrès*, sous-titrée *Les Arts Ménagers*, dont le texte est distribué aux visiteurs. Les meilleurs créateurs présentent leur œuvre ou leurs projets : Le Corbusier a exposé, en 1950, une cellule-type de « l'unité d'habitation » qu'il était en train de construire à Marseille, tandis que l'année suivante, Jean Prouvé montrait son étonnante « maison de demain », préfabriquée et modulable ; que Fernand Léger et son atelier décoraient d'une longue fresque les murs du restaurant, où sous la présidence de Curnonsky, on venait de créer le Prix Prosper Montagné ; que de grands sculpteurs comme Zadkine, Calder,

Jean Arp ou Étienne Martin prêtaient, à leur tour, leur concours ou que le Musée d'art moderne de New York offrait une exposition de design américain.

L'art impressionne énormément le père et la mère Duraton, mais à condition que l'œuvre soit dans la manière de la « biche se désaltérant à l'orée de la forêt » qui donne tant de classe à leur salle de séjour.

La machine à laver les rêves

Les Duraton ont filé tout droit en direction des réfrigérateurs. Depuis le premier Salon, le « frigo » est le roi. Avec son ventre rebondi, il est au nouveau foyer français ce que l'ostensoir est à l'autel. On poussera même le fétichisme pour cet objet du culte jusqu'à faire dessiner ou peindre, sur la porte, des artistes comme Dali, Buffet, Cocteau ou Vertès. Devant la cuisinière, l'aspirateur et le lave-linge, il est à la première place de tous les désirs.

Les Duraton se souviennent de leur émotion, découvrant en 1948 ou 1949 un General Electric de 200 litres, avec évaporateur serpentin, porte aménagée, compartiment pour les produits surgelés, éclairage intérieur, tiroirs basculants et mille autres trésors, alors qu'aucune glacière de chez nous ne possédait le dixième de ces perfectionnements. Et ils se rappellent le choc à l'estomac quand le vendeur leur avait dit le prix : 200 000 francs ! « Et, avait-il ajouté, l'air un peu dédaigneux, voyant à qui il avait affaire, livrable, bien entendu, contre une licence d'importation... »

Dans ces années-là, le froid était américain et, à ce tarif, on avait des excuses pour ne pas être très chaud. Puis, heureusement, on s'est mis à fabriquer français – le plus souvent, sous licence américaine, il est vrai : Frigidaire, Frigéco, Kelvinator, Norge... –, les prix ont baissé, le crédit s'est étiré sur quinze mois, l'obligation de verser le tiers du prix à la commande a disparu et, en 1954, la mère Duraton a pu convaincre le père d'acquérir pour 44 200 francs un Superbijou Electrolux, de 35 litres seulement, il est vrai.

À côté du Westinghouse de 540 litres, ça fait un peu juste...

Mais comme les prix n'arrêtent pas de baisser, depuis qu'on est passé de 30 000 appareils vendus en 1947 à 400 000 aujourd'hui, la mère Duraton aura bientôt son 100 litres Frigéco, Frigéavia ou Frimatic. Elle pourra s'estimer privilégiée car, malgré tout ce qui se dit et s'écrit sur la « folie du froid », 90 % des foyers qui n'ont toujours pas de frigo en 1956 seront encore 74 % à la fin de la décennie.

Un peu plus loin, trois cents modèles différents de machines à laver ravivent le linge, en même temps qu'un impérissable souvenir. Celui d'une machine fabuleuse – le clou du Salon en 1949 – qui trempait, lavait, rinçait trois fois et essorait 4 kilos de linge, en pas plus de 50 minutes ! On se disputait les fauteuils, dressés sur trois rangs et les acclamations fusaient de toutes parts, tandis qu'à travers le hublot on suivait, médusé, la sarabande des chemises et des petites culottes que, moins d'une heure plus tard, la présentatrice brandissait face à la foule pour en faire constater l'innocente pureté.

On n'avait encore jamais connu aussi mirobolante machine. Mais le prix de cette Bendix américaine ! 85 000 francs, plus 30 000 francs de frais de douane.

Il y en avait une autre qui faisait aussi machine à laver la vaisselle. Ah, ces Américains ! Et les bras, ça sert à quoi ? Mais de Salon en Salon, on en a vu bien d'autres : à batteur, comme pour monter les œufs en neige, à vibration sonique, à agitation, à turbulence et voici qu'aujourd'hui, la mère Duraton contemple avec gourmandise une Vedette à tambour qui lave, fait bouillir, essore et que l'on n'a pas besoin de sceller ! La nouveauté de ce Salon est, en effet, un système de suspension censé assurer une stabilité parfaite. Moyennant quoi, on assistera encore pendant des années au spectacle fort divertissant de ménagères courant, à travers leur cuisine, derrière une machine en folie, frappée d'épilepsie. La bonne nouvelle, c'est que la demande croissante fait baisser les prix (une machine qu'on payait 85 000 francs en 1950 n'en coûte plus que 60 000) et que ce n'est sûrement pas fini car 12 % seulement des foyers sont équipés. Aux États-Unis, ils sont 81 %... Néanmoins, les Français, dit la presse, sont en train de rattraper à toute vitesse leur retard. Une enquête de l'IFOP a révélé que 32 % de leurs achats concernaient l'équipement ménager contre 5 % pour un appartement. On devine donc pourquoi les yeux leur sortent-ils de la tête, à la visite d'un nouveau Salon, en découvrant l'infinité de ses merveilles.

Oui, l'après-guerre est bien terminé

Les cuisines aménagées soulèvent l'enthousiasme. Hier, le symbole de la réussite sociale était le salon, avec ses housses que l'on ôtait les jours de réception. Aujourd'hui, c'est la cuisine, qui prend des allures de Caravelle, dont la ménagère serait le commandant de bord.

Depuis 1951, dans la cuisine, devenue salle commune ou que l'on fait communiquer avec le « living » par un large passe-plats coulissant, toutes les matières, tous les objets qui, améliorés ou non, franchiront aisément pour la plupart le cap de l'an 2000, sont en place, en 1956 ou le seront très bientôt : le plastique, avec le revêtement stratifié Formica, l'inox, le bloc-évier, le broyeur, la hotte aspirante, le plexiglas, les plaques chauffantes, la table de cuisine à induction, le four à infrarouge, la casserole en émail inaltérable, le verre à feu Pyrex, le grille-pain, la friteuse, la sorbetière, le moulin à café ou le chauffe-biberon, tous électriques mais aussi la poêle Tefal, la super-cocotte Seb, le mixer, le barbecue, l'essuie-tout Sopalin et la si précieuse pendulette à transistor Jaz…

Les portes de la caverne d'Ali Baba sont grandes ouvertes à tous les Duraton de France qui n'en peuvent plus du poêle à bois, de la cuisinière à charbon, de la lessive du lundi et du fer à repasser en fonte. Le paradis est là. Ils peuvent le toucher du bout des doigts et, même mieux, en emporter un morceau chez eux. La réclame les y pousse, le crédit CETELEM ne demande qu'à les y aider. Oui, vraiment, l'après-guerre, l'interminable après-guerre, est bien terminé.

Mais au fait, êtes-vous bien sûr que ce Grand Palais existe et que ce n'est pas un mirage ? Il y en a qui, même en 1960, se poseront encore la question. Et savez-vous pourquoi ?

C'est très simple. Parce que cette année-là, il n'y aura toujours pas d'eau chaude courante dans 70 % des logements de France.

CHAPITRE 25

CAUSERIE LITTÉRAIRE CHEZ LES CLOCHARDS DE DOISNEAU

« Ça devrait faire dans les 130 bouteilles et les 20 kilos de saucisson », jauge, du coup d'œil de l'expert, Albert Fraysse, le bistrot de la rue de Seine, en tirant le bouchon d'une main maternelle.

Aujourd'hui, c'est cocktail littéraire chez les clochards. Et c'est la « paire de Robert » – le blaze allégorique donné à Robert Giraud et Robert Doisneau, par les bougnats, sur la route du zinc – qui régale. Plus exactement, Denoël, l'éditeur de leur *Vin des rues*, un pur jus de la treille parisienne, à faire claquer la langue.

Le photographe, je l'ai rencontré plusieurs fois chez Cendrars, depuis qu'ils ont fait ensemble *La Banlieue de Paris*. Un fantastique coup de poing de poésie, mollement esquivé par un public pour qui la photo est tout, sauf un art, et qui se bat l'œil des dimanches à Courbevoie, de la fête des gondoles à Choisy-le-Roi, du printemps à Nanterre et, en règle générale, de cette dégoûtante Ceinture rouge et de sa populace.

En revanche, le journaliste, « Monsieur Bob », c'était la première fois que je le voyais quand, à l'automne 55, il m'a apporté un texte et un paquet de photos.

Le bonhomme Giraud – un René Fallet mâtiné d'Albert Vidalie, plus les cheveux dressés à la diable – me plut bien et aussi, plus vicieusement, la satisfaction de publier dans un hebdo destiné au gratin de la finance, des affaires et du monde politique, une double page consacrée aux clodos parisiens.

Quant aux photos, c'était Goya, en plein purin humain, plus la tendresse.

La Légion en haillons

En outre, la saison se prêtait à une telle publication. L'hiver précoce s'annonçait glacial. Peut-être reparlerait-on bientôt de l'abbé Pierre, que l'on avait oublié, sitôt revenu le premier rayon de soleil. On n'ignorait plus rien, à présent, du désastre de l'an passé. Avec des chutes du thermomètre entre - 12° et - 15°, un millier de personnes étaient mortes de froid à Paris et en banlieue. Le gouvernement Laniel n'avait rien prévu, alors que l'on connaissait parfaitement les conditions honteuses dans lesquelles 200 000 pauvres gens survivaient dans les dix-sept îlots insalubres recensés à Paris. Ni les ministères ni la préfecture ou le conseil municipal n'avaient levé le petit doigt. Sans la croisade de l'abbé et la réponse massive de la population – 120 millions collectés en quatre jours ! – les dégâts auraient été bien pires.

Entre le cadavre bleui, retrouvé au petit matin, d'un sans-logis ou d'un mal logé et celui d'un clochard, il serait incongru de faire la différence. Pourtant, il ne s'agit pas du tout de la même espèce de déshérités. Le premier est victime de la crise du logement, éventuellement du chômage, si minime soit-il, alors que le second, libre de toute contrainte, vit parfaitement organisé en dehors de la société. L'un cherche un toit, l'autre sa liberté.

C'est vers ce légionnaire de la Légion en haillons que Giraud et Doisneau ont tendu, l'un son stylo, l'autre son appareil de photo, et tous deux leur amitié fraternelle. Avec Robert Giraud, autour de la place Maubert, aux Halles ou rue Mouffetard, je vais en rencontrer quelques-uns, tandis qu'il me racontera, en chemin, l'éternelle Cour des Miracles que Paris porte à son flanc comme une plaie suppurante.

Le marché aux mégots, derrière chez les fous

Il y a près de 25 000 clochards à Paris, en majorité bretons. Beaucoup sont d'anciens marins mais n'importe qui peut devenir clochard du jour au lendemain. « Cloche », en argot, signifie le « ciel » et le clochard est donc celui qui possède le ciel pour seul domaine. Presque tous, parmi ceux que l'on rencontre sur les quais, aux portes de Paris, dans les terrains vagues, aux abords des asiles de nuit, ont été autre chose avant d'être devenus cela.

« J'en connais, dit Robert, qui ont été prêtre, professeur, avocat, comptable ou notaire. Comment en arriver là ? L'alcoolisme ? Oui mais pas seulement. Il y a les déboires conjugaux, le jeu, la paresse, l'échec professionnel et tellement de circonstances souvent inattendues qu'il n'est pas possible de les énumérer toutes. »

Du jour où le nouveau venu rejoint la « communauté », il abandonne son nom de famille, par une sorte de pudeur, et se fait souvent désigner par un surnom. Il s'aperçoit vite que sa fameuse « liberté » est très relative. S'il va chercher un lit dans un asile, il lui faut inscrire son nom sur un registre de police, il ne peut pas se présenter plus de deux ou trois fois de suite et, comme la plupart des asiles sont tenus par des religieux, on l'oblige à faire ses prières. Pour manger, il ira tendre sa gamelle dans les arrière-cours de restaurants, à la porte des casernes et des hôpitaux et, pour boire, il demandera la charité à la porte des églises et aux entrées de métro. Dans ce cas-là, il est un tapeur, un manchard, un pilon, un torpilleur… Mais il ne faut pas croire qu'il s'arrête systématiquement de travailler.

« Certains font des petits boulots : homme-sandwich, porteur aux Halles et, à la saison, ramasseur de patates ou de betteraves dans les champs autour de Paris. Bébert, aux Halles, récupère les cageots, il les casse et en fait des fagots qu'il vend aux ménagères. Léon le Clope dépiaute les mégots et procède à de savants mélanges qu'il emballe dans de petits paquets de papier journal. Il a sa clientèle, des manœuvres, des ouvriers. Si tu veux, on ira au marché aux mégots, impasse Reille dans le quatorzième, derrière Sainte-Anne, chez les fous… Il y a aussi les chiffonniers. Le chiffonnier, c'est le biffin ou le chiftir. La voiture d'enfant qu'il traîne avec lui, c'est la berline et la poubelle, la galtouse. Eux, ce sont les travailleurs de la nuit. Ils fouillent, ils fouillent et trient tout ce qui est peut être vendu. Tu en retrouves le dimanche aux Puces de Vanves. On n'a pas idée de ce qui peut traîner dans les poubelles. Surtout dans les beaux quartiers. J'en connais qui ont récupéré, avenue Foch, des couteaux en argent, balancés par une bonne distraite et même des tableaux anciens.

Tiens, ça me fait souvenir d'une histoire qui justement s'est passée avenue Foch dans un immeuble tout ce qu'il y a de rupin. Un locataire avait deux paysages, genre hollandais, mais tellement noirs et sales qu'un jour, dégoûté, il les balance à la poubelle. À quelque temps de là, il est invité à un cocktail, à l'étage en dessous. Dans le salon, au bout d'un moment, il remarque, sur un mur, deux tableaux superbes et tout propres. Il va les regarder de plus près. Pas de doute, ce sont les siens ! Il va voir le maître de maison et lui raconte sa petite histoire, à sa façon. Soi-disant que les tableaux ont été jetés par erreur, etc. Mais l'autre ne se démonte pas. Les peintures lui viennent d'un héritage et patati et patata. Il aurait préféré crever plutôt que d'avouer qu'il fouillait les poubelles de l'immeuble ! En tout cas, il n'a jamais rendu les tableaux et quand ces deux-là se croisent dans l'ascenseur, le thermomètre doit geler… »

Rendez-vous avec le roi des mendiants

Il est rare que les clochards aient une famille. Giraud, pourtant, en a connu une, de famille de cloches. Tous les trois ont disparu : Mémère, morte à la tâche, en mendiant devant le grand portail de Notre-Dame ; l'Astuce, disparu un soir de beuverie, noyé dans une carrière du bois de Vincennes, après avoir été déposé là, en pleine nuit, par la police ; et, enfin, Francis, le fils, mort sur une route du trimard, pour se faire une livre (100 francs) ou un bleuet (1 000 francs).

La mendicité est un bon rapport.

« Je vais te présenter l'Amiral et tu vas comprendre. C'est le roi des mendiants. On va le trouver dans son bistrot habituel, à la Maub'. Neuf heures du soir, c'est l'heure à laquelle il rentre du travail. Et en taxi, s'il vous plaît ! »

Rue Maître-Albert, qui existait déjà avant François Villon et dont les maisons, sans doute belles, jadis, sont dans un état de délabrement total, il tient à s'arrêter devant une sorte de boutique lépreuse. Il s'en dégage un relent puant, une odeur de mort, insupportable. Par la porte ouverte, on aperçoit, dans la pénombre, de grandes caisses métalliques, que l'on dirait, de loin, couvertes d'un manteau de fourrure qui aurait des yeux et des oreilles. Ce sont des chiens de toutes tailles, de toutes races, et des chats de toutes couleurs, dont les cadavres entremêlés ne risquent pas de se courir après.

À un jet de pierre du confortable boulevard Saint-Germain, dans cet îlot des rues Maître-Albert et de Bièvre où – rénové, une quinzaine d'années plus tard par le fils d'Édouard Daladier – François Mitterrand aura son duplex et notre Guide ses premiers bureaux, on écorche, on dépouille, on équarrit le cher Toto du crémier et la douce Minette de la concierge.

Un peu plus loin, dans la rue, Giraud me désigne de la main un immeuble de quatre étages, à demi éventré, dont les fenêtres ont perdu leurs vitres. Il est colonisé par une bande de clodos que les flics se sont lassés de faire déguerpir. Installés dans les étages supérieurs, sans doute plus faciles à défendre, ils font leur cuisine sur des feux de bois autour desquels ils se chauffent en buvant un coup, avant de roupiller. Comment n'ont-ils pas encore fichu le feu à tout le quartier ?

*

Entre la rue Lagrange et le boulevard Saint-Germain, la rue des Anglais ne compte que quelques numéros mais un joli passé depuis qu'y logèrent, au début du XIIIe siècle, les étudiants arrivés d'Angleterre. Au 4, m'apprend Giraud, se trouvait au début du siècle le célèbre *Cabaret du Père Lunette*. Une toute petite boutique peinte en rouge, avec, comme enseigne, une énorme paire de lunettes. Ce n'était ni « une tolérance » ni un coupe-gorge, mais le cabaret artistique de la Maub'. Au bout d'un étroit boyau, où se coinçait le comptoir, se trouvait la salle, très basse de plafond, éclairée de deux becs de gaz clignotants. Autour de quatre tables, entourées de bancs, s'agitaient ou somnolaient des individus en casquette et de misérables créatures en haillons, sordides, édentées, bancales ou bossues qui harcelaient les consommateurs jusqu'à ce qu'ils se soient fait offrir un verre de vin, à 20 centimes. L'endroit faisant partie de la « Tournée des Grands Ducs », recommandée, en 1900, dans le *Guide des plaisirs à Paris*, la « pratique » des riches noceurs et des belles dames ne faisait pas défaut. Outre les clochards, l'attraction du *Père Lunette* était la lecture, chantée par le cicérone de l'établissement, des barbouillages à l'huile peints par un vieil ivrogne sur les murs encrassés sous des couches de nicotine et de vapeurs d'alcool. Sous une galerie de portraits, grossièrement ébauchés, couraient des poèmes en argot, comme celui-ci :

Un balluchard tout désolé
Qu'un copain a dégringolé
N'a plus de tringues
Assis le cul sur le pavé
Il ne retrouve plus un linvé
Dans son morlingue [1]
Mais dans le milieu du filou
Où la corde est bien près du cou
Tout n'est pas rose
Au voleur pendu court et haut
Une potence sert bientôt
d'apothéose !

Cinquante ans plus tôt, à la Belle Époque, le souvenir de la place Maubert, de sa potence, de sa roue et de son bûcher, où tant de protestants « hérétiques » furent pendus, martyrisés ou brûlés, était encore présent dans l'ancien Paris de François Villon.

L'Amiral parle huit langues

La casquette de marinier, enfoncée jusqu'aux oreilles, la moustache reliée au collier de barbe blanche, le nez épaté entre les yeux mi-clos, l'Amiral vient, en effet, de débarquer d'un taxi. Roi des clochards et reconnu comme tel par ses pairs, il fut, paraît-il, officier mécanicien de marine. C'est à lui que les clochards s'adressent quand ils sont en difficulté. Il donne des consultations dans son bistrot favori, *Chez Paulo*, et ses conseils passent pour être précieux.

L'Amiral parle huit langues ou, en tout cas, a des connaissances suffisantes pour s'exprimer, à la surprise des invités, en

1. « Linvé », c'est 1 franc. Le « morlingue », le porte-monnaie.

ouvrant la porte des voitures devant les consulats et ambassades qui donnent une réception. Il possède un agenda où il inscrit les dates et ne rate pas une fête. Casquette à la main, il salue chaque arrivant, dans sa langue d'origine et, en peu de temps, gagne sa journée. Il se fait dans les 4 000 francs en deux heures de « travail » mais ne retourne « au bureau » que lorsqu'il a tout dépensé. Il boit près de vingt « cheminées » (10 litres) de rouge par jour et, quand il a « étranglé » la dernière « négresse » (vidé la dernière bouteille), il s'en va dormir du sommeil du juste, non sans avoir écrasé quelques « mies de pain » (poux) qui traînaient par-ci, par-là.

Un autre grand pensionnaire de la Maub', c'est Coco. Avec son chapeau melon et sa gueule de singe, Robert Doisneau en a tiré un de ses portraits les plus forts. Après avoir passé dix-sept ans au Bataillon d'Afrique, il a débarqué à la Maub', un perroquet sur l'épaule. Quand son copain à plumes est mort, Coco soignant son chagrin de zinc en zinc s'est mis à voir une multitude de perroquets qui le narguaient et le menaçaient, comme pour se venger. Un soir, où son ivresse dépassait les sommets habituels, il est allé à la fête foraine qui battait son plein, au bout du boulevard Saint-Germain. À un stand de tir, il a volé une carabine et, s'enfonçant dans la nuit, est parti à la chasse au perroquet. Les agents l'ont embarqué, au petit matin, au moment où il épaulait, visant une cage, derrière la fenêtre de la loge d'une concierge. À présent, Coco dit ne plus voir de perroquets.

*

Au-delà de l'Odéon, vers Saint-Germain-des-Prés, Robert Giraud a une relation mondaine, en la personne du Baron. Le personnage se dit authentique baron et, en tout cas, nul ne peut lui contester son titre de « manchard », c'est-à-dire de mendiant de première catégorie. En compagnie de son inséparable ami, Milo, qu'il tire, confortablement installé dans sa « berline », William, surnommé le Baron, sait s'y prendre pour interpeller le passant qui, amusé et surpris par son beau langage, ne lui refuse jamais la pièce. Il ne crache pas sur un bon petit cigare, avant d'aller s'écrouler sur un sommier abandonné dans un recoin de mur, rue Jacques-Callot, derrière l'Académie française, où certainement, un discours de réception ne lui ferait pas peur.

« Cette raseuse de Beauvoir… »

Un autre soir, rue des Grands-Degrés, toujours à la Maub', mais seul cette fois, je me fais accoster par un homme dans les trente-cinq ans. Il porte un costume élimé mais aussi bien tenu que possible et a une bonne tête. Ce qui me frappe, surtout, c'est qu'il n'a pas le regard « assommoir », perdu dans l'immensité des vapeurs d'alcool. Il n'empêche que je suis bon pour le rituel : « Vous auriez pas une petite pièce ? » Je ne sais trop ce qui me pousse à lui répondre : « C'est pour manger ? » mais quand il rétorque : « Ah non ! C'est pour boire », je ne peux pas m'empêcher, tant il m'intrigue, de lui dire : « Dans ces conditions, allons-y ensemble. »

Devant le zinc d'un bistrot voisin, il me raconte sa vie. Enfin, ce qu'il veut bien me raconter. Il est breton, il a été engagé volontaire, en 44, à la 1re Armée, chez de Lattre, on l'a décoré de la Croix de guerre, il a un frère, chef de service à la Banque de France et, à part le pinard, sa grande passion à lui, c'est la lecture. Évidemment, je suis sur mes gardes. Sentant mon scepticisme, il sort un tas de papiers de sa poche et les pose sur le comptoir. Tout est vrai, l'Armée, la décoration, le frère dont il a plusieurs lettres à en-tête de la Banque de France (la dernière lui refusant tout subside, tant qu'il se refusera à quitter la cloche) et pour ce qui est de la lecture, il se lance dans un discours assez sidérant sur ses dernières découvertes. Il a beaucoup aimé *Week-end à Zuydcoote* de Robert Merle et *Le Hussard sur le toit* de Giono, très modérément *Bonjour tristesse* de la « petite Sagan » dont il parle sur un ton gentiment protecteur, et pas du tout, le dernier prix Goncourt, *Les Mandarins*, de cette « raseuse… la Beauvoir… »

J'attends le moment où il va me parler de Merleau-Ponty, de Teilhard de Chardin ou du *Degré Zéro de l'écriture* de Roland Barthes mais, de ballon en ballon, ça risque de me mener loin et je l'abandonne, alors qu'un nouveau train de jaja – ou de rouquin, si vous préférez – est sur le point de se mettre en route.

Je ne le reverrai plus jamais. Pourtant, s'il y en a un qui a sa place au cocktail des deux Robert, c'est bien lui.

« Deviens clochard », dit-il à Prévert

En revanche, Giraud, qui, j'ai oublié de le dire, se destinait au notariat mais avait suspendu et oublié sa belle éducation bourgeoise au portemanteau d'un claque de Limoges, pour devenir, à la Libération, clochard à temps partiel, pique-mégot, voleur de chats et trimardeur, « Monsieur Bob », donc, a réussi à faire venir un joli paquet de ses personnages.

La sous-maîtresse d'un bobinard clandestin, où il a des amitiés, est entrée en poussant devant elle les trois filles qu'elle a sorties du ruisseau pour les mettre sur le trottoir. Elle dit à qui veut l'entendre mais sans récolter les adhésions : « Vous savez, j'ai toujours mes fesses de jeune fille. » L'Archiduc est là qui, la langue chargée, me souffle dans le nez : « Pour les gardes républicaines, je ne peux pas dire. Leur vie privée ne m'intéresse pas. Mais les gardes françaises, cher Monsieur, les gardes françaises, savez-vous, c'étaient de sacrés maquereaux. »

C'est un ancien bibliothécaire de la Nationale. On l'appelle aussi le Mousquetaire parce qu'il a un chic à la d'Artagnan pour porter le chapeau mou et ne manque pas d'allure avec son foulard de soie noué autour du cou. Il dit habiter dans un claque, « où l'on travaille sous le manteau » et confesse faire encore, parfois, son « petit sacrifice à Vénus ». Quand, dans la rue ou au bistrot, il rencontre une dame, il soulève son chapeau, frise sa moustache et s'incline : « Ah ! Madame, permettez qu'on vous enflamme... »

L'Arbi n'est pas là. « L'Arbi-n'a-qu'un-œil ». Habitué des dessous de pont, il faisait les poches des amoureux, occupés à la bagatelle. Au matin, il se ficelait dans les poutrelles du pont Alexandre III et s'endormait ainsi, au-dessus de la Seine. Une nuit de beuverie, plus appuyée que d'ordinaire, il oublia de boucler la courroie. Mais « Titine », avec qui il partageait la poutre, est là pour évoquer la mémoire du cher disparu : « Que voulais-tu que je fasse ? Je pouvais pas gueuler, sans ça, je me faisais faire marron sur le perchoir. Remarque, lui, rétamé comme il était, il a même pas dû se sentir grimper. »

Jacques Prévert arrive. Robert Giraud lui ouvre son cœur : « C'est facile, tu sais, de devenir clochard à Paris. Tu devrais essayer. Un jour, tu dis : " Tiens, je mets une veste, ce sera ma chemise." Par-dessus, tu mets encore une veste et tu dis : c'est ma veste. Puis tu en enfiles une troisième : c'est le manteau. Après, tu vas t'asseoir sur les quais où tu rencontres d'autres types qui ont fait comme toi. Ce sont des clochards et avec eux, tu fumes des mégots et tu bois des litres de gros. La nuit, tu dors sous les ponts ou sur les tas de sable. Quand vient l'hiver, les clochards meurent comme des mouches parce qu'il fait froid et qu'ils n'ont pas assez de vestes mais ça ne fait rien, on les remplace. »

Deux heures du matin, on ferme. Les invités regagnent leur grille de métro.

Je traverse la Seine et longe le quai d'Orléans. À la pointe de l'île Saint-Louis, sous les fenêtres de la princesse Bibesco, là où la proue du vieux vaisseau fend la nuit pour s'en aller percuter Notre-Dame, je pose un coude sur le parapet. Dans la lumière jaune du fanal, où glissent les ombres du quai, j'entends le murmure d'une voix. Je me penche. Au-dessous de moi, un amas de couvertures rapiécées et de cartons s'agite imperceptiblement.

Un bras en sort et palpe alentour. « T'as pas une sèche ? » dit la voix. Un vague grognement lui répond. « T'as pas une sèche ? » insiste la voix. « Non, merde… J'voudrais bien. » Je sors de ma poche un paquet de Gitanes aux trois quarts plein et les petits tubes blancs partent à la volée pour retomber sur la grosse boule de clochards, comme des flocons de neige, un soir de Noël.

« Ah ben, tiens… v'là une sèche », fait la voix. « En v'là une autre », fait l'écho. Des mains se tendent, des allumettes craquent. Pas une tête ne se lève vers le ciel.

Et pourquoi se lèveraient-elles ?

C'est rien de plus que le Bon Dieu des clochards qui vient de faire son boulot. Quand il y a urgence, il trouve toujours moyen de mettre le verre de rouge dans la main.

Pour le perlot, c'est du kif. Il y a pas de quoi s'agiter.

CHAPITRE 26

BERNARD BUFFET, NÉ DÉÇU

« Si un jour, je perds mon château, ma voiture, mon chauffeur, mon argenterie et si je deviens clochard, je continuerai de peindre. »

Pour le moment, Bernard Buffet n'a pas à s'inquiéter. Il ne rejoindra pas de si tôt les manchards de la belle étoile, sur les quais de l'île Saint-Louis. À 27 ans, il est « le plus cher des peintres vivants » et roule en Rolls. C'est ce que la majorité de la presse retient de lui : son fric et sa Rolls-Royce. L'anecdote fait le peintre comme le cadre fait le tableau…

Dans la France qui clinque et qui clique, sous les projecteurs de l'actualité, il est donc logique que la Sainte-Trinité des Arts et des Lettres se nomme Bardot-Sagan-Buffet, plutôt que Moreau-Yourcenar-Giacometti.

Tous les trois ont en commun d'être jeunes, riches et d'avoir atteint ce pic de la gloire où l'une attire à elle ceux que le bon cinéma ne passionne pas, l'autre ceux qui ne lisent de livre que lorsqu'il est difficile de faire autrement et le troisième, ceux pour qui la peinture contemporaine n'est tolérable que dans les salons de médecins, là où elle commence avec Brayer et finit avec Carzou.

L'hebdomadaire *Bulletin de Paris*, dont je dirige les pages magazine, a publié un compte rendu à la paille de fer de la dernière exposition de Bernard Buffet, sur le thème du cirque. Mon directeur a dû se faire frotter les oreilles par quelque banquier ou industriel de ses amis qui a investi gros dans un lot de harengs saurs, paniers à salade et poêles à frire, signés Buffet.

Quelle qu'en soit la raison – je sais en tout cas que le peintre n'est pas demandeur – mon grand pacificateur, dont l'obsession est de ne jamais fâcher personne (sauf ses collaborateurs en les payant mal), a organisé au *Berkeley* un déjeuner dans le registre « Embrassons-nous Folleville » et m'a prié de l'accompagner. Le baisser de pantalon n'étant pas à l'ordre du jour, puisque Buffet, je le répète, n'a rien réclamé, j'ai accepté bien volontiers.

Certes, j'aurais préféré rompre le pain avec Picasso, mais un jeune homme de 28 ans dont on s'arrache les toiles à un ou deux millions ne peut laisser personne indifférent, même si, comme moi, on n'a connaissance de son œuvre qu'à travers le mal qu'on en entend dire.

Une lave brûlante qui se retient

Bernard Buffet semble s'être glissé comme une ombre dans son costume prince de galles, qui sent le bon faiseur. Il est là et il n'y est pas.

Courtois, aimable même, il a, errant sur ses lèvres, un demi-sourire et dans sa voix, aussi éteinte que la couleur de sa peau, une demi-conversation, qui le rendent tout à la fois proche et lointain.

Puis, au détour d'un mot ou d'une expression sur son visage, le charmant alangui laisse deviner que, là-dessous, il y a de la lave brûlante qui se retient.

Assis à côté de lui, un jeune homme au visage lisse et au regard impérieux. Son langage est carré mais son geste enveloppant ; un mélange d'abbé botté qui vient de décrocher le chapeau de cardinal et en veut encore davantage, de voluptueux Florentin et de brasseur d'affaires à la Mirbeau, virtuose dans l'art d'emballer la marchandise et le client. Depuis 1950, Pierre Bergé est le secrétaire, courtier, stratège et ciel de lit du « seul peintre, après Picasso, qui a pris rang permanent au nombre des vedettes », comme l'a dit Maurice Druon. À l'évidence, c'est lui qui mène l'attelage.

Le déjeuner s'achève comme il a commencé : « à la parisienne », c'est-à-dire sans que personne ne sache au juste pourquoi il a eu lieu et pour quelle raison on s'y trouve.

Dans la quiétude de l'après-midi, l'avenue Matignon ressemble au cirque avant le spectacle. Le moment est propice pour aller voir en toute tranquillité les clowns de Buffet, chez Drouant-David.

Les clowns, je le confesse, m'ont toujours ennuyé. Enfant, je n'arrivais pas à comprendre pourquoi avec leur tête enfarinée, leur chapeau pointu et leur accent stupide, ils se donnaient tout ce mal pour ne pas me faire rire, alors qu'avec son visage bien à lui, Charlot me comblait de joie.

Je n'entends rien à la technique picturale et suis devant un tableau, comme n'importe quel homme devant une femme ou un paysage. Que j'éprouve ou n'éprouve pas d'émotion, je suis incapable d'en donner la raison mais s'il n'y a pas d'émotion, je m'en détache à l'instant. C'est un point de vue sommaire dont je m'accommode fort bien et qui a, en tout cas, le mérite de ne pas me forcer à aimer ce qui m'est indifférent. Les clowns de Buffet me font aussi peu d'effet que s'ils étaient en chair et en os. D'ailleurs, ils sont trop vrais, avec leur bedaine et leur gueule panachée comme une tranche napolitaine. Buffet n'a pas mis de distance entre lui et ses clowns.

Déçu, je ne crois pas que j'irai lui rendre visite, comme il en a été vaguement question, au moment de se dire au revoir.

Une fleur cassée dans un vase

À quelque temps de là, je suis invité, avec Michel Déon, par Jean Davray – c'est le nom de plume d'un des patrons de l'eau Perrier –, à déjeuner chez lui, place Vendôme.

Admirable appartement où l'œil va d'un Cézanne à un Monet, d'un Renoir à un Bonnard.

« Pour acheter un Cézanne, dit notre hôte, il n'est besoin d'aucun talent. Juste d'argent. Maintenant, je vais vous montrer quelque chose dont je suis fier. Suivez-moi. »

Il ouvre une porte. Sur les murs, rien que des toiles dont les couleurs – du noir au gris avec, parfois, quelques tonalités verdâtres ou rougeâtres – et le dessin, à angles vifs et coupants, sont reconnaissables entre tous. « Oui, poursuit-il, je suis fier de mes Buffet car je les ai achetés quand presque personne ne s'intéressait encore à ce crève-la-faim. »

Par la fenêtre, on distingue la Colonne Vendôme, piquée comme une bougie sur un gâteau d'anniversaire, les façades seigneuriales, les vitrines où les diamants et les rubis guettent leurs proies, le cordon des voitures de maître, noué autour de la place et ici, dans cette pièce, c'est au contraire la misère qui colle au mur, un quartier de viande anémique, un poulet squelettique, une raie pendue à un clou, une fleur cassée dans un vase, un hareng saur posé sur une chaise paillée, une rue sans joie, un visage sans espoir. Aussi définitif que le couperet de la guillotine au-dessus du cou du supplicié. C'est le nettoyage à sec de la Grande Désolation. L'espace, largement distribué, éloigne les objets les uns des autres, les contraignant à plus de solitude encore, dans un monde déshydraté.

Comment ne pas avoir une pensée pour tous les grands bourgeois qui, semblables à mon hôte, ont des Buffet dans leur salon ? À un ou deux millions pièce, voilà bien, dans un programme de mortification, la méthode la plus ruineuse pour s'auto-flageller. Dans ce train de la mort, il y a du train-train et de la répétition mais, aussi éloigné que je sois de cet ordonnancement cruel, je sens vibrer en moi une corde dont j'ignorais jusqu'à l'existence. Je ne sais pour les autres toiles de Buffet mais cet ensemble-ci, datant de ses premières années, ne laisse pas de place au doute.

Je comprends, à présent, le coup sur la tête que disait avoir reçu Maurice Girardin quand, en 1948, membre du Jury du Prix de la Jeune Peinture, il avait découvert l'envoi de Bernard Buffet, alors totalement inconnu, *Le Buveur assis*. Sans grands moyens mais doué d'un flair exceptionnel, ce dentiste parisien avait acheté Modigliani dès 1913 et, de Rouault en Picasso, de Braque en Chagall, de Matisse en Gromaire, constitué, par la suite, une formidable collection. Aussi quand le Jury évinça son candidat, il claqua la porte mais, dès le lendemain, grimpa les six étages qui conduisaient à l'atelier du jeune homme, rue des Batignolles.

À sa mort, en 1951, le docteur Girardin avait légué un trésor à la Ville de Paris : 420 toiles et dessins, dont sept tableaux de celui qu'il appelait « le gamin », son protégé, Bernard Buffet.

Puisque la porte de Buffet m'est entrouverte, c'est le moment. La vedette-milliardaire qu'il est devenu ne me passionne guère mais peut-être vais-je comprendre le peintre qu'il a été.

Son argent neuf a presque l'odeur du vieux

À l'orée de la forêt de Montmorency, dans un parc avec pièce d'eau, le petit château de Manine avait appartenu à la maîtresse d'un prince de Condé. Gazon anglais, jardin d'hiver, cheminée où l'on pourrait faire tourner un bœuf à la broche, flambeaux d'argent, maître d'hôtel qui verse le whisky dans des verres en cristal : tous les ingrédients du bon chic aristocratique sont rangés ici, comme l'argenterie de famille dans sa ménagère.

Et, bien sûr, devant la porte, la Rolls gris argent avec son enivrante odeur de cuir blond. Françoise Sagan, avec le produit de ses livres, s'offrira des Jaguar, des Aston-Martin et pas seulement pour le plaisir de la vitesse. Dans le milieu de bourgeois aisés, où elle a grandi, on sait qu'on n'acquiert pas plus une Rolls avec de l'argent qu'on ne devient noble avec un titre acheté. Pour en être le vrai propriétaire, il faut être né dedans. C'est le berceau d'une certaine société, que l'on se transmet de génération en génération. Un gardien de chèvres, enrichi dans le pétrole, ou un marchand de disques auront beau se payer les plus belles Silver Phantom du monde, ils n'en seront jamais que les passagers à titre provisoire.

Bernard Buffet a eu, lui aussi, le réflexe de l'ancien petit pauvre devenu subitement très riche. Toutefois, dans ses nouveaux habits, il se montre d'un naturel parfait. Curieusement, son argent neuf a presque l'odeur du vieux. Après tant d'années de médiocrité familière et tant de tableaux frappés de misérabilisme, on est étonné de le voir vivre ainsi, à l'aise, parmi tous ces beaux objets, sans ostentation. On aimerait connaître la part de Pierre Bergé dans cette subtile mise en scène…

Depuis que les deux jeunes gens se sont rencontrés en 1950 et ont rapproché leurs vies, l'ancien commis de librairie qui rêvait de devenir journaliste[1], écrivain, et fréquentait Camus, Sartre, Queneau, avait eu le temps – et certainement le talent – de lui faciliter le passage d'une vie à l'autre.

Les millions que Buffet ramasse à la pelle ne lui tournent, en tout cas, pas la tête. Il n'a qu'une passion : la peinture. Quand le jeune homme pâle, avec son élégance à la Dorian Gray, dit : « Et si je deviens clochard, je continuerai à peindre », il faut le croire.

Clochard, il ne l'a jamais été, mais le temps des œufs durs, il l'a vécu longuement, plus que beaucoup d'autres.

Choyé, aujourd'hui, par la vie, Bernard Buffet est né déçu et il ne s'en cache pas, bien que sa pudeur naturelle, nourrie par une méfiance instinctive, ne le rende guère bavard.

Pour commencer, il a été déçu par la médiocrité de sa condition : un père, marchand de vélos dans le XVIIe arrondissement, puis placier en miroiterie. Déçu par la vie familiale : une mère très aimée mais disparue, alors qu'il était encore un enfant et des parents séparés. Une grand-mère, très bête, qui trouvait la peinture une occupation absurde et tellement sourde qu'il disait devant elle : « Vieille conne... » Déçu par les études et ses camarades d'école qu'il traitait tous de « crétins », avant de se faire renvoyer, à 14 ans, du lycée Carnot, où il ne fichait strictement rien, en dehors du dessin.

Nullement déçu, en revanche, par les cours du soir de dessin, offerts gratuitement par la Ville de Paris : « La meilleure école, la seule où l'on apprend suffisamment de technique sans rien perdre de sa personnalité. » Mais terriblement déçu par l'enseignement des Beaux-Arts, dont il claqua assez vite la porte, sous prétexte que son professeur « se foutait autant de son travail que de ses élèves ». Puis il a été déçu par les musées, quand il s'est rendu compte que « connaître la peinture des autres ne me paraissait pas indispensable ».

---

1. Il réalisera son rêve de journalisme, une fois devenu l'ami du président Mitterrand, en finançant le mensuel *Globe* de la gauche-caviar, auquel il collaborera, d'une prose incisive. Comme en témoigne ce portrait, d'avril 1990, de Lionel Jospin, « ancien trotskiste d'origine protestante : un menton à la Mussolini et des grimaces de tribun lui ont sculpté une image de dureté et, derrière les lunettes, brille une ambition qui cavale à toute allure ».

Pire que tout, il y avait l'effroyable, la mortelle déception d'un enfant de la guerre qui, devenu un jeune homme de 16 ans, à la Libération, ne voyait – ou ne voulait voir – autour de lui que villes en ruines, survivants hallucinés des camps, taudis immondes, ventres creux, promesses jamais exaucées et destins fracassés. La vie étant pour lui une nature morte, il ne lui restait plus qu'à la peindre et à faire de sa représentation son œuvre.

Hébergé chez son frère, dans une pièce minuscule, il a, pour seul meuble, un lit de fer. Il grimpe dessus et se tient debout pour peindre sur la toile, clouée au mur d'en face. La toile est un assemblage de vieux morceaux de drap. Paradoxalement, il n'aime déjà peindre que de grands tableaux, sur lesquels il ne s'attarde pas et ne revient jamais. Il dessine à une vitesse fulgurante.

Efflanqué comme un chat de gouttière, il se passe quasiment de nourriture, devenant ainsi son meilleur modèle. Ses seules sorties sont pour le bistrot du coin. L'alcool lui sera, plus tard, un compagnon terriblement exigeant dont il souffrira.

« Je ne me reconnais pas de maître »

Pour la première fois, il expose une toile au salon des Indépendants de 1946. Il a 17 ans. Perdue parmi trois mille autres, elle est remarquée par un jeune médecin parisien qui va le trouver et lui demande : « Combien en voulez-vous ? » La voix étranglée par l'émotion, Buffet bégaie un chiffre. L'autre comprend douze mille, alors que c'était deux mille. Il paie sans discuter et emporte le tableau.

Un libraire de la rive gauche qui, lui aussi, a remarqué, au Salon, le style très particulier, ascétique, de Bernard Buffet l'invite à prendre part à une exposition collective dans sa boutique, rue des Écoles.

Le jour du vernissage, les transports sont en grève et il neige à gros flocons sur Paris. La galerie est quasiment déserte. Un critique, pourtant, est venu : Pierre Descargues qui publie un article très favorable dans l'hebdomadaire *Arts*.

Les premiers amateurs se présentent, suivis par d'autres qui, à leur tour, achètent. La vie mériterait-elle d'être vécue ? Je lui pose la question sous une autre forme :

« Somme toute, le misérabilisme peut nourrir son peintre ? »

Buffet me regarde d'un drôle d'air. C'est le mot « misérabilisme » qui passe mal. Dieu sait pourtant si les critiques en tartinent leurs articles et aussi la presse, en général. Il faut dire que le rapprochement entre une arête de hareng saur et une Rolls-Royce est trop tentant... Mais c'est oublier que pendant cette période-là – « la meilleure de toutes », dira-t-on plus tard – Buffet roule en cyclomoteur ou dans une petite bagnole d'occasion.

Le « misérabilisme » auquel on attache son nom a, depuis des années, un immense interprète : Francis Gruber, un ancien élève d'Othon Friesz. Un loup solitaire qui hurle l'angoisse de l'humanité et la détresse de l'homme. La critique l'admire, tout en le tenant à l'écart. Tuberculeux, il va mourir en 1948 et son nom s'enfoncer peu à peu dans l'oubli le plus injuste.

Gruber et Buffet ont la même vision du monde, le même goût pour les paysages désolés, les corps émaciés, les natures désespérément mortes et aussi les grandes compositions.

L'accepterait-il pour maître ?

— Je ne connais pas de maître, sauf un, peut-être, mais qui n'est pas un contemporain. Ce n'est pas prétention de ma part mais, c'est vrai, je ne me reconnais pas de maître. Gruber n'en est pas moins, avec Marchand, l'un des rares peintres d'aujourd'hui que j'aime. Picasso ? Il ne m'emballe pas du tout. Il y a des toiles de lui... Quand on les voit, on se dit qu'il aurait mieux fait d'aller pêcher à la ligne. Matisse ? C'est de la décoration. Quoi ? La peinture abstraite ? Mais non, c'est de la blague, du vent. S'il n'y a pas de dessin, il n'y a rien.

« Les impressionnistes ? Pas tant, pas tant... Renoir a fait de belles choses mais l'esprit était vulgaire. J'apprécie surtout Degas et, chez Cézanne, ses *Baigneuses*, pour le côté immuable du sujet. Le retour à Ingres ? Mais c'est une catastrophe. Ce serait à vous faire aimer Vlaminck. Courbet ? Oui, autant que Degas.

— Et en remontant les siècles ? Greco ?

— Oui, Greco, il me touche... Mais, pas tant, pas tant... Trop maniéré. Raphaël ? Je n'aime aucune sorte de peinture italienne.

— Même pas Piero della Francesca ?

— Oui... un peu mais pas tant.

— On ne peut pas dire que vous raffolez des autres

peintres… Tout à l'heure, vous m'avez parlé d'un maître. Vous en admettez donc, au moins, un ?

— Ce n'est pas mon maître car je peignais déjà à ma manière, avec le moins de couleurs possible, sur une préparation blanche ou grise, avant d'avoir vu son tableau. *La Pietà*, du maître d'Avignon, Enguerrand Quarton, est, pour moi, le plus beau tableau du monde. Il représente toute la peinture… Oui, le *Couronnement de la Vierge*, au musée de Villeneuve-lès-Avignon, où il n'y a jamais personne, c'est également de lui.

C'est la première fois, depuis le début de cet entretien, que sous le regard, habituellement masqué, de Bernard Buffet et dans sa voix grise, comme étouffée, on peut percevoir un bref éclat et une courte flamme. Vite balayés quelques instants plus tard par une réflexion désabusée : « À part deux ou trois, je n'ai jamais aimé les gens. Ce sont des cons. »

Pourquoi, alors, certains qui le connaissent bien, comme Jean Giono, assurent-ils qu'il n'est pas du tout indifférent aux autres et qu'il possède un talent particulier pour se rapprocher des gens, surtout des petites gens ?

Buffet peint comme Giono écrit

C'est Pierre Bergé qui l'a présenté à Giono et c'est Giono qui l'a aidé à s'installer au pays de Lurs, là où le soleil brûle les cailloux, où la nature exhibe sans pudeur son squelette et où des vieux Gaston à moustache gauloise rôdent la nuit autour des petites Anglaises.

Entre le pain de campagne de Manosque à la croûte bien dorée et la baguette parisienne bien pâlotte, le courant est immédiatement passé. Ces deux-là sont faits pour s'entendre. Giono, défroqué de son lyrisme, écrit en noir et blanc, comme peint Buffet, tire droit au but et l'un comme l'autre fuient une société qui n'a de cesse de les rattraper.

Angelo, le hussard, glissera bientôt de son toit pour retomber tout droit dans un fauteuil du jury Goncourt et Buffet, déjà, « fabrique des billets de banque avec son pinceau »[1].

1. Selon la jolie expression de mon ami René-Jean Ottoni, journaliste à *Match*.

Quelques semaines après le début de sa première véritable exposition, en 1948, un Américain a raflé d'un coup les vingt et une toiles, accrochées chez Drouant-David. Il a payé le tout 210 000 francs pour revendre un peu plus tard les tableaux à ses amis de Hollywood, John Huston, Alfred Hitchcock, Charles Boyer, Kirk Douglas, Humphrey Bogart et d'autres encore. Le fin nez est Jean Negulesco, réalisateur de films à succès, comme *La Fontaine aux amours*, et grand amateur de peinture, pour avoir été lui-même, à Paris, un peintre raté.

Puis sont arrivés les amateurs habituels – banquiers, grands médecins, filateurs du Nord ou soyeux lyonnais – qui, en général, n'y voient goutte mais, souvent, flairent le « bon coup ». Ceux qui se sont laissé prendre au baratin enthousiaste d'Emmanuel David, dit « Mano », ne vont, en tout cas, pas le regretter : un Buffet, payé 10 ou 15 000 francs en 1948, se revendra entre 800 000 et 1 500 000 francs cinq ou six ans plus tard, au moment où Bernard, heureux dans sa bergerie, dessinera le portrait du patriarche de la Grand'Terre, ce Gaston Dominici qui passionne tant Giono.

La presse va le faire passer pour le peintre français vivant « le plus cher du marché ». C'est aller un peu vite en besogne : en 1954, une aquarelle de Rouault s'est vendue 5 millions, un Van Dongen 2,3 milions à la Galerie Charpentier et un Jacques Villon a même atteint 3 millions. En revanche, il est vrai que Kahnweiller vend ses Picasso, de l'époque actuelle, entre 500 000 francs et 2 millions, pour une toile de dimension moyenne. Buffet au même tarif que Picasso, ce n'est déjà pas mal, pour un « jeune »...

« On m'adore ou on me déteste »

Cette année a donc été celle du « Cirque ». L'année précédente, il y a eu « Les horreurs de la guerre », venant après « Les Nus », « Les Crucifixions », « La Passion ». Depuis que Buffet, chaque année à la même date – le premier vendredi de février –, présente chez Drouant-David une nouvelle série à thème, de très grand format, le public s'y rue et la critique mord de plus en plus fort, broyant sa nostalgie du Buffet de

La Marchande de poisson, de *La Nature morte à la casserole rouge* ou de *La Chambre*. On laisse entendre qu'il est devenu une machine à peindre entre les mains des marchands. Mais on dit aussi qu'il se contre-fiche de tout ce qui se dit ou s'écrit de mauvais, à son endroit.

Un écorché vif indifférent ? Ce serait bien la première fois.

— Quand vous lisez que le meilleur de votre peinture est « derrière vous », que votre goût pour les compositions démesurées « tourne à l'obsession maladive », que vos vues de villes sont « des cartes postales » ou que votre art ne suscite « aucune émotion », on a du mal à croire que cela ne vous fait ni chaud ni froid. N'importe qui se sentirait malheureux, non ?

— Pourquoi m'en ferais-je, à cause de quelques tordus qui me détestent ? D'ailleurs, c'est leur droit. Mais dites-moi, qu'est-ce qui est le plus important ? Le jugement souverain de M. Machin ou la faveur du public ? Le public m'aime. Alors, le reste...

Il n'a pas tort. Les Français, en effet, aiment sa peinture. Au grand référendum organisé par *Connaissance des Arts*, sur les dix peintres de l'après-guerre qu'ils préfèrent, ils ont classé Bernard Buffet en tête.

— Il n'y a pas de milieu, poursuit-il, en esquissant un vague sourire. On m'adore ou on me déteste.

Ne serait-ce pas un peu son portrait qu'a esquissé Albert Camus, en évoquant une forme de noblesse « qui se fonde sur le mépris, le courage et l'indifférence profonde » ?

Le mépris, il le crache au visage de ses détracteurs. Le courage, il est phénoménal chez ce forcené qui, à 28 ans, a déjà peint presque autant de tableaux que Renoir dans toute sa vie. Quant à l'indifférence, c'est moins sûr.

Son atelier est sa planète mais il lui faut bien redescendre sur la nôtre et retrouver les mots, coupant comme des rasoirs, qui font saigner. Il est douteux qu'il puisse s'en tirer d'un simple haussement d'épaules.

Un cordon sanitaire

L'indifférence qui l'accompagne jusqu'à son courageux suicide sera moins la sienne que celle des autres. Une indifférence autrement plus meurtrière que la haine.

Alors qu'aucun nouveau peintre ne connaîtra de gloire comparable à ce qui a été la sienne, dans les années 50, on tirera autour de lui et de son œuvre un véritable cordon sanitaire, comme s'il s'agissait d'un pestiféré.

Ce sera d'autant plus incompréhensible qu'à l'étranger, il continuera d'être fêté, qu'au Japon, on édifiera un musée pour y exposer huit cents de ses œuvres, que l'Ermitage, à Saint-Pétersbourg, lui consacrera une grande rétrospective et que sa cote, en vente publique, restera solide, avec, par exemple, une adjudication à 800 000 dollars à New York, en 1990, pour *Une scène de rue*, de 1956, ou une autre à 3 millions de francs, en 1997, à Paris, pour *Le Christ en croix*, de 1946.

En revanche, quand le Centre Pompidou organisera sa grande exposition, *Les Années 50*, on ne trouvera pas un mètre carré disponible pour accrocher une de ses œuvres. De même, lorsque Garnier, son autre galériste, publiera un ouvrage sur Buffet, la responsable de la rubrique artistique du *Monde*, Danielle Heyman, fera cette réponse à l'attachée de presse : « Vous ne croyez tout de même pas que je vais perdre cinq minutes de mon temps avec *ça* ? »

Otto Hahn, critique à *L'Express*, aura, au moins, l'honnêteté de faire cet aveu : « Je n'allais à aucune de ses expositions. À Saint-Germain-des-Prés ou à Beaubourg, cela aurait été différent, mais avenue Matignon, vous n'y pensez pas ! Trop commercial et aussi, bien sûr, trop figuratif… Oui, on peut parler de terrorisme, tant la pression était forte, dans les milieux artistiques, pour effacer Buffet. »

*

Maintenant que Bernard Buffet a fui ce monde qu'il n'aimait guère, peut-être va-t-on raccrocher ses tableaux[1]. Nous aurons ainsi le droit de savoir si nous les aimons ou pas.

---

1. Au moment de sa disparition, en octobre 1999, on estimait à environ 8 000 le nombre de ses tableaux se trouvant dans des collections privées, des galeries d'art et des musées.

BRÈVE DE PARIS

On se croirait dans un petit bourg campagnard, le jour de la foire. Maquignons en blouse bleue, bouchers du voisinage, acheteurs paysans ou citadins, observent, palpent et évaluent les bêtes. C'est le marché aux chevaux et aux ânes qui, deux matinées par semaine, le lundi et le jeudi, tient ses assises au cœur de Paris, 106 rue Brancion, derrière les abattoirs de Vaugirard.

Dans un coin de l'immense cour, une dizaine de chevaux de selle, autant de poneys et d'ânes attendent leur futur propriétaire. Les plus chanceux se retrouveront dans quelque propriété des environs de Paris, les autres iront tourner dans l'un des manèges qui fonctionnent encore, comme ceux du Panthéon ou de la rue de Passy ou bien encore iront promener les enfants dans les jardins du Ranelagh.

Un peu plus loin, un millier de chevaux, dont beaucoup de décharnés, attendent, l'œil vide, les bouchers qui terminent leur dernier petit blanc au zinc du Cheval d'or, *le café qui fait face à l'entrée. Ils sont arrivés en convoi, le matin à l'aube, conduits par des paysans en bourgeron. Ils sont venus par camion, train ou bateau des quatre coins de la France mais aussi de l'étranger, et souvent même de très loin, depuis qu'on s'est aperçu que, malgré le coût du transport, un cheval des pays de l'Est, du Danemark ou même du Canada est moins cher qu'un cheval français. De temps en temps, un article dans la presse dénonce les conditions abominables dans lesquelles ces malheureuses bêtes sont, le plus souvent, transportées. L'opinion ne s'en émeut guère. Dans les classes moyennes, et plus encore populaires, il y a encore beaucoup de familles où l'on dit aux enfants : « Mange. C'est bon pour la santé, c'est du cheval. » Après une varicelle ou une typhoïde, un verre de sang de cheval, que l'on obtient en pressant un steak haché, est réputé « souverain ».*

Pour qui est monté, au moins une fois dans sa vie, sur le dos d'un cheval, l'hippophagie soulève le cœur. On ne mange pas plus son cheval qu'on ne dévore son chien. Sensiblerie ? Peut-être mais, surtout, une question de loyauté. Je ne conseille, en tout cas, à personne d'aller traîner du côté des tristes bâtisses, élevées à la fin du XIXe*, de ces abattoirs de Vaugirard, au moment où l'on y pousse la longue file des condamnés à mort.*

L'idée ne viendrait pas, alors, de saluer en « bienfaiteur de l'humanité » M. Fernand Duval, propagateur en France de la boucherie chevaline, dont le buste orne le fronton.

La première fois que l'on a mangé officiellement du cheval, ce fut lors d'un banquet, au Grand Hôtel, en 1855, présidé par le naturaliste Geoffroy Saint-Hilaire. Au nombre des convives se trouvaient Alexandre Dumas, Gustave Flaubert, Sainte-Beuve et un dirigeant de la société protectrice des animaux. Le maître-queue, chargé de préparer ce repas « tout cheval » (en bouillon, bouilli, « à la mode », en ragoût, et même sa moelle dans un gâteau au rhum), se nommait Balzac. L'autre... L'inventeur, seulement, de l'omelette norvégienne.

Depuis lors, les boucheries hippophagiques se sont multipliées et après le siège de Paris, dont 65 000 chevaux ont fait les frais, la consommation, partie des quartiers populaires, pour des raisons d'économie, a fait, peu à peu, des adeptes dans la petite et moyenne bourgeoisie. En revanche, on n'a jamais risqué de se voir proposer du steak de cheval au Jockey-Club *ou au* Ritz, *ni aux tables de la « bonne société », marquée par une longue tradition équestre. Ce qui est encore vrai, au début des années 50, le sera de moins en moins vers la fin. La machine détrônant le cheval, les boucheries commenceront à fermer les unes après les autres et l'on n'entendra plus guère de mères de famille dire à leur mouflet : « Mange. C'est bon pour la santé. C'est du cheval. »*

Mais, j'y pense : quel joli parc on pourrait avoir là, en rasant les abattoirs et le marché...

CHAPITRE 27

MARIE-LAURE CHEZ LES TRUANDS

— Un cocktail chez les truands, ça vous dirait ?

— Et comment ! a répondu la vicomtesse.

À partir du moment où la chose sort de l'ordinaire, Marie-Laure de Noailles n'est pas femme à se dévisser. Puisque la patronne a donné le feu vert, partons déguster le perniflard de l'ami Jo, qui nous attend au frais, dans la verte campagne du cimetière Montmartre, côté Pigalle.

Je suis arrivé au début de l'après-midi, dans son quarante pièces-cuisine de la place des États-Unis pour l'interviewer à l'occasion de la sortie de son roman, *La Chambre des écureuils*. Dans son atelier, elle m'a montré ses dessins, ses peintures sur galet, ses collages, sa collection de papiers à sucre, puis au pas de charge, le portrait de Louis XV par Van Loo, le sien par Picasso, les Goya, Rembrandt, Rubens, Véronèse et les meubles Ruhlman du grand salon tapissé de parchemin, les boiseries de la salle de bal rococo, transportées depuis un palais sicilien, l'escalier royal et l'accrochage en vrac, dans les pièces du rez-de-chaussée, des Chardin, Watteau, Géricault, plus ce que le XXe siècle a laissé échapper de meilleur, depuis Braque et Juan Gris, jusqu'à Dali et Miró, en passant par Chagall, Léger, Delaunay ou Kandinsky.

En fait, c'est surtout elle que j'ai dévorée des yeux. Avec sa carrure de grenadier, son nez panoramique – héritage, sans doute, d'un Bourbon impécunieux qui avait mis le sien en gage dans la banque paternelle des Bischoffsheim – sa tignasse à la George Sand, couleur aile de corbeau, posée sur son crâne comme un balai à franges O'Cédar et agrémentée sur le front d'un double accroche-cœur, façon Casque d'or ; avec ses yeux anthracite qui ne vous regardent pas mais voient tout, ses lèvres en mouvement perpétuel et sa Gauloise au coin du bec – sortie, en chaîne, d'un étui en argent massif de chez Cartier –, Marie-Laure, ça n'est pas de la fesse d'ablette, comme diraient ces messieurs du *Gavroche*, vers lequel nous voguons.

Mais – je m'en suis avisé, tout à l'heure, chez elle – il y a encore mieux à faire que de regarder ce tableau d'histoire, c'est de l'écouter. Cette milliardaire qui, depuis les années 30, a Paris à ses pieds est la plus drôle et la plus libre des femmes.

Pour l'instant, chemin faisant, c'est moi qui cause, l'affranchissant de mes quelques lumières sur la riche nature de notre amphitryon.

Un tiers perdreau, un tiers homme de loi, un tiers vieux casseur

Il convient, avant tout, de préciser que Jo Attia, dit « Monsieur Jo », « Jo le boxeur » ou encore « le Moko », ça n'est pas n'importe qui. Pas aussi clair qu'un verre de Vittel mais assurément une des belles figures de l'après-guerre.

Pour la Police judiciaire, qui n'a pas trop l'habitude de s'attarder sur l'infinie complexité des braqueurs de fourgon postal, il ne s'agit ni plus ni moins que d'un vieux cheval de retour, fiché depuis 1935 – pour ses 19 ans – sous treize références et qui a fait son chemin sous l'Occupation en devenant le principal lieutenant de « Pierrot le Fou » : membre émérite de la Gestapo de la rue Lauriston, il a pris part à une foultitude de braquages, vols aux faux policiers et attaques de fourgons bancaires. Il a l'habitude de toujours tout nier en bloc et, faute de preuves, il est le roi du non-lieu. Néanmoins, on a réussi à le coincer et à l'envoyer à Fresnes jusqu'à la fin de 1953.

Au contraire, pour beaucoup d'autres et non des moindres – des ministres, des généraux, des ecclésiastiques et des journalistes – l'ancien mauvais garçon s'est sanctifié dans la Résistance, dont il a été un pur héros. Certes, il a trafiqué dans le marché noir et continué à fréquenter les voyous mais, membre du réseau « Centurie », il n'a pas cessé de travailler pour la Patrie. En septembre 1942, il a même organisé un raid contre les locaux de Bony et Lafont, rue Lauriston, et c'est à la suite de ce fait d'armes que, poursuivi par la Gestapo, il s'est retrouvé dans les Landes où il a été chargé de faire passer des Juifs en Espagne. Puis, envoyé à Clermont-Ferrand par le 2e Bureau, il a réussi à exfiltrer de nombreux agents anglais et clandestins français. À la suite de quoi, arrêté par la police allemande, il a été envoyé au camp de Mauthausen où, selon de nombreux témoignages – du Père Riquet à Yves de La Barre de Nanteuil –, sa conduite envers les autres déportés, pour lesquels il a risqué souvent sa vie, a été admirable.

De retour en France, il a retrouvé quelques vieilles habitudes, moins vertueuses, ce qui lui a valu d'être envoyé au trou mais, depuis qu'il en est sorti, il n'a plus donné l'occasion de faire parler de lui, jusqu'à aujourd'hui, qui est un grand jour dans sa vie de truand-héros de la Résistance, rangé des voitures.

Il inaugure, en effet, avec sa compagne, Mlle Carmen Cocu, leur bar de la rue Joseph-de-Maistre, *Le Gavroche*.

Non, ce n'est pas à proprement parler le *Relais-Plaza*. La planche en sapin fait plutôt dans le genre joyeux bûcheron et l'espace est si compté que la maison doit vite afficher « complet ». On doit jouer des coudes pour accéder au héros du jour. Monsieur Jo, grand costaud basané (Maghrébin par son père, Breton par sa mère), au visage tout arrondi d'un bon sourire, a un certain mal à faire passer sa voix – il sera emporté par un cancer de la gorge – mais le ton en est parfaitement urbain. Je dirais même policé, dans la mesure où le public semble se composer, pour un tiers, de perdreaux de la Grande Maison.

Le second tiers appartient au barreau, à la magistrature et à la presse. Le troisième, d'une richesse humaine nettement plus généreuse, est un cocktail convivial de casseurs en congé de maladie, de braqueurs démilitarisés, de harengs sapés quasiment à la clergyman, n'était la touche de fantaisie apportée par les grolles en peau de requin échaudé, de gentleman « import-export » à chevalière et pochette assortie à la cravate Charvet, de « Madames » reconverties en tricot-confiture et, çà et là, pointant de plus plaisantes frimousses, d'anciennes tapineuses qu'une flatteuse promotion a élevées au grade d'écrémeuses dans le Paris demi-luxe.

Une sœur de lait de Gina la Rouquine ?

J'ai pris soin, bien entendu, de laisser le « Madame la Vicomtesse » sur le trottoir, à la porte du bar, et il n'est question ici que de « Marie-Laure ». À n'utiliser que son prénom, le risque n'est pas si grand de la faire prendre pour une sœur de lait de Gina la Rouquine ou de Mado l'Oranaise. C'est comme à Longchamp, au moment de la pesée : un seul coup d'œil suffit au professionnel. Et, surtout, il ne faudrait pas que, parmi ces messieurs, s'en trouve un, avide de lecture et collectionneur de gazettes artistiques, pour faire le rapprochement entre la dame en question et une certaine taule de la place des États-Unis, aussi bourrée que trois salles du Louvre, dont ça pourrait être une idée de la faire dégorger de ses Goya, Rembrandt et autre bimbeloterie.

Que nenni ! Nous sommes dans un coquetèle parisien où tout est respectable. À commencer par le buffet. Il n'y a pas plus à téter de pastaga que de beaujolpif, ni de salade de museau que de calendo coulant. Le convive est traité au champagne, whisky, jus d'orange, café glacé, pain-surprise, petits fours et fruits déguisés, comme pour la communion de la petite ou, si l'on préfère, une réception chez les Noailles.

Après un bref échange avec Monsieur Jo – « Chère Madame, soyez la bienvenue. Et je vous en prie, allez vous régaler au buffet » –, la conversation s'engage avec un petit homme râblé dont la bouche, quand il l'ouvre, brille comme les lingots d'un coffiot qu'on vient de débrider : « Oh, vous savez, entre le jardinage et l'aviron, le retraité n'a pas le temps de s'ennuyer. Et Madame, si ça n'est pas indiscret, elle fait dans quoi ? La peinture ! Ah, là, là, ça m'aurait bien plu d'être peintre. Les bouquets de fleurs et tout ça... Et ça fait vivre ? C'est selon ? Ah oui, je vois... Excusez-moi... Bonjour, Monsieur l'Inspecteur ! Ça faisait une paye. Eh ben non, rien de spécial. Le train-train, quoi. »

Devant une pile de sandwiches au cresson-mayonnaise, un monsieur décoré, dans la soixantaine, s'entretient avec une dame qui vient de lui demander : « Et pour mon Marcel, Monsieur le Juge ? » « Un peu de patience, répond l'excellent homme. Avec une bonne conduite, il vous reviendra bientôt. Le temps passe si vite... Ah, l'aîné est en âge de passer son bachot, voyez-vous cela. Ah oui, c'est une belle satisfaction... Un garçon méritant. »

J'ai beau tendre l'oreille, de-ci, de-là, pas le moindre retour propre à étancher une légitime soif de connaissance. À croire que la grande Geste du Milieu ne parvient jamais jusqu'à cette honorable maison de retraite. Pas plus de nouvelles de René la Canne[1] – le grand pote de notre amphitryon –, momentanément empêché, que du dernier casse de Lucien le Niçois et quand l'un cause bagnole, ça n'est pas pour écraser une larme sur le bon vieux temps du gang des tractions-avant, mais pour louer le confort et la faible consommation de sa « familiale ».

Ah, les braves gens !

Ça n'est pas qu'on se pèle le cresson en si aimable compagnie mais il y a un temps pour tout et c'est celui, maintenant, de se casser.

— Votre impression, Marie-Laure ?

— Pour une réunion de pêcheurs à la ligne, c'était plutôt réussi mais pour rencontrer de vrais voyous, il vaut mieux aller dans le monde.

Un Buñuel préhistorique

En disant cela, elle ne songeait évidemment pas à Oscar. Oscar Dominguez est son voyou chéri. Il n'a jamais cassé de banque, en revanche, il adore braquer. Non pas avec la même arme qu'un Riton la Gachette ou un Paulo la Surprise, car il

1. René Girier, le roi de l'évasion, qui a donné du fil à retordre à l'inspecteur Borniche et mourra en 2000 sur la Côte d'Azur, en honnête homme.

est le plus honnête des hommes mais avec une, un peu particulière, qu'il porte en permanence sur lui.

Un de ses plaisirs favoris, en effet, est, à la fin d'un repas dans l'hôtel particulier de Marie-Laure ou quelque autre grande demeure parisienne où ils se trouvent ensemble, de grimper sur sa chaise, de se déboutonner en vitesse et de braquer sur l'assistance l'objet sacré de sa fierté.

Au physique, il fait penser à un Buñuel préhistorique, à l'entrée de sa caverne. Il est de toutes les réceptions, place des États-Unis, mais semble avoir un domicile ailleurs, puisque sur la porte de son atelier, il a cloué une pancarte : *ATTENTION, PEINTRE MÉCHANT*.

Il a 50 ans – quatre de moins que sa protectrice – mais la carcasse, délabrée, craque de tous côtés [1] et l'on se demande ce qu'il deviendrait sans elle. Un clochard, sans doute, ce qui, d'ailleurs, ne saurait déplaire à Marie-Laure. Elle entretient des relations suivies avec les clochards du Marché aux Puces qu'elle comble royalement de ses mégots (avec près de quatre paquets de Gauloises, par jour, les stocks montent vite).

Le père de Dominguez, qui, entre parenthèses, avait voulu appeler son fils Méphisto avant de renoncer sur l'insistance du curé, était un architecte fortuné, aux Canaries. Un jour, il construisit un barrage à un emplacement que tout le monde lui déconseillait. Lors de l'inauguration, il arriva, cigare au bec, suivi d'un essaim de jolies femmes – c'était un redoutable cavaleur –, et quand le bassin se trouva rempli, le barrage craqua d'un coup, noyant trois villages avec leurs habitants et leurs troupeaux [2].

Le señor Dominguez dut payer. La fortune familiale y passa tout entière et le jeune Oscar, doué pour la peinture, se retrouva à Montparnasse où il devint un membre actif du mouvement surréaliste, se faisant connaître au milieu des années 30 par ses « décalcomanies du désir », saluées par André Breton. En 1940, il s'était retrouvé à Marseille avec

1. Oscar Dominguez mourra l'année suivante, en 1957.

2. Jean Hugo, dans ses *Carnets 1946-1984* (Actes Sud), a évoqué le souvenir de cette singulière famille.

Max Ernst, Duchamp, Brauner, Masson, Bellmer, Tzara mais, contrairement à eux et à Breton, il ne s'était pas embarqué pour les États-Unis. Il avait regagné Paris où, sous l'Occupation, sa peinture dite « cosmique », marqué d'érotisme, eut les honneurs de la galerie Louis Carré.

Après la Libération, sous l'aile de Marie-Laure, le peintre « méchant » et sans le sou, dont le petit succès passé va déclinant, se retrouve plongé au cœur des mondanités d'un Tout-Paris que le surréalisme n'échauffe plus guère. D'où l'effort méritoire de Dominguez qui, en ouvrant sa braguette, se donne sans doute l'illusion de perpétuer la tradition de la provocation surréaliste. Touchant et même un peu pathétique.

Entre Marie-Laure et le surréalisme, c'est une vieille affaire d'amour.

Interdit de séjour au Jockey-Club

Quand elle épouse, en 1923, Charles de Noailles, la jeune fille, « nez Bischoffsheim » (comme l'écrit, sans trop d'élégance, son grand ami Jean Cocteau), a grandi au sein d'une riche famille de banquiers belges israélites, dans l'amour des beaux objets. Le grand critique Berenson lui a communiqué sa passion pour l'art italien de la Renaissance. Déjà, sa culture dépasse de très loin le niveau habituel de la société mondaine. Jeune mariée, elle apporte avec elle une collection de bronzes antiques et de peintures qui lui vient de sa famille maternelle.

Sa mère, Marie-Thérèse de Chevigné, était la fille de la comtesse Laure de Chevigné, petite nièce du marquis de Sade dont Marcel Proust se serait inspiré pour créer le personnage d'Oriane de Guermantes. Devenue veuve, elle s'était remariée avec l'écrivain Francis de Croisset (*La Féerie cinghalaise*, *Nous avons fait un beau voyage* et, avec Robert de Flers, la célèbre comédie *Les Vignes du Seigneur*) qui avait une fabuleuse propriété sur les hauteurs de Grasse, où Marie-Laure avait passé une grande partie de sa jeunesse dorée.

À peine installé, le jeune couple tourne le dos au passé et se prend de passion pour son époque. Marie-Laure et Charles se veulent être les mécènes de l'art moderne.

Les années 25 dansent autour d'eux, dans un pétillement d'inventions et d'audaces. Il suffit de rejoindre la ronde. Avec un peu d'argent dans la poche, on y est le bienvenu. Avec beaucoup, on est accueilli à bras ouverts.

Au-dessus de Hyères, où somnole encore la vraie Provence des joueurs de boule, les Noailles demandent à l'architecte Mallet-Stevens de construire, face à un panorama sublime, une maison résolument « d'aujourd'hui ». Elle mettra dix ans à devenir, avec ses soixante pièces, un chef-d'œuvre du cubisme où les toiles de Picasso, Chirico, Miró ou Klee se déplacent au gré de l'humeur du moment, croisant les sculptures de Giacometti, Brancusi ou Lipchitz.

Un premier film, financé par les Noailles, se tourne dans la villa-objet, en 1928. Le metteur en scène, Jacques Manuel, est un assistant de Marcel L'Herbier. Sous le titre *Biceps et bijoux*, le film – vite oublié – raconte l'histoire d'un vol dans une luxueuse villa. Le prince et la princesse Jérôme Murat, le prince et la princesse Jean-Louis de Faucigny-Lucinge, Jacqueline de Chimay et d'autres encore font de la figuration, qu'on espère « intelligente ». L'année suivante, on monte d'un cran, avec Man Ray qui tourne *Les Mystères du Château de Dé*. L'intrigue, des plus minces, n'est qu'un prétexte, pour le photographe surréaliste, à diviniser l'esthétique géométrique de la villa. Les invités ont été à nouveau mis à contribution mais, cette fois, le visage caché par un bas de soie [1] !

Les Noailles se passionnent de plus en plus pour le cinéma, aussi bien que pour le mouvement surréaliste et, après avoir éprouvé le choc « exquis » du *Chien andalou* de Luis Buñuel et Salvador Dali, remplissant un piano à queue d'ânes pourris ou ouvrant d'un coup de rasoir un œil, filmé en gros plan, ils commanditent Cocteau pour *Le Sang du poète* – interprétation maniériste et fumiste de la poésie surréaliste – puis donnent carte blanche à Buñuel.

Le cinéaste espagnol leur livre, après un tournage éclair, le sulfureux *Âge d'or*, qui ne va pas être le leur. Projeté au

1. J'aurai l'occasion de tomber sur cet étrange film, tout à fait par hasard, en regardant la télévision, à une heure tardive.

Studio 28, le film qui, aujourd'hui, nous paraît bien inoffensif[1], est accueilli par des hurlements. Le public casse les fauteuils, la presse tombe en syncope et, surtout, la « bonne société » se détourne du couple scandaleux.

Le *Jockey-Club* prie discrètement Charles de Noailles de donner sa démission ; on raconte dans Paris que la mère de Marie-Laure est allée à Rome, implorer l'indulgence du pape et les journaux antisémites s'en donnent à cœur joie pour traîner dans la boue Marie-Laure, « nez » Bischoffsheim.

La jeune femme ne se démonte pas pour si peu. Le vicomte, profondément atteint, préfère se retirer dans le Midi pour s'occuper de son merveilleux jardin, alors que la vicomtesse, au contraire, profite de tout ce tumulte pour assurer la gloire de son salon parisien où elle recevra qui lui plaira, sans souci des conventions et du qu'en dira-t-on. Elle ne recherche aucunement le scandale, elle entend seulement vivre en femme libre. Charles, de plus en plus passionné de botanique, ne sera pas complètement absent. Il fera des apparitions, place des États-Unis, où j'entendrai, lors d'une grande réception, un invité de fraîche date, demander innocemment : « Qui est donc le monsieur, là-bas ? »

Mais c'est Marie-Laure et elle seule qui règne sur son salon. L'un des plus brillants des années 50.

Ces dames au salon

Le seul qui parviendra, sans l'avoir voulu, à stopper la vie de salon, à Paris – tant pis pour lui car, aujourd'hui, il en serait certainement un des plus sûrs ornements –, ce sera le jeune Cohn-Bendit et ses copains des barricades de 68.

---

1. La chaîne *Arte* a diffusé, le 21 février 2000, *L'Âge d'or* et *Terre sans pain*. La verroterie surréaliste du premier apparaît, aujourd'hui, bien terne. Hormis quelques brefs passages (Lya Lys suçant longuement le pied d'une statue masculine), des deux œuvres de Buñuel, c'est la seconde – terrifiant reportage sur la vie misérable des Hurdes, en Estramadure –, qui apparaît, avec le recul du temps, comme la plus « surréaliste ».

Jusqu'à cet événement, qui sera le crépuscule de la société parisienne, la plus ancienne des institutions artistico-mondaines, avec l'Académie française, aura résisté à tous les séismes, aussi bien à la Révolution de 1789 qu'à l'Empire, à la guerre de 14-18 qu'à celle de 39-40. On aurait pu imaginer que l'insistance de la Wehrmarcht à s'inviter à Paris aurait incité nos hôtesses à se retirer, la bouche pincée, dans leurs appartements.

À l'exception de celles qui avaient de graves et sérieuses raisons de s'abstenir, la plupart firent comme si de rien n'était. Il fallait bien que la vie continuât. D'ailleurs, en période de pénurie, le succès d'un salon où l'on nourrit généreusement son monde est garanti d'avance... L'intellectuel qui claque du bec n'attend pas de son hôtesse un discours sur la cosmologie platonicienne mais du solide à se mettre sous la dent et du bon pétrole à lamper.

Quoi qu'il en soit, après la Libération, nul ne songe à s'offusquer quand réapparaissent chez Florence Gould, avenue Malakoff, les mêmes visages que durant l'Occupation. À l'exception – pour des raisons faciles à imaginer – de quelques familiers, présentement empêchés, tels que le jeune lieutenant Gerhard Heller, *Sonderführer* à la *Propaganda-Staffel*[1], Friedrich Sieburg, l'auteur du célèbre *Dieu est-il français ?*, du grand écrivain Ernst Jünger, en rupture ambiguë avec le nazisme, ou du couple Paul et Hélène Morand, qui attend en Suisse que les choses se tassent pour eux.

Sinon, outre un arrivage tout frais (Jean-Louis Curtis, Jules Roy, Claude Mauriac, Roger Nimier, etc.), le fond de la boutique restera le même, avec pour abonnés plus ou moins permanents aux déjeuners du jeudi, transportés plus tard au *Meurice*, les Jouhandeau[2], Léautaud, Paulhan, Arland, Cocteau, Louise de Vilmorin, Marie Laurencin et autres Pierre

1. Chargé de la censure des livres, cet ami du résistant Jean Paulhan mais aussi de Drieu La Rochelle, a fait preuve, dans l'exercice de ses fonctions, d'autant de retenue que sa triste fonction le lui permettait.

2. Il n'est un secret pour personne que Marcel Jouhandeau, dans un moment d'égarement, a succombé aux avances de Florence Gould, qui avait précédemment suborné le pauvre Max Jacob.

Benoit. Le seul vrai changement sera, hélas, l'extinction accéléré, entre deux vins et bien davantage, de la légendaire beauté de la généreuse milliardaire américaine, au comble du bonheur dans son rôle de nouvelle Mme Récamier-Verdurin.

À quelques exceptions près, Florence Gould ne sustente que les écrivains. Les « Trois Marie » qui règnent sur la décennie salonnière sont plus éclectiques.

Une lavasse qui a un vague goût de thé

En 1940, elles occupaient déjà le terrain. Dans Paris libéré, elles n'ont qu'à continuer [1].

Chez Marie-Blanche de Polignac, certes, le musicien fait prime. Ici, le ventre en avant, Georges Auric, as dans l'art de siffler les verres et de raconter les derniers potins ; là, Francis Poulenc qui a le tact de laisser en bas le jeune chauffeur de taxi dont il est fou ; un peu plus loin, comme un couple de perruches sur sa balançoire, Henri Sauguet, aussi allègre que sa musique, avec l'inséparable Jacques Dupont qui peint de merveilleux décors de théâtre ; ou bien encore, le pianiste Jacques Février, dont, instinctivement, on a envie de saisir la main gauche, puisque c'est cette main-là que Ravel a offert à son concerto. Mais il n'y a pas de tabou. Tout le monde est admis chez Marie-Blanche, à la double condition d'être invité et de se résoudre à s'ennuyer un brin.

Marie-Louise Bousquet n'a rien du poêle à combustion lente. Elle crépite, cette petite bonne femme, aussi pruneau que Mme Chanel dont elle porte les tailleurs et la quincaillerie. Directrice pour la France du *Harper's Bazaar*, c'est donc une femme qui travaille et en a besoin pour vivre, même si son

---

1. On raconte que le baron Robert de Rothschild, se réinstallant dans son hôtel, réquisitionné pendant l'Occupation par un général allemand qui y donnait de grandes réceptions, a demandé à Félix, son majordome, laissé sur place : « Et qui donc assistait à ces soirées ? » « Les mêmes personnes que du temps de M. le baron », répondit, d'une voix respectueuse, le vieux serviteur.

appartement, place du Palais-Bourbon, ne fait pas pitié, avec ses boiseries et ses bibliothèques remplies de reliures précieuses. Elle sert une lavasse qui a un vague goût de thé, accompagnée de biscuits secs à se faire péter les dents, mais on vient chez elle pour se gaver de mots, de potins, de petites vacheries sur les merveilleux amis chez lesquels l'on s'est vu la veille et ceux où l'on se retrouvera le lendemain, bref de tout ce qui fait le bonheur de la vie de salon.

Trop intelligente pour être snob, elle est aussi, pour tous, une étonnante leçon de jeunesse, bien qu'elle se ratatine de jour en jour, comme une vieille pomme. D'Orson Welles à Truman Capote, de Lauren Bacall à Marlène Dietrich, l'Amérique de passage transhume par son appartement, croisant dans l'escalier Coco Chanel ou Roland Petit, Christian Dior ou le marquis de Cuevas.

Le circuit mondain fait évidemment passer le Parisien « à la page » chez Louise de Vilmorin, dont les déjeuners du dimanche [1], à Verrières-le-Buisson, donnent, par leur relative intimité, leur ton décontracté et leur gaieté quasi familiale, l'idée sans doute la plus fidèle de ce que pouvait être la vie de salon dans la campagne parisienne du XVIIIe siècle [2].

Au rang des 2e ou 3e crus classés, on trouve la poétesse Lise Deharme, vieille nièce du richissime Louis Louis-Dreyfus et, elle-même, patentée « muse du surréalisme » qui, près des Invalides, recueille en vrac, jeunes « hussards », poètes en quête d'éditeur, éphèbes qui se tortillent sur leur chaise et prix littéraires d'avant-hier ; Denise Bourdet (la veuve d'Édouard, l'auteur du *Sexe faible*) dont la tête de cheval à l'œil noir appelle le hennissement ; Mme Faure-Dujarric qui, dans son rez-de-chaussée de la Muette, accueille sans fracas musiciens et soirées musicales ; ou

1. Voir *Au galop des Hussards* (Éd. de Fallois).

2. Malheureusement, il ne se trouve pas de vent favorable qui m'embarque pour Lesbos, dont Natalie Barney continue vaillamment à entretenir la flamme dans son Pavillon de l'Amour, rue Jacob. En précurseur de la parité, elle y accueille, avec la même grâce, les messieurs de tous bords. Je laisse donc à Jean Chalon (*Chère Natalie Barney*, Flammarion) le soin de vous ouvrir les portes de son salon. Vous ne trouverez pas de meilleur cicérone que lui.

bien encore, dans le même quartier, la riche Mme Tezenas, qui a débarqué, avant-guerre, avec son oreiller dans le monde des Lettres. Comme elle ne laisse rien ignorer de sa contribution, on serait tenté, dans son salon de la rue Octave-Feuillet, de chercher la plaque commémorant sa liaison avec Drieu La Rochelle ; ou enfin, Mme Abrami, célèbre pour sa collection de tableaux et ses épanchements inquiétants envers ces messieurs de la famille MRP, dont elle s'est proclamée l'égérie.

Tout ceci ne laisse pas d'être plaisant mais avec Marie-Laure de Noailles, on accède, c'est l'évidence, au sommet des premiers crus classés.

Elle travestit l'ambassadeur en larbin

Après la Libération, elle a renoué avec la tradition Noailles des bals costumés, dont le premier, en 1929, avait fait date. Avec, pour maître d'œuvre, André de Fouquières, surnommé « l'Arbitre des élégances », le « Bal des matières » avait transformé en résidus de poubelle de luxe les invités, tels que Salvador Dali, Max Ernst, Jean Cocteau, Louis Aragon, Paul Morand, le comte de Beaumont et bien d'autres, revêtus, pour la circonstance, de collages en papier journal, toile cirée ou cartonnage. Après s'être exhibés, les invités s'étaient sagement assis pour la première audition du *Concerto chorégraphique* de Francis Poulenc, le *Faust magicien* de Georges Auric, dont Jean Hugo avait peint les décors et, enfin, un *Divertissement gothique*, interprété par la princesse de Faucigny-Lucinge.

En 1951, Marie-Laure a créé un petit (tout petit) scandale en travestissant l'ambassadeur des États-Unis, David Bruce, et son épouse en « gens de maison ». Le State Department n'a pas apprécié et le diplomate s'est fait (légèrement) taper sur les doigts, suffisamment en tout cas pour que la presse en parle.

Quelques mois après le cocktail chez Monsieur Jo, en février 1956, le « Tout Marie-Laure » se presse place des États-Unis pour le « Bal des artistes ». Je ne verrai pas Christian Dior en Barbey d'Aurevilly, Paul-Louis Weiller en François Ier, protecteur des Arts, ou la vicomtesse en George Sand, mais m'en relèverai sans mal car aussi belles soient-elles, ces réceptions, au bout de dix minutes, m'ennuient profondément. Certes, c'est une corvée supportable que de grignoter un toast au caviar sous un Goya et de boire du Cristal Roederer entre Igor Markevitch et Léonor Fini, mais c'est à ses déjeuners, qu'on dirait toujours improvisés et où chacun s'assied comme il l'entend, que Marie-Laure révèle sa véritable personnalité, sans le déguisement de la vie mondaine.

Outre qu'il y a pire dans la vie que la conversation pétillante d'un Georges Auric ou la machine à coudre les mots d'un Jean Cocteau, la drôlerie un peu vache de Marie-Laure, à qui il faut chaque fois une nouvelle tête de turc[1], laisse vite le passage à une femme d'une autre trempe que les autres grandes hôtesses de Paris, Louise de Vilmorin exceptée.

Alors que Florence Gould sait attirer à elle les meilleurs écrivains du moment, elle n'est rien d'autre qu'une généreuse maîtresse de maison qui ne lit pas les auteurs qu'elle invite ou si peu. Marie-Laure qui se prétend autodidacte – c'est son côté petite fille timide – connaît tout, lit tout et pas pour briller à bon compte mais en profondeur, comme une vraie « pro ». Bref, c'est une femme d'une grande intelligence et d'une vraie culture, qui sont des denrées rares dans le monde où elle vit. Elle a un sens infaillible des valeurs artistiques. Elle est l'un des derniers représentants de ce mécénat éclairé qui, toujours en avance sur le goût de son époque, impose des peintres, des poètes et des musiciens à un public routinier. Elle est de celles qui, incapables de jouer trois notes sur un piano, découvrent les grands musiciens. Sachant que la vie d'une capitale, comme Paris, tourne autour de ceux qui n'ont d'autre occupation que d'aimer les arts et n'en ont pas honte, elle s'est donnée avec passion à cette carrière très particulière.

Elle ne le crie pas sur les toits mais tout finit par se savoir : quand un artiste est dans le besoin, pour qui elle a quelque estime, elle ouvre généreusement sa bourse. Elle pourrait, certes, s'impliquer davantage, comme le fait une Peggy

1. De sa chère amie, Anna Gould, elle dit, par exemple : « Vous ne saviez pas qu'elle a fait de la Résistance, sous l'Occupation ? Mais si, je vous assure : une fois, elle a pris le métro. »

Guggenheim à Venise et à New York. Aux États-Unis, où le mécénat n'est pas considéré comme un passe-temps, un ouvrage pour dames milliardaires qui s'ennuient mais comme une véritable fonction dans la cité, elle jouerait sans doute un rôle à sa mesure. Oui, mais au pays de François Ier et de Louis XIV, leurs héritiers qui nous gouvernent se font de l'Art une autre idée. Tout au plus, acceptent-ils les cadeaux mais à condition de taxer en pleine poire les donateurs.

Marie-Laure sait qu'elle pourrait faire mieux et que même si la création paraît bien pâle à côté de ce qu'elle a connu dans les Années Folles, il y a toujours quelque part un Âge d'or à soutenir.

Pourtant, on la sent comme une chèvre de Marie-Antoinette attachée à son piquet doré, entre ses petits livres, son Journal (elle me dit en avoir écrit 5 000 pages qu'elle se refuse à jamais publier), ses poèmes, ses peintures, ses déjeuners, ses bals et ses Gauloises.

Elle a « tout d'une grande » et ne réussit qu'à l'être à moitié, dans sa chrysalide d'or.

Quand, en mai 1968, dans son Chanel de combat, elle plongera dans sa DS noire, criant au chauffeur : « À l'Odéon, Clément ! », la photo de la militante Noailles au happening du Quartier latin fera beaucoup rigoler. En quarante ans de règne, dira-t-on, elle n'a jamais supporté de se trouver « hors du coup ».

Marie-Laure mourra un an et demi plus tard, à 67 ans, d'un œdème au poumon.

Trop de Gauloises et trop de dons, partis en fumée.

CHAPITRE 28

CHRISTIAN DIOR ENTRE À LA SORBONNE

Tandis que la caméra nonchalante de Roger Vadim déshabille Brigitte Bardot sur la plage de Ramatuelle, où errent quelques rares baigneurs tropéziens, un homme rhabille la Sorbonne.

Comme chaque année, au mois d'août, Paris traîne son veuvage aux terrasses des cafés, aux trois quarts désertés, et gare sans peine sa voiture dans des rues où, un mois plus tôt, il n'était pas possible d'avancer.

Pourtant, autour de la Sorbonne, règne une atmosphère survoltée, comme le grondement d'une émeute. Une foule de jeunes gens, où les personnes plus âgées sont à la manière de petits îlots perdus dans l'océan, piétine sur les trottoirs. De l'anglais au japonais, de l'italien au suédois, toutes les langues de la planète s'en échappent et se croisent, pendant que le New-Yorkais se colle à la brunette de Milan et que le demi-mètre de Tokyo se cogne la tête contre les genoux de l'asperge blonde de Göteborg. Débordant la police, appelée en renfort, ils sont peut-être quatre mille à se ruer vers la cour d'honneur et à jouer des coudes pour se rapprocher de la porte monumentale en fer forgé, au faîte de laquelle est inscrit *GRAND AMPHITHÉÂTRE*. Bien qu'elle soit la plus grande salle couverte de Paris, avec le Châtelet et l'Opéra, il n'y en aura pas pour tout le monde. Elle ne peut digérer plus de 3 000 spectateurs et encore doivent-ils se faire tout petits. Pour que la Sorbonne refuse du monde un 4 août, il faut que le héros de la fête se nomme, au moins, Jean-Paul Sartre, le général de Gaulle, Maurice Chevalier ou Christian Dior.

Comme un communiant devant la Sainte Table

Je ne cite pas ces noms au hasard mais parce que, depuis 1950, ils apparaissent régulièrement dans les sondages Gallup sur les Français les plus célèbres aux États-Unis. Et qui donc, en 1955, vient de dépasser les trois premiers cités, avec une écrasante majorité ?

Christian Dior qui, en complet noir, pochette blanche et cravate gris-perle, vient à l'instant même de grimper sur l'estrade du Grand Amphithéâtre, parmi les éclairs des flashs et le ronronnement des grosses caméras des Actualités françaises.

Devant 3 000 étudiants étrangers, représentant soixante nations, venus suivre à Paris les cours de « civilisation française », le couturier le plus illustre du monde va révéler sa conception de l'esthétique de la mode.

C'est du moins ce que j'avais cru comprendre et qui m'a fait venir à la Sorbonne, en cette époque de l'année, où le journaliste, de garde dans la capitale, se bat les flancs pour vider l'encre de son stylo.

En fait, c'est une élégante et brillante agrégée de lettres, en robe imprimée de chez Dior, Mme Capelle de Menou, qui prend la parole et ne va pas la lâcher de si tôt, tandis qu'à ses côtés, Christian Dior, les yeux modestement baissés, attend sagement son tour, tel le premier communiant devant la Sainte Table.

À la Sorbonne, il ne peut y avoir de conférence, sans l'incantation d'usage qui fait rappliquer au galop les grands ancêtres. Voilà donc Montaigne, vraie godiche, pour qui la mode n'était que *manie qui tourneboule l'entendement*, La Bruyère, qui ne s'était pas, ce jour-là, creusé la cervelle pour pondre cette platitude, qu'on a *autant de faiblesse à fuir la mode qu'à l'accueillir*, et, ouf, voici Balzac dont la « plaisante boutade » est, en fait, un admirable raccourci : *La Révolution française fut une question de mode, un débat entre le drap et la soie.* Je ne sais plus si la romancière norvégienne, Singrid Undset, a fait partie du convoi. Elle l'aurait, en tout cas, mérité pour avoir dit : *Il vaut mieux ne pas avoir de ce qui est essentiel que de ne jamais pouvoir s'offrir ce qui est inutile.*

Je ne suis pas certain, non plus, que Mme Capelle de Menou ait cité – ne serait-ce que pour des raisons de chronologie – Fernand Braudel : *« C'est le luxe qui, au XVIe et au XVIIe siècles, a fait évoluer la société. »* En revanche, tout à l'heure, Christian Dior répétera, avec attendrissement, la phrase de Chanel – « la phrase de la vérité, dira-t-il, qui m'obsède depuis dix ans » : *La couture crée des choses belles qui deviennent laides, alors que l'art crée des choses laides qui deviennent belles.*

En attendant, la docte universitaire que l'on imagine, tant elle est joliment tournée, virevoltant dans les salons de l'avenue Montaigne, analyse finement la « vertu d'apaisement » qu'apporte le vêtement au goût du jour et met en lumière « le ressort indispensable à l'équilibre moral qu'est la frivolité ».

Les dames et demoiselles du *Bois Sacré* qu'au-dessus de nos têtes le pinceau de Puvis de Chavannes fait grelotter de froid depuis plus d'un demi-siècle, ne demanderaient certainement pas mieux de confier leur corps transi à ce couturier qui sait si bien apaiser les femmes.

Un dictateur qui a l'air du Petit Chose

Justement, c'est son tour de parler. Il n'est pas l'homme des grands discours. La voix, comme enveloppée dans du papier de soie, est faite pour l'intimité du boudoir ou du coin de cheminée, plus que pour la pompe académique de l'amphithéâtre. Mais c'est de la belle langue française, musicale, harmonieuse, bien coupée avec juste ce qu'il faut de galbe et de rondeur qui sort de sa bouche et, en peu de mots, il drape son public, comme il le fait de ses mannequins.

Les jeunes gens sont suspendus à ses lèvres, à ses formules toutes simples mais lumineuses qui, tour à tour, les font entrer dans le studio où s'élaborent les modèles, et saisir le mouvement de la main qui trace sur le papier blanc l'esquisse de la robe qui, bientôt, fera rêver les femmes sur les deux rives de l'Atlantique : « Le dessin, point de départ et terme du modèle, cristallise la réflexion... » « Les robes sont d'abord imaginées ou plutôt, ce sont des silhouettes qui s'imposent à l'imagination, une série de silhouettes en mouvement »... « J'ai voulu d'abord être architecte et j'ai suivi les principes de l'architecture. Une robe se construit, selon le sens du tissu, en droit fil ou en biais. Elle obéit à la loi de la pesanteur. Alain l'avait noté : "Les couturiers interrogent constamment le fil à plomb" »... « La couture, c'est aussi une forme de sculpture, car la toile garde la mémoire des formes. Grâce au coup de fer ! »... « Une mode vient toujours en réaction de la précédente et il est curieux de voir comment, selon les générations, le centre d'attraction se place en des endroits différents. Les Champs-Élysées, la place Vendôme, Montparnasse et aujourd'hui Saint-Germain-des-Prés, avec cette nouvelle constance relative qui est de s'habiller jeune. »

On l'interroge sur la « dictature » qu'imposeraient les grands couturiers aux malheureuses femmes. Un dictateur, lui qui a l'air si « Petit Chose », la fesse timidement posée sur le bord de la chaise ? Il ne dit pas franchement non mais à sa façon, élégante : « Les femmes ne portent pas ce qu'elles aiment. Elles aiment ce qu'elles portent. » Françoise Giroud, quand elle dirigeait la rédaction de *Elle*, avant de sauter dans *L'Express*, avait eu cette formule frappante : « Sur un mot de ce monsieur-là, les femmes changent de robe. » Un commentaire, en tout cas, mieux inspiré que cette profession de foi qu'elle énoncera par la suite et qui lui vaudrait aujourd'hui, à tout le moins, de se voir brûlée en effigie à quelque « Gay Parade » : « Autrefois, les couturiers étaient des femmes ou de vrais hommes. Aujourd'hui, ce sont des homosexuels qui nous détestent. Que se passe-t-il quand votre amant veut vous dévêtir ? Il doit se battre pendant une heure avec des boutons et des agrafes compliquées et il finit par déchirer votre robe. C'est une forme masculine de vengeance ».

Encore une ou deux questions et, sur un geste de Mme Capelle de Menou, huit ravissants mannequins transforment en un éclair de charme et de féminité l'austère amphithéâtre en une succursale de l'avenue Montaigne. Un tonnerre d'applaudissements soulève le jeune public, à mesure que tournoient les robes du soir du premier couturier dans l'histoire de la Sorbonne.

80 paires de chaussures pour Marilyn Monroe

L'hiver suivant, je suis dans le bureau jaune et marron de Christian Dior, au troisième étage de ce qui, au fil des ans, est devenu, dans un entrelacs compliqué d'hôtels particuliers communicants, d'escaliers, de corridors et de marches, le Grand Trianon parisien de la mode.

De 85 personnes à ses débuts, la maison est passée à plus d'un millier, dont 800 petites mains qui travaillent huit heures par jour et pas loin de douze, au moment du « coup de feu » des collections. Sans parler de « Dior New York » et des 27 succursales à travers le monde. En 1955, Dior a réalisé un chiffre d'affaires global de 8 milliards, soit 66 % de l'exportation de la haute couture parisienne. Marilyn Monroe vient de lui passer commande de 80 paires de chaussures...

Ignorant presque tout de son caractère, je crois malin de le flatter dans le sens du poil et sors de ma poche un papier sur lequel j'ai noté une phrase lue dans une récent numéro de *Life* : « Christian Dior a plus fait dans la couture française que les taxis de la Marne pour la guerre de 1914. »

Je vois à sa mine que j'ai complètement visé à côté de la cible. Il a l'air écœuré du chat persan à qui sa maîtresse vient de présenter une pâtée pas fraîche.

« C'est par des déclarations de ce genre, laisse-t-il tomber sur un ton neutre, que la presse se ridiculise et qu'ensuite on n'accorde aucun crédit à ce qu'elle affirme. » Et il ajoute : « En Amérique, tout est immense, même les mots. »

Un grand homme modeste, cela existe donc ? J'ai presque envie de lui citer la boutade d'Erik Satie : « Moi, pour la modestie, je ne crains personne », rien que pour éprouver son sens de l'humour mais j'ai suffisamment fait le malin comme cela et je suis ici pour travailler.

Du coin de l'œil, je l'observe, tandis que je pose mes questions. Une pensée bizarre me taraude. Où ai-je donc vu cette tête-là ? Je veux dire : de qui est-il le double car je suis à peu près certain d'avoir rencontré semblable personnage avec, sous le crâne chauve et les sourcils à peine soulignés, ces mêmes yeux s'arrondissant sous la paupière en coque de noix, ce même nez très long et aiguisé, cette bouche mince au-dessus du menton à deux ponts et, finement étalé sur le tout, ce léger glacis rose où affleurent les sentiments les plus nuancés. Sur un tableau, peut-être ? Oui, c'est cela, un tableau ancien et fort célèbre.

Rentré chez moi, j'ouvrirai un ouvrage d'art sur la peinture flamande. Je m'arrêterai un instant sur les portraits de Joos Van Clève, un des peintres de François Ier. Même chair rose, en effet, qui respire le bien-être de ces paysages médiévaux ordonnés comme des jardins. Oui, il y a une parenté. Pourtant, ce n'est pas tout à fait cela.

Quelques pages plus loin, je trouve ce que je cherchais. C'est bien lui, je l'ai vu à la cathédrale Saint-Bavon, à Gand. Il était agenouillé, les mains jointes, en bas à gauche, sur le retable de Jean Van Eyck, *L'Adoration de l'agneau mystique*. Christian Dior, c'est Jodocus Vyel, le donateur.

Rien d'extraordinaire à cela, d'ailleurs, car nous rencontrons tous des hommes et des femmes dont nous sommes surpris de les voir dans notre siècle. Celui-ci est, à ne pas s'y tromper, sénateur romain, celui-là archer du Roy ou, au contraire, coupe-jarret, celle-ci dame à hennin de la cour du roi René, celle-là suivante de la Du Barry, tel autre demi-solde de l'Empereur et tel autre encore, bourgeois épanoui de la boutique louis-philipparde.

Je n'aurai pas l'occasion de faire part à Christian Dior de ma « découverte ». Dans un an, presque jour pour jour, mannequin immobile, glacé par la mort, il embarquera, sous des tonnes de fleurs, vers la paix des « verts pâturages » [1].

Certes, l'homme que j'ai devant moi et qui répond avec une gentillesse infinie aux questions qu'on a déjà dû lui poser cent fois, s'est empâté. Tout le monde sait à Paris que c'est un gourmet de belle race et un gourmand de haute branche. On dit qu'il suivrait un régime amaigrissant. En tout cas, il donne l'impression – peut-être ses familiers en ont-ils une différente – d'être en pleine forme.

1. Christian Dior mourra subitement d'une crise cardiaque, le 23 octobre 1957, en Italie, où il se reposait. Rapatrié à Paris, 5 000 Parisiens de toutes conditions assisteront à ses obsèques. Il y aura une telle montagne de fleurs que les gerbes seront déposées sous l'Arc de Triomphe, sur une longueur d'une trentaine de mètres.

*

Rétrospectivement, je me demande aujourd'hui si Mme Delahaye et « Grand Mère » ont pressenti l'arrivée de la Faucheuse.

Ces deux dames sont les voyantes de Dior. Je n'ai aucune pudeur à mettre la conversation sur le sujet de la boule de verre. Alors que tant de ministres, de patrons de presse, de financiers ou d'industriels, dont notre existence dépend pour une part, font mine de ne pas croire à ces balivernes, tout en ayant chacun ses habitudes discrètes chez une quelconque Madame Irma, Dior ne fait aucun mystère de sa fidélité inaltérable à la voyance.

Rien de commun avec les futures dingueries d'un Paco Rabanne. Il y croit parce qu'à tous les carrefours importants de sa vie, il s'est trouvé une voyante pour lui indiquer la bonne direction. Comme du reste, y compris de sa ferveur religieuse, il en parle avec une tempérance et cette foi sereine qui sont un des charmes, parmi bien d'autres, de ce maître à vivre, profondément bon, respectueux d'autrui, pacifique, pas plus capable d'éprouver de mauvais sentiments que d'en inspirer et dont le plus gros défaut est, peut-être, de ne pas en avoir.

Une fortune bâtie sur le caca d'oiseau

La première fois où il a eu affaire à une pythonisse, c'était en Normandie, à Granville, où il est né. En 1919 – il avait 14 ans –, lors d'une kermesse de charité au profit des soldats hospitalisés, une chiromancienne, dans sa baraque, lui avait fait cette prédiction : « Vous vous trouverez un jour sans argent mais les femmes vous sont bénéfiques et c'est par elles que vous réussirez. Vous en tirerez de gros profits et vous ferez de nombreuses traversées. » Rentré à la maison, il répéta mot pour mot le petit discours à ses parents.

« Vous tirerez de gros profits des femmes » les laissa interloqués.

Avec un père, riche fabricant d'engrais et de produits chimiques (un trisaïeul avait fait fortune en important en

Europe le fameux guano du Chili, autrement dit du caca d'oiseau) et un oncle ministre, ce n'était pas, en effet, le genre de famille où c'est la femme qui fait vivre l'homme.

On ne reparla plus de cette prédiction chez les Dior. Le père voulant faire de son fils un diplomate, Christian, après ses deux bachots, s'inscrivit docilement à Sciences Po. Rapidement, il préféra à la préparation de ses examens les cours du soir au *Bœuf sur le toit*, où Moysès accueillait des professeurs en dissipation – plus réjouissants que ceux de la rue Saint-Guillaume – nommés Cocteau, Picasso, Max Jacob, Georges Auric, Picabia, Paul Morand ou Boni de Castellane.

Comme de juste, il rata son examen, fit son service militaire et, une fois libéré, tapa son père de 100 000 francs pour ouvrir une petite galerie de tableaux, dans le quartier de l'église Saint-Augustin. Son idée était de vendre de la peinture cubiste (Picasso, Braque, Gris) et des « fauves ». Malgré ses amitiés dans ce milieu et les visites de Max Jacob, l'affaire glissa sur la pente descendante. Tout arrivant en même temps, survint la chute d'une lourde glace dans la salle à manger de la maison familiale à Granville. Sept ans de malheur… Et de fait, quelques semaines plus tard, une maladie foudroyante emportait sa mère et, six mois après, en 1931, son père perdait toute sa fortune dans une malheureuse spéculation immobilière.

La galerie disparut dans la tourmente ; Christian, locataire d'une mansarde, rue de Penthièvre, se retrouva successivement vendeur, garçon de bureau, et stagiaire dans un studio d'architecte. Il ne mangeait pas à sa faim. La tuberculose s'en mêla et grâce à la générosité de quelques amis, comme Moysès et le comédien Marcel Herrand (qui sera un merveilleux Lacenaire dans *Les Enfants du paradis*), on l'envoya se soigner dans un sanatorium de Font-Romeu. Pendant sa cure, il se mit à dessiner. Des centaines de croquis de mode.

De retour à Paris, il en vendit six pour 120 francs, dont l'un parut dans *Harper's Bazaar*. Convaincu par son talent de dessinateur – un trait aussi cinglant qu'un coup de fouet et aussi sensible qu'une caresse – son ami Herrand lui commanda des costumes pour *L'École de la médisance*, de Sheridan, qu'il montait au théâtre des Mathurins.

« Allez voir M. Boussac et vous réussirez »

Cette fois, le vent semble avoir tourné pour lui, du bon côté. Le couturier Robert Piguet, qui a remarqué ses dessins, l'engage à plein temps. Mais la guerre le rattrape et fait de lui un soldat. À l'armistice, il rejoint son père et une de ses sœurs, en Provence, à Callian, où il fait vivre tant bien que mal la famille en cultivant des petits pois et des haricots verts. De retour à Paris, en 1942, il travaille chez le couturier Lucien Lelong qui essaie avec des bouts de chiffon de donner des couleurs aux années noires.

Pendant tout ce temps, il n'a pas cessé de « consulter ».

Un jeudi de février 1945 – il a 38 ans –, alors que sa voyante vient de lui annoncer une rencontre « capitale » pour son avenir, dans le quartier où il habite (il loge dans une modeste garçonnière, rue Royale), il est accosté sur le trottoir menant de la rue Saint-Florentin à la rue Royale, par un ami d'enfance.

Celui-ci est directeur de la maison de couture « Philippe et Gaston », qui a eu son heure de gloire et que Marcel Boussac, son nouveau propriétaire, a l'intention de relancer.

Justement, son ami cherche un modéliste.

« Je n'ai même pas la présence d'esprit de lui parler de moi. Je lui réponds : non, je ne vois personne qui pourrait t'intéresser. »

Il retourne chez sa voyante, Mme Delahaye, en qui il a toute confiance, depuis qu'elle l'a assuré que sa sœur, déportée en Allemagne, pour faits de résistance, reviendrait vivante. Et elle est, en effet, revenue d'Auschwitz. Christian évoque cette rencontre. L'extralucide lui dit qu'il y en aura bientôt une nouvelle.

Sur le même trottoir, il croise en effet, pour la seconde fois, son ami d'enfance qui n'a toujours pas trouvé de modéliste. Il ne fait pourtant pas plus d'offre de service que l'autre semaine. Sur ces entrefaites, le jeune Pierre Balmain qui travaille avec lui chez Lelong quitte la maison pour monter la sienne propre, à son nom.

Toujours sur le même trottoir, Christian croise son ami pour la troisième fois. La décision de Balmain lui a donné une idée : et pourquoi pas moi ?

Aussitôt consultée, Mme Delahaye approuve :

« Allez voir M. Boussac. Il faut absolument que ce soit vous. Il vous aidera et vous réussirez. »

Christian se rend rue Saint-Florentin chez « Philippe et Gaston », fait le tour de la maison et repart en se disant que quitte à travailler pour les autres, il est aussi bien chez Lelong. Le lendemain, il se rend chez Boussac avec l'intention de lui apporter une réponse négative.

« Alors, je ne sais ce qui me prend, moi qui suis tellement timide que j'ose à peine avouer que je le suis, mais poussé par une force obscure, je m'entends dire cette phrase invraisemblable : "Je ne veux pas être modéliste chez *Gaston*, mais créer une maison à mon nom dans le quartier que je choisirai !" Je dis à M. Boussac que j'y créerai des modèles dans la tradition du grand luxe classique, pour des femmes vraiment élégantes.

Quelques jours plus tard, on lui fait savoir que Boussac s'intéresse à son projet.

« Oui, oui, foncez, dit Mme Delahaye. Quoi qu'on vous propose, acceptez-le. »

Une autre voyante, surnommée « Grand Mère », consultée par une amie de Christian qui lui a apporté un spécimen de son écriture, entre en transes :

« Cette maison révolutionnera le monde ! »

Il n'y a pas à hésiter.

Marcel Boussac ayant donné son accord définitif, reste à trouver un local. Quelques années auparavant, passant avenue Montaigne, Dior avait eu le coup de foudre pour deux petits hôtels contigus, dont l'un était occupé par une modiste. Par quel miracle Mme Delahaye apprend-elle que la modiste ferme boutique ? Le hasard ou bien son don de voyance ? Quoi qu'il en soit, elle dit à son client, devenu un véritable ami : « Allez donc faire un tour avenue Montaigne. Vous allez y trouver ce que vous cherchez. »

L'aventure Dior peut commencer et, selon la formule de Françoise Giroud, « inconnu le 12 février 1947, Christian Dior sera célèbre le 13 ».

À présent qu'il possède tout, la gloire, la fortune, l'adoration de millions de femmes et l'estime de ses concurrents, a-t-il encore besoin des voyantes ?

Oui, et il ne s'en cache nullement. Quand il a une décision importante à prendre, Mme Delahaye, qu'il appelle « Ma Delahaye », tire les cartes et rend son verdict. « Chaque fois que je n'ai pas consulté avant de me lancer dans une affaire importante, je m'en suis mordu les doigts cruellement », dit-il du ton repentant du petit garçon qui s'excuse d'avoir fait une grosse bêtise.

A-t-il, au moins, une explication à donner de cette confiance totale dans la voyance ?

Non, la foi ne s'explique pas. Il croit dans les voyantes comme il croit en Dieu. Avec une égale ferveur et puisqu'il s'en trouve payé de retour, pourquoi douterait-il ? « À haute voix, je leur proclame ma fidélité. »

Le moment est venu de prendre congé. Je ne l'ai même pas interrogé sur le remue-ménage inouï qu'avait provoqué sa fameuse « ligne H », rebaptisée « Haricot » par une certaine presse, hostile[1]. On en a trop parlé pour qu'il y ait quelque chose de nouveau à en apprendre.

D'ailleurs, c'est l'homme qui m'intéresse, plus que le couturier, dont le domaine m'est complètement étranger.

Sa passion des voyantes me laisse perplexe. Comment un homme de cette qualité peut-il accepter de laisser diriger sa vie par une extralucide, aussi respectable qu'elle soit ? Il dit même lui devoir son « équilibre ».

Serait-il donc à ce point fragile ce magicien qui a refait de Paris la capitale mondiale de la mode, au moment même où New York, ivre de conquête, prétendait lui ravir ce titre ? Ou bien, au contraire, n'est-il pas si fort, ce timide à qui tout réussit, qu'il n'a absolument pas besoin de se camoufler ? Je serais tenté de le croire. Sa force, c'est peut-être d'être transparent comme une boule de cristal. L'ennui est que même le cristal le plus lourd se casse.

---

1. Il y avait eu à New York une manifestation d'Américaines en colère et Marilyn Monroe, qui allait devenir sa cliente fidèle, avait fait un foin de tous les diables, protestant contre cette mode « hideuse » qui aplatissait la poitrine (ce qui était d'ailleurs totalement faux). Un milliardaire de l'Idaho avait écrit à Dior : « Avec votre soi-disant génie, vous avez défiguré ma femme. Que diriez-vous maintenant si je vous l'envoyais ? »

CHAPITRE 29

POUJADE, C'EST CÉSAR BIROTTEAU EN COLÈRE

« Le succès du poujadisme rappelle l'entrée des nazis au Reichstag… » « M. Poujade nous rappelle, avec un frisson d'horreur, un petit peintre en bâtiment autrichien. »

Ce ne sont ni M. Waldeck Rochet, dans *L'Humanité*, ni le correspondant à Paris de la *Pravda* qui agitent ainsi le chiffon brun devant le taureau de Saint-Céré mais, outre-Manche, le libéral *News Chronicle* et le conservateur *Daily Mail*, s'adressant à leur habituel public de gentlemen, au lendemain des élections du 2 janvier 1956 qui viennent d'expédier à l'Assemblée nationale, par 2 600 000 voix, cinquante-deux César Birotteau en colère.

Je viens d'entrer dans la salle comble de la Mutualité et j'ai beau chercher : aucune chemise brune à l'horizon, pas le moindre bras levé mais le cafetier du coin, Gitane maïs au bec, le boucher qui lisse sa moustache, la crémière rose et dodue, sortie de son pot de crème fraîche, le plombier qui s'éponge le front avec son mouchoir à carreaux, le quincaillier de père-en-fils, l'ancien combattant de 14-18 qui maronne sous son béret basque, le retraité gris et sec, la bijoutière emperlousée Burma, bref la France éternelle des « Cahiers de doléance », d'Henri Monnier, de Courteline, de Boulanger, qui râle contre tout, contre l'État, le percepteur, les fonctionnaires, les puissances d'argent et n'est « pour » que pour les gens qui sont « contre ».

Nous sommes le 14 février, pas le 6, et ce soir n'est pas une veille de bataille mais un lendemain, quand le bouillant Achille, courbatu, narre pour la centième fois son mirobolant exploit.

« Mendès au poteau ! »

Achille, pour la circonstance, est un prototype de ces « faluchards »[1] à biceps, comme j'en ai croisé dans les couloirs de la Fac de droit et dont j'ai toujours pensé qu'ils devaient s'endormir, le soir, le béret sur la tête. Sa grande gueule et son indiscutable talent à saisir l'auditoire aussi bien au-dessus qu'au-dessous de la ceinture, l'ont tiré de nulle part pour faire de lui le député poujadiste du Ve arrondissement.

Son nom – Jean-Marie Le Pen – est entré hier dans l'Histoire à 17 heures 55 précises, lorsqu'avec Damasio, autre député poujadiste de la Seine, belle figure de puncheur, surnommé « Farouk », il est monté à l'assaut de l'Assemblée Nationale, le poing en avant, au cri, beau comme l'antique, de « Allons-y ! »

Achille aux naseaux fumants, posant sa cuirasse sur le zinc du bistrot, va conter à son public qui l'acclame, le sublime fait d'armes.

« Nous voici devant vous en rescapés du grand cirque, commence-t-il. C'est la loi du gang qui régit là-bas nos rapports mais, sachez-le bien, nous ne sommes pas du gang, nous ! »

Après avoir fait applaudir Me Tixier-Vignancour, conspuer le président de l'Assemblée, M. Le Troquer, siffler le socialiste Félix Gouin, lancé le nom de Mendès France que l'écho a transformé en « Mendès au poteau », M. Le Pen brosse sa fresque.

Or donc, un conflit de procédure s'est engagé au début de l'après-midi, à propos de l'invalidation du député poujadiste de la Haute-Garonne, M. Calmel. M. Le Pen, qui connaît son monde, se garde bien de l'entraîner dans le labyrinthe de la

---

1. « Faluche » est un mot d'origine lilloise, désignant le béret de velours noir que portaient encore à Paris, dans les années 50, les étudiants en droit. Par extension, il a donné son nom à l'Amicale dont, précisément, le monsieur dont je parle fut l'un des présidents.

procédure, où le marchand de bretelles des Batignolles et le charcutier d'Auteuil se perdraient à la seconde, corps et biens. Il esquive les subtilités de la validation ou de l'invalidation, fait l'impasse sur l'alinéa 5 de l'article 5 du règlement et va à l'essentiel, qui est de confirmer que tous les autres sont des salauds – ce dont le public ici présent ne doute pas un seul instant.

Bref, lorsque les huissiers déposent les urnes sur la tribune, « voilà que socialistes et communistes se ruent sur nos élus. Ah, mes amis, quelle bagarre ! »

Blanc comme neige et doux comme un agneau, le pauvre M. Damasio (qui, sans doute, passait par là, par hasard) a reçu un coup d'épaule, sur sa frêle personne, du scrutateur communiste, alors que M. Le Troquer venait de lui intimer l'ordre de descendre de la tribune. « Même, intervient l'intéressé, que je me suis retenu de lui dire le mot de Cambronne... » Après quoi, dégringolant les bancs de l'extrême gauche, les communistes en furie se jettent sur la dizaine de gentils poujadistes, accourus en toute hâte pour protéger leur camarade Damasio, et la mêlée devient générale. Deux cents députés sont massés autour de la tribune. Les chaises volent. Le communiste M. Lenormand lance un tabouret à la tête du poujadiste M. Dides [1] qui riposte d'un coup de poing et l'envoie à terre. Un autre communiste s'empare d'une urne et s'apprête à la lancer dans le tas mais un valeureux poujadiste l'en empêche.

« C'est à ce moment-là, mes amis, poursuit M. Le Pen, que quatre coups de feu retentissent... »

Ils proviennent du second étage des tribunes du public, où, pris de panique, deux spectateurs sont agrippés à bras le corps au moment où ils allaient tomber dans l'hémicycle. Le tireur est vite ceinturé par les policiers mais, en bas, après un moment de stupeur, les combattants se jettent à nouveau les uns sur les autres, jusqu'à ce que la sonnette d'alarme retentisse enfin, marquant l'expulsion des tribunes et la fin des

1. Le commissaire Jean Dides, ancien du RPF, est à l'origine de l'affaire « des fuites », mettant notamment en cause François Mitterrand. Une sombre affaire qui continue de garder son secret.

hostilités. Les éclopés partent se faire panser à l'infirmerie et, le calme revenu, la séance reprendra à 19 heures 20.

« Toujours avoir un petit fasciste chez soi »

M. Le Pen fait la part belle à son camp et se garde bien de dire qu'après que les députés eurent regagné leur place, M. Le Troquer s'est levé et a fait savoir que M. Damasio, « qui a été à l'origine des incidents, est venu présenter ses excuses ». Au contraire, après la fin de la séance, le groupe poujadiste a publié un premier communiqué « rejetant formellement toute responsabilité dans les incidents survenus dans l'après-midi » et se dit « étranger au scandale que seuls les communistes ont déclenché en attaquant les députés du groupe. »

Quant au tireur, conduit au commissariat voisin, il s'était servi d'un pistolet « de starter », utilisé pour le départ des épreuves sportives, qu'il avait chargé de cartouches à blanc. Il a dit aux policiers que c'était M. Le Pen qui lui avait délivré sa carte d'entrée...

« Une grossière provocation policière ! » s'insurge le député du Ve arrondissement et, dans un bel ensemble, tout le groupe poujadiste, à l'Assemblée, qui jure, la main sur le cœur, qu'aucun des siens n'a donné de carte à cet individu.

Les communistes, on s'en doute, chantent une autre chanson dans *L'Humanité*. Pour eux, il ne fait pas de doute que c'est Le Pen « homme de main plus que parlementaire » qui a fait entrer « le nervi au pistolet » à l'Assemblée. Après avoir tiré ses quatre coups de feu, celui-ci – un certain Georges Vincent, 31 ans – a crié : « Ici, Poujade fera la loi ! », une phrase que, bizarrement, seules les oreilles communistes auront entendue... En tout cas, selon *L'Humanité*, l'affaire a été entièrement montée par les poujadistes-fascistes, qui ont délibérément attaqué les très pacifiques communistes.

L'ex-commissaire Dides est un « émule d'Al Capone », le MRP – qui disputait aux poujadistes le siège litigieux en Haute-Garonne – prépare avec Poujade « la constitution d'un bloc réactionnaire » et ces « fascistes » ne sont rien d'autre qu'une « bande de gangsters ».

Des deux côtés, on déclame la chanson de geste, avec la bonne foi légendaire de l'arracheur de dents. On lira dans le prochain *Journal officiel* un compte rendu plus nuancé. En fait, c'est bien M. Damasio, salué sans rire, à la Mutualité – où Pierre Poujade, en fin de soirée, fait une entrée triomphale mais, pour une fois, ne dit pas grand-chose car il n'était pas à l'Assemblée –, comme « l'homme qui a marqué une page de l'Histoire de France », qui est à l'origine de ce charivari. Il est en effet monté à la tribune pour s'opposer à la mise aux voix de l'amendement communiste, alors qu'il avait été déjà frappé de censure la veille. « On ne votera pas ! » a-t-il hurlé. Mais si le scrutateur communiste ne lui avait pas filé un grand coup d'épaule, le feu n'aurait peut-être pas pris dans la pétaudière.

De toute façon, ces intermèdes musclés font l'affaire des uns comme des autres. Les communistes, parce qu'il leur faut toujours avoir un petit fasciste chez soi, sinon on risquerait de s'intéresser d'un peu trop près à leurs propres turpitudes, et les poujadistes parce qu'ils savent d'expérience qu'en France, le martyre c'est tout bénéfice.

L'amusant est qu'à l'origine du poujadisme, devant lequel il se bouche le nez, tant lui est insupportable son odeur de peste brune, le parti communiste a tout fait pour lui mettre la main dessus. Un vieux réflexe remontant à 1930, quand les communistes allemands votaient contre les sociaux-démocrates et ouvraient les portes du Reichstag aux nazis.

Le PC tend la main à Poujade

Tout a commencé en juillet 1953, quand les commerçants et artisans de Saint-Céré, bourgade du Lot en piteux état, où les boutiques fermaient les unes derrière les autres, ont appris l'arrivée prochaine des inspecteurs du fisc. Quelques-uns d'entre eux se sont réunis dans une arrière-salle de café et ont mis au point une parade.

L'alerte avait été lancée par l'ébéniste, M. Freigac, conseiller municipal communiste, collègue du papetier-libraire, Pierre Poujade, élu gaulliste sur une liste radicale-socialiste. Le pharmacien Dufour était également dans la « conspiration ».

Quand les « polyvalents » débarquent, il y a quatre cents manifestants en colère et, sous les huées, face aux gendarmes réduits à l'impuissance, les inspecteurs se carapatent. Devant le succès de cette « jacquerie » de contribuables, Pierre Poujade a comme la révélation de son grand destin.

Au mois d'octobre, il crée à Gramat l'Union de défense des commerçants et artisans (UDCA) et en devient le président national. Très vite, le parti communiste soutient le mouvement, dont il pressent le succès rapide. Les petits commerçants et les artisans supportent en effet de plus en plus mal la pression fiscale et les contrôles. Jusqu'à présent, ils ont bénéficié de l'inflation et l'impôt était moins lourd, puisque payé en monnaie dépréciée, par rapport à leurs résultats de l'année précédente. Or, depuis le début de l'année 1953, les prix se stabilisent. Le poujadisme ne naît pas en période de crise économique, au contraire, au moment où le franc se fortifie.

Le PC ne porte pas dans son cœur la Confédération des petites et moyennes entreprises du très modéré M. Gingembre, qu'il accuse de « collusion avec le pouvoir », depuis qu'il s'est cassé le nez à tenter d'en faire un de ses satellites. L'UDCA pourrait être un très bon moyen de court-circuiter M. Gingembre. Or, justement, la Fédération des syndicats artisanaux du Lot est présidée par un vieux militant communiste. On imagine donc de constituer un comité de liaison entre les deux organisations. Hélas, la Chambre de commerce du Lot est présidée, elle, par un anticommuniste qui s'arrange pour torpiller le projet.

Il y aura d'autres tentatives. Pourtant, même lorsque fin juin 1955, Waldeck Rochet, dans *L'Humanité* met en garde Poujade contre « l'aventurisme » (il prétend que ses « lieutenants » – fascistes – veulent liquider le Parlement et porter le maréchal Juin au pouvoir), il prend soin de ménager ses troupes dont « les revendications ne sont pas contraires aux intérêts de la classe ouvrière ».

Le raz de marée poujadiste aux élections de janvier 1956 va faire fondre, comme neige au soleil, cette tendresse désintéressée.

Poujade, que le *New York Times* considère comme « la surprise d'un pays où l'on ne croyait aucune surprise possible », tandis que la *Suddeutsche Zeitung* estime qu'à côté du papetier de Saint-Céré, même Mendès France fait figure de personnage de second plan, devient une menace pour le parti communiste. La popularité de son populisme risque de s'étendre comme une grosse tache d'huile sur la nappe rouge.

Il est donc urgent de tirer la chasse et de précipiter le Mandrin[1] du petit commerce dans les eaux noires du « fascisme ».

Des prisons de Franco à la RAF

Faute de pouvoir l'habiller en milicien, le parti communiste lui attribue un père – un architecte désargenté – « compagnon du traître Doriot ». Un investissement d'avenir puisqu'on lira, sous la plume d'un journaliste américain, ancien prix Pulitzer, qui publiera ses souvenirs parisiens en 1999, que « M. Poujade père adhéra au Parti populaire français, l'organisation fasciste de Jacques Doriot », et qu'il mourut en 1927. Il est fâcheux que le PPF ait été créé en 1936...

En fait, Poujade père, ancien combattant qui, comme beaucoup, avait perdu ses illusions, lisait *L'Action française* et râlait contre la « République des pourris ».

Une variante, toujours dans la presse communiste : Poujade – pas le père, cette fois, mais le fils – a été, avant la guerre, délégué à la propagande du PPF, pour le Sud-Ouest. En 1939, il avait 19 ans... Ne serait-ce pas un peu jeune pour un poste de cette importance ? Néanmoins, il est très possible que, jeune homme, il ait frayé dans les eaux doriotistes. Nous aurons bien, une quarantaine d'années plus tard, un président socialiste de la République qui a navigué, dans sa jeunesse, dans les eaux de l'extrême droite et des Camelots du Roi.

En 1939-1940, Pierre Poujade a servi, au sol, dans l'armée de l'air et – cette fois, c'est vrai –, à sa démobilisation, il a

---

1. Le brigand Louis Mandrin, au XVIIIe siècle, était devenu populaire en ne détroussant que les collecteurs d'impôts.

rejoint une organisation pétainiste. La Milice ? Non, les Chantiers de jeunesse, où, entre parenthèses, se formeront beaucoup de cadres de la Résistance. La même presse communiste le retrouve à la Libération, à Saint-Céré, omettant de dire que le jeune homme, au moment de l'invasion de la zone sud par les Allemands, a gagné l'Espagne où il a été interné pendant cinq mois (les prisons de Franco n'étaient pas des clubs de vacances) avant de rejoindre Alger. Il y a fait connaissance d'Yvette, une infirmière militaire « pied-noir » qui deviendra sa femme et est passé en Angleterre où il a servi jusqu'à la fin de la guerre dans la Royal Air Force, comme « rampant ».

Un parcours, somme toute, fort honorable. Cela ne fait pas de lui un « héros », comme il s'en trouve tant, dans le Sud-Ouest où le climat, sans doute, en a favorisé l'éclosion, en particulier, dans les semaines qui ont suivi la Libération, mais Pierre Poujade ne revendique nullement ce titre.

En 1952, il a été élu conseiller municipal, comme cela a été dit plus haut, avec la carte de militant RPF, ce qui ne correspondait pas, à proprement parler, à un engagement dans les Waffen SS.

Comme il parle beaucoup, on va établir un parallèle entre ses déclarations et – excusez du peu – le *Mein Kampf* d'Hitler. Cela donne ceci, dont on nous invite à conclure que le rapprochement est tout à fait probant :

« Le mouvement nazi doit éduquer les grands groupements économiques particuliers et les rapprocher les uns des autres... Le mouvement nazi doit admettre la nécessité d'une manifestation proprement corporative » (*Mein Kampf*). « Nous avons associé la défense des commerçants et artisans à la défense des autres catégories sociales et créé des unions parallèles... Nous allons maintenant libérer les Français » (Poujade, 14 janvier 1956).

« Au front, on peut mourir. Comme déserteur, on doit mourir » (*Mein Kampf*). « Si je trahis ce serment, j'accepte de subir sur ma personne physique et morale les châtiments réservés aux traîtres » (serment du candidat poujadiste aux élections).

« Interdire l'immigration de tous les Juifs et autres étrangers parasites » (article 3 du manifeste national-socialiste). « Nous demandons qu'il y ait un minimum de présence dans le pays. Dans notre conseil d'administration, nous demandons trois générations. C'est une question de protection minimale » (Poujade, au dîner de la presse étrangère, 18 janvier 1956).

Les anciens du marché noir qui ne veulent pas payer l'impôt

Poujade n'est évidemment pas plus démocrate que Maurice Thorez ou ne le sera un Georges Marchais. À leur différence (c'est à inscrire à son bénéfice), il ne propose aucune idéologie et ne prétend pas faire le bonheur de l'humanité. Populiste, démagogue, cela ne fait aucun doute. Il appartient à cette éprouvante engeance de Gaulois qui, le coude sur le zinc, au volant d'un taxi ou sous le préau des écoles, gueule contre tout, a son idée sur tout (en particulier ce qu'il connaît le moins), traite les hommes politiques de « tous pourris » et a un don particulier pour rendre imbuvables les points de vue justes qu'il lui arrive, malgré tout, de défendre. Mais il ne sert à rien de démolir l'homme, sous prétexte qu'il vous est insupportable, alors que des millions de braves et simples gens boivent ses paroles. Ne vaut-il pas mieux essayer de comprendre pourquoi ?

Lorsque Poujade tombe la veste à la tribune, entouré de ses adjoints – Cueille le charcutier, Rozières le marchand de vin, Bos le carrossier, Tournade l'épicier, Magnet le droguiste – et qu'il vous raconte l'histoire de la veuve Berly, il n'y a pas à tortiller, vous l'écoutez et vous vous dites : il a raison, on ne peut pas laisser faire des choses pareilles.

La veuve Berly, on vient de l'enterrer au cimetière de l'Hay-les-Roses. C'était une petite épicière de 60 ans. Elle s'est suicidée.

Les polyvalents ont débarqué chez elle. Ils ont refusé sa comptabilité. Forcément, car cette femme sans instruction ne s'y connaissait guère en chiffres et en bilans. Seulement au lieu d'y aller doucement, ils l'ont imposée très au-delà du chiffre imposable – une pratique courante – avec, en prime, un rappel d'amende de cinq ans. Elle ne pourrait jamais sortir cette somme. Il lui faudra vendre son magasin et il ne lui restera rien. Elle n'a pas pensé que, peut-être, il se trouverait quelqu'un pour la défendre. Elle a préféré se pendre, la veuve Berly.

Il y a aussi cette mercière qu'un « redressement » a suffi à mettre sur la paille. Pour payer le fisc, elle a vendu son fonds et elle travaille aujourd'hui comme femme de ménage. Elle crève de faim car, pour se rembourser, le service des impôts pratique chaque mois un prélèvement sur son salaire de misère.

Alors, quand Poujade, enflant la voix, prend l'auditoire à témoin et lance : « Vous ne croyez pas que les responsables de tels scandales devraient être pendus ? », la salle ne peut que répondre en chœur : « Oui ! Oui ! », bien qu'il n'y en ait, sans doute, pas un seul qui irait jusqu'à cette extrémité.

Comme le fait non seulement la presse étrangère, notamment anglaise, mais aussi les bons bourgeois du XVIe, dire avec dédain des poujadistes : « Ah oui, ces anciens du marché noir qui ne veulent pas payer d'impôts » n'est rien d'autre qu'une dérobade.

Lorsque Poujade réclame que le fisc ne considère plus automatiquement le commerçant ou l'artisan comme un fraudeur ou demande une réforme impliquant l'imposition à la base, avec une égalité réelle de tous les citoyens devant l'impôt, il serait surprenant de ne pas trouver cent mille personnes pour l'ovationner au Parc des Expositions et de s'étonner de voir le nombre des adhérents à l'UDCA passer de quelques dizaines au début de 1954 à plus de 500 000, vingt-quatre mois plus tard. Les impôts absurdes et les contrôles délirants ne sont pas seuls à les faire trembler.

Tous ne sont pas – loin s'en faut – des profiteurs de guerre qui ont rempli leur lessiveuse de louis d'or. La plupart sont sortis du tunnel, complètement déglingués, sans parler du mari ou du fils, revenus du stalag, les poches vides.

Maintenant que les choses pourraient aller mieux, voilà que, derrière les « polyvalents », surgit bien pire : un nouveau monde qui s'installe à la place de l'ancien. Un monde où les gros balayent les maigres, où la grande distribution chasse la boutique de quartier, où les techniques de vente ne sont pas à leur portée et où la seule place qui leur est réservée se trouve au cimetière. Affolés, ils n'ont d'autre ressource que de s'accrocher aux volets de la vieille boutique française qui s'effondre. Et d'aller chauffer leurs rancœurs à la flamme des grand-messes de ce providentiel Pierrot. Moutons tondus, ils se sentent devenir lions.

Imaginent-ils un seul instant où tout cela pourrait les conduire et, avec eux, la France ? Combien, parmi eux, comprennent que leur mouvement risque d'être vite récupéré par une idéologie d'extrême droite ou d'extrême gauche qui, elle, fera de vrais dégâts ?

Oui, quelques-uns, tout de même – une poignée – ont pris conscience du danger, puisqu'ils ont coupé les ponts avec leur chef, accusé de les entraîner dans une tout autre aventure.

Pourtant, même eux s'indignent quand ils entendent la gauche traiter Poujade de « Poujadolf ». Il faut une sacrée couche de stalinisme pour voir une résurrection du nazisme dans les meetings débraillés des poujadistes, autrement plus proches des six jours du Vél d'Hiv que des retraites aux flambeaux de Nuremberg.

Un juif décoré, c'est quand même un youpin

Seulement, il y a un « hic ». S'il n'est pas hitlérien, Poujade, en tout cas, est raciste et antisémite. Comment, en effet, qualifier autrement quelqu'un qui dit, à un dîner de la presse : « Les vrais racistes, ce sont les juifs qui, des générations durant, ont refusé les mariages chrétiens », ou écrit, dans son journal *L'Union* : « Il faut faire une nuance entre ce qu'on appelle un raciste, c'est-à-dire un de ces rétrogrades qui peuvent faire partie de la race élue ou de celle des "Seigneurs" et le bon prolétaire moyen qui ne veut pas recevoir d'ordre d'un locataire arrivé la veille. Non, nous ne serons pas les jouets d'une armée de métèques qui campent sur notre sol et veulent nous dicter la loi. »

Avec un langage comme celui-là, nous voici poussés dans le « bois sacré », truffé de pièges à loup, où il serait prudent de ne pas s'aventurer… Mais avons-nous le choix ?

Inutile de biaiser. Poujade, les 2 600 000 Français et les milliers ou millions d'autres qui pourraient bien en faire autant la prochaine fois, sont trop proches les uns des autres, pour ne pas se ressembler.

Alors ? Tous racistes, xénophobes et antisémites ? Eh bien oui, ainsi qu'un morceau du bon peuple de France en a pris l'habitude, sans attendre, d'ailleurs, l'affaire Dreyfus. Du haut jusqu'en bas et de droite à gauche, aussi bien chez l'aristocrate du faubourg Saint-Germain ou le bourgeois de la Plaine Monceau que chez le militant de la banlieue rouge ou le notaire qui vote MRP, chez le militant de carrière que chez le fonctionnaire SFIO ou chez le boutiquier radical-socialiste que chez le paysan qui laisse, dans sa salle de ferme, jaunir la photo du Maréchal, ce drôle d'héritage traverse en zigzag la société française.

Hormis une infime minorité de furieux, elle ne songe, du tout, à mal. Elle ne veut la mort de personne. Elle a vu Auschwitz aux Actualités, la barbarie nazie lui répugne. Il lui est arrivé, d'ailleurs, sous l'Occupation, de donner courageusement un coup de main à M. Izrael, le tailleur si gentil de la rue d'à côté, ou à la pauvre Mme Lévy et à ses enfants. Mais un juif, décoré de la Croix de guerre, c'est quand même un youpin. Juste une manière de dire, car on n'a rien contre lui. Seulement, il ne faudrait pas qu'il y en ait trop...

C'est pareil avec les étrangers, les Arabes et les Noirs. Aucune haine à leur égard, mais il ne faudrait pas qu'il y en ait de trop.

Poujade ne dit pas « tout haut » ce que des millions de Français, depuis tant d'années, diraient « tout bas », comme l'assurent des commentaires « éclairés ». Il dit simplement, d'une voix plus forte, car c'est dans sa nature, ce que les autres disent d'une voix ordinaire. En aucune façon parce qu'ils seraient méchants, mais parce que dans un pays où chacun s'imagine tellement différent de son voisin, il est toujours embêtant d'en voir arriver un troisième qui, lui, est vraiment différent des deux premiers.

⋆

Je n'aurai plus l'occasion de faire mon picotin des harangues de M. Poujade. D'ailleurs, sans objectifs réels, sans pensée politique – une preuve de plus que le mouvement n'a rien à voir avec une idéologie hitlérienne ou fasciste –, sans cadres expérimentés, assez nombreux pour inspirer la crainte mais pas assez pour imposer leurs vues, les poujadistes, sortis de leur *Café du Commerce*, vont s'étioler lamentablement, comme le bégonia qu'on oublie d'arroser et s'effondrer gentiment, sans qu'il soit besoin de rameuter les « grandes consciences » brevetées ni de faire défiler les vieux admirateurs du goulag.

Ils seront si peu « putscheurs » et tellement « bistrots » qu'ils ne tenteront même pas de plonger quelque longue cuillère dans la marmite algérienne, pour se refaire une santé. Revenu aux affaires, de Gaulle fera comme s'ils n'existaient pas, ce qui sera, d'ailleurs, la réalité : aux élections législatives de novembre 1958, Pierre Poujade et les siens attraperont (un filet à papillons aurait suffi) moins d'un demi-pour-cent des voix.

Un détail pittoresque, toutefois. Fouillant dans mon dossier « Poujade », pour écrire ce livre, j'y ai trouvé le projet de Poujade sur la réforme de l'État, en date du 8 juillet 1955 : le président de la République sera élu au suffrage universel, aura un droit de veto sur les lois et le droit de dissoudre l'Assemblée nationale. Le Conseil économique et social, fusionné avec le Sénat, deviendra une Chambre de représentation économique de la Nation. L'Assemblée de l'Union française sera supprimée.

C'est à peu de choses près la Ve République, telle que le général de Gaulle la voudrait ou, pour ce qui est du Sénat, l'aurait voulue.

La France sait-elle qu'elle vit sous la Ve de Poujade ?

BRÈVE DE PARIS

Petit, trapu, le cheveu noir et frisé, le patron du Sauvignon, *80 rue des Saints-Pères, a très longuement médité sur l'éthique du casse-croûte. Seul le vin peut accompagner dignement un de ses « sandwiches ». Il faut bien l'appeler ainsi, faute d'une expression bien de chez nous, autrement dit auvergnate. Mais à la manière dont Henri Vergne écrabouille sous sa langue ce mot à consonance exotique, on voit bien qu'il touche au fond de la détresse humaine.*

Le « sandwich » n'en est pas moins (à ses yeux durement éprouvés) un rituel qui s'exerce près du comptoir, avec des précautions extrêmes. Les proportions respectives de pain de campagne et de jambon ou de saucisse d'Auvergne, par exemple, ne sauraient être définies par le hasard ou une inspiration subite, fatalement malencontreuse. Et l'andouille de Vire, ni le pâté frais, cuit à quelques lieues d'Aurillac, ne doivent être, selon lui, introduits sans réflexion préalable, entre deux tranches découpées dans une miche ventrue et poudreuse.

On ne saurait conserver sa pratique et son estime en commandant un café, un chocolat ou du thé au lait avec de l'andouille de Vire. M. Vergne souffrirait mille morts et, sous le coup de l'émotion, c'est sûr qu'il vous indiquerait le chemin de la sortie.

Depuis le milieu des années 50, où Henri et Alice soufflent l'air costaud de Salers sur ce petit rade autrefois très ordinaire, le Sauvignon, *avec son lourd comptoir sinueux et ses poèmes enluminés, sous verre, de Maurice Fombeure, à la gloire de la vigne, du vin et du maître du lieu, est l'oasis incontestée de toutes les caravanes assoiffées qui tirent la langue, entre les boulevards Saint-Germain et Raspail. Son brouilly, ses blancs de Sancerre et de Quincy, son puligny-montrachet sont de force à vider les classes à Sciences Po, à faire galoper les vendeurs du Bon Marché et à remettre sur le droit chemin – celui qui conduit au zinc – un Antoine Blondin, un Albert Vidalie, un Slavik, un César ou un Jacques Prévert, au cas, très improbable, où ils s'en écarteraient.*

Même Brigitte Bardot y a posé un coude. C'est dire si le lieu est devenu historique.

Est-ce pour fêter l'événement que, pris d'une impulsion artistique, les Vergne ont auréolé leur plafond de longues barres de néon qui déversent une lumière insoutenable et font virer au bleu – à toute heure – le rouge, exquis, qui danse dans les grands verres ?

CHAPITRE 30

SACHA GUITRY PREND L'EAU

« Nous prenons les eaux », dit le Maître.

Tel un doge à Venise, dans sa robe de soie moirée, il s'avance, majestueux, au-dessus des flots, la main tendue et l'air grave sur un visage émacié à demi dévoré par une barbe grise et blanche.

« Je vous souhaite la bienvenue », lance-t-il et, d'un geste large qui balaie l'horizon [1], il ajoute : « Comme vous pouvez le constater, nous prenons les eaux. »

Ce n'est pas la place Saint-Marc, un jour d'inondation, mais le hall de l'entrée de l'hôtel particulier, que lui a laissé son père, au numéro 18 de l'avenue Élisée-Reclus, où Sacha Guitry m'a accordé un rendez-vous.

Une fuite d'eau s'est transformée, au petit matin, en inondation, envahissant tout le rez-de-chaussée. Je m'empresse de proposer de partir mais le Maître agite la main, dans un de ces signes de dénégation, bien connus des fidèles de ses pièces et de ses films.

« Allons à l'étage, nous serons au sec. »

Je le suis, dans le monumental escalier aux marches de marbre rose, tandis que derrière nous, Stéphane Prince, son secrétaire que Guitry appelle « mon Petit Prince », s'affaire au

1. Ce geste me fait soudainement penser à ce mot admirable de Guitry, au fond de sa prison, en août 1944. Le gardien passe la tête par le guichet et annonce : « La soupe ! » « Qu'elle entre ! » répond Sacha, en ouvrant les bras.

milieu du désastre. Au passage, je jette un coup d'œil sur les tableaux et les dessins, accrochés le long de l'escalier : Largillière, Matisse et le portrait de Lucien Guitry, par Vuillard. Un simple hors-d'œuvre.

Cet hôtel, à la façade austère, qui fait penser à la légation de quelque puissance de second rang, fut tout ce que Lucien, aux trois quarts ruiné, laissa à son fils Sacha, qui vint l'occuper aussitôt après la Grande Guerre.

« Serai-je riche un jour ? » avait demandé le grand comédien à la célèbre chiromancienne Freya. Elle lui avait répondu : « Riche ? Je ne pense pas mais je vois un hôtel… »

De cet hôtel, Sacha a fait, au fil des ans, son « petit Louvre », un musée du goût et du souvenir français. Un jour – c'était en 1952 – que la Société des auteurs avait un trou de 30 millions dans sa caisse, cet homme, infiniment plus généreux que sa réputation, en ouvrit les portes au public, moyennant un droit d'entrée de 1 000 francs. En quelques semaines, les 30 millions furent réunis.

Déjà, à cette époque, sa santé donnait des signes inquiétants. Après une intervention opérée par le professeur Gaudard d'Allaines, qui avait nécessité trois transfusions, il était apparu méconnaissable, avec quinze kilos en moins. Mais, toujours, son humour inébranlable.

À son réveil, il avait dit à ce grand médecin : « J'ai failli vous perdre. » Une autre fois, présentant à Kléber Haedens une dame blonde, vêtue d'une blouse blanche, il lui dira, à voix basse : « C'est mon infirmière. Je la garde parce qu'elle est un peu souffrante. »

Désormais, la mort plane au-dessus du 18 de l'avenue Élisée-Reclus. Sacha Guitry joue à l'éloigner de lui, en travaillant. Au théâtre, il crée *Palsembleu*, un échec, reprend *N'écoutez pas, Mesdames*, un grand succès ; au cinéma, c'est tour à tour, *La Vie d'un honnête homme* qui attire moins les foules que celle d'un *Tricheur* ; ensuite, le pharaonique *Si Versailles m'était conté* ; et il enchaîne aussitôt sur un *Napoléon* puis *Si Paris nous était conté*, que les historiens de service épouilleront, comme les deux précédents, pour en exhiber les erreurs et les invraisemblances, à un public qui s'en moque éperdument. Et Sacha, bien davantage.

Dans Paris, traînent des ardoises

On parle de lui, assez vaguement, pour l'Académie française. Au lendemain de sa propre réception, Cocteau lui a écrit : « Cette coupole sans toi semble vide. » On ne pouvait être plus gentil. Pourtant, ce Sacha dont la presse a, pendant si longtemps, raillé la suffisance de soi, n'a jamais couru après les honneurs [1]. Il est trop au-dessus pour en distinguer même l'existence. La foire aux vanités est sans aucun attrait pour ce grand malade qu'une polynévrite fait atrocement souffrir. Il s'est laissé pousser la barbe pour masquer l'éruption de boutons qui s'est emparée de son menton et de ses joues.

Pas une plainte mais le travail, encore le travail et, toujours, cette légèreté inimitable des mots qui, à mesure que va s'aggraver son état, s'enveloppera d'un voile de noblesse héroïque, à cent lieues de sa réputation d'amuseur.

Il a, en outre, des ennuis d'argent. Le fisc lui réclame d'énormes arriérés et, un peu partout dans Paris, traînent des ardoises. Une situation qui lui a, d'ailleurs, toujours été familière. Je connais, depuis des années, un pittoresque personnage, aristocrate décavé et bibliophile très expert, qui boucle ses interminables fins de mois par le courtage de livres anciens. Sacha Guitry est l'un de ses clients. Il lui a procuré, notamment, l'édition des *Fermiers généraux*, des *Fables* de *La Fontaine*, l'original des *Essais* de Montaigne, ainsi que de nombreux manuscrits. Pour se faire payer, c'était une autre affaire. Jusqu'au jour où Sacha Guitry, radieux, lui dit : « Mon cher ami, j'ai le plaisir de vous annoncer une grande nouvelle. Vous avez gagné ! » Ne pouvant régler tous ses créanciers en même temps, Sacha organisait des loteries. Il inscrivait, sur de petits morceaux de papier, les noms de ceux pour lesquels le retard était le plus criant, les jetait dans un chapeau et en tirait un ou plusieurs, au hasard.

---

1. Sinon, il se serait abstenu de faire ce « mot » sur Vincent Auriol, président de la République : « Il mourra facilement. Il n'a qu'un œil à fermer et peu d'esprit à vendre. »

Toute une jeunesse, sans entendre une bêtise

Je ne sais si c'est le spectacle des grandes eaux à domicile qui a requinqué l'auteur de *Si Versailles m'était conté*. En tout cas, il me fait, avec une affabilité de grand seigneur, les honneurs de sa collection, motif principal de ma visite. Il est vrai que je bénéficie du bon souvenir que lui a laissé *Opéra* et, plus encore, de la reconnaissance qu'il porte à *Arts* où François Truffaut se distingue de l'ensemble de la critique en portant au pinacle l'admirable cinéma de Guitry, considéré en général, avec un brin de commisération, comme du « théâtre filmé ».

Sur le palier, avant d'entrer dans le salon qui est son cabinet de travail, voici un Utrillo et un Vuillard et, là, un petit tableau du XVIIIe représentant Cupidon. « Mon porte-bonheur... » Cupidon, Sacha amoureux... J'ai le tact (ou le manque de courage) de ne pas citer le mot de la merveilleuse comédienne, Marguerite Deval, disparue il y a peu, qui avait les bras courts mais du mauvais esprit jusqu'au bout des doigts. À 85 ans, elle racontait encore ce souvenir :

— Du temps que je dirigeais la Michodière, Sacha Guitry partit un soir avec une petite théâtreuse de la troupe. Le lendemain, on l'entourait.

« — Alors, il a été bien ?

« — Hum !

« — Tendre ?

« — Hum !

« — Tiens, tiens...

« — Eh oui !

« — Mais alors ? Allons, pas de cachotteries, entre nous : un haricot vert ?

« — Hum ! Le fil, tout au plus [1].

---

1. Raymond Castans, dans sa biographie *Sacha Guitry* (Éd. de Fallois), rapporte une blague qui courait Paris, au moment des amours de Sacha et d'Yvonne Printemps : « Que dirait Sacha en découvrant Yvonne morte subitement ? Il dirait : « Enfin froide ! » Que dirait Yvonne dans le cas contraire, à propos de Sacha ? Elle dirait : « Enfin raide ! »

À l'opposé, Jacques Lorçay, l'homme qui connaît sans doute le mieux la vie et l'œuvre de Guitry, apporte dans son récent ouvrage *L'Esprit de Guitry* (Atlantica) des témoignages inédits, de nature à redresser, si l'on peut dire, l'image de Sacha « amoureux ».

Enfin… Passons.

Passons, ou plutôt, arrêtons-nous, à droite devant ce Toulouse-Lautrec : Lucien Guitry, dans *L'Assommoir*.

« J'ai eu le bonheur, par mon père, de ne connaître, dès mon enfance, que des hommes exceptionnels. Anatole France, Jules Renard, Renoir, Monet… Vous rendez-vous compte ? Toute une jeunesse, sans jamais entendre proférer une bêtise. »

Un Forain ; un jeune homme par Modigliani ; Mallarmé, au visage tout en douceur, par Renoir ; puis là, le chef-d'œuvre peut-être de la collection, l'autoportrait de Cézanne, abrupt comme un roc… Un Watteau ; le plâtre original du *Baiser* de Rodin.

« Rodin… L'homme qui m'a le plus impressionné. La première fois qu'on le voyait, on avait envie de l'appeler Rodin. Rien n'est plus beau que le nom, seul, d'un grand homme. »

Au-dessus des bibliothèques, des bronzes de Daumier, de Degas, de Renoir et, bien sûr, de Rodin. La colombe de Picasso, à propos de laquelle Guitry a dit (il ne cite jamais ses propres mots) : « Je l'aurais achetée à n'importe quel prix. Je l'ai eue pour ce prix-là. »

Le panneau des fruits et des fleurs est un enchantement. « J'adore les tableaux de fleurs. J'en ai plus de soixante dans ma chambre. » Un bouquet de Bonnard s'accorde à des pêches de Matisse. Les fleurs de cerisier, de Suzanne Valadon, saluent l'aubépine de Vlaminck. Les pommes de Cézanne regardent celles de Manet, tandis que les roses de Renoir et les pivoines de Vuillard semblent vaporiser la pièce de leur odeur sensuelle.

L'amateur de peinture passe le flambeau au bibliophile. Le théâtre de Molière, en édition originale, bien sûr. Une autre des *Pensées* de Pascal. Toute l'œuvre de Jules Renard, dédicacée à Bergson : « À Sacha Guitry, un admirateur. » Des manuscrits et des lettres à foison : une lettre de François Ier à Charles Quint, une de Louis XIV au pape, trente-deux de Henri IV à Sully… Rousseau, Camille Desmoulins, des notes de travail de Voltaire, le livre de comptes de Juliette Drouet, deux agendas du chevalier d'Éon, la lettre de Beaumarchais marquant la création de la Société des auteurs, un madrigal d'Henri IV à Gabrielle d'Estrées, l'ordre du jour de la Marne, daté du 6 septembre 1914, de la main de Joffre… L'agenda de Napoléon, des lettres de Joséphine, à l'écriture gambadeuse, le livre de son cuisinier à Sainte-Hélène, corrigé de la main de l'Empereur.

Dans six coffrets de maroquin rouge, les mille six cents pages du manuscrit de *L'Éducation sentimentale* de Flaubert.

Enfin des souvenirs historiques. Les manchettes de dentelle de Jean-Jacques Rousseau, l'écharpe de Camille Desmoulins, le gilet brodé de Robespierre, un gilet de Marat, un bol moulé sur le sein de Marie-Antoinette, dans lequel, à Trianon, on servait le lait frais tiré, la canne de Talleyrand, la longue-vue de Napoléon à Austerlitz, les immortelles semées par lui à Sainte-Hélène… Un pinceau de Claude Monet, le passeport de Marie Duplessis, la baguette de Toscanini…

« Là-haut, dans le cadre doré, c'est le fanion de Clemenceau. La pièce de ma collection que je préfère, avec la médaille militaire de Joffre. Il était fixé sur l'aile gauche de sa voiture quand il est allé rendre visite à Monet, à Giverny, le jour même où les Allemands demandèrent l'armistice. Après s'être embrassés, les deux hommes s'assirent sur un banc. " Qu'est-ce qu'on va faire maintenant ? " dit Clemenceau. " Eh bien, répondit Monet, si on s'occupait tout de suite du monument de Cézanne ? " Quand Clemenceau est mort – je l'avais vu l'avant-veille – Poincaré se précipita pour écrire cette curieuse formule : " Il est mort pour la France." Clemenceau, je crois, a plutôt vécu pour la France. »

Encore aujourd'hui, il ne se passe de semaine où des marchands et des intermédiaires lui proposent des œuvres d'art, des tableaux et les objets les plus incongrus.

« Une collection de papillons, une armoire normande, un sabre de cavalerie, n'importe quoi. Les offres ont souvent un rapport avec le sujet d'un film ou d'une pièce. Si je tournais un film sur Marat, il se trouverait certainement quelqu'un pour me proposer sa baignoire et si j'écrivais une pièce sur Henri IV, je ne couperais pas au poignard de Ravaillac. On m'a proposé un jour les soi-disant cloches de la Bastille. Elles avaient 8 mètres de haut. »

Nous passons à côté dans une petite pièce qui me paraît être un boudoir de femme. Je suis sur le point de prendre congé, quand une porte s'ouvre.

Ce n'est pas Yvonne Printemps, ni, hélas, l'exquise Jacqueline Delubac, ces deux papillons de jour et de nuit que Sacha a épinglés dans sa collection mais n'a pas réussi à les empêcher de s'envoler. Ce n'est que Lana Marconi. De longues mains ravissantes, une silhouette fine et longue, de très beaux cheveux, des yeux de vamp qui cachent leur jeu sous un regard froid. Il émane d'elle comme un parfum d'aventure et d'*Orient-Express*, sous le vernis fragile d'une distinction empruntée. Elle est d'origine roumaine. Le bruit court qu'elle serait la fille naturelle du roi Carol. On peut toujours le dire. Ah, ces rumeurs de l'Est... Le plus sûr est qu'elle est une grande amie de Frédé, la patronne du *Caroll's*, haut lieu lesbien.

On ne saura pas davantage si, au moment de l'épouser, Sacha lui a vraiment dit : « Vos mains sublimes me fermeront les yeux et ouvriront mes tiroirs. » En tout cas, il se sera obstiné à lui apprendre le métier de comédienne : « Vous savez, avec le patron, vous ne risquez rien, lui dira Pauline Carton. Il ferait jouer une chaise [1]... »

*

Six ans après la mort de Guitry, le 24 juillet 1957 à trois heures du matin, dans son lit, avenue Élisée-Reclus, une deuxième mort se produira. Celle de l'hôtel particulier, où s'étaient accumulés tant de trésors et de souvenirs qui appartenaient à l'Histoire de France.

Les collections dispersées, l'hôtel vendu à une société immobilière par Lana Marconi, on abattra les cloisons, on déposera les dalles de marbre rose qui recouvraient les murs ; puis les armoires, les bibliothèques, les portes, les fenêtres. Le grand salon-musée sera réduit à l'état de champ de gravats. Tous les fantômes – Lucien Guitry, Anatole France, Jules Renard, Tristan Bernard, Feydeau, Alphonse Allais, Réjane, Sarah Bernhardt, Lyautey, Joffre, Pétain –, qui avaient peuplé du souvenir de leur génie, de leur talent, de leur esprit ou de leur gloire, ce lieu enchanté, s'en iront tristement derrière les camions de déménagement.

Le fidèle, l'honnête, l'infatigable « Petit Prince » se refusera à revoir Lana Marconi.

---

1. Raymond Castans, *Sacha Guitry*, *op. cit.*

CHAPITRE 31

LE MONSIEUR TRISTE QUI A L'ARABIE SAOUDITE DANS SA POCHE

Au bout du fil, la voix mélodieuse de Michel Déon. Michel, le plus fidèle, le plus serviable des amis, depuis que nous avons passé ensemble un été à Positano, à nous fendre la pêche en compagnie de Félicien Marceau et de Christine de Rivoyre, m'a fait entrer chez Plon, où je gère, à mi-temps, un budget de promotion, dont l'abondance justifierait tout au plus quinze minutes de présence une fois tous les deux mois.

« Christian, il y a un Américain qui doit venir à 11 heures. Soyez gentil de le recevoir. Orengo [1] y tient. C'est un collectionneur... De tapis, je crois. Vous verrez bien... Non, non, il est publié à compte d'auteur... Ah, ça, je suis bien de votre avis, mais que voulez-vous qu'on y fasse ? »

Je raccroche, légèrement écœuré. Si l'éditeur du général de Gaulle en est à publier des livres à compte d'auteur, où allons-nous ? Tiens, à propos, je n'ai pas retenu le nom du type. Je rappelle Déon ? Bah, après tout, qu'est-ce que j'en ai à fiche ?

Je laisse le temps passer et quand, enfin, je jette un coup d'œil à ma montre, il est onze heures bien sonnées. On va le faire lanterner encore un peu. Ça lui apprendra à faire des livres à compte d'auteur.

1. Charles Orengo, le directeur de Plon.

Une tête de chien afghan

On l'a installé dans un des bureaux les plus moches de l'aile où se trouve *La Table Ronde*. Le décor se compose d'une table et de chaises de bois blanc. Sur l'une d'elles, se tient un individu dont le corps est fait de drap sombre et qui a une tête de chien afghan. Entre de longues oreilles pendantes, le regard, surmonté d'énormes sourcils broussailleux, a l'air aussi vide qu'un évier dont on aurait tiré la bonde. Le cheveu clairsemé montre les signes d'une récente décoloration. Derrière un faux air de Danny Kaye, on renifle de la vieille brute coriace aux aguets.

D'une serviette de cuir, il sort précautionneusement un livre, dont la couverture porte un titre en anglais : *Collector's choice* et un nom d'auteur : Ethel Le Vane. Le Vane... Il est sûrement le mari de la dame, Ethel. Je commence donc ma phrase par un « Mister Le Vane », bien senti. Ses petits yeux enfoncés se fixent sur moi, semblant exprimer une vague surprise. D'une voix douce et dans un excellent français, il rectifie : « Je ne suis pas M. Le Vane. Mon nom est Getty. Paul Getty. »

Bon. Après tout, c'est son droit de s'appeler Getty. De toute façon, ça ne m'évoque absolument rien. Jamais entendu parler d'un collectionneur nommé Paul Getty. D'ailleurs, s'il était célèbre, il ne donnerait pas ses sous pour qu'on le publie.

Je feuillette distraitement le livre posé sur la table. Tiens, c'est vrai, ce type a des tapis et même de beaux tapis. Que dis-je... Il y en a un, en particulier, qui fait sortir les yeux de la tête. Je lis deux fois la légende, au-dessous de la photo, pour m'assurer que je ne me suis pas trompé. C'est bien cela : un tapis de Chiraz, du XVe siècle... Et dans un état de fraîcheur... Ce Getty n'est pas n'importe qui. Peut-être bien, d'ailleurs, qu'il se dit collectionneur mais qu'en fait, c'est un marchand. Non, si c'était le cas, il ne vendrait que des tapis, or, à mesure que je tourne les pages, je constate qu'il a de tout : des meubles Louis XV, des bois dorés, des tableaux de l'école italienne, des bronzes antiques, des marbres. Un drôle de mélange, à l'américaine, avec du bon et du mauvais, le tout faisant bazar de luxe.

Je me confonds en compliments, avant de me trouver à court de conversation. Rien qu'à regarder ce type, j'ai peur de tomber comme une masse et de m'endormir à poings fermés.

À tout hasard, je lui demande s'il avait fait un bon voyage. Il me répond, comme un film qu'on passerait au ralenti, qu'au-dessus de la Méditerranée, l'avion avait été un peu chahuté.

— Ah ! fais-je, vous n'arrivez pas des États-Unis ?

— Je n'y habite plus depuis plusieurs années. Je vis moitié à Londres, moitié à Paris et là, je viens de passer quinze jours en Arabie saoudite.

— Oui, je vois... Pour acheter des tapis ?

— J'en ai suffisamment comme cela. Non, je suis allé faire le tour de mes puits.

— Vos puits ? Excusez-moi, Monsieur Getty, mais vous travaillez dans quoi ?

— *Oil*, me répond-il, d'une voix très calme où ne perce aucun signe d'agacement.

J'aurai même, un peu plus tard, la conviction qu'à cet instant précis, il a été littéralement enchanté de tomber sur un jeune homme pour qui le nom de Paul Getty n'évoque strictement rien.

Sans se presser, il plonge la main dans la poche intérieure de son veston et en tire un papier plié en quatre, qu'il pose sur la table et étale du plat de la main.

C'est une carte, sommairement dessinée, de la péninsule arabique, dont un bon tiers est hachuré de rouge.

— C'est là, dit-il, en posant l'index sur le gros pâté de traits croisés qui tache un bon bout de l'Arabie saoudite jusqu'à la frontière du Koweït.

— Tout ça ? fais-je, d'une voix qui commence à trembler.

— Ouais...

— Tout ça, à vous ?

— Non, seulement la concession pour soixante ans.

— Et ça donne du pétrole ?

— Il n'y a pas à se plaindre. Avec soixante puits, on devrait tirer, cette année, au moins deux millions de tonnes.

Il en a dit assez pour que je me sente rapetisser et devenir lilliputien. J'ai beau chercher dans mes souvenirs récents, le nom de ce monsieur lugubre qui fait des trous dans l'Arabie saoudite comme dans du gruyère ne me dit absolument rien. Il est vrai que je suis débarrassé, depuis quelques années, de la lecture de la page économique du *Monde* et que le pétrole n'est pas ma tasse de thé. Si ce nabab du tapis volant était une célébrité internationale, comme Onassis ou Niarchos, cela ferait une paie que *Paris-Match* et *Jours de France* lui colleraient au train et lui referaient la cerise en couleurs, chaque semaine[1].

Quoi qu'il en soit, une odeur suave et sucrée de milliards a commencé à envahir la pièce et à me chatouiller les narines, lorsque Paul Getty me dit : « Allons donc déjeuner. »

« Yquem ou Montrachet ? »

L'habitude est de traiter nos auteurs, rue Servandoni, dans un bistrot sombre et bas de plafond, où l'accueil est affectueusement auvergnat, la croque, de nature à remettre sur pied, en un rien de temps, un cheval pris de langueur et l'addition, tout à fait dans la vision humanitaire de notre PDG, Maurice Bourdel, pour qui un sou donné par Plon en vaut deux. Puisque le monsieur qui trait les mamelles de l'Arabie heureuse s'est mis en tête de nous régaler, faisons les choses en grand.

Les bécasses, que Mario prépare en maître dans la salle, ont dû se poser depuis peu chez *Lucas-Carton*. Je hèle donc un taxi et en route pour la Madeleine.

On nous propose du foie gras. Getty tient absolument aux harengs à l'huile, qui ne sont d'ailleurs pas sur la carte. Peut-être que dans le garde-manger du personnel... Le garçon revient avec les harengs et, pour moi, le foie gras. Le sommelier :

---

1. Ce ne sera qu'en octobre 1957 que le nom de Getty fera le tour du monde, lorsque le magazine *Fortune* créera la surprise en lui donnant le titre d'« homme le plus riche des États-Unis ».

« Yquem ou Montrachet ? » Je n'ai même pas le temps d'hésiter. Ce sera de l'eau gazeuse, puisque la maison ignore cette friandise qu'est le Coca-Cola additionné de rhum brun.

Et pour suivre ? Une omelette au jambon... Foin de toute civilité, je m'accroche à ma bécasse. Si j'avais su... Bien entendu, on saute le fromage. De dessert, il n'en est pas question. On passe directement au café et à l'addition. Celle-ci est apportée par le maître d'hôtel qui, sans l'ombre d'une hésitation, la dépose devant celui des deux qui n'a, d'aucune façon, une tête d'invité.

Je n'ai aucune raison de protester, même pour la forme puisque c'est le buveur d'eau qui a pris l'initiative de l'opération. Une seconde plus tard, d'un geste machinal, nuancé toutefois d'un rien de délicatesse – comme pour réparer discrètement la regrettable erreur –, la soucoupe glisse jusqu'à moi, lourde d'une cargaison qui va me mettre sur la paille pour un bout de temps.

Rien n'est plus cher, chez *Lucas-Carton*, que le hareng à l'huile, l'omelette au jambon et l'eau gazeuse. Quand je serai très vieux et très pauvre, je pourrai, en tout cas, raconter le soir, à la veillée, à mes arrière-petits-enfants que j'ai un jour payé à déjeuner à l'homme le plus riche des États-Unis.

Il ne peut pas résister à une vente aux enchères

Le titre lui paraissant encore trop modeste, la presse transformera bientôt l'essai et Paul Getty, enfin célèbre, devient « l'homme le plus riche du monde ».

Une bonne raison d'aller lui rendre visite, à des fins, cette fois, journalistiques et en prenant bien soin que l'entrevue se situe à distance respectueuse de l'heure du déjeuner et de celle du dîner.

Chez *Lucas-Carton*, la moindre des politesses, de ma part, avait été de faire taire le journaliste pour laisser s'exprimer « l'éditeur » (qu'on me pardonne cette usurpation de titre). Je l'avais donc interrogé – prudemment – sur la genèse de son livre, sur ses goûts artistiques, sur l'art moderne (pas longtemps, car le sujet ne l'intéressait d'aucune manière) et bien qu'il s'exprimât par des phrases brèves, ponctuées de longs silences, j'avais découvert, non pas un expert ni même un amateur d'art éclairé mais un véritable possédé.

« Dès qu'un catalogue me tombe sous la main ou qu'une belle vente est annoncée, je me précipite, le carnet de chèques à la main. C'est plus fort que moi, je ne peux pas résister. »

Cet aveu naïf m'avait un peu étonné car Getty donnait ainsi de lui-même l'image déplaisante du milliardaire aboulique qui rafle les œuvres d'art, soit pour se faire valoir à l'extérieur, soit pour satisfaire une obsession pour l'accumulation ou bien les deux à la fois. Incapable de se fixer sur un type d'objets, une période, un pays, un style ou un artiste plutôt qu'un autre, il ramassait en vrac – et ne s'en cachait pas – aussi bien une mosaïque romaine qu'un lustre vénitien, un Rubens qu'un Gauguin, un bronze de la Renaissance qu'une porcelaine de Saxe.

Cet éclectisme glouton le rattachait à la tradition du chiffonnier-milliardaire qui, à l'exemple d'un William Hearst (le *Citizen Kane*, d'Orson Welles), razziait à l'aveuglette les antiquaires et les galeries pour disperser ensuite son butin, à la va-comme-j'te-pousse, dans ses hôtels particuliers et ses châteaux [1].

Pourtant, quelque chose m'avait frappé qui donnait à cette médiocre routine une autre dimension.

Bizarrement, ce poisson froid des grandes profondeurs peut dégeler d'un coup son cœur, chaque fois qu'il se trouve en présence d'une œuvre d'art à son goût. Je l'ai ressenti d'une manière assez précise et me semble-t-il juste, quand il m'a dit : « Vous savez pourquoi j'aime vivre à Londres et à Paris ? C'est à cause des musées et des expositions. Il n'y a pas beaucoup de bonheurs dans la vie comme d'aller à pied au Louvre ou à la Wallace Collection. »

Autrement dit, il peut regarder un Rembrandt ou une commode de Riesener, sans voir, en superposition, un chèque

1. Après sa mort, son biographe américain, Robert Lenzner, révélera que Getty, « grand admirateur d'Hitler », aurait acheté à Vienne, en 1938, des œuvres d'art, volées aux Rothschild d'Autriche par les nazis.

avec plein de zéros. Son amour de l'art part dans tous les sens mais pour moi – au risque d'être démenti – c'est de l'amour.

Vermeer, Cézanne et les tasses à thé en porcelaine fine ont, d'ailleurs, peut-être été inventés pour consoler les milliardaires d'aimer si peu leurs semblables.

Il collectionne aussi les nymphettes

Quand j'arrive devant l'appartement 801, que Getty occupe à l'hôtel *George V*, je ne suis plus le parfait ahuri qui l'interrogeait, la première fois, sur ce qu'il faisait dans la vie (on me fera toutefois crédit de ne pas lui avoir demandé s'il habitait chez ses parents). Je sais de lui à peu près tout ce que la presse française et américaine raconte à présent, avec un grand luxe de détails, après avoir pendant si longtemps méconnu son existence.

Désormais, il n'est pas plus permis d'ignorer son goût maniaque des salons de coiffure (il lui arrive, paraît-il, de se faire couper les cheveux deux fois dans la même journée) que ses mariages et divorces à répétition ou – la matière étant plus délicate, on en parle à mots couverts – son incurable nympholepsie qui est, comme chaque vieux marcheur le sait, un penchant appuyé pour la nymphette. De même, n'ignore-t-on pas grand-chose de l'origine de sa coquette fortune, évaluée à 1 000 milliards de francs nouveaux, ce qui lui permettrait, paraît-il, d'entretenir la famille royale d'Angleterre pendant mille sept ans (pas un jour de plus, hélas).

Il a eu un parcours à citer en exemple à tous les enfants des écoles : débutant sa vie en tant que simple millionnaire, il l'est resté des années durant, arrivant, tout de même, à la force du poignet à devenir un petit multimillionnaire, parmi tant d'autres, jusqu'à ce qu'un jour la chance lui sourie.

Après la guerre, alors qu'il ne possède que des puits de pétrole en Californie, plus quelques bêtises, comme l'Hôtel Pierre, à New York, il s'en va trouver le roi d'Arabie saoudite, Ibn Séoud, et lui tient ce langage :

« Dans la zone neutre qui sépare votre pays du Koweït, il n'y a pas une goutte de pétrole. Mais, moi, je vais quand même en chercher. Je vous donne neuf millions et demi de dollars en cash, plus un million chaque année – pétrole ou pas – et vous, vous m'accordez une concession de soixante ans, plus 25 % du bénéfice net, s'il y en a un. » N'ayant rien à perdre, le roi a dit OK. Getty a investi près de huit millions de dollars dans la recherche et, en 1953, le pétrole a commencé à cracher pour devenir en 1956 un long fleuve pas tranquille mais incroyablement rémunérateur. Getty avait mis à profit sa formation de géologue pour creuser là où tout le monde disait que c'était idiot de le faire : dans la couche éocène, qui est le plus ancien terrain tertiaire, bien connu pour ne pas suer la moindre goutte de pétrole ou, en tout cas, si peu que le jeu ne vaut pas la chandelle.

Voilà, comment, en faisant le contraire de ce qu'il faut faire, un bon petit bougre de multimillionnaire devient multimilliardaire. Il faut préciser, en outre, que le pétrole de l'éocène est moins cher, plus rapide à pomper et idéal pour le raffinage. C'est du moins ce que j'ai lu, car, quitte à lamper, je préfère l'Hermitage.

L'histoire de l'exposition canine

Un autre aspect intéressant de sa personnalité, sur lequel tous les commentaires s'accordent et que, depuis notre déjeuner chez *Lucas-Carton*, j'aurais mauvaise grâce à réfuter, est son insurpassable pingrerie. Son surnom d'*Oncle Picsou* l'escortera jusqu'à la tombe.

On ne dit pas de lui, comme d'Onassis, qu'il est « beau comme Crésus », mais les récits sur son avarice fourniront de la copie pendant des années.

Il y a, par exemple, l'histoire de l'exposition canine. Arrivant, avec un ami à 17 heures 50, Getty remarque une pancarte indiquant que le prix du ticket d'entrée est réduit de moitié après 18 heures. S'adressant à son ami, il lui dit alors : « Je vous propose de faire le tour du pâté de maison et nous reviendrons à 18 heures. » Ainsi, put réaliser une économie de dix shillings l'homme réputé le plus riche du monde.

Une invention de journaliste ?

Pas du tout. Getty se fera même un plaisir de certifier

comme authentique ce fait d'armes, ajoutant une remarque d'un parfait bon sens : « Quel est l'idiot qui achèterait, disons, cinquante livres sterling un objet dont on lui dit qu'il coûtera moitié moins le lendemain ? Peu importe l'importance de l'économie, on est idiot ou pas. »

Il y aura aussi, quand il s'installera à Sutton Place, en Angleterre, la fameuse histoire du téléphone à jetons. Là encore, Getty confirmera : « Mais oui, j'ai fait bloquer le cadran des appareils et installer un téléphone à jetons au rez-de-chaussée, quand je me suis aperçu que mes invités n'avaient aucun scrupule à téléphoner au bout du monde et que les factures atteignaient des chiffres astronomiques. »

Oncle Picsou, vous ne croyez pas que vous poussez un peu fort ? C'est ce que lui dirait, sans doute, n'importe lequel d'entre nous, révolté par une aussi hideuse pingrerie. Précisément, nous ne sommes pas « l'homme le plus riche du monde » et n'avons aucune idée de la manière dont pareil oiseau rare fonctionne. On peut, à la rigueur, devenir riche par hasard mais pour le demeurer jusqu'à son dernier souffle, il faut une éthique et aller, toujours, jusqu'au bout de sa morale.

Dans le cas du téléphone à jetons, Getty expliquera, comme la chose la plus naturelle du monde, qu'un capitaliste se doit de respecter les intérêts de ses actionnaires. Qui oserait le démentir ? Or, Sutton Place étant la propriété d'une filiale à 100 % de la Getty Oil Company, dont il n'est pas le seul propriétaire, il n'a aucune raison de faire payer les coups de fil de ses invités par ses actionnaires.

Imparable, non ? Remarquez, il est fort possible que si le même homme pouvait faire à ses associés quelque entourloupette légale, il ne s'en priverait pas. Ça, c'est le jeu naturel des affaires, qui ne peut en rien tacher l'éthique d'un milliardaire, ni même d'un multimilliardaire.

Bref, on l'a compris. Paul Getty ne se contente pas d'être un génie. Il est aussi un des meilleurs humoristes du siècle.

Seul un grand humoriste n'a pas peur, premièrement, d'être traité d'avare et, secondement, de ne sourire qu'une fois par an, toujours à la même date et à la même heure. Soit le 6 décembre à 18 heures, quand Paul Getty fête la Saint-Nicolas, au milieu des enfants de l'orphelinat de Gilford, invités dans son manoir. Le rituel est immuable. Un chapeau de cow-boy sur la tête, il souffle dans une trompette. Il repose la trompette, articule un sourire à l'adresse de l'assistance, puis fait la course, à travers son salon de soixante mètres de long, avec une cuillère entre les dents et un œuf frais dans la cuillère.

*

Je sonne à la porte de la « 801 ». Une première fois, puis une seconde. Rien ne se passe. Je frappe et refrappe. Pas le moindre signe de vie. Je redescends à la réception et vais m'informer auprès du concierge.

« M. Getty ? Mais il est parti en voyage. Un message à votre nom ? Laissez-moi regarder... Non, il n'y a rien... Je vous en prie. Au revoir, Monsieur. »

N'ai-je pas dit que M. Getty est un humoriste ?

BRÈVE DE PARIS

Il y a celui qui regarde fixement sa montre, hoche la tête d'un air faussement résigné et prend son billet. Il y a celui qui jette un coup d'œil blasé sur les photos, s'en va nonchalamment puis revient à toute allure et entre en trombe. Il y a celui qui proteste : « Quoi, ce n'est pas Nudistes en rodage, *aujourd'hui ? Mais je l'ai lu sur un programme ! » Il y a celui, accompagné de sa petite amie et qui se fait encore plus petit qu'elle. Elle, ça non, elle n'a pas froid aux yeux.*

Ils sont ainsi des centaines. Tous les jours. De midi à minuit. Ils descendent l'escalier tendu de velours flapi et vont s'asseoir dans la longue salle rouge et gris. Quatre-vingt-dix-neuf pour cent d'hommes. De tous âges, de l'étudiant démangé par l'acné aux vieux beaux portant lavallière. Mais ce ne sont pas ceux-là les plus nombreux. La plupart des spectateurs ont entre 30 et 40 ans. Pour des raisons qui échappent à l'entendement, les spectateurs du Midi-Minuit *donnent l'impression d'être les hommes les plus libres de France, ignorant les joies de l'atelier, de la boutique ou du bureau.*

Quand on entre, c'est comme dans une nécropole. Pas un geste, pas un bruit. Ils attendent. L'écran s'allume. Un mouvement diffus agite la salle. Les Actualités. Bon… La lumière revient. Publicité Jean Mineur et esquimaux. Ça y est. Non. La mise en boîte des sardines à Concarneau ou des danses tahitiennes. Un docucu, usé jusqu'à la corde mais qui ne soulève aucune objection. Le pécheur est patient. Dans l'ombre, il attend son heure. Quarante-cinq minutes sont déjà passées. Enfin, le noir. Le noir pour de bon.

Que le film s'intitule L'Amour à la chaîne, Nuits tropicales *ou* Orient sans voiles, *ils vont être couillonnés. Et le plus fort est qu'ils le savent. Ils vont entr'apercevoir un sein qui a beaucoup roulé, une cuisse cellulitique, une sortie de bain vue de dos, un mouvement de drap allusif. Le reste, une plâtrée de navet qui reste sur l'estomac. Ailleurs, le public hurlerait : « Remboursez ! Remboursez ! » Au* Midi-Minuit, *on la boucle. Quand c'est fini, on se lève, on s'en va, tête baissée, l'air abruti et on s'égaille, boulevard Poissonnière.*

Ils nous ont eus mais ça ne fait rien. Il y a toujours l'espoir. La prochaine fois, sûrement que... On annonce pour dans huit jours, Désir de Sultane. *On reviendra.*

Il ne montera jamais à l'idée des fidèles du Midi-Minuit *de se rendre, comme tout le monde, dans les bonnes salles de famille voir les belles histoires de coucheries bourgeoises qui remportent des palmes à Cannes et à Venise.*

Et BB, presque à poil dans Et Dieu créa la femme, *ça ne les tente pas ?*

Non. D'ailleurs où est le rapport ?

CHAPITRE 32

MARCEL DASSAULT, CHARLOT MILLIARDAIRE

« Ben alors... vous faites quoi ? »

Nasillarde, traînant derrière elle un accent qu'on dirait échappé des faubourgs, la voix, l'inimitable voix de Marcel Dassault, que nous imitons tous derrière son dos, me fait sursauter, tandis que, penché sur ma feuille de papier, je ne l'ai pas entendu arriver.

Il est vrai que dans ses chaussons de daim fourré, à épaisse semelle de crêpe, il ne fait pas plus de bruit qu'une sauterelle. Chapeau sur la tête, foulard autour du cou, emmitouflé dans une épaisse pelisse, il regarde par dessus mon épaule la photo en couleur d'une gracieuse petite fille.

Elle porte un bustier de couleur brune au-dessus d'une robe-tablier blanche, ornée d'un large ruban bleu. D'une main, elle tient une raquette et de l'autre un volant, piqueté de plumes.

Je pose mon stylo et réponds :

— J'écris un texte d'accompagnement pour ce tableau que nous reproduirons dans le prochain numéro. Comme vous le voyez, il s'agit de *La Petite Fille au volant*, de Jean-Baptiste Chardin.

— Chardin ? Ah... fait Marcel Dassault, qui ajoute sur un ton persifleur : ...Encore un protégé du Général...

L'homme « le plus riche de France » vient-il, exceptionnellement, de faire un bon mot ou croit-il vraiment[1] que ce

1. On est en droit de se poser la question. Un jour, dans l'hôtel particulier du Rond-Point des Champs-Élysées où *Jours de France* aura déménagé, Henri Cauquelin, rédacteur en chef technique, décou-

Chardin est une créature de Pierre Guillain de Bénouville, son général – confident, homme-lige, poisson-pilote, ambassadeur, distributeur d'enveloppes et, à l'occasion, fou du roi, à qui il a confié en 1954 la direction de son hebdomadaire, *Jours de France*, dont il est lui-même « l'éditeur » et Marcel Minckes, son inconditionnellement fidèle beau-frère, le directeur-gérant, qui aurait le privilège exclusif d'aller en taule au cas, heureusement très improbable, où quelque juge en déciderait ainsi.

★

Avec *Le Monde*, *Opéra*, *Arts*, *Carrefour*, *La Parisienne*, *Le Bulletin de Paris*, *Le Nouveau Fémina*, *Paris-Presse*, et une dizaine de collaborations en France et à l'étranger, je pense avoir exploré, à 28 ans, à peu près toutes les avenues ou les culs-de-sac du journalisme, de la politique à l'économie, de l'actualité littéraire au cinéma, du grand reportage au billet d'humeur, à l'exception de l'horoscope et du bridge.

Grande erreur : en entrant à mi-temps, en février 1957, à *Jours de France*, où je retrouve un ancien de *La Table Ronde* et de *Arts*, Jean Le Marchand, dont j'ai su apprécier la vaste culture, l'humour sarcastique et le j'm'en foutisme élégant, je viens de découvrir une forme insoupçonnée de moi : la presse d'inactualité.

Je vais y prendre goût au point de m'y consacrer bientôt à temps plein, avec le titre de rédacteur en chef adjoint, pour une raison que je laisse à l'appréciation de chacun : on y est extrêmement bien payé, c'est-à-dire à la hauteur des niaiseries que l'on prodigue.

Je suis là depuis trois petites semaines quand je vois Marcel Dassault débarquer à nouveau, avec chapeau et manteau, et s'arrêter devant ma table de travail pour me dire, sans préambule :

« Vous irez voir Minckes. »

Ça y est, me dis-je, me voilà viré.

---

vrant sur un mur un nouveau tableau, demandera à Dassault : « C'est bien un Signac ? » À quoi le grand homme répondra : « Bien sûr qu'il est signé. Qu'est-ce que vous croyez ? »

« Vos appointements sont doublés, enchaîne Dassault. Je ne suis pas trop mécontent de vous. » Et, sans un mot de plus, il trottine vers la sortie.

Pourquoi pareil traitement, alors que je n'ai encore presque rien fait ? M'aurait-il confondu avec un autre ? Mais non, Marcel Minckes, le vizir du Grand Calife, me le confirme : l'augmentation qui tombe du ciel m'est bien destinée.

Une nouvelle « Veillée des chaumières » pour coiffeurs

Pourquoi l'avionneur du Mystère II s'est-il lancé dans la presse ? Pour s'offrir une danseuse, ainsi qu'on l'entend dire à l'extérieur ?

C'est bien mal le connaître : cet homme, dont on peut croire qu'il est extravagant, n'agit et ne parle jamais en l'air... C'est parce qu'il a été élu député-maire des Alpes-Maritimes, en 1951, en même temps que Pierre Guillain de Bénouville, qu'ensemble ils ont créé un journal, pour appuyer leur carrière et assurer leur fidélité au gaullisme.

Semaine de France, où la politique avait une part assez importante, n'a pas tenu le coup et Dassault a revendu le titre à Robert Hersant qui, d'ailleurs, n'a pas fait mieux que lui.

En 1954, Dassault a remis le couvert avec *Jours de France*, un hebdomadaire, toujours bâtard mais qui allait le devenir de moins en moins : un *Paris-Match* dont on n'aurait gardé que les pages roses, expulsant tout ce qui pourrait faire bâiller les clientes des salons de coiffure, comme la guerre d'Indochine, les événements d'Afrique du Nord, l'insurrection de Budapest, un raz de marée au Japon faisant quelques milliers de morts ou un coup de grisou à Charleroi ; une nouvelle version de *La Veillée des chaumières*, dont les petites fées seront Brigitte Bardot, Grace de Monaco, Sylvie Vartan, Rita Hayworth, Sheila ou Marilyn Monroe, l'une remplaçant l'autre, de semaine en semaine, jusqu'à l'extinction de la race et l'épuisement du lecteur, qui ne sont pas pour demain.

Toutefois, pour ménager ses propres affaires, on larde la bête d'une tranche d'aéronautique (les passionnantes

Nouvelles de l'aviation que la shampouineuse de Montargis attend chaque semaine avec impatience) et on l'aromatise avec le bouquet garni de commentaires grassement payés, préparés par des politiques ou, plus efficaces, des généraux qui ont les meilleures entrées dans les ministères où l'on s'intéresse aux petits avions qui volent.

Cette drôle d'embarcation qui tient de la gondole pour lunes de miel, du vaisseau-amiral, du sous-marin gaulliste et du pinardier, a deux pilotes à son gouvernail.

Le général de Bénouville est préposé à l'affrètement. À lui de remplir la cale de contrats de publicité, sinon le bateau coule. Au moment où je rejoins l'équipage, le naufrage se serait produit depuis longtemps, si l'armateur Dassault n'avait sans cesse renfloué la caisse. Mais dans quelque temps (au milieu des années 60) le savoir-faire de Bénouville fera florès. Il ramassera les pages de publicité à la pelle et avec 750 000 exemplaires – même si pas mal sont distribués gratuitement, voire rachetés – *Jours de France*, dans son habit d'arlequin, aura tout pour faire croire à un succès [1].

Le général a un avantage considérable sur la plupart des collaborateurs de Marcel Dassault : il n'est pas plus grand que lui.

On n'imagine pas Dassault ayant pour confident et conseiller intime quelqu'un vers qui il serait obligé de lever la tête et de se dresser sur ses pattes. Sont-ils une paire d'amis ? À part eux, nul ne saurait le dire. Une chose est sûre : Dassault a besoin du général. Il l'envoie là où lui-même ne saurait s'exposer et il est à ce point assuré de sa fidélité qu'il peut s'offrir le luxe de le malmener, à l'occasion.

Étonnant personnage que cet homme chaleureux, drôle et ouvert, chez qui tout n'est que mystère et ambiguïté. Si l'ancien maurrassien devenu résistant, le gaulliste ami de Mitterrand ouvrait ses tiroirs, sans les expurger, que de secrets s'en échapperaient qui ajouteraient de singuliers chapitres à l'histoire de Vichy, à celles de la Résistance, du gaullisme, de la

---

1. En 1972, le revenu publicitaire de *Jours de France* dépassera celui de *Paris-Match* et *Télé 7 Jours* réunis et sera trois fois supérieur – annuellement – à celui de *Marie-Claire*.

IVe République, de la Ve, des grands marchés de l'État et des coups tordus des uns et des autres.

On a toujours plaisir à tomber sur lui, dans un couloir de *Jours de France* ou une salle de restaurant. Son incroyable voix de tête, pêchée dans on ne sait quel poulailler, son amour des bonnes choses, son fin goût des jolies femmes, ses imprécations aussi bien que ses semi-confidences suscitent d'autant plus la sympathie qu'il a l'astuce de ne pas se mêler des affaires de la rédaction. Il dira un mot aimable à l'auteur d'un article ou d'une photo qui lui ont plu mais se gardera bien de voler à « Marcel » le plaisir d'engueuler un éventuel fautif.

« Ben quoi, vous aimez pas la sardine ? »

Marcel Dassault, au moment où, en hiver 1958, je deviens l'adjoint de Jean-François Devay, ne s'est pas encore autoproclamé « rédacteur en chef ». Le seul rédacteur en chef, dans le monde, qui sera capable de payer un milliard de centimes d'impôts, en 1979... Il est néanmoins là, chaque jour et rien ne lui échappe. Quand, par exemple, il est décidé à publier dans chaque numéro une semaine de menus, à l'intention de nos lectrices, c'est lui qui les rédige. Lui qui mange des nouilles et boit de l'eau.

Personne, au journal, ne se donne évidemment la peine de les lire. Jusqu'au jour où, par désœuvrement, j'y jette un coup d'œil et découvre que les malheureux lecteurs de *Jours de France* sont condamnés à manger de la sardine, quatre fois par semaine, sous des préparations diverses, « à la ménagère », « à l'antiboise », « à la basque », en beignets, etc.

Avec les précautions d'usage, j'approche le grand patron et lui demande s'il ne craint pas qu'à la longue, même les plus fidèles finissent par se lasser de ce très sympathique clupéidé.

« Ben quoi ? fait-il. Vous aimez pas la sardine ? C'est bon pour la santé et puis, c'est pas cher. »

Jours de France finira par mourir. Sera-ce d'un trop-plein de sardines ? Je n'y serai plus, depuis longtemps, pour vérifier ce point d'histoire.

Également chaque semaine, nous publions les aventures du professeur Gaudéamus, une bande dessinée, où l'on voit des vieillards devenir des bébés, grâce à un miraculeux élixir. Marcel Dassault en est fou. Le vieillissement, il est vrai, est une de ses phobies. Régulièrement, il se fait conduire chez le père spirituel de Gaudéamus, qui a trouvé là un filon en or et il lui décrit les futurs chapitres de ce feuilleton qui n'en finira pas de rajeunir.

C'est encore lui qui choisit l'auteur de la nouvelle ou du feuilleton dont le lecteur de *Jours de France* est gratifié. Ainsi, nous expédie-t-il le vieux boulevardier d'Yves Mirande, l'immortel auteur du *Chasseur de chez Maxim's*, stupéfait de voir la fortune lui tomber dessus, alors qu'aucun directeur de théâtre ou éditeur n'osait, depuis longtemps, engager un maravédis sur sa tête.

Il n'est pas de jour où Dassault ne nous mette à la fête. Et il n'est presque pas de soir où je ne m'endorme dans le bonheur du grand moment qu'il vient de nous faire passer.

*

J'aurai l'occasion de servir quatre « monstres » de la presse : deux, de près, Marcel Dassault et, dans les années 60, Sylvain Floirat ; deux autres de plus loin, Pierre Lazareff et Jean Prouvost. Le plus « anormal », je veux dire le plus exceptionnel, le plus inhabituel, le plus hors norme sera le premier, ce petit homme qu'on dirait sans relief et incapable de briller par sa conversation.

Dans son personnage de « Charlot milliardaire », le mélange inextricable d'une philosophie de comptoir et d'une intuition extraordinaire, d'une sentimentalité de crémière et d'un cynisme implacable, de conservatisme et de mépris souverain des conventions, de superstition de vieille pipelette et de génie de la simplification, de dureté et de formidable générosité, d'extravagance et de bon sens, de mesquinerie et de noblesse, forme un précipité d'une richesse et d'une complexité inouïes.

Prenant tout, choses et gens, à l'envers, il n'a pas son pareil pour les remettre à l'endroit.

À son endroit à lui, bien sûr, car nous qui gravitons autour de Charlot milliardaire sommes tous les particules élémentaires de la planète Dassault. Il n'a rien du tyran qui empiète sans cesse sur la liberté d'action des gens qui l'entourent. Il commence par les choisir, ensuite il les observe et, au moindre faux pas grave, il les chasse. Une excellente façon de gérer les hommes. Seulement, il faut accepter, si on lui convient, de lui appartenir, de se laisser complètement absorber par lui. Il y a du japonais dans sa méthode.

« J'vous ai pas dit que j'voulais de l'argent ! »

Même dans le rôle de la victime, Marcel Dassault réserve toujours d'étonnantes surprises. Lang, qui depuis des années imprime l'hebdomadaire, a un délégué permanent qui a, chez nous, son bureau. Un après-midi, nous le voyons sortir de chez Dassault, livide, au bord de la syncope.

Le temps de recouvrer ses esprits, il nous raconte : « Je viens de me faire traiter de voleur... M. Dassault a fait ses calculs. Il dit que, par suite d'une mauvaise organisation dans nos tranches horaires, nous lui avons fait perdre des millions. Je vais avertir mon patron mais je sens bien que, pour moi, c'est fichu. M. Dassault ne me pardonnera jamais. »

Quelques jours après, convoqué par Dassault, ce brave homme ressort du bureau, le visage épanoui. Il nous fait le récit de l'entrevue :

« Lang, après avoir étudié la note de M. Dassault, a admis qu'il avait parfaitement raison. Comment lui, qui ne connaît rien à l'imprimerie, a-t-il pu mettre le doigt sur un grave défaut d'organisation qui nous a échappé à tous et trouvé, comme ça, la bonne solution, c'est quelque chose d'incroyable ! Je lui ai donc dit, de la part de ma direction, que nous allions lui soumettre une proposition d'indemnisation, et savez-vous ce qu'il m'a répondu ? » Alors, prenant l'accent de Dassault qu'il imite à la perfection :

« Mais vous n'avez rien compris ! J'vous ai pas dit que j'voulais de l'argent. J'vous ai dit que vous m'en aviez coûté et que vous auriez pu me le faire économiser. Vous m'avez pas volé, vous avez mal fait votre travail... C'est pas la même chose.

Moi, j'ai payé pour apprendre et vous ne me devez rien. Et vous, maintenant, vous allez faire comme je vous ai dit. »

Et c'est ainsi que l'imprimerie Lang a gardé son client.

Le mécanisme de sa générosité est aussi ingénieux que celui de sa clémence.

Sur le moment, je n'ai pas compris la raison de ma si rapide augmentation. Lorsqu'on me racontera comment se passe l'arrivée de Marcel Dassault chaque fois qu'il descend dans un palace, je ferai le rapprochement. Contrairement à la majorité des clients, ce n'est pas après, en s'en allant, qu'il distribue de généreux pourboires, tirés directement d'une poche pour les gros billets et d'une autre, pour les moins gros, mais avant. Ce qui est, évidemment, la bonne méthode pour obtenir le meilleur service.

Avec moi, il n'a pas agi différemment. Mieux encore, m'ayant fait octroyer, au départ, un salaire plutôt modeste, il l'a rétabli à un plus juste milieu, tout en s'assurant pour l'avenir, par ce geste royal, l'engagement de mon total dévouement.

Derrière les largesses de Dassault, il y a presque toujours un calcul. Un calcul qui n'est pas sordide pour autant.

Je dis « presque toujours » car il est également capable de donner par pure générosité.

Quand certains collaborateurs du journal, comme Yves Salgues, aux prises avec la drogue, ou un Jean-François Bergery – personnage exquis mais si faible – se trouveront dans une phase terriblement difficile, il apportera son aide, avant même qu'on la lui ait demandée.

Mais, le plus souvent, le cadeau, comme dans une fable, comporte une morale, c'est-à-dire une bonne leçon à méditer, si l'on veut continuer à faire partie des heureux élus.

Un ange le recueille à temps

Jours de France est encore logé à sa première adresse, au 70 Champs-Élysées – alors qu'en 1958, nous sommes avenue Kléber – quand Marcel Dassault y débarque, exceptionnellement, à une heure des plus matinales, c'est-à-dire autour de neuf heures trente. En général, il n'y a pas âme qui vive avant onze heures et Dassault s'en agace de plus en plus. Ce matin-là, à part la réceptionniste, c'est le désert habituel. Dassault pousse les portes... Il y a de la note de service dans l'air... Jusqu'au moment où l'exploration touchant à son terme, il aperçoit, au fond d'une pièce, une silhouette penchée sur un bureau.

La silhouette en question est celle d'Henry Muller, transfuge de *Carrefour*, qui a épousé la fille de Jacques Chardonne et est censé diriger les pages « littéraires » de *Jours de France*. La veille au soir, flanqué à la porte par sa femme, puis par sa maîtresse, il s'est retrouvé seul, au milieu de la nuit, après une tournée dans les bars, ne sachant plus où aller se poser.

Comme il avait la clé du bureau dans sa poche, il s'y est réfugié et endormi. Par bonheur, alors qu'il flotte dans les brumes du whisky, son ange gardien le réveille au moment où le patron entre dans la pièce. Il se redresse, juste à temps, et quand ce dernier lui lance : « Alors, Muller, à quoi on s'occupe ? », le bon ange intervient à nouveau et lui souffle cette réponse géniale : « Je travaille, Monsieur. »

Le lendemain, le rédacteur en chef en poste et l'ensemble de la rédaction recevaient la note de service suivante :

« Étant donné que M. Henry Muller est le seul à travailler dans cette maison, il est nommé, à compter d'aujourd'hui, au poste de rédacteur en chef de *Jours de France*, M. Jean Le Marchand demeure au sien. »

Un immense fou rire s'empare de la rédaction qui connaît bien son Muller, lequel, complètement effondré à la perspective des responsabilités qui lui tombent dessus, supplie Marcel Dassault d'annuler sa décision.

Celui-ci refuse mais sort de son chapeau une solution, comme il est le seul à pouvoir en imaginer : Muller est déchargé de ses fonctions de rédacteur en chef, mais il en garde le titre et la totalité des émoluments et autres avantages...

Le Marchand, qui a entendu siffler le boulet, est évidemment soulagé mais la leçon a porté : il se lèvera plus tôt et ses collaborateurs auront intérêt à en faire autant.

Quant à Muller, rédacteur en chef d'un jour, il vouera au cher saint homme une reconnaissance éternelle.

« *Vous voyez bien qu'il est bossu* »

Même à l'ombre et à proximité du grand homme, on ne peut s'empêcher de broder et d'en rajouter. Dans les couloirs de *Jours de France*, on n'en finit pas de se régaler du récit de l'achat de la propriété de Villennes. Son ami Marcel Bleustein-Blanchet l'ayant convaincu d'acheter une maison, à côté de la sienne, sur les bords de la Seine, Dassault monte, un dimanche matin, dans sa Cadillac, avec l'inévitable Marcel Minckes, et se retrouve à côté de chez Bleustein-Blanchet, devant une sorte de grand chalet normand. Minckes sonne. Le propriétaire arrive, en robe de chambre et ce dialogue s'engage :

— C'est combien ? demande Dassault.

— Combien, quoi ?

— Votre maison.

— Vous faites erreur. Elle n'est pas à vendre.

— Je vous demande pas si elle est à vendre, je vous demande combien ?

— Mais, Monsieur, je vous ai dit...

— Écoutez, on va pas perdre notre temps. Je suis Marcel Dassault et je veux acheter votre maison. Vous en voulez combien ?

L'autre, commençant à flairer la bonne affaire, change de discours.

— Ah, évidemment, dans ces conditions... C'est très inattendu pour moi... Il faut me laisser le temps de réfléchir... d'en parler à ma femme...

— Et si je vous en donne... (il cite un chiffre au moins deux fois supérieur à la valeur de la maison), vous dites quoi ?

— Ah, là... C'est différent.

— Bon, je vous fais le chèque tout de suite. Mais à une condition : vous videz les lieux immédiatement... Marcel, mon carnet de chèques !

Le soir même, les occupants sont partis et quand, enfin, Dassault visite sa nouvelle propriété et que, de là, il aperçoit la Seine, il dit à son architecte :

— Vous allez construire un grand mur. J'aime pas voir l'eau.

L'épisode a été un peu moins pittoresque dans la réalité mais comme la vie est assez triste comme cela, on voudra bien accepter cette version-là.

Dassault n'a pas seulement horreur de l'eau, de l'humidité, du froid (la température de son corps ne dépasse pas 36,5 % : il souffre d'hypothermie) et des microbes[1]. Parmi ses nombreuses phobies, il y a les paons, « qui portent malheur », le treize du mois (les prototypes de ses avions sont interdits de vol ce jour-là), le style moderne, les singes, les Noirs, les bossus, les gens aux mains moites, bien d'autres choses encore qui ne sont pas des légendes.

Un de ses prestigieux collaborateurs, dans l'aéronautique, qui nous fait de temps en temps le plaisir d'une visite à *Jours de France*, nous a raconté l'histoire suivante : dans un couloir de son usine de Saint-Cloud, Marcel Dassault, soudain, s'arrête et, désignant un petit employé qui s'éloigne, demande :

— C'est qui ?

Son interlocuteur fait un geste évasif et répond :

— Je ne sais pas... Un garçon de bureau, peut-être.

— Vous n'avez pas remarqué ? s'exclame Dassault. Vous voyez bien qu'il est bossu.

— Euh... fait l'autre, embarrassé.

— Je ne veux pas de bossus ici. Vous n'aurez qu'à faire le nécessaire.

Le temps passe et, un jour, le collaborateur en question se fait apostropher par Dassault :

— Eh bien, vous n'avez pas fait ce que je vous ai dit !

L'autre, qui a complètement oublié l'incident précédent, ne trouve à répondre qu'un assez vaseux :

— Excusez-moi, Monsieur, mais je ne vois pas...

— Le bossu, fait Dassault, le bossu... Il est toujours là.

— Ah oui, le bossu... Eh bien, c'est très difficile. Je me suis informé. On ne peut pas mettre quelqu'un à la porte sous prétexte qu'il est bossu. Cela ne pourrait nous attirer que de graves ennuis avec les syndicats et les ministères.

---

1. En fait, ce petit homme si frêle a une résistance de fer. Il lui en faut bien une pour avoir survécu à Buchenwald et attendu l'âge de 94 ans pour mourir.

— Bon, dit Dassault. Allez le chercher. Je le recevrai dans mon bureau.

Une heure plus tard, le bossu, enchanté, quittait les usines Dassault, pour toujours. Avec, en poche, l'engagement ferme de Marcel Dassault de lui offrir un kiosque à journaux sur la Côte d'Azur...

Voir la vie en rose

Marcel Dassault est avec nous tous les jours. Nous avons même l'impression que le journalisme l'amuse beaucoup plus que l'aéronautique. Travailler pour lui est plutôt plaisant. À condition, bien sûr, de ne pas trahir sa « philosophie » qui se résume à cette devise : « Voir la vie en rose. »

Tout ce qui est triste – la guerre, les crimes, les tremblements de terre, les accidents – n'a pas le droit d'exister. Nous sommes au seul service de « l'actualité heureuse » et des « bibis » de Brigitte Bardot.

Pendant la période qui va précéder mai 58, *Jours de France*, tout en débitant les petites salades de « l'actualité heureuse », jouera à sa façon, un rôle dans l'appel, de plus en plus pressant, au général de Gaulle [1]. Il y aura de discrètes entrevues dans les locaux de l'avenue Kléber où les grotesques censeurs de la IVe expirante oseront à peine s'asseoir pour manier leurs ciseaux.

Tous, nous sommes plus ou moins gaullistes. À cela près que nous sommes (déjà) divisés en deux camps : celui – largement majoritaire – qui sait « de source sûre », que de Gaulle est pour l'Algérie française et qui s'en félicite ; l'autre, dont je suis, avec mon ami Cauquelin et deux ou trois camarades, qui sait « de source » également « sûre » que de Gaulle est trop réaliste pour ne pas se faire à l'idée d'une Algérie indépendante.

De Gaulle en marche vers le pouvoir, c'est de « l'actualité heureuse ». En revanche, Aly Khan, l'ancien grand amour de Rita Hayworth, qui se tue au volant de sa voiture, c'est un sujet tabou.

---

1. En août 1957, Dassault – apprendra-t-on plus tard – s'est rendu à Colombey pour convaincre le Général de reprendre le pouvoir.

Quand Marcel Dassault demande à voir la couverture du prochain numéro et que Jean-François Devay la lui montre, déjà tirée, le patron demande :

— C'est qui, ça ?

— Aly Khan qui vient de se tuer, dans un accident de voiture.

— Ah... C'est très triste... Faut mettre autre chose.

— Mais, Monsieur, c'est trop tard ! Les machines sont prêtes à tourner. Ça coûterait une fortune.

Dassault réfléchit un court moment et dit :

— Montrez-moi l'article.

Il est signé Yves Salgues et commence à peu près en ces termes : « Le bolide fonçait dans la nuit, tenu en mains, tel un fauve, par le prince Aly Khan, quand soudain... », etc.

Après avoir lu, Dassault, sur un ton victorieux :

— C'est très bien. Vous gardez la photo. Vous coupez le premier paragraphe. Et, comme ça, ils sauront pas qu'il est mort.

CHAPITRE 33

JACQUES TATI D'AVANT LE DÉLUGE

M. Hulot est sur la route. Agrippé au volant de son Amilcar, hérissée de cannes à pêche et de filets à crevettes, il digère les côtes et avale les nuages de poussière.

Les chiens, vautrés au milieu de la chaussée, lui coulent des regards à la guimauve. Ils savent qu'ils n'ont pas besoin de se déranger. Ce grand bouffi qui s'est taillé un visage dans un morceau de lune appartient à leur univers pacifique, capitonné de bon vouloir. Il n'est pas de ceux qui aplatissent les toutous sur les nationales.

Hulot est un homme doux et inventif : pour déplacer un briard, il ferait tout gentiment et par hasard dégringoler une maison de cinq étages.

En ce mois d'août 1957, il est des milliers de M. Hulot sur les routes, filant vers Trou-sur-Mer, les hôtels remis à neuf pour « la saison », les chalets en nouille durcie, les lardons qui trempent les doigts dans la soupe, les joueurs de dominos, la soirée « corsaire » de l'Hôtel de la Plage et la jeune fille à la fenêtre.

Le vrai M. Hulot est resté à Paris.

*

Il est à deux tables de la mienne, tournant le dos à la Seine, dans un petit restaurant à la pointe de l'île Saint-Louis, le *Quasimodo*, où depuis un instant les conversations ont cessé. La salle, aux trois quarts vide, est suffisamment petite pour qu'on ne perde pas une miette du sketch inédit qu'offre Jacques Tati aux amis qui dînent avec lui.

La veille au soir, il a croisé un car de police tombé en panne et s'est arrêté pour jouir du spectacle. À la seconde où il commence son récit, c'est comme si une bobine de film se dévidait, dans une succession saccadée de sketches inénarrables, dont il interprète tous les rôles. Il est le chauffeur qui tire désespérément sur son démarreur ; il est le moteur qui crache pitoyablement ses poumons ; il est le car qui se vide de ses agents : le petit qui a égaré son képi, le grand qui agite sa pèlerine, le gros qui n'a pas terminé son sandwich ; il est le clochard beurré, et la tapineuse, ramassée sur le trottoir ; il est enfin Hulot, sa pipe au bec, poussant le panier à salade avec les flics – le grand, le petit, le gros – et quand l'arsouille, titubant, se joint au groupe, pour donner le coup de main, la salle éclate en applaudissements.

L'occasion est rêvée pour arracher un rendez-vous à Tati qui commence dans quinze jours le tournage de son troisième film, *Mon oncle*, impatiemment attendu par les dix millions de spectateurs qui ont fait un triomphe à *Jour de fête*, les quatorze millions qui ont plébiscité *Les Vacances de M. Hulot* et guetté dans l'angoisse par son producteur et ami Fred Orain qui a dû trouver 260 millions, soit dix fois plus que ce qu'avait coûté, neuf ans plus tôt, *Jour de fête*.

C'est un paratonnerre qui attire le rire

La tête de Jacques Prévert sur le corps du général de Gaulle, Tati transpire du côté de l'Étoile, dans un sous-sol de la rue Duret. Au fond de la cour ombragée, il y a un établissement de bains-douches « Belle Époque » où l'on verrait bien Proust, sans voile, dans les vapeurs.

Il projette au ralenti, dans un fauteuil d'osier, son mètre quatre-vingt-sept, une jambe par dessus l'autre et, avant même qu'il n'ouvre la bouche, je ris. Il ne fait rien qui mérite cela mais avec ou sans le chapeau cabossé, la pipe, l'imperméable, le pantalon à vingt centimètres au-dessus du sol et les chaussettes rayées de M. Hulot, Tati est un paratonnerre qui attire le rire.

Tati est russe. Russe dans le désordre, ce qui veut dire : une grand-mère française, une autre italienne, un grand-père hollandais et pour relever le mélange, une dose bien tassée de Tatischeff.

Le général Tatischeff, son grand-père paternel, avait été ambassadeur du Tsar à Paris : « Quand il faisait le tour de ses propriétés à cheval, il lui fallait huit jours. »

Dès qu'il prononce ces mots : « général Tatischeff », on pense à l'autre général, le terrible et brave Dourakine, de la comtesse de Ségur. Rien de tel qu'un coup de vodka dans le sang occidental pour rendre fade le reste du cocktail et vous coller – j'en sais quelque chose – le virus de la nostalgie des steppes.

Pour seul héritage, le général a laissé son souvenir et son nom. Le père de Jacques n'a toutefois pas eu besoin de se mettre au volant d'un taxi. Encadreur, il a employé, dans sa boutique de la rue Caumartin, jusqu'à trente-cinq ouvriers. Avant la guerre de 1914, il avait même dépanné Van Gogh.

« Monsieur Tatischeff, disait Van Gogh à mon père, je vais avoir du mal à vous payer ce que je vous dois. Vous ne voulez pas quelques-unes de mes toiles, en échange ? » « Mais non, mais non, répondait mon père. Ne vous faites pas de souci, Monsieur Van Gogh. Vous me paierez quand vous pourrez, ça ne presse pas et gardez vos toiles pour vous. »

Le sang russe, on le sait, ça ne fait pas venir l'argent. Néanmoins, M. Tatischeff avait, dans sa tête, bien encadré l'avenir de son fils. Il reprendrait sa maison et, auparavant, il irait aux Arts et Métiers, tout en se faisant la main dans l'atelier paternel. Quand cet excellent homme découvrit que Jacques, totalement hermétique aux sciences exactes, se partageait entre le rugby et les coulisses du music-hall, il lui coupa les vivres. Sur le terrain du Racing, Tati était un joueur assez particulier. On refusait de l'engager dans les compétitions parce qu'il dissipait ses camarades et ne faisait rien que les faire rigoler. En revanche, l'empêcheur de talonner en rond regardait si bien les derrières qui s'aplatissaient et les nez qui gonflaient qu'en 1931 – il avait 23 ans – il présenta à la revue du Racing un numéro de pantomime sportive, qui fut un petit triomphe. Tristan Bernard était dans la salle. Il dit au jeune capitaine de l'équipe de rugby, un certain Alfred Sauvy – qui deviendra le célèbre démographe que l'on sait : « Votre ami Tati devrait abandonner l'encadrement des natures mortes pour les rendre vivantes. »

« J'ai suivi son conseil, dit Tati, et me suis présenté devant un des sultans du music-hall, après avoir bien préparé mes sketches. J'ai donc commencé, interprétant tour à tour le rugbyman, l'arbitre, le soigneur, ensuite le joueur de tennis qui rate ses balles et, enfin, le boxeur maladroit qui en prend plein la poire. Quand j'ai eu terminé, le type leva le nez de ses dossiers qu'il n'avait pas cessé de regarder et me dit : "Eh bien, jeune homme, c'est tout ce que vous savez faire ?" "Non, lui ai-je répondu. Je vais vous montrer maintenant le numéro du directeur mal élevé qui fait passer une audition." »

Finalement, il trouva un engagement au *Gerny's*. En même temps qu'Édith Piaf. Mais lui gagnait 6 francs par soirée pour jouer le maître d'hôtel maladroit qui renverse les pots de crème anglaise sur le dos des clients. L'idée, d'ailleurs, fera son chemin et, des années plus tard, il organisera des repas truqués qui feront s'écrouler de rire sa grande amie, Marguerite Duras. Interprétant le maître d'hôtel, il présentera le plat et au moment où, invité après invité, la personne voudra se servir, il lui fera signe que non : « Pas ce morceau-là ! » Alors, celui-ci ? Non, pas davantage. Et ainsi de suite, jusqu'à ce que, devant des assiettes vides, le plat arrive enfin au dernier convive – un comparse – qui vide le tout, au milieu d'un silence horrifié.

« Vous êtes notre Chaplin ! Dommage que… »

Finalement, il arrive à se faire engager, en 1934, à un gala pour fêter le Ruban bleu du *Normandie*, avec Mistinguett et Maurice Chevalier, en tête d'affiche. Il présente son numéro sportif qui emballe non seulement la salle mais la chroniqueuse du *Matin*, Colette, qui écrit : « Jacques Tati a inventé d'être ensemble le joueur, la balle et la raquette, le ballon et le gardien de but, le boxeur et son adversaire, la bicyclette et son cycliste… Aucun spectacle d'art et d'acrobatie ne pourra se passer désormais de cet étonnant artiste. »

Les journaux publient sa photo. Il est engagé au Théâtre Michel, il passe à l'ABC et parcourt l'Europe, enrichissant son numéro d'incessantes et nouvelles trouvailles.

Dès ses premiers succès, il a vidé ses poches pour acheter quelques centaines de mètres de pellicule. Il a tourné des petits bouts de films : *Oscar champion de tennis, Gai dimanche, On demande une brute*. Puis, rencontrant un autre débutant, il a réalisé avec lui, dans une ferme abandonnée des environs de Paris, une pantomime satirique sur la boxe : *Soigne ton gauche*. Le débutant s'appelait René Clément, le futur réalisateur de *La Bataille du rail* et de *Jeux interdits*. Dans ce court métrage, un facteur faisait une brève apparition comique. Il sonnera bientôt une seconde fois.

Après la Libération, alors qu'on lui donne de petits rôles au cinéma, dans *Sylvie et le fantôme*, puis *Le Diable au corps*, il a dans sa poche *Jour de fête*, dont l'idée lui est venue en 1942, quand réfugié dans la région de Châteauroux, où il vivait en arrachant des betteraves, il a atterri dans le village de Saint-Sévère, en même temps qu'un cirque. Il y est revenu à bord d'un camion à gazogène avec cinq amis, une caméra, un vieux vélo, un képi de facteur et de fausses moustaches.

Lorsqu'il a présenté *Jour de fête* aux distributeurs, les crocodiles ont versé des larmes de joie et se sont tordus de rire en criant : « Bravo ! » Et, à tour de rôle, ils ont entraîné Tati dans un coin pour lui expliquer : « Vous êtes notre Chaplin... Dommage que ce soit si peu commercial... Oui, désolé... Vraiment. »

Les crocodiles avaient eu la vue basse. Les recettes de *Jour de fête*, qui avait coûté 16 petits millions de rien du tout, dépassèrent tous les espoirs et Tati reçut en 1949 le prix de la meilleure mise en scène, à Venise. « Il n'y a pas eu de clown comme Jacques Tati depuis Chaplin ! » s'enthousiasma l'un des plus sévères critiques de la presse anglaise.

« On m'a demandé de venir présenter le film à Londres. Je n'avais pas encore touché un centime sur les recettes et n'avais pas un rond pour m'acheter un smoking. J'en trouve un à louer. La veste va, mais le pantalon me tomberait sur les genoux si je ne portais pas de bretelles. Je devais partir le jour même. Trop tard, pour faire une retouche. Je dis donc à Michou, ma femme : n'oublie pas de prendre mes bretelles.

J'ai la vieille paire qui m'a servi pour le facteur. Arrivé à Londres, où on me loge somptueusement au *Savoy*, je cherche les bretelles. Michou les avait oubliées. La voiture m'attend en bas. J'accroche à toute vitesse une épingle à nourrice sur mon pantalon, au bas du dos et me voilà parti. Le film marche très bien. Quand la lumière revient dans la salle, on me pousse sur scène, je salue les bras levés, à la de Gaulle. Oui, comme ça... Et à ce moment-là, crac ! C'est l'épingle qui a lâché. Non, mon pantalon ne m'est pas tombé sur les pieds. J'ai utilisé un vieux truc du music-hall. J'ai relevé mon pantalon en enfonçant mes mains dans les poches et ai parcouru la scène de long en large, d'un air très dégagé. Plus je remontais mon pantalon, plus le public rigolait en me voyant les chaussettes... Oui, j'y ai repensé en composant le personnage de Hulot. »

Enfin ! Un personnage comique

1952 : *Les Vacances de M. Hulot*... de millions de M. Hulot qui, enfermés depuis des années au cabinet noir comme de méchants enfants, ont enfin le droit d'aller respirer l'air du large et de pêcher la crevette. Sur les petites plages où la paix a recomposé son décor, ils trouvent quoi ? La France d'avant-guerre, quasiment inchangée, avec ses pensions de famille adorablement tartignolles, ses ménages à la Dubout, ses mômes hurleurs, ses militaires en retraite, ses vieilles demoiselles qui tricotent, ses jeunes ravageuses aux macarons sur les oreilles qui s'offrent des émois, ses petites bonnes ahuries et ses boîtes en coquillage « Souvenir d'Arcachon ».

Éléphanteau lâché dans la porcelaine fragile des souvenirs d'avant le déluge, M. Hulot est le lunaire bien luné, indulgent, amical et maladroit, qui entre à reculons dans de bien inquiétants temps modernes. Des temps modernes, auxquels le cinéma des années 50, sourd et aveugle, ne prête aucune attention. Tati-Hulot est bien le seul à soulever le couvercle. Le bonheur est qu'il nous fait rire avec sa soupe à la grimace. À sa tendre marionnette au cœur gros comme ça, nous épinglons notre nostalgie, notre angoisse et notre bonheur d'être quand même là, aux dîners à heure fixe de l'Hôtel de la Plage.

M. Hulot, cela a été, aussi, cet événement rarissime dans les annales du cinéma : la naissance d'un personnage comique, à la fois aussi universel et aussi unique que Charlot. Charlot ? Tati allonge la mine lorsqu'on le compare à lui.

« Charlot, c'est l'adresse personnifiée, le débrouillard, l'intelligence au service de la faiblesse. Hulot, à l'opposé, est l'inconscience pure, le maladroit touche-à-tout. Sa foncière innocence désarme l'événement. C'est un myope qui traverse d'autant plus facilement les obstacles qu'il ne suppose pas un instant leur existence. »

Mon oncle, c'est encore M. Hulot. Mais, cette fois, vu par les yeux d'un petit garçon, son neveu, Gérard.

« Hulot, me dit Tati, n'est pas seulement un inachevé comme dans *Les Vacances*, un inadapté qui affiche son insuffisance d'être. Cette fois, c'est un raté, un vrai raté. Aux yeux de la société... Son beau-frère Arpel, au contraire, est le monsieur qui a réussi : usine de plastique, frigidaire, cuisine-laboratoire, avec machine à contrôler les vitamines, pièce d'eau décorée de requins métalliques qui se dressent sur la queue, la gueule ouverte... Gérard, qui a dix ans, s'ennuie au milieu de tout cela et au lieu d'admirer son papa si intelligent et si moderne, il reste béat devant cet imbécile d'Hulot. Il préfère la maison du poète et ce monde où il y a des fleurs et du linge aux fenêtres, où les chiens ont encore le droit de lever la patte contre les réverbères et les enfants de jouer dans les ruisseaux, où l'on marche dans la rue en sifflotant, les mains dans les poches et où il y a encore des petits marchés qui sentent bon le légume frais. »

Il respire un bon coup et ajoute : « À tout film, il faut une morale. Celle de *Mon oncle* est la suivante : l'air conditionné ne remplace pas le camembert. »

Le thé des vieilles gloires

Mai 1958 : c'est la première fois qu'un film de Jacques Tati représente la France au Festival de Cannes. Personne, en dehors du comité de sélection, n'a encore vu *Mon oncle*, dont la préparation lui a demandé trente-cinq mois de travail et qui a été tourné dans un secret total. Pourtant, tout le monde en parle et le film est déjà vendu dans douze pays différents.

Six mois plus tard, les critiques américains le proclament « Meilleur film étranger » pour 1958. Tati part pour New York, puis Hollywood où son distributeur lui offre une grande réception chez la vedette de son choix :

— Prenez Jerry Lewis, lui conseille-t-il. Vous aurez toute la presse et tous les photographes.

— Non, répond Tati, je veux Mack Sennett.

— Vous êtes fou ! Il a 80 ans et vit dans une maison de retraite.

— Faites l'en sortir...

Mack Sennett, complètement oublié, est tellement heureux qu'il organise une *tea-party*. Il appelle Buster Keaton, Laurel et Hardy, Harold Lloyd et il n'y a ni journalistes ni photographes. Sennett n'arrête pas de faire des croche-pieds aux serveurs et Stan Laurel, à moitié paralysé, se traîne en lançant la jambe en avant. Ce thé de vieilles gloires qui ont enchanté sa jeunesse sera le meilleur souvenir de son voyage.

À Rome, où *Mon oncle* a obtenu un prix de l'Office catholique du cinéma, Tati va être reçu par le pape. Il s'égare dans les couloirs du Vatican et se retrouve parmi une délégation de gaziers et d'électriciens italiens auxquels Pie XII a accordé une audience. De retour à son hôtel, les journalistes lui demandent : « Alors ? De quoi avez-vous parlé avec le pape ? » Il leur répond imperturbablement : « Du gaz et de l'électricité. »

« Qu'il nous laisse consommer en paix, ce réac ! »

Malgré tous les honneurs, le succès de *Mon oncle*, bien qu'honorable, est loin derrière celui des *Vacances* : huit millions de spectateurs contre quatorze pour le second. En Angleterre, où l'on a adoré le premier M. Hulot, le *News Chronicle* est furieux : « Non, Tati n'est pas Charlot ! Ce n'est qu'un paquet d'inventions comiques qui passe à côté de la comédie authentique, tout simplement parce qu'un paquet n'est pas un homme. » Le *Daily Express*, il est vrai, riposte :

« Jacques Tati est l'être humain le plus drôle qui soit au monde. » En France, l'opinion est également partagée.

Moins sur le personnage de Hulot que sur la « morale » du film. On rit de bon cœur aux maladresses de l'homme-à-la-pipe-entre-les-dents qui déclenche les catastrophes et fait, par exemple, cracher à la machine des tuyaux de plastique qui se déroulent et s'enroulent dans un ballet cauchemardesque.

En revanche, la foule qui fait la queue aux Arts Ménagers et tous les Duraton qui attendent, dans l'extase, la livraison de leur première machine à laver n'ont pas une seconde d'hésitation : ils préfèrent, et de loin, la villa des Arpel et son gravier synthétique au grenier hurluberlu de ce pauvre Hulot qui, vraiment, ne sait pas ce qu'il perd. Ce n'est quand même pas au moment où le progrès commence à sourire à tous qu'on va se mettre à lui tirer la langue. Le futur, mais c'est merveilleux quand il frappe à la porte de votre trois-pièces, payable en 185 mensualités ! Hulot est un brave type mais d'une autre époque dont on sera, bientôt – ouf ! –, débarrassé. Qu'il nous laisse consommer en paix, ce vieux réac' et il n'y a pas de quoi rire.

D'ailleurs, vous avouerez que Tati a une drôle de façon de défendre son rêve vermoulu et démodé. S'il y croyait vraiment à sa villa de banlieue et à ses chiens qui pissent sur les réverbères, l'oncle Hulot ne laisserait pas tomber le petit Gérard, dont il est l'unique ami, pour aller vendre en Amérique les tuyaux en plastique de M. Arpel. C'est bien la preuve, n'est-ce pas ?

★

Pourtant, le Jacquot lunaire remettra cela, dix ans plus tard, et en sur-dimensionné. Pour exhiber son *diplodocus-hulotus* – être « vivant » en voie d'extinction totale – aux prises avec la grotesque termitière moderne, il construira, encouragé par André Malraux, une ville hérissée de tours et s'y ruinera, dans le désastre de *Play Time*. Pendant le tournage, l'entreprise de location ira jusqu'à lui saisir sa caméra. Une addition de 2 milliards de centimes, en 1968... La marque rouge dans les banques... Une carrière brisée. Alors, on vendra Tati. À la bougie, dans l'enceinte du tribunal de commerce. Mise à prix :

120 000 francs pour tous les droits de *Jour de fête*, des *Vacances de M. Hulot*, de *Mon oncle* et, bien entendu, de *Play Time*.

120 000 francs, plus le passif, c'est-à-dire 7 952 000 francs. On lèvera la séance, faute d'amateurs. À quelque temps de là, se produira le meilleur, peut-être, de tous les gags dans la carrière de Tati. Un certain M. del Monaco rachètera les droits, désintéressera les créanciers et Tati reprendra sa caméra.

Avant *Parade*, son dernier film, *Trafic* aura, à peine, fait sourire les automobilistes pris, à six heures du soir, dans les encombrements de la place de la Concorde et ne demandant qu'à recommencer.

C'est que le futur a la vie dure – trop dure pour les Hulot qui marchent en sifflotant, les mains dans les poches, et que le progrès fait rigoler. Il sera grand temps pour M. Hulot de faire la valise de son dernier voyage [1].

...Ah oui, le gag, le meilleur de tous, peut-être parce qu'il prouve qu'une vie gâchée mérite quand même d'être vécue : le monsieur del Monaco, qui a sauvé Jacques Tati d'une ruine irrémédiable, était propriétaire d'un grand ensemble immobilier, à la Garenne-Colombes.

1. Jacques Tati mourra en 1982, d'une embolie pulmonaire, à l'âge de 75 ans.

Deligny, *avec ses beaux mecs qui roulent les mécaniques, ses jolies filles qui s'inondent d'huile solaire et sa bousculade effrénée, dès que le soleil chauffe la marmite, c'est Saint-Tropez.*

La Piscine Royal, c'est Pornichet ou les Sables-d'or-les-Pins. La trempette des familles. Mme Saget n'a pas à se mettre dans les frais d'une publicité pour annoncer l'ouverture. Dès qu'elle hisse ses trois drapeaux, les fidèles accourent, leur maillot sous le bras.

Dès 1765, il y avait, face au Palais-Royal, les « bains de la Samaritaine » où les dames nageaient derrière des rideaux, à l'abri des regards indiscrets. Devenu, sous le Directoire, le « Palais du repos et de la santé », le bain du Pont-Royal connut une vogue immense.

Ce n'est plus, hélas, cet étonnant bâtiment surmonté de trois palmiers qui flotte près du Quai des Tuileries. La Piscine Royal a pris la suite des Bains Carlier, fondés en 1828 et qui se trouvaient à côté de Deligny. Mme Saget descend de la famille Carlier. Elle se souvient parfaitement de l'avant-guerre de 14 où l'on se baignait en pleine Seine, derrière d'immenses toiles car l'on n'avait pas le droit, à Paris, de se montrer en maillot.

Il a, d'ailleurs, fallu attendre 1928 pour que les bains deviennent mixtes. Avant, les dames ne pouvaient nager que de 6 heures à 10 heures alors que les hommes se réservaient la tranche des 10-14 heures.

La présence embarrassante du grand collecteur, dont on a tout de même fini de s'aviser, a chassé les Bains Carlier, sur la rive droite et, en 1954, Mme Saget a transformé ses « bains » en eau libre en une piscine de compétition, alimentée en eau potable, qu'il a fallu faire venir de la rue de Rivoli. Renouvelée toutes les quatre heures, elle contient très peu de chlore. Les familles nombreuses y barbotent, sans risquer de se trouver dans l'objectif d'un photographe de presse.

Certains prétendent avoir aperçu, hésitant, au bout du plongeoir, M. Hulot en costume de bain une pièce, rayé noir et blanc.

Non, ce n'est pas lui. Ce petit monsieur inconnu et d'un âge certain qui, l'été, arrive un quart d'heure avant la fermeture, grimpe tout en haut du grand plongeoir, tend les bras à l'équerre et s'envole dans un impeccable « saut de l'ange », alors que presque tout le monde est parti, est l'un de nos meilleurs écrivains. Il se nomme Alexandre Vialatte.

CHAPITRE 34

IONESCO, COMME C'EST ÉTRANGE...

— Tiens, il est 9 heures. Nous avons mangé de la soupe, du poisson, des pommes de terre au lard, de la salade anglaise. Les enfants ont bu de l'eau anglaise. Nous avons bien mangé ce soir. C'est parce que nous habitons dans les environs de Londres et que notre nom est Smith...

Comme c'est bizarre...

— L'automobile va très vite mais la cuisinière prépare mieux les repas.

Comme c'est curieux...

— Ne soyez pas dindon. Embrassez plutôt le conspirateur.

Comme c'est étrange.

Depuis le 15 février 1957, c'est la quinze mille et énième fois qu'à 19 heures précises M. et Mme Smith, leurs enfants, le pompier et les autres disent leur messe devant les quatre-vingt-cinq communiants du Théâtre de la Huchette. Et c'est la quinze mille et énième fois qu'il y a toujours, à la sortie, un spectateur pour s'étonner : « Tu l'as vue, toi, cette cantatrice chauve ? »

Eh oui, pourquoi une cantatrice chauve, quand le plancher est en bas et le plafond en haut ? Attendons que l'aqueduc vienne nous voir à notre moulin... Mon tailleur est riche et la semaine a sept jours.

À 20 heures, le rideau se relève sur une fable, qu'on pourrait sous-titrer : « Comment la pédagogie conduit au crime. »

Comme c'est bizarre...

La Cantatrice chauve et *La Leçon* – comme c'est curieux – ont résisté à tout : à la guerre d'Algérie, à Sartre, à Khrouchtchev, à Cohn-Bendit, à Mao, à Giscard, à Khomeiny, à Guy Lux, à Mitterrand, à Coluche, à Gorbatchev, au Mur de Berlin, à Saddam Hussein, à Bernard-Henri Lévy, au Bébête Show, à Tapie, à Jean XXIII, à Monica Lewinsky, à Lionel Jospin, à la Techno-Parade, à la Bosnie, à la Tchetchénie, à Xavière Tibéri, au pétrole de l'*Erika*, aux Guignols et à la putain de la République.

Enfoncés, Shakespeare, Molière et Feydeau. Aucune de leurs pièces n'a été jouée, sans discontinuer, pendant quarante-trois ans. Comme c'est étrange.

Jean-Jacques Gautier avait eu un drôle de nez, on en conviendra, quand il avait prédit dans *Le Figaro* : « M. Ionesco n'est pas un auteur de théâtre. M. Ionesco ne sera jamais un auteur de théâtre. »

★

Le 16 février 1957, il faisait froid dans les loges du Théâtre de la Huchette. Et pour cause : le père Pinard n'avait pas assez d'argent pour les chauffer. Il remontait le moral des troupes en épinglant de sages maximes, sur papier quadrillé, dans les couloirs, comme, par exemple : *LE FROID ENDURCIT LES CORPS ET LES ÂMES*, ou encore *LE CONFORT EST L'APANAGE DES CIVILISATIONS DÉCADENTES*.

Ce soir-là, ce brave Tourangeau qui marchait au petit blanc de son pays et avait, au terme d'une brève carrière de comédien, transformé en un théâtre de fortune un ancien restaurant arménien – qui aurait appartenu au père de Charles Aznavour – ne risquait pas de remplir son tiroir-caisse vide. En effet, ils n'étaient pas plus d'une demi-douzaine dans la salle pour siffler la deuxième reprise des deux pièces les plus injouables et les plus calamiteuses de l'après-guerre. Celles-là mêmes qui, sur le lieu du crime, franchiront, d'un pas de jeune fille, le cap de l'an 2000.

★

Une année s'est écoulée, quand je sonne à la porte du rez-de-chaussée de la rue Claude-Terrasse, à Auteuil, où gîte l'auteur dramatique dont Robert Kemp, autre critique, avec son habituelle sagacité, a jugé l'œuvre d'une phrase : « Mérite tout au plus un haussement d'épaules. »

Une année a passé et Marcel Pinard est en droit de trinquer à la santé d'Eugène : chaque soir, il refuse du monde. Mon théâtre est petit mais je bois dans mon théâtre... Comme dirait le pompier de la cantatrice.

Paris donne sa langue aux chats

Paris des années 50 est une scène où le monde se donne en spectacle. La création théâtrale y bat des ailes comme l'oiseau à la conquête du ciel. À dire vrai, il n'a pas attendu le départ de l'Occupant pour chanter sa chanson.

À la Libération, le souffle n'a pas fléchi. En 1947 commença à s'affirmer un nouveau ton avec *Les Bonnes* de Jean Genet, ce manifeste théâtral de la profanation et les premières pièces de Jacques Audiberti, *Quoat-Quoat*, *Le mal court* et *La Fête noire*, où le mot se fait musique et tient lieu d'action, ouvrant les vannes à un théâtre neuf, dérangeant, qu'on allait appeler, à l'orée des années 50, le « théâtre Rive gauche » ou, encore, le « théâtre de l'absurde », où le spectateur n'est pas invité à suivre le déroulement d'une action dramatique mais à retrouver, dans le miroir que lui tend la scène, l'inanité de son existence et l'absurdité de l'existence.

Les formes plus traditionnelles du théâtre ne disparaîtront pas pour autant et, bien au contraire, les années 50 vont leur rendre gloire avec un éclat incomparable, quand Jean Vilar ressuscitera, dans sa jeunesse première, le grand répertoire (Molière, Shakespeare, Corneille, Musset, Hugo), quand Jouvet montera *Le Diable et le Bon Dieu*, de Sartre, que Montherlant continuera de s'imposer avec *Port-Royal* et *Malatesta*, quand Anouilh, plus éblouissant que jamais, livrera ses chefs-d'œuvre, *La Répétition* en 1950, *L'Alouette* en 1953, *Pauvre Bitos* en 1956, que Marcel Aymé tombera de la lune avec ses deux meilleures pièces, *Clérambard* et *Lucienne et le boucher* ou que Félicien Marceau – pour ne s'en tenir qu'à une brève liste – lancera, avec *L'Œuf*, une étonnante passerelle entre la comédie de mœurs et ce théâtre de la dérision humaine qui, à présent, s'empare des petites, mais aussi plus grandes, scènes. Un théâtre de rupture où l'on retrouve, bien sûr, Audiberti (*La Pucelle*, 1951) et de nouveaux visages, comme Boris Vian (*Équarrissage pour tous*, 1950), Jean Vauthier (*Capitaine Bada*, *La Nouvelle Mandragore*, 1952), Marguerite Duras (*Le Square*, 1957) ou Jean Tardieu avec ses innombrables et décapantes piécettes qu'il réunira dans son théâtre de chambre.

Mais, surtout, Paris retrouvant sa vocation d'universalité, donne sa langue aux chats, tellement gourmands de nos articles partitifs, de nos négations composées et de nos propositions subordonnées qu'ils viennent de la terre entière pour s'en lécher les babines sur les rives de la Seine. Un quatuor se distingue en particulier composé du Russe Adamov (*La Grande et Petite Manœuvre*, 1950, *Ping-Pong*, 1955, *Paolo Paoli*, 1957), du Libanais Georges Shehadé (*Monsieur Bob'le*, 1952, *La Soirée des proverbes*) et, sur le devant de la scène, l'Irlandais, Samuel Beckett (*En attendant Godot*, 1953, *Fin de partie*, 1956) et le Roumain, Eugène Ionesco, qui sera le seul clown à avoir jamais été élu à l'Académie française. Oh, qu'ai-je dit là ? Comment oser traiter de « clown » un auteur à l'affiche depuis quarante-trois ans et qui a écrit *Rhinocéros*, la seule pièce au monde applaudie par les nazis et les staliniens, les premiers y voyant une terrible condamnation des seconds et inversement ?

Ionesco ne plaît pas à Ionesco

C'est pourtant vrai. Me voici dans son appartement curieusement vide, où, comme le dit son ami et complice ès-absurdité, André Frédérique, « les meubles ont du mal à pousser », et j'ai plutôt l'impression de me trouver sur la Piste aux étoiles, en compagnie du célèbre « Bille de Clown » ; vous savez bien, celui qui a un crâne en dos d'âne auquel on a agrafé de chaque côté une houppe de cheveux, des joues gonflées avec une pompe à vélo, des sourcils piqués bien au-dessus de l'arcade et, entre les yeux de cocker en deuil, un pif auquel il ne manque que la boule rouge.

Mais rien n'est moins enfariné que ce « fumiste » qui, durant l'espace d'un entretien, suivi d'autres rencontres informelles, va me subjuguer par la richesse de son esprit, l'ambivalence hallucinante de sa machinerie intellectuelle, son obsession du tragique, qui finit par se confondre avec le comique, et sa scrupuleuse honnêteté face à TOUS les conformismes totalitaires.

Ionesco – c'est rare dans le monde des lettres – n'est pas satisfait de lui. Il se regarde sans complaisance, et ce qu'il voit ne lui plaît pas du tout.

D'abord, ce visage qu'il trouve laid.

« Quand j'étais gosse et que je m'observais dans la glace, j'avais honte. Je me sentais trop différent des autres et j'en étais malheureux. À présent que je vois un peu partout cette tête, ma tête, c'est pire. Et pourtant, si je me suis mis à écrire, c'était parce que j'éprouvais un besoin impérieux d'être reconnu. Comment expliquer cela ? »

J'ai envie de lui faire remarquer que nous vivons tous dans la contradiction mais que nous n'en faisons pas tous des pièces. Et aussi, que lorsqu'on n'aime pas son visage, il est admis que le meilleur moyen de le dissimuler est de le rendre célèbre.

Mais il évoque son enfance et je préfère ne pas l'interrompre.

Il a eu une enfance triste. Une enfance de futur humoriste, à la Jules Renard. Dans un ménage désuni, on ne peut naître que dans l'angoisse. Il ne s'y est jamais habitué.

Son père était un avocat roumain, sa mère une Française. Venu au monde en 1912, près de Bucarest, il a à peine commencé à parler la langue de son pays que, déjà, il se trouvait à Paris, dans un petit hôtel où sa mère s'était réfugiée, loin d'un mari violent. Eugène n'aimait pas son père et, plus tard, le méprisera.

À 9 ans, un nouvel exil. Enfant chétif, il a besoin de bon air. Sa mère le met en pension dans une ferme de la Mayenne. Les nuits sont traversées par des cauchemars où s'agitent des formes étranges et des mains qui se tendent vers sa gorge mais, dès que le jour se lève, le ciel de la campagne, les couleurs et les odeurs de la campagne font de lui un enfant heureux.

À 13 ans, c'est un autre exil, en marche arrière. À Bucarest, où il retrouve son père, divorcé et remarié, laissant la mère d'Eugène sans le sou, dans l'obligation d'aller travailler, à Paris, en usine. L'avocat est un tyran. Le fils un opposant, qui ne supporte pas la dictature, fût-elle paternelle. Il se rebelle, ce qui ne l'empêche toutefois pas d'apprendre très rapidement le roumain, de faire des études brillantes, d'écrire, dans des revues, des articles incendiaires sur les auteurs à la mode et de devenir professeur de français.

Les rhinocéros sont arrivés dans la plaine. Ils sont casqués, bottés, portent haut l'étendard de la Garde de fer du *Conducàtor* Antonescu, qui balance les étudiants juifs par les fenêtres de la faculté et fait baisser leur pantalon, dans la rue, aux passants qui ont un nez crochu pour vérifier s'ils sont circoncis. Le roi Carol fait ce qu'il peut pour s'opposer aux hitlériens mais les événements le dépassent. D'ailleurs, la violence est un poison qui circule dans les veines de la Roumanie.

« J'ai vu, un jour, un officier du roi, dit Ionesco, de sa voix douce et calme, gifler, avec une violence rare, un malheureux paysan qui ne s'était pas découvert, au passage du drapeau. Je me suis mis aussitôt à haïr le drapeau et même tous les drapeaux. »

L'avocat Ionesco bat ses domestiques. C'est une pratique courante dans la « bonne » société. Après avoir été pro-allemand, pendant la guerre de 14, quand les troupes du Kaiser occupaient Bucarest, anti-allemand au moment de la victoire des Alliés, puis franc-maçon, il est devenu Garde de fer, et pro-hitlérien notoire, ce qui ne l'empêchera nullement de donner plus tard suffisamment de gages aux communistes pour qu'ils le laissent exercer son métier.

Pour cet homme, le pouvoir avait toujours raison. Plus que l'opportunisme, c'était sa religion. Une religion universelle qui ne sera jamais à court d'adeptes.

Pour le jeune homme, l'attitude de son père, ajoutée au bruit de bottes des rhinocéros pro-nazis, est plus qu'il n'en peut supporter.

Il a décroché une bourse et s'est marié à une étudiante de Bucarest, Rodica. Entre un avenir hypothétique en France et le malheur quotidien en Roumanie, il fait vite son choix.

« Ça ne passera jamais la rampe »

Le couple débarque à Paris, en 1938. Au même moment que Samuel Beckett et Arthur Adamov.

Aux côtés d'une femme formidablement courageuse, Ionesco vivotera de traductions et de petits boulots : employé chez Ripolin, correcteur dans une maison d'édition juridique et médicale.

De cette dernière occupation, qui le pousse dans les campagnes les moins visitées de la langue française, il fait son miel. Il se laisse peu à peu envahir par les mots, comme le sera, plus tard, par *Les Chaises*, la scène du Studio des Champs-Élysées.

Aussi lorsque, se décidant à apprendre la langue de Shakespeare, il ouvre un exemplaire de l'anglais en vingt leçons, il se laisse, à l'instant, embarquer dans l'ivresse sémantique. Dans l'absurdité du langage, née de phrases mises bout à bout sans la moindre logique, il découvre un langage neuf dont il fait le sien. En 1948, il rédige l'ébauche d'une pièce.

— L'amie qui a tapé mon texte à la machine m'a dit : « Ça ne sera jamais joué. Ce n'est pas une pièce. » Elle avait parfaitement raison. À mes yeux, c'était un jeu et rien d'autre. D'ailleurs, Bernard Grasset à qui l'on apportera le manuscrit dira : « Ça ne vaut rien et ça ne passera jamais la rampe. »

— C'était votre intention de balancer un pétard sur la langue française ?

— Depuis que *La Cantatrice chauve* fait le plein tous les soirs, de savants exégètes la farcissent, comme une dinde à Noël, de tas de choses exquises. Chaque fois, ils me font découvrir des intentions secrètes, des merveilles cachées. Je me garderais bien de faire la comparaison mais quand vous lisez des commentaires et des explications de texte, à propos, par exemple du *Misanthrope* ou du *Dom Juan*, est-ce que vous ne vous demandez pas si Molière, quand il a écrit ses pièces, a pensé à tout cela ? Allez donc dans une exposition de peinture et lisez ensuite les articles qu'on fait paraître. C'est sidérant. Vous avez, modestement, votre petite idée sur ce que vous avez vu mais voici que, tout d'un coup, vous vous enrichissez d'explications merveilleuses, d'ailleurs souvent opposées les unes aux autres mais dont l'ensemble fabrique ce qu'il est convenu d'appeler une CULTURE.

« Moi qui suis candide, je pense que si l'on avait demandé à Molière, à Rembrandt et à Cézanne d'expliquer leur œuvre en deux feuillets, ils auraient répondu : « Allez donc la voir vous-même ! »

— Vous voulez dire que l'auteur est inconscient de ce qu'il écrit et qu'en créant l'univers de *La Cantatrice*, vous n'aviez aucune intention particulière ?

— Aucune. C'était un jeu et je me suis pris à mon jeu. Toutes les implications extraordinaires qu'on invente après coup ne sont pas pour autant stupides ou inutiles. Lorsque dans *Les Temps modernes*, après le bide, en mai 1950, de *La Cantatrice*, au Théâtre des Noctambules – six semaines dans une salle presque vide ! – Jean Pouillon a, par exemple, décelé une satire de la vie quotidienne que les clichés de langage poussés à l'extrême rendent tout à fait absurde, il avait sûrement raison, mais quand j'ai commencé à écrire ma pièce, je ne me suis dit à aucun moment « Je vais faire une satire de la vie quotidienne, etc. » Mon unique intention était de fabriquer un anti-théâtre, une sorte de négatif de la comédie bourgeoise.

« Autant j'aimais le cinéma, autant je détestais le théâtre. C'était pour moi un monde en carton-pâte complètement truqué. Un gobe-mouches qui n'attrapait que du vent.

— Vous êtes en train de me dire que vous vous êtes mis à écrire pour le théâtre, parce que vous le détestiez. C'est bien cela ?

— Oui, en quelque sorte. J'ai voulu en montrer le ridicule, ce qui n'avait rien de révolutionnaire.

— Ce qui l'était bien davantage, c'était de faire péter une bombe atomique dans le langage qui est la convention première de toute société humaine. Vous convenez que *La Cantatrice* a pulvérisé le système ?

— C'est ce que l'on lit dans la presse, où l'on exagère toujours tout. Avant moi, il y a eu le dadaïsme qui n'était pas rien… Je pense qu'hormis l'idée de départ qui préside à la création d'une œuvre, par exemple d'une pièce de théâtre, le reste, c'est le spectateur qui l'apporte. L'auteur croit que c'est sa pièce qui est jouée, mais pas du tout. Elle devient aussitôt la pièce de chaque spectateur, de chaque comédien, de chaque critique. Vous êtes assis, au théâtre, entre une dame aux cheveux gris, sur son trente et un, et un jeune homme dépeigné qui, ni l'un ni l'autre, ne voient la même pièce que vous.

— Oui, mais entre ces gens, il y a un point commun : tous applaudissent.

— Dites plutôt que plus personne n'ose siffler. Quand Nicolas Bataille a créé *La Cantatrice* aux Noctambules, en 1950, et l'a reprise deux ans plus tard au Lancry, sans plus de succès, les rares spectateurs se divisaient entre ceux qui sifflaient et demandaient à être remboursés – ils étaient les plus nombreux – et quelques-uns qui riaient. Entre-temps, il y a eu des gens éminents qui ont défendu *La Cantatrice* et *La Leçon*, comme Jacques Lemarchand, Jacques Brenner, Guy Dumur... Raymond Queneau a donné sa parole d'honneur que la pièce avait des qualités littéraires. André Breton, Roger Vitrac et Armand Salacrou en ont fait de même. Puis, en 1956, quand le Studio des Champs-Élysées a donné *Les Chaises*, *Le Figaro*, où Jean-Jacques Gautier venait de m'éreinter, n'oubliez pas qu'en première page, Jean Anouilh a pris ma défense, en des termes extraordinaires : « C'est mieux que Strindberg, parce que c'est noir "à la Molière". » Alors, mettez-vous à la place du spectateur. Comment pourrait-il ne pas croire un Jean Anouilh, un Raymond Queneau, un Roger Vitrac, un Armand Salacrou ? Puisqu'ils sont des auteurs reconnus, on ne va pas mettre en doute leur parole quand ils en reconnaissent un autre. C'est juste, non ?

Ionesco s'arrête un court instant. Une drôle de lueur dans son regard.

— Vous me demanderez, reprend-il, ce qui a fait d'eux des auteurs reconnus. Il faudra alors remonter dans le temps afin de retrouver les gens reconnus avant eux qui, un jour, ont dit : « Ah, ceux-là, c'est à leur tour d'être reconnus. » Cela peut nous mener très loin. Conclusion : une œuvre d'art n'est que le produit du hasard.

Après l'avoir quitté, je suis partagé entre trois sentiments contradictoires :

a) Il est parfaitement sincère et d'une lucidité assez exceptionnelle.

b) Il vient de se payer royalement ma tête.

c) Ni l'un ni l'autre : c'est la sienne qu'il s'est payée. Sinon, il ne serait pas un grand humoriste.

Tout en marchant vers le métro Porte-de-Saint-Cloud, je

pèse le pour et le contre. Mais non, maintenant j'en suis sûr, ce n'est ni a), ni b), ni c) mais les trois à la fois. Ionesco se moque du monde. Du monde tout entier, c'est-à-dire de nous, de lui-même et des lois qui nous régissent.

Je vais retourner au Théâtre de la Huchette. Il me semble que je commence à comprendre Ionesco.

Le bonheur lui a fait découvrir la Mort

Seconde et brève rencontre, rue Claude-Terrasse. *La Cantatrice* chauve et *La Leçon* tiennent l'affiche depuis près de deux ans. Ionesco, auteur heureux, ça ressemble à quoi ?

À un homme toujours drôle mais pas gai.

— Anouilh a dit des *Chaises* que c'est « affreux et cocasse, poignant et toujours vrai ». Qu'est-ce qui vous a fait découvrir la Mort ?

— Le bonheur.

— Et qu'est-ce qui vous a fait découvrir le bonheur ?

— Une marchande de journaux, du côté de la rue Lecourbe où j'habitais avec ma mère. J'avais 6 ou 7 ans et j'étais un lecteur fanatique de *Cri-Cri*. Tous les jours, j'allais voir cette gentille dame et lui demandais mon journal. « Mais tu sais bien, me répondait-elle, que *Cri-Cri* ne paraît que le jeudi. » Le lendemain, je revenais et elle me disait la même chose. J'espérais un miracle, comme le croyant à Lourdes, et ne voyais pas pourquoi il n'y aurait pas de miracle en dehors du jeudi. Et puis un jour, qui était un mercredi, je suis passé chez elle, exceptionnellement, en fin de journée. Alors, le miracle est arrivé. Elle a défait un paquet et m'a tendu un exemplaire de mon cher *Cri-Cri*.

« Il n'en a pas toujours été ainsi par la suite et j'ai compris que le bonheur est quelque chose de si fragile qu'il peut se rompre dès qu'on le touche. Le bonheur vous fait vivre dans l'angoisse et l'angoisse vous fait attendre, à chaque instant, la Mort.

« Je n'ai pas honte de le reconnaître : j'ai peur. Non pas peur de vivre mais peur de mourir car je déteste l'injustice et la Mort est l'injustice suprême puisqu'elle vole la vie que Dieu vous a donnée. On ne peut pas conjurer cette terreur essentielle. Tout ce que l'on peut, avec nos faibles moyens, c'est de tourner soi-même et les autres en dérision. Contre le scandale que représente l'existence humaine, donnée et reprise malgré soi, il n'est pas d'autre défense que le burlesque.

— Mais le burlesque ne guérit pas de l'angoisse ?

— Non. Il soulage, tout au plus. Il n'efface pas mes nuits blanches.

Hitler et Staline, bonnet rouge et brun bonnet

Rhinocéros vient de faire tomber le masque. Le dynamiteur du langage que l'on a comparé tout à la fois à Alphonse Allais, à Jarry, à Labiche et même à Feydeau ne tourne plus le monde en ridicule. Il en a découpé une tranche bien saignante et l'a déposée dans notre assiette pour un dernier souper avec la Mort.

La cité est peuplée de rhinocéros. Béranger, petit homme pâle qui voudrait vivre tranquille avec ses petites idées à lui, les croise à chaque coin de rue. Ils vont et viennent, portant les bannières de la barbarie, de l'idéologie, de la mort. Ils traquent tous les Béranger de la terre pour les contraindre à devenir à leur tour des êtres inhumains.

Rhinocéros pourrait porter en sous-titre : « Et il n'y a pas de quoi rire. »

Jusque-là, la bonne vieille gauche marxisante et brechtienne a trouvé tout à fait à son goût ce gros garçon qui ridiculise les petits-bourgeois, met le langage en pièces et fout en l'air, croient-ils, l'ordre social et tout le saint-frusquin.

Pour exactement les mêmes raisons, la bonne vieille droite a fait la grimace, tout en se rassurant : un farceur, ça n'est pas bien dangereux. En vertu de quoi, on n'en a pas fait une montagne quand les enfants ont réservé leur place, à la Huchette.

Mais voici que *Rhinocéros* fourre sa corne là où il ne faut pas. Dans les plates-bandes du conformisme politico-intellectuel.

Ionesco vient d'un coup de changer, à son insu, de partenaires.

À droite, on applaudit. Pas de doute, ce rhinocéros à une corne vient de l'Asie. C'est rouge de l'Est. Un rhino comme ceux qui montent la garde à l'entrée des camps sibériens et écrasent sous leur patte la liberté d'être et de penser.

À gauche, où on a lu le rapport Khrouchtchev, même si on ne l'a pas vraiment digéré, il se dégage soudainement de ce Roumain un drôle de parfum. Mettrait-il, par hasard, sur le même plan, les « erreurs » du communisme, regrettables, certes, mais réparables dans l'avenir et les crimes monstrueux du nazisme, rebaptisé « fascisme » depuis qu'on a pris conscience que cela passe mieux de traiter de « fasciste » plutôt que de « nazi » un ancien déporté anti-stalinien ou un grand résistant gaulliste, voire de Gaulle lui-même ?

S'il a commis pareil sacrilège, Ionesco est brûlé à tout jamais dans les cercles, qu'on ne dira jamais « vicieux », de la pensée « correcte ». On veut bien battre sa coulpe sur la poitrine congelée de Staline mais Hitler-Staline, bonnet rouge et brun bonnet, ah ça, non ! Le passé est sanglant mais le futur du communisme est toujours pur.

Qu'en pense l'intéressé, qui a déserté Auteuil pour Montparnasse où, se rapprochant du ciel qui permet d'avoir une meilleure vue sur la terre, il habite un dernier étage ?

— C'est bien la preuve que je devais écrire *Rhinocéros*. Il est extraordinaire qu'après ce que le monde a subi on ne puisse pas énoncer, en étant compris de tous, une vérité aussi élémentaire que celle-ci : une barbarie ne peut jamais en annuler une autre. Elles s'additionnent dans l'horreur. Mes rhinocéros ne sont ni rouges ni bruns. Ils sont rouges, bruns et de toutes les couleurs que porteront dans l'avenir les totalitarismes.

« À la fin de la pièce, Béranger dit, en geignant : « Je voudrais bien être comme eux. » C'est cela la folie totalitaire, son but idéologique, du moins. Écraser l'individu jusqu'à lui donner l'envie de devenir un bourreau ou un maître, ce qui revient au même, dans un pareil système. Certains agissent par peur ou par opportunisme. Cela peut se comprendre. Pour beaucoup d'autres, la raison en est bien plus terrible. Ils adhèrent à l'horreur collective parce qu'ils ne croient pas en leur propre singularité.

Je me risque à lui demander :

— Béranger ? Vous avez pensé à votre père, pour qui le pouvoir avait toujours raison ?

Ionesco lève ses yeux, doux, si doux et ne répond pas.

CHAPITRE 35

TRENET ET CHEVALIER : LE BÉCOT DE LA PAIX

L'œil qu'on voit danser le long des golfes clairs, sous la touffe blonde et frisée d'un Harpo chanteur, l'éternel jeune homme, qui chante pour arrêter le temps, s'avance sur la scène de l'Alhambra et lance dans le micro : « Voici maintenant *Y a d'la joie*, qui a été créée par le plus grand de la chanson, parmi nous ce soir : Maurice Chevalier. »

Quand Momo se lève, le sourire claquant en haut du mât, il y a – comme ne manquera pas de le faire remarquer la presse – « un fort moment d'émotion ». Le Tout-Paris, dont la sensibilité est légendaire, vient d'assister à la réconciliation des deux *géants*[1] de la chanson : Charles Trenet et Maurice Chevalier étaient, en effet, brouillés depuis vingt ans.

Et – heureux hasard – c'est justement ce soir que « Fleur bleue », sans chapeau, fête ses vingt ans de music-hall. On parle même de ses « adieux » à la scène. Comme il les fera, officiellement, en 1975, à l'Olympia, qu'on le retrouvera, en 1988, au Châtelet puis à l'Opéra-Bastille en 1993, pour ses 80 ans et qu'à l'hiver 1999, on aura eu le bonheur de l'applaudir encore, à la salle Pleyel, il faudra apprendre à ne pas s'affoler.

Le *Jardin extraordinaire* va-t-il faire monter *Ménilmontant* sur la scène pour une embrassade historique ? Georges

1. J'utilise à dessein le mot « géant », sachant qu'on ne l'utilisait pas à cette époque comme à la nôtre où, dans un état de gâtisme précoce, on se doit de saluer, ainsi, tout artiste de la chanson ou de l'écran en passe de devenir une *légende vivante*.

Cravenne, l'organisateur de cette grande soirée, l'espérait encore beaucoup, la veille.

Mon œil… Maurice s'est levé et s'est rassis. Pas de bisous. Charles a aussitôt embrayé sur *Y a d'la joie*, cause majeure de leur fâcherie. Ils n'en feront pas plus ni l'un ni l'autre. Maurice qui a reçu un petit mot, paraît-il très « émouvant » de Charles, lui a pardonné et, de toute façon, c'est lui qui s'en tire le mieux puisque c'est dans « son » théâtre, l'*Alhambra-Maurice Chevalier* que le vieux galopin chante ce soir. De toute façon, c'est une chance d'avoir échappé à un speech de Maurice Chevalier, dont les prises de parole sont toujours navrantes.

Quand les Windsor chantaient Ma pomme

Trois ans plus tôt, à la fin de l'été 1955, me retrouvant à Deauville, au redoutable bal de charité des *Petits lits blancs*, j'en ai fait, une fois de plus, l'accablante expérience. Maurice était chargé de présenter le spectacle. Or, dès qu'il « cause » en public, notre gloire nationale se croit toujours obligée de faire part de « son émotion et de sa fierté ». Cela dure deux ou trois minutes, après quoi, il patauge dans un couplet patriotico-larmoyant, entrelardé de souvenirs de l'école communale ou du bon temps où toute la famille royale d'Angleterre reprenait en chœur *Ma pomme*. Aussi, lorsqu'il a annoncé qu'il « se retranchait derrière le bouclier de l'avant-propos écrit par le grand Marcel Pagnol », on a pu se croire rassuré. Pas pour longtemps. Écrit, peut-être, à l'heure du Berger, le texte, se baladant paresseusement entre « Deauville, cité du polo, des courses, des vacances, de la santé » et « les belles jeunes femmes brunissant au soleil, tandis que bondissent, autour d'elles, des enfants bronzés comme des Indiens », n'ajoutait rien de décisif à la gloire du fils de son père. D'autant que la voix laryngiteuse de Maurice, secourue par une affreuse acoustique, s'employait à mettre en pâtée les phrases qui auraient mérité d'échapper au naufrage.

Après le charmant et vieil Harry Pilcer, venu chanter *Alleluia*, Lilo qu'en toute amitié, il se chargera d'enfoncer (« Elle tremble de peur – Soyez gentils avec elle ») sans dire un mot sur la popularité en Amérique de cette excellente vedette de l'opérette et enfin, après la pianiste et chanteuse noire, Hazel Scott, cela a été son tour de s'y mettre. Ce qui a donné ceci :

« J'ai la joie et la fierté, Mesdames, Messieurs (il n'a pas dit "Mon prince" bien qu'Aly Khan fût dans la salle), de créer une nouvelle [*sic*] chanson du maître incontesté de la chanson française : Albert Willemetz », etc. Après quoi, il a remis cela dans son anglais inimitable, avant que ne se produise le grand moment de la soirée : remuant des fesses et du ventre, comme une moukère, il a exécuté un numéro de comique maghrébin, tout à fait indiqué en la circonstance. Une semaine plus tôt, au Maroc, une insurrection s'est produite à Zoued-Zem, Khénifra et Casablanca : trois journalistes ont été massacrés et, le même jour, des émeutes dans le Constantinois ont fait 123 morts dont 71 Européens ; émeutes suivies d'une répression qui a fait plus d'un millier de victimes parmi les musulmans. On l'aime bien, Maurice Chevalier, mais comme calamité nationale, il est difficile de faire mieux. Moins il l'ouvre, mieux on se porte.

Jean-François Devay, qui a plein d'oreilles dans les coulisses parisiennes et bousille le métier en vérifiant soigneusement ses informations, à l'inverse de ses confrères, connaît la véritable histoire de la brouille entre les deux chanteurs, sur laquelle les journaux ont écrit un tas de bêtises.

Trop osé pour Momo

En 1936, le grand amour de Maurice Chevalier se nommait Nita Raya. Il lui avait réglé son tour de chant pour *Bobino* où elle faisait ses débuts et, au programme, se trouvait un couple de jeunes duettistes : Charles et Johny.

« Inexistant », a dit Maurice, après les avoir entendus. Mais le lendemain, le très influent éditeur de chansons, Maurice Breton, lui a téléphoné : « J'aimerais que tu reçoives l'un des deux duettistes. Il s'appelle Charles. Je crois beaucoup en lui. Il a écrit une très jolie chanson. Il faut absolument que tu l'auditionnes. »

Charles Trenet est arrivé, tout timide, au domicile de Chevalier et a chanté *Y a d'la joie*. Il avait 23 ans, et son hôte, presque le double.

Maurice a été épaté et lui a dit : « Je vais la chanter mais à ma façon. »

Il en a martelé la cadence et fait sauter deux couplets, dont celui-ci, qu'il trouvait un peu « osé » :

Le garçon boucher qui va sur ses quinze ans
Est fou d'amour pour une femme agent
Et la femme agent qui va sur ses cent ans
Est folle de bonheur de cet amour d'enfant
Y a d'la joie…

Avec *Y a d'la joie*, acheté à Trenet, Maurice Chevalier a fait un triomphe au *Casino de Paris*. Là-dessus, Trenet est parti faire son service militaire, et en a rapporté une gerbe d'éblouissantes chansons.

À l'ABC, où il est engagé pour passer en vedette américaine dans le spectacle de Lys Gauty (l'interprète célébrissime du *Chaland qui passe*), le tabac est tel, le soir de la première, qu'au moment des rappels il chante *Y a d'la joie*. Fureur légitime de Maurice, à qui la chanson appartient, et lorsqu'un peu plus tard Trenet lui apporte *Ménilmontant*, la coupe déborde. « De quoi il se mêle celui-là ? Ménilmuche, c'est moi. Lui, il est né à Narbonne. » Non seulement il fait éconduire le jeune homme, mais s'empresse de faire composer la chanson qu'il rendra célèbre : *Les Gars de Ménilmontant*.

Pendant vingt ans, ils se seront lancé de perfides petites flèches jusqu'au jour où Trenet, estimant que la guerre avait assez duré comme cela, enleva pour 200 000 francs un de ses canotiers à la vente aux enchères d'un gala de bienfaisance et envoya à Chevalier un petit mot gentil.

Qu'on le croie ou pas, leur réconciliation fait l'effet d'un coup de tonnerre et, au lendemain de « l'historique » soirée à l'Alhambra, un grand hebdomadaire titre sobrement : « Bombe au music-hall : main dans la main, le poète et Ma Pomme. »

Une belle et grande amitié recommence, fondée sur un manque de confiance total et réciproque.

« Ça, c'est Paris ! » comme on dit au music-hall.

BRÈVE DE PARIS

« Qui vient jamais flâner le long de ces péniches, dont on peut caresser, en passant, les bois goudronnés, lorsque vides, elles sortent de l'eau, de toute leur hauteur ? Elles forment le long des quais un mouvant village qu'il faut voir s'éveiller le matin, à l'heure où le gardien ouvre, sans hâte, les grilles du bassin de la Villette. Un chien aboie, un patron passe la tête hors de sa cabine, l'eau clapote au long des coques brunes, culottées comme de vieilles pipes ; des pigeons roucoulent, une femme casse du bois, une autre attend, les bras croisés, que bouille sur le poêle, installé en plein air, l'eau du café ; on lave les ponts, on casse la croûte[1]*… »*

⋆

Vous en connaissez tous plus d'un, qui lui ressemble comme un frère. C'est un tout petit café-tabac, prolongé de deux salles de restaurant, que dirige un ancien bougnat, lequel a conservé en l'état un matériel sans âge et le terne décor des murs.

Depuis plus de vingt ans, à la fin des années 30, c'est Chez Joseph *que les gros marchands de charbon, natifs de l'Aveyron, se rencontrent, avant de faire charger leurs camions d'anthracite ou de boulets que leur apportent des péniches, ancrées juste en face, sur le quai de la Loire, au lieu-dit (le nom est bien trouvé) « de la Moselle ».*

1. Marius Richard (1935).

Râblé et rougeaud, Joseph Lort *les traite en amis, les soigne et leur offre, en patoisant derrière son épaisse moustache rousse, une viande succulente, en provenance des proches abattoirs. Léon-Paul Fargue s'est arrêté, ici, avant la guerre, et c'est sur cette banquette en moleskine et cette table de marbre qu'il a écrit* Le Petit Vin blanc de la Villette. *Vers midi et jusqu'à 15 heures, entre marchands de charbon et gros commerçants d'alentour, une clientèle « mode » de jeunes patrons vient à présent se ranger près du comptoir attendant qu'une table se « vide ».*

Les cols blancs, peu à peu, poussent les dockers aux mains noires dans le canal aux souvenirs. Juste en face de Chez Joseph, *un meurtre risque de se perpétrer. L'administration projette, dit-on, de mettre à bas la gracieuse arche métallique de la passerelle de La Villette qui, depuis 1882, enjambe le large bassin, qui alimente en eau les lacs du Bois de Boulogne, les fontaines de la Concorde et celles du Rond-Point des Champs-Élysées. Cette passerelle courbe de treize mètres de haut et de quatre-vingt-cinq mètres de portée, projetée par Gustave Eiffel et que Jules Romains a prise pour décor de son premier acte de* Donogoo, *était conçue pour dégager la grandiose perspective, axée sur le ravissant pavillon d'octroi en rotonde, de Nicolas Ledoux.*

Depuis 1954, les ingénieurs des canaux ont la lumineuse idée de ne plus entretenir les poutrelles de fer de la passerelle, pour en construire une autre à sa place qui serait plus plate. En février 56, le froid a gelé les voies navigables de la région parisienne et les péniches, chargées de charbon, se sont retrouvées bloquées sur le canal Saint-Martin. Les éclusiers ont dû casser la glace, à coups de masse, pour dégager tant bien que mal les écluses.

La poussée de l'embâcle pouvait fort bien, comme cela avait été le cas pendant l'hiver 1929, empiler la glace sur une hauteur de trois mètres et détruire toutes les superstructures. Si cela s'était produit, l'arche Eiffel, grâce à sa hauteur, aurait été épargnée. Le pire n'étant pas arrivé, les ingénieurs ont avancé, de plus belle, dans leur projet imbécile[1].

1. En 1967, des écriteaux signalant l'ouverture des travaux seront apposés mais grâce aux hurlements du comité de défense et à une décision d'André Malraux, la passerelle n'entrera pas, heureusement, au musée imaginaire.

*

On pêche ferme sur les rives du canal Saint-Martin. La carpe, le brochet, la tanche et le gardon frétillent autour des péniches « immobiles et pansues, allongées comme des bêtes » (Eugène Dabit). Près des écluses, où l'eau est plus oxygénée, on y pêche l'écrevisse française, de couleur gris acier, avec une balance, c'est-à-dire un petit filet rond où l'on dépose quelques délicatesses, comme un morceau de poisson pourri ou, mieux, des tripes de poulet.

Les amateurs du coin vont se fournir à la Maison Chalo, *boulevard Diderot.*

En se promenant le long du canal, il n'est pas exceptionnel d'apercevoir la tête sortant de l'eau d'un rat musqué d'Amérique. L'animal a été introduit, au début du siècle, pour sa fourrure, et les évadés qui se sont retrouvés ici y sont restés, se sentant bien dans cette aimable « campagne », malgré l'odeur désagréable, au nez des humains, des belles feuilles vertes de l'aillante ou faux vernis du Japon, importé de Chine au XVIIIe *siècle, qui servait à nourrir les chenilles et pousse ici à cœur joie.*

CHAPITRE 36

SALVADOR DALI À POLYTECHNIQUE

« Chacun sait que l'intelligence ne nous fait déboucher que dans les brouillards du scepticisme, qu'elle a pour effet principal de nous réduire à des coefficients d'une incertitude gastronomique et supergélatineuse, proustienne et faisandée. C'est pour ces raisons qu'il est bon et nécessaire que, de temps à autre, des Espagnols comme Picasso et moi nous venions à Paris pour vous éblouir en vous mettant sous les yeux un morceau cru et saignant de VÉRITÉ ! »

Olé !

Je m'en veux d'avoir raté la conférence qualifiée par lui de « très célébrissime » que Salvador Dali a donnée à la Sorbonne en 1955. Aussi, ne manquerais-je, sous aucun prétexte, celle que, des années après, le général Tissier, commandant de l'École polytechnique, l'invitera à faire devant cinq cents élèves et invités.

Tous s'apprêtent à se payer la tête du Maître. Mais ils ne sont pas nés les polytechniciens qui arriveront à mettre Dali dans leur poche.

Au centre de l'amphithéâtre surchauffé, il se tient debout, en complet-veston sombre, à fines rayures. Le regard noir dans un visage hautain, piqué d'un nez de rapace, Gala, sa femme, est posée un peu plus loin, sur une chaise, comme un oiseau de malheur sur sa branche.

« Messieurs, dans le style court et militaire qui est le vôtre, attaque Dali sous les applaudissements frénétiques, j'ouvre ce soir un cours absolument unique dans l'histoire sur le sujet exclusif du culte… de ma propre personnalité (hurlements de joie). Au moment où l'on tente d'effacer la grande figure mythologique de Joseph Staline, je veux la replacer dans son contexte magique. Bon ! Maintenant, je vais m'asseoir. »

Il s'assoit devant la table où est posé un projecteur à diapositives et se lève aussitôt.

« Je suis apolitique, donc ce que je vais vous dire a une importance exceptionnelle. D'ailleurs, grâce au glorieux généralissime Franco (hou ! hou ! fait la salle), l'Espagne a été la première nation à pratiquer la déstalinisation (formidable éclat de rire). La personnalité de Staline m'obsède depuis trois mois et, en même temps, je suis obsédé par le tableau de Velasquez, *La Forge de Vulcain*. Vous savez évidemment que, par de mystérieux réseaux granitiques, les éjaculations du sexe de la Castille ont pu parvenir jusqu'à la pupille du plus grand de tous les peintres... Mais revenons au sujet... »

Et Dali de s'embarquer dans une incandescente description du « pouvoir magique » des forgerons et de leurs sociétés secrètes.

« Or, dit-il, le pays où, de tout temps, s'exerça leur prédominance, ce fut la Russie. Un petit changement comme le communisme n'a pas entamé le symbole du forgeron. La preuve, c'est que Lénine qui, par ses origines syphilitiques, était atteint de crétinisme gélatineux qui le mettait en contact avec les vérités cosmiques, a choisi pour emblème de la Russie le marteau, outil du forgeron (un temps)... et aussi, la faucille.

« C'est Lénine qui a prononcé cette phrase qui m'émeut beaucoup : "Le jour où nous prendrons le pouvoir, nous construirons des pissotières en or." Ce changement de l'ammoniaque en or, c'est toute la pensée alchimiste du marxisme (la salle trépigne de bonheur)... Vulcain est sous-estimé. Or, la Russie c'est le Vulcain moderne qui, faisant exploser la bombe atomique, trempe son bouclier pour nous protéger contre le péril jaune. »

Là, il marque nettement un point. Autour de moi, des officiers murmurent : « Mais il n'est pas si fou que ça. »

« Jésus est un fromage »

À ce moment, Dali fait projeter sur l'écran des reproductions de tableaux des « trois génies : Velasquez, l'angélique Raphaël et moi. »

Sur les deux premiers, il s'attarde longuement ; sur le second, surtout, « l'angélique Raphaël qui baigne dans le silence céleste et qui est le plus futuriste de tous les archétypes esthétiques de tous les temps ». En revanche, quand arrive le tour de son tableau à lui, il passe avec une rapidité surprenante, comme s'il s'agissait de quelque chose de négligeable et qu'en tout cas il se refuse à hisser sur les mêmes sommets où règnent Velasquez et Raphaël. Cela va si vite que l'épisode passe presque inaperçu. Il n'empêche que Dali, en s'escamotant, après s'être qualifié de « génie », vient de démasquer le meilleur de lui-même : Dali l'artiste qui ne se trompe pas de place au panthéon de la peinture et non Dali, le banal bateleur.

Il poursuit en citant d'autres noms et ses commentaires font hurler la salle de rire : « Jésus est un fromage. C'est d'ailleurs saint Augustin qui l'a dit » ; « Meissonnier est le plus grand peintre français » ; « Turner est, sans une hésitation, le plus mauvais peintre du monde » ; « Matisse est tout juste bon à faciliter la digestion bourgeoise » ; « Dans dix ans, on dira que Picasso n'était pas si bien que ça et Bouguereau pas si mal que ça » ; « Bernard Buffet, à peine laid » ; « Cézanne qui n'a jamais réussi à peindre une seule pomme ronde... »

La pensée de Dali, une fois transposée, on s'aperçoit qu'il dit le plus souvent des choses extrêmement sensées. C'est un classique qui hait l'impressionnisme. Il dénonce l'envahissement de la lumière dans la peinture, cause de l'explosion progressive de la matière qui aboutit à l'impasse de l'art abstrait.

Voilà quelque chose que tout le monde peut comprendre, même un polytechnicien. L'assistance écoute sagement, depuis un moment quand, tout à coup, Dali prend sur la table un casque qu'il se colle sur la tête. C'est une moitié d'œuf en matière plastique, surmontée de deux bébés en celluloïd qui s'allument à tour de rôle.

Dans la salle, c'est du délire.

Dali explique : « Ces bébés, ce sont Castor et Pollux... Maintenant, la question se pose : Dali est-il fou ? Le docteur Roumajon (il désigne un homme assis derrière lui, sur l'estrade) m'étudie depuis sept ans. J'ai vu beaucoup de psychiatres. Ils sont bien plus fous que moi. Le docteur Roumajon aussi. Mais, un jour, il a découvert une chose qui m'a donné la chair de poule. »

Dali raconte sa découverte : trois ans avant sa naissance, son frère Salvador était mort en bas âge. Ses parents, qui l'adoraient, donnèrent à leur second enfant le prénom du premier et se mirent à lui parler comme s'il était cet enfant mort. Cela devint une obsession. Dali se sentit l'Autre.

Alors, soudain, une tension singulière s'empare de la salle. Dali parle avec son cœur et il est impossible de ne pas s'en rendre compte.

« Toutes les excentricités que j'ai l'habitude de perpétrer, ces exhibitions incohérentes sont la constante tragique de ma vie. Je veux me prouver que je ne suis pas le Salvador mort mais le Salvador vivant. Comme dans le mythe de Castor et Pollux, en tuant mon frère, c'est moi que je tue. »

Mais il reprend aussitôt : « Évidemment, je pourrais tuer les deux. J'ai, heureusement, le sens de la diplomatie. »

Sur ces mots, il retire son casque, le pose sur la tête de Gala, qui n'a pas quitté son masque d'indifférence souveraine, sous le clignotement électrique des deux bébés en celluloïd et ainsi s'achève, dans la liesse générale, le cours le plus sensé qui ait, sans doute, jamais été donné dans l'enceinte de l'École polytechnique.

CHAPITRE 37

JEAN PROUVOST LANCE LE JOURNAL QUI N'EXISTE PAS

« Il y a un monsieur qui vous demande », me dit l'appariteur en me tendant une fiche sur laquelle je lis : « A... S..., fils présumé de Raymond Radiguet. »

Immédiatement, je vais à la rencontre de mon visiteur.

Paris-Presse vient de publier le cinquième et dernier article d'une série où j'ai raconté le « roman vrai » de l'auteur du *Diable au corps*.

Après la mort, en 1923, du prodige de vingt ans, emporté par une typhoïde, le drame familial, engendré par *Le Diable au corps* chez ceux qui en avaient été, malgré eux, les personnages, s'était poursuivi, implacable.

Un matin de 1953, Roland Dorgelès, l'auteur des *Croix de bois*, qui, trente ans plus tôt, avait fustigé le tout jeune romancier (« Je n'aurais jamais eu la cruauté de m'acharner sur un soldat. Je les ai trop aimés »), voit débarquer chez lui un homme d'une soixantaine d'années, à l'allure assez pitoyable, qui porte un crêpe noir autour de sa manche.

Il se présente d'une voix timide :

« Je suis le mari de l'héroïne du *Diable au corps...* » Et ajoute, pompeusement : « ...Le soldat à qui Raymond Radiguet a volé son bonheur. »

À moitié en larmes, il commence son récit. À son retour de la guerre, divers indices l'avaient fait douter de la fidélité d'Alice, sa femme. Quand, en 1923, le livre avait paru et rencontré un accueil phénoménal, il ne se trouva pas un passage qui ne mît à la torture le mari trompé de l'institutrice, rebaptisée Marthe. Dans le pavillon de Saint-Maur, où habitait le couple, la vie devint un enfer.

Dans une crise de rage, Gaston cassa même le bras de sa femme et, ne pouvant plus supporter la vue du petit garçon né infirme, qu'il savait ne pas être le sien, il le confia à une nourrice. Alice ne cessa de nier et, peu à peu, le silence s'installa dans le pavillon où Gaston avait fini, cinq ans après, pris de remords, par faire revenir l'enfant.

Une nouvelle guerre chassa l'obsession de la précédente et alors que le nom de Radiguet s'estompait dans le brouillard de la mémoire, voilà qu'à nouveau *Le Diable au corps*, sous les traits, cette fois, de Gérard Philipe et de Micheline Presle, réapparut, en 1947, sur les murs de Paris.

Il était encore plus terrible, pour l'ancien soldat, de supporter la vue des images que celle des mots. Les disputes reprirent de plus belle jusqu'au jour où, un cancer de la gorge s'étant déclaré, Alice fut transportée à l'hôpital. Le jour de sa mort, en 1952 – elle avait 59 ans –, elle fit signe à son mari d'approcher et, dans un dernier souffle, lui jura : « Ça n'est pas vrai... Ça n'est pas vrai... Je n'ai rien fait de mal. »

Ayant terminé son récit, Gaston S. prit les mains de Dorgelès et lui dit d'une voix implorante : « Elle n'a pas pu me mentir. Elle n'était pas coupable. Il faut que vous m'aidiez à crier son innocence. »

Selon lui, Radiguet à qui sa femme avait accepté de donner des leçons, tandis que lui était au front, subtilisa le journal intime, s'étendant du mois d'août 1917 au mois d'octobre 1918, où elle recopiait les lettres du couple et notait ses pensées du jour. Ce fut ce journal qui lui donna l'idée d'écrire *Le Diable au corps*.

« Je vais vous montrer les preuves », dit Gaston à Dorgelès, au moment de le quitter.

En novembre 1953, le juré de l'Académie Goncourt trouva dans son courrier un paquet auquel était jointe une enveloppe bordée de noir.

« Monsieur et cher camarade, put-il lire, lorsque vous recevrez cette lettre, j'aurai rejoint celle que j'aimais et qui m'a toujours aimé. Le cycle de nos tristesses est donc terminé et j'espère que l'oubli rejettera dans le néant le livre qui nous a fait tant de mal. » Gaston S. venait de mourir le 9 novembre.

Dans le paquet, il y avait un exemplaire du *Diable au corps* dont presque chaque page était couverte d'annotations et de commentaires mettant en parallèle le texte de Radiguet et celui, supposé, du journal dérobé.

Quand, par exemple, Radiguet faisait dire à Marthe, à l'intention de son jeune amant : « Mords-moi, marque-moi, je voudrais que tout le monde le sache », Gaston commentait : « Mords-moi, marque-moi... c'est ce qu'elle me disait. »

Ou bien : « Marthe jette au feu les lettres de son mari... Mais moi, j'ai retrouvé celles que j'avais envoyées à ma femme, sauf quelques-unes volées par Radiguet. »

Et le plaidoyer s'allongeait, interminable et pathétique, tellement Gaston S. voulait se convaincre de l'innocence de sa femme et en convaincre la terre entière.

« Mon père a menti »

L'homme que je viens de faire asseoir a le visage maigre, tourmenté, et les yeux allongés sous une abondante chevelure noire. Il porte un soulier orthopédique et semble avoir beaucoup de mal à se déplacer. Il est mécanographe quelque part en banlieue parisienne.

Il parle d'une voix douce où résonne encore l'écho d'une vieille meurtrissure :

« Mes années d'enfance ont été affreuses... Mon père a menti à M. Dorgelès. Ma mère est morte seule à l'hôpital. Le médecin a refusé d'appeler mon père à son chevet car il craignait le pire de sa part... Le soi-disant serment de ma mère était une invention. D'ailleurs, on m'a dit qu'après la publication du livre, elle avait écrit à M. Martin du Gard [1]. Elle s'était reconnue dans le roman et lui demandait de l'aider à trouver une situation dans les journaux. »

Je laisse passer un moment, avant de dire à mon interlocuteur :

« Jean Cocteau est formel. Il assure que si Radiguet avait eu un enfant, il en aurait été tellement fier qu'il l'aurait dit à tout

1. Maurice Martin du Gard, l'auteur des *Mémorables*, ami de Radiguet et de Cocteau.

le monde. Or, il n'en a jamais parlé... Qu'est-ce que cela vous inspire ? »

Il ne répond pas tout de suite mais, après s'être extrait lentement et difficilement de son siège, me tend la main et dit, en haussant les épaules :

« Après tout, ça m'est bien égal, vous savez, d'être ou non le fils de Radiguet. »

Un métier d'avenir : fossoyeur de presse

J'ai reçu ce malheureux garçon dans mon bureau, au cinquième étage du 37 rue du Louvre, où *Paris-Presse* a pris la succession du défunt quotidien communiste *Ce Soir*. Il semble que ma carrière dans le journalisme obéisse à une amusante fatalité. Après mes premiers pas dans *Le Monde*, je travaille exclusivement pour des journaux qui perdent de l'argent.

C'est une façon de vivre comme une autre et il n'y a aucune raison d'en éprouver une quelconque mélancolie, car les hommes qui dirigent ce genre d'entreprise donnent le bon exemple et créent autour d'eux une chaude et vive émulation. En effet, ils roulent dans de belles voitures avec chauffeur, fréquentent les meilleurs restaurants, se font habiller par d'excellents faiseurs, vont en week-end ou en vacances à Deauville, Cannes ou Megève, jouent volontiers au golf en semaine, entretiennent, à l'occasion, d'appétissantes maîtresses et ont un moral bronzé, en toutes circonstances, quelle que soit la courbe des ventes, qu'un sort taquin aspire en permanence vers le bas. Le patron de presse qui a eu le flair de se spécialiser dans le journalisme déficitaire est assuré de trouver toujours un emploi.

Il est tellement apprécié, dans la profession, que dès que son journal meurt, au bout d'une longue et paisible agonie, on se l'arrache aussitôt, afin qu'il coule, de tout son savoir-faire, une publication existante, ou bien une autre sur le point de naître.

Les employés de ce secteur dynamique ne sont pas, il est vrai, toujours soumis au même traitement royal que leur patron. À *Combat*, par exemple, où je regretterai toute ma vie de ne pas avoir eu l'opportunité de parfaire mon expérience, M. Smadja, le mandarin merveilleux de la rue du Croissant, ne paie que sous la contrainte – un revolver sur la tempe, un cocktail Molotov au bout d'un bras, une démission collective –, bref, quelque chose d'argumenté. Faut-il encore se méfier. Le journaliste candide qui, après un début de strangulation, lui arrache, un vendredi soir, pour être présenté le lundi, un bon de caisse, soldant un dixième de l'arriéré, va au-devant d'une surprise. Après avoir examiné soigneusement le papier, le caissier le lui rendra : « Désolé, c'est bien la signature de M. Smadja, mais il n'a pas mis le signe, indiquant que je devais payer. »

Et, bien entendu, M. Smadja est, entre-temps, parti pour la Tunisie et on ne sait quand il en reviendra.

Personnellement, je ne me suis jamais plaint de rien, appartenant de naissance – je n'y peux rien – à cette catégorie d'attardés non syndiqués qui iraient même jusqu'à payer, pour apprendre un métier qu'on aime et aussi merveilleux que le journalisme. À tel point que les largesses de Marcel Dassault, dans un *Jours de France* qui va lui coûter une fortune pendant des années, m'ont paru aussi funambulesques que l'histoire de la citrouille transformée en carrosse.

Quand j'ai quitté ce conte de fées tordu pour faire le tour du monde, je me suis dit, à mon retour que jamais je ne retrouverais un pareil scénario.

J'ignorais qu'il y a encore mieux qu'un journal qui perd de l'argent : c'est un journal qui n'existe pas.

Lorsque Jean-François Devay m'appelle auprès de lui, dans l'immeuble de *Paris-Match*, rue Pierre-Charron, où je vais retrouver mon titre et un très confortable salaire, je m'attends, le connaissant, à travailler comme une bête, jusqu'à tard dans la nuit, sans week-ends ni vacances, ce qui est la moindre des choses quand on s'apprête à lancer un magazine.

La tête de Rainier et les nattes de Sheila

Le nôtre se nomme *Télé 7 Jours*. Il est piloté par Hervé Mille que Devay a séduit et réciproquement. Seulement voilà, les jours filent et nous attendons toujours le feu vert de Jean Prouvost. Les maquettes sont prêtes mais rien ne se passe. Un rythme de travail s'instaure...

J'arrive au bureau vers 11 heures 30. Devay, Christian Bretagne, René-Jean Ottoni et moi-même tenons notre conférence quotidienne qui s'ouvre chaque fois sur la même interrogation : « Du nouveau ? » et se referme sur un « Non, toujours rien ».

Après quoi, nous redescendons l'escalier et allons, juste à côté, au siège de l'American Legion dont le bar, bien fourni, offre une distraction unique à Paris : une machine à sous. Nous faisons quelques parties, tout en sifflant un verre ou deux. Notre journée de travail se termine à l'heure du déjeuner où chacun s'en va de son côté.

Je partage mes après-midi entre la séance de quatre heures dans quelque cinéma des Champs-Élysées et les courses à Auteuil ou Longchamp, jusqu'au jour où la cloche sonne la fin de la récréation. Je me retrouve avec Devay et Bretagne à *Paris-Presse* où, deux ans plus tôt, j'avais été engagé d'amusante façon pour faire le « Journal des journaux », aux côtés de Gilbert Guilleminault.

Aujourd'hui, la route qui conduit au journalisme est pavée de diplômes. C'est comme au salon de l'Agriculture, on n'a de considération qu'envers les bêtes primées. Le parchemin d'une École de journalisme, bien cotée, est l'équivalent de la petite plaque bleue et or qu'on accroche dans les étables bien fréquentées.

Au milieu des années 50, on se fiche complètement du CV du candidat, sorti de nulle part, qui pointe son museau dans une salle de rédaction et demande : « Vous n'auriez pas du travail pour moi ? » On lui dit : « Asseyez-vous là. Vous voyez cette photo ? Vous me faites une légende de quatre lignes de quarante-deux signes, au carré, et, après, on verra. »

Cette pratique n'est pas sans rappeler, je l'avoue, la technique de « l'abattage » chez les filles de joie. Je me souviens notamment d'une matinée à *Jours de France* où, ayant recruté des rewriters, par voie de presse, je me suis retrouvé avec une vingtaine de candidats se succédant à un coin de table où les attendaient la tête de Rainier ou les nattes de Sheila, censées faire jaillir l'inspiration de leur stylo en moins de cinq minutes. Coup d'œil à la copie… Désolé, ça ne va pas. Au suivant !

De nos jours, on qualifierait ce jeu de massacre d'écœurant.

Et d'injuste, ce qui n'est pas tout à fait inexact car ce matin-là, j'ai déclaré inapte au service un jeune homme dont le nom figure, à présent, en bonne place dans l'équipe dirigeante d'un des plus grands *news magazines*. Il parle plus qu'il n'écrit mais fait les deux, avec un talent assez éblouissant. Il n'empêche, mon cher Pierre, que ce jour-là, ta légende ne valait pas tripette.

Ces mauvaises manières devaient tout de même avoir du bon puisqu'elles ont permis de remonter dans les filets bon nombre des meilleurs rewriters de l'époque, d'Antoine Blondin à François Brigneau, d'Albert Vidalie à Louis Sapin ou de Christian Plume à Yves Salgues. Je serais, de toute façon, mal placé pour me plaindre de cette méthode de recrutement puisque, soumis moi aussi à la « question », j'ai pu ainsi faire mon premier passage à *Paris-Presse*.

« Vu la longueur de votre article, vous êtes engagé à mi-temps »

En 1956, ce journal, sur le point de déménager, est encore rue du Croissant. Je n'y connais personne jusqu'au jour où je reçois une convocation de Gilbert Guilleminault, qui me dit avoir lu mes derniers articles. Pour une fois, ce n'est pas Roger Nimier qui m'ouvre les portes.

On m'introduit dans un bureau miteux où, derrière une longue table, quatre hommes sont assis, comme au tribunal. À tour de rôle, ils marmonnent leur nom. Max Corre... Un costaud dans la lignée de Gary Cooper mais avec, à la place du regard myosotis-tendre, une pointe de lame bleu-acier à vous découper en tranches... Bill Higgins... Un dandy ténébreux... Philippe de Baleine... Un chat de grande race, qui s'appellerait Aramis... Gilbert Guilleminault... Dans un film américain, il porterait la visière et le ruban sur les manches du chef des informations.

Si je comprends bien, ils projettent de relancer le vieux *Je sais tout*, de Bunau-Varilla. Ils savent tout mais moi je n'en sais pas plus. J'ignore même dans quel but j'ai été convoqué. L'entretien sera bref.

— Vous avez une opinion sur Picasso ? demande Max Corre.

— Non, lui dis-je.

— Il y a une exposition. Faites un feuillet et apportez-le demain. Au revoir…

Le lendemain, je demande à voir Max Corre qui me reçoit cinq minutes plus tard, lui tends une feuille de papier sur laquelle j'ai écrit, en tout et pour tout, six lignes. Le reste est encore dans mon stylo.

— C'est tout ? dit-il.

— J'ai pensé que cela suffirait. On m'a toujours dit que le lecteur ne va jamais au-delà du premier paragraphe.

Après avoir lu, il plie le papier en quatre, le met dans sa poche et me lance d'un air goguenard :

— Bon, vous êtes engagé.

Et il ajoute :

— À mi-temps, vu la longueur de votre article.

C'est ainsi que je me retrouve au Journal des journaux, le projet de *Je sais tout* étant tombé, entre-temps, à l'eau. Le service de Guilleminault que, par la suite, je vais remplacer est un tout petit empire dans l'empire. Je resterai donc assez en marge de la vie du quotidien dont on dit qu'il est « le plus brillant » de la presse parisienne.

Après une année sabbatique que j'emploierai à faire le tour du monde sur un yacht, ce sera différent. *Paris-Presse*, où je serai bientôt rédacteur en chef adjoint, chargé de la partie magazine, deviendra toute ma vie et le restera, jusqu'à sa disparition.

BRÈVE DE PARIS

Une trentaine de rats, dans la vitrine du Renard blanc, *sont pendus par la queue, accrochés à leurs pièges. Il est indiqué dans le catalogue de la maison que le piège* La souricière parisienne en cristal *est « d'une propreté parfaite tout en restant coquette ».*

Le petit monsieur, aux cheveux blancs soigneusement séparés par une raie, semble éprouver pour ses bestioles cette fraternelle complicité qui se crée entre les vieux ennemis.

Dans sa boutique, inchangée depuis sa création en 1872, Monsieur Louis veille sur son trésor à longue queue dont l'étalage épouvante les passants de la petite rue des Halles. Il est très fier de leur origine : ces surmulots, gros comme des chats, sont tous, sans exception, du quartier. Ils ont été attrapés dans les caves des Halles par les pièges de M. Aurouze père, qui ont valu à la maison des médailles d'or à Paris, à Liège, et même à Chicago. La production s'en poursuit, offrant des modèles de toutes les tailles et de tous genres, depuis la petite tapette à souris jusqu'au piège à tigre – « surtout acheté par les colons d'Indochine » – en passant par le « zigouil taupe » et les pièges pour belettes, hermines, putois, blaireaux, campagnols, buses, milans ou autours.

Personne ne s'est encore amusé à compter un par un les rats qui fréquentent les pavillons Baltard et les sous-sols des cafés-restaurants du coin, mais on parle d'une population en pleine santé, dépassant le million. Inlassablement, M. Aurouze monte la garde, ne se faisant pas prier pour raconter comment les rats ont provoqué des inondations à la gare Saint-Lazare, en dévorant les tuyaux de canalisation. Les jolies femmes en vison qui vont manger, les pieds dans la sciure, une gratinée à l'oignon au Pied de cochon, *sous le regard mi-goguenard mi-intéressé des bouchers à petite casquette blanche et tablier éclaboussé de sang, tomberaient en syncope si, d'aventure, elles voyaient débouler dans la salle une escouade de « gaspards » aux yeux rouges. Par miracle, ils n'ont jamais commis pareille faute de goût.*

La chose, en revanche, est arrivée, il n'y a pas si longtemps, chez Maxim's *où Bocuse et son ami Troisgros, participant avec d'autres jeunes cuisiniers, à une chasse aux rats dans les coulisses, en ont malencontreusement fait fuir un vers la salle. Intimidé par tant de beau linge, celui-ci, Dieu merci, a rebroussé son chemin au tout dernier moment.*

De toute façon, menacés par le circuit court de distribution, les Halles de Paris n'ont plus que quelques années à vivre. Dès 1953, on a commencé de mettre en place un réseau de 26 Marchés d'intérêt national et, en 1959, le transfert de toutes les activités des Halles de Baltard à été officiellement décidé.

Les rats suivront-ils les cageots de choux et les meules de gruyère ? Au Grand Comptoir, *où le père La Souris, roi des bonimenteurs, trinque avec les aristos des Halles que sont les mareyeurs et les « Beurre et œufs », chez* Monteil, *où Jeanne Moreau, Marcel Aymé, Jean Gabin ou Antoine Blondin savourent la quenelle de brochet maison, au* Cochon d'or *comme au* Bougnat blanc, *au* Père Tranquille *comme au* Chou vert, *on en discute, entre calva et blanc-cass', cognac et champagne et les paris restent ouverts.*

Il n'y a qu'à La Maison rouge, *rue Mondétour, qu'on s'en bat franchement l'œil, du futur des rats. La clientèle s'y fait plutôt du souci pour son propre avenir. Les clochards qui viennent ici se nourrir d'une soupe, pour quelques francs, se demandent ce qu'ils vont devenir, dans ce grand chambardement.*

CHAPITRE 38

PIERRE LAZAREFF, GAULLISTE INSTANTANÉ

« Quand le soleil se leva, ce matin-là... » lit-il à haute et forte voix, pour être entendu jusqu'au fin fond de la salle de rédaction. Puis, le visage rouge comme une tomate, Max Corre se met à hurler : « Quel est le con qui a écrit cette idiotie ? Ça n'est pas une info ! L'info, ça serait : le soleil ne s'est pas levé, ce matin-là... »

Max, ayant décidé que Paris avait deux mille ans, il a été demandé un grand article, sur une page du journal, au charmant historien Alain Decaux. Le « con », c'est lui, le futur académicien. Max Corre, ancien patron de *Samedi-Soir* – grand hebdo populaire mais non populacier –, a été placé, au début des années 50, par Hachette et Pierre Lazareff à la tête de *Paris-Presse*. Il porte beau la quarantaine dans un complet de flanelle grise, cravate noire sur chemise bleue. C'est un extraordinaire tombeur. De femmes, peut-être, sans doute, mais ce n'est pas notre affaire. Ce lutteur, qui pourrait défoncer une chaise avec son poing, tombe tout ce qui bouge autour de lui. Il sait aussi bien vous terroriser que, l'instant d'après, vous faire chavirer, dans l'éclair d'un regard d'ange. Qu'on l'aime ou qu'on se défie de lui, on se laisse avaler tout cru, comme la souris fascinée par le cobra.

Si l'on rend ainsi les armes, c'est pour deux raisons. La première est le magnétisme que dégage sa présence physique ; la seconde, la phénoménale pulsion journalistique qui l'anime en permanence.

« Il y a trois personnes que vous ne devez laisser échapper à aucun prix, quand vous lancerez un magazine, c'est Max Corre, Françoise Giroud et Raymond Cartier », avait dit à Pierre Lazareff le bon génie de Jean Prouvost au *Paris-Soir* d'avant guerre, Hervé Mille.

Pierre et Max : on ne peut rêver hommes plus dissemblables. L'un a l'air d'un petit rongeur, l'autre, d'un lion. Mais le feu qui les brûle est le même et, aussi, en apparence, leur conception du journalisme. Quelque chose d'important, toutefois, les sépare : la guerre. Le premier a été le plus grand journaliste d'avant-guerre. Le second voudrait être celui d'après-guerre. Deux sensibilités, deux planètes.

Pierre Lazareff a toujours voulu écrire. Pendant la guerre de 14, il barbouillait des poèmes à la gloire du « poilu » et jouait déjà au reporter, à 10 ans, dans le *Journal des Bibis*, son « canard » de l'école communale [1]. À 14 ans, il avait signé sa première interview dans un « vrai » journal d'actualité théâtrale, *La Rampe*, et depuis lors, cette rampe, il s'y est accroché avec passion, écrivant des articles rageurs et même surprenants, comme celui que j'ai retrouvé, par hasard, dans un numéro jauni d'*Illusions*, du 13 novembre 1924 : une charge – éléphantesque – contre Jean Cocteau, « ou les méfaits de l'intelligence [2] » qui ne retira d'ailleurs aucunement l'envie, douze ans plus tard, à Lazareff de l'expédier, pour *Paris-Soir*, faire un coûteux *Tour du monde en 80 jours*, ni à l'intéressé d'accepter avec empressement.

Sous son inspiration, le *Paris-Soir* des années 30 a été, précisément, le carrefour des belles signatures, de Cendrars à Kessel, d'Henri de Monfreid aux frères Tharaud, de Colette à

---

1. On lira avec grand intérêt la monumentale biographie, par Yves Courrière : *Pierre Lazareff* (Gallimard).

2. Il y disait, par exemple : « Cocteau a tant désiré être un Maître, qu'il ne fut qu'un petit maître, pas même un maître des cérémonies... Jean Cocteau est, même auprès des ennemis de sa caste, considéré comme une personne inviolable (et pourtant...)... Autour de lui, il a rendu l'atmosphère irrespirable. Seuls les gens aux organes atrophiés peuvent vivre là. Qu'un génie s'y égare, il ne tardera pas à mourir... Les écrits de Cocteau n'ont plus aucune importance. » Et enfin : « Je conçus l'idée de faire un jour ce papier pour crier mon dégoût. »

Saint-Exupéry, brillants journalistes-écrivains ou écrivains-journalistes que lui-même aurait rêvé d'être.

Lazareff a, bien entendu, compris le pouvoir de l'image mais, pour cet amoureux du mot, la noblesse du journalisme résidait encore dans l'écrit. Hervé Mille le savait bien quand, en 1938, il lança, pour Jean Prouvost, *Match*, *le* magazine moderne de l'actualité *montrée* et non plus seulement décrite[1]. Pour les débuts, Pierre apporta son concours mais c'est Hervé qui pilota l'opération, multipliant les succès jusqu'à atteindre, au printemps 1940, le chiffre mirobolant de 1 800 000 exemplaires.

« Une question ? », « Oui, moi… », « Vous êtes viré »

Quand, au lendemain, de la Libération, Lazareff va s'imposer à *France-Soir* « Défense de la France », c'est, bien sûr, pour recommencer *Paris-Soir*. Les journalistes le savent bien : tout au long d'une carrière, c'est le même journal que l'on fait et refait. Il y a toujours en lui un Rouletabille qui n'est pas prêt à dételer[2]. À l'opposé, Max Corre n'a pas de plume rentrée qui pourrait chatouiller son égo. Il serait bien libre de tartiner des éditoriaux et laisser tomber sur terre des points de vue de Sirius mais, apparemment, la chose ne le démange guère. D'ailleurs, a-t-il jamais écrit ? Si oui, on ne peut l'accuser d'en faire étalage.

Quoi qu'il en soit, s'il accorde à l'écrit toute sa place, ce n'est pas dans la même perspective que Lazareff.

Pierre a passé les années de guerre aux États-Unis, Max est

1. *Match* est né, en fait, du succès de *Life*. Dans le domaine du journalisme, comme dans bien d'autres, nous n'avons jamais cessé d'imiter les Anglo-Saxons.

2. À titre tout à fait exceptionnel, il prendra la plume pour publier en mars 1956 dans *France-Soir* un grand reportage, signé en énormes caractères « de notre envoyé spécial, Pierre Lazareff », sur le drame algérien, qui sera un constat d'une parfaite lucidité et d'une totale impartialité. Il s'exprimera, à nouveau, l'année suivante pour s'élever contre la torture en Algérie, dans le cadre de l'affaire Djamila, la jeune militante du FLN, condamnée à mort. Mais ce sera à peu près tout.

resté en France et c'est pourtant lui qui est le plus marqué par l'influence anglo-saxonne, en particulier anglaise. Le quotidien londonien *Daily Express* est un peu sa bible.

Quand il confie, en 1957, la direction technique de *Paris-Presse* à Guy Letellier, depuis plusieurs années dans la maison, sa première phrase est pour dire : « Le tireur de barres, je n'en veux pas [1]. »

Guy Letellier... Encore une bête de race dans la fauverie. Il a quitté *Combat* en 1951, parce qu'un jour Smadja, ayant demandé, à la fin d'une conférence de rédaction : « Personne n'a de question à poser ? », le jeune homme a levé la main et dit : « Oui, moi. Pourriez-vous nous dire, Monsieur Smadja, quand nous serons payés ? » « Vous allez l'être tout de suite, Monsieur Letellier, a répondu le patron de *Combat*. Vous êtes viré ! »

Compétent à l'extrême, aussi exigeant avec lui-même qu'avec les autres, semant la terreur parmi les doux flemmards égarés dans le métier, vivant avec son journal une liaison brûlante vingt-quatre heures sur vingt-quatre, il sera jusqu'au bout sur le pont du *Titanic* du 37 rue du Louvre, avant de plonger dans le guêpier de *France-Soir*, pour devenir plus tard un des directeurs et hommes de confiance de Robert Hersant.

Max Corre n'a pas besoin de lui expliquer deux fois sa conception de la presse. Tous deux sont en phase parfaite, depuis que Max, son éternelle cigarette au coin de la bouche – il parle dans sa cigarette qui fait des étincelles et couvre son veston de cendres –, a étalé la maquette du jour par terre, s'est mis debout sur une chaise et a regardé un moment, en fermant un œil, la photo non agrandie prévue pour la une. Il est redescendu et a tendu à Letellier la photo pliée en lui disant : « Tu agrandis cette partie-là et la mets sur six colonnes, en grossissant le titre. »

Max est un gestuel, un violent. Une « une », ça doit claquer. Il faut montrer grand et écrire gros pour qu'on voie l'actualité. Sans disposer des moyens techniques qui rendront, plus tard, pareille gymnastique inutile, il visualise d'un simple coup d'œil

---

1. Allusion aux maquettistes qui se contentent de mettre en pages les articles en « tirant des barres » au lieu de rechercher « l'effet ».

le journal tel qu'il sortira deux heures plus tard des rotatives. Il a une conception *grandiose* du quotidien que Lazareff ne ressent pas de la même façon. Cette méthode, il a commencé à l'imposer à *Samedi-Soir*. Lors de la catastrophe du barrage de Malpasset, il a balancé la « une » qui avait été préparée pour mettre la photo « pleine page », ce qui, à l'époque, ne se faisait pas. À *Paris-Presse*, chaque matin, toutes les maquettes du journal sont affichées dans la salle de rédaction. Letellier et ses assistants travaillent au milieu des rédacteurs. Pas de secteur « protégé » pour le service de la mise en pages, comme c'est généralement le cas. Tout le monde doit comprendre qu'il y a une seule marmite où faire bouillir le journal. Chacun, s'il le désire, peut donner son avis sur la « une ». Il suffit de jeter un coup d'œil sur le mur ou par dessus l'épaule de Letellier. C'est ainsi que, pendant le putsch à Alger, je ferai changer la manchette à la dernière minute, bien que la politique ne soit pas de mon ressort. Je venais de lire, par hasard, une courte dépêche de l'AFP apprenant que la Marine, en Algérie, ne suivait pas les putschistes. Les conséquences en étaient très limitées mais il fallait compter, me semblait-il, avec la force symbolique, dans l'opinion, du mot : *la Marine*.

J'ai appris, plus tard, que l'Élysée avait apprécié la « une » de *Paris-Presse*, ce jour-là : *LA MARINE S'OPPOSE AU PUTSCH*. À noter que nous passons, dans la France entière, pour le seul – ou presque – journal gaulliste. Sauf à l'Élysée…

De Gaulle épouse Bardot

Max a également l'idée, très tôt, de faire une dernière page tout en photos, avant d'instituer, à l'intérieur, sur le modèle du *Daily Express*, une « photo parlante », sur toute la largeur, qui deviendra l'un des piliers du journal.

Il n'assiste pas à la première conférence de rédaction qui se tient le matin, à 7 heures 30, mais il téléphone de chez lui : « Le titre de une ? » S'il n'y a rien de bien flambant, il dit : « Ah oui, je vois… De Gaulle épouse Bardot… Et c'est tout ? » Dans sa bouche, cela veut dire : « Bougez-vous, les enfants. Dépassez-vous ! »

Quand le légendaire pilote d'essai du « Mystère », Kostya Rozanov, se tue en vol, Max pousse une terrible gueulante : « Quoi ! Vous n'avez pas de photo de la famille ? *Match* passera tout dans quatre jours et vous, rien. C'est inadmissible. » À la conférence de l'après-midi, il y aura Marcel Dassault qui a racheté 40 % de *Paris-Presse* à Hachette. Max remet cela, devant lui, à propos de la famille Rozanov, qui ne veut pas se laisser photographier.

Alors, s'élève la voix nasillarde de Dassault : « Ben quoi... On peut toujours faire quelque chose dans ces cas-là, y a qu'à leur donner des images... » dit-il, en se frottant le pouce sur l'index.

La présence de Dassault augure toujours de grands bonheurs. Un jour qu'on annonce devant lui de très mauvais résultats de vente, il prend la parole pour dire : « C'est très simple. Y a qu'à pas imprimer les invendus » Une profonde vérité sur laquelle les éditeurs feraient bien de méditer.

Au cours de ces conférences, Max écoute beaucoup et parle peu mais, quand c'est le cas, cela part comme une volée de flèches.

À un moment où il n'est plus question, dans la presse, que de l'explosif Drugbert, le patron des bouchers, un grand article est prévu, avec en titre : *LES BOUCHERS NE GAGNENT PAS LEUR VIE*.

« C'est tout ce que vous avez là-dessus ? Il faut vérifier », intervient Max. « On ne fait que ça, mais ce n'est pas facile d'y voir clair. » « Vous n'avez qu'à acheter un bœuf. » Long silence dans les rangs de la rédaction. « Oui, poursuit-il, vous achetez un bœuf et vous le faites découper. Ensuite, vous comparerez les prix. »

Il se trouve que Maurice Bernardet, qui va devenir le grand spécialiste des courses hippiques, a un père boucher à Montreuil et que Letellier, qui a été dans sa jeunesse comptable chez un marchand de porc, parle couramment louchébem, l'argot des bouchers. Victor Franco, jeune reporter, est envoyé au charbon et, quatre jours plus tard, l'affaire est bouclée. Maurice Siegel, chef du service photos et futur patron d'Europe 1, a les photos de toutes les pièces du bœuf découpées, avec les prix relevés chez le père de Bernardet.

« Vous voyez, commente Max Corre, que ce n'était pas difficile. »

Il ne tient jamais de discours sur sa *philosophie* de la presse qui, d'ailleurs, se résume à quelques mots, dont on ferait bien de s'inspirer encore aujourd'hui : « Un journal est fait par des gens qui ont envie d'être lus et pas seulement imprimés. »

Sa philosophie, disons plutôt sa doctrine, il l'exprime par des formules à l'emporte-pièce, voire des diktats.

S'il remarque, par exemple, un point d'exclamation au bout d'un titre, il ordonne : « Supprimez ça. Les journalistes ne *s'exclament* pas. » Toujours dans un titre, les deux points sont interdits : « PMF : démission ? » Aussitôt, à la poubelle pour être remplacé par : « PMF menace de démissionner. »

Si ce n'est que Mendès France proteste chaque fois auprès de Lazareff quand on imprime « PMF » ou, pire – pour les raisons qu'on imagine – « Mendès ». Ce qui fait dire au patron de *France-Soir* : « Les maquettistes préfèrent Laniel, parce que lui, au moins, il rentre. »

Tout ce qui ressemble à une table des matières, en première page, est banni, ainsi que les titres-couvercle, genre *La Vie parisienne* ou *Le Fait politique*. « Ça ne sert à rien, dit-il. On va droit au fait. »

Le fait, quelquefois, est brutal. Voyant la manchette prévue, ce jour-là, sur une brusque montée des eaux à Strasbourg, il bondit : « C'est idiot. À Strasbourg, ils le savent et à Paris, où est notre vente, ils s'en foutent. Tant que ce n'est pas une catastrophe nationale, on laisse cela aux informations générales. »

On se remémore, au journal, avec délectation, certaines manchettes « historiques » pondues en l'absence de Max, avant qu'il n'ait promu Pierre Charpy et Jacques Imbert à la rédaction en chef. Comme, par exemple, *DRAME DE LA MER EN ATLANTIQUE* ou, un 15 août, *PARIS AU POINT CULMINANT DU VIDE*...

Le merveilleux petit canard boite

Tous les jours, Pierre Lazareff se fait porter à *France-Soir* la morasse de la première page de *Paris-Presse*. « Voilà ce qu'il faut faire », dit-il.

Il est à peu près le seul à le penser car rue Réaumur, à part lui et Sam Cohen, co-directeur de la rédaction et gaulliste fervent [1], on ne porte pas dans son cœur le petit frère de la rue du Louvre.

Jusqu'au retour du général de Gaulle aux affaires, Lazareff, comme la plupart des Français qui s'étaient réfugiés aux États-Unis, a été à fond contre lui. Son anti-gaullisme « viscéral » n'avait d'égal que son anticommunisme. Proche des socialistes, style IVe République, et grand ami de la famille Auriol, il ne s'était fait une raison de la présence d'un journal « de droite » dans son groupe de presse que pour des motifs de stratégie – mieux valait occuper soi-même la place – et parce que telle était la volonté des dirigeants d'Hachette.

Il n'empêche que, sur la fin de la IVe République, si l'on évoquait devant lui le sempiternel recours à de Gaulle, il piquait des colères noires : « Si cet homme revient, bégayait-il, je ne sais pas ce que je ferai... Je ne sais pas ce que je ferai [2]... »

« L'homme » est revenu et, le 19 mai 1958, alors que le Général vient de se dire prêt à assumer ses responsabilités, Lazareff, devant un Charles Gombault livide, prononce ces paroles extraordinaires : « Messieurs, à partir de cet instant, je vous annonce que je suis devenu gaulliste... »

Touché subitement par la grâce divine ? Non, pas vraiment, mais il est réaliste et le président de la librairie Hachette, Robert Meunier du Houssoy, qui tient les cordons de la bourse, lui a conseillé, quelques instants plus tôt, de rester bien sage.

Dans ces conditions, le gaullisme de *Paris-Presse* ne peut que recueillir sa bénédiction.

Il en va tout autrement de Charles Gombault, son vieux compagnon, et presque frère, de *Paris-Soir*, dont il a fait, avec un soin prudent, le codirecteur – et non pas le directeur – de la rédaction de *France-Soir*, à égalité avec Sam Cohen, dont

1. Il ne mélange, toutefois, pas ses opinions et la conduite du journal. Seule l'intéresse l'information.

2. Jean-Claude Lamy, *Pierre Lazareff à la une* (Stock).

les opinions politiques vont à l'opposé. L'expression « gauche caviar » n'étant pas encore en usage, on peut dire de Gombault qu'il appartient à la « gauche petits fours ». Son socialisme de salon se nourrit néanmoins d'une haine féroce pour la droite et, plus encore, pour le personnage du général de Gaulle, un « dictateur » s'il en est.

Depuis que *Paris-Presse* est tombé dans le giron d'Hachette, Charles Gombault et son père, Georges, éditorialiste politique à *France-Soir*, ne digèrent pas la présence de cet organe « réactionnaire ». Adjoint et ami de Charles Gombault, Robert Villers – une main de fer dans un gant d'acier – partage leur répulsion. Bref, avant comme après de Gaulle, Max Corre et son équipe n'ont pas la cote – c'est le moins qu'on puisse dire – à la rédaction de la rue Réaumur ni dans les couloirs.

À cet urticaire de nature politique, s'ajoute le mépris du fort envers le faible. *Paris-Presse* est un merveilleux petit canard mais il faut reconnaître qu'il boite. Quand, pendant seize ans, le grand *France-Soir* s'attachera quotidiennement plus d'un million de fidèles, avec des pointes à près de deux millions, recrutés aussi bien à la sortie de chez Renault que dans les bureaux des patrons et des hauts fonctionnaires, *Paris-Presse* sautillera autour de plus ou moins 80 000 exemplaires, vendus pour la plupart à Paris et dans sa banlieue. Présent sur 40 000 points de vente, *Paris-Presse* se cuisine un « bouillon » qui le condamne à terme. Il ne survit que par le fait du prince Hachette, qui conserve cette flèche stratégique dans son carquois politique.

★

Malgré cette tare congénitale, malgré l'accouplement hybride que constitue un service des ventes commun aux deux titres et malgré l'hostilité, plus ou moins active, de la rue Réaumur, c'est le caneton qui, en quelques occasions, montre au canard comment battre des ailes et jamais l'inverse. Quand Pierre Lazareff, devant la morasse de *Paris-Presse*, dit : « Il faut faire comme cela », il rend hommage à la vision de Max Corre qui a compris, mieux que tout autre, qu'il faut écrire gros pour qu'on voie l'actualité et qui sait tirer des effets spectaculaires du mariage de la photo et du texte. Lazareff, au départ, n'a pas une conception aussi grandiose. Il l'aura, mais bien que cela n'ait jamais été admis rue Réaumur, si ce n'est par Lazareff lui-même, *Paris-Presse* aura été pour le lourd cuirassé *France-Soir* une formidable vedette lance-torpilles.

Plus une superbe machine à fabriquer le talent. Pierre Charpy, son capitaine, est une montagne de muscles, d'intelligence et d'humanité. Cet ancien khâgneux, joueur de rugby, amateur en bon Lyonnais de tout ce qui se mange et se boit, a un flair politique extraordinaire. Quand nous misons sur les futurs résultats d'une élection quelconque, c'est toujours lui, qui, à la décimale près, empoche les mises.

Rédacteur en chef, après avoir été chef du service de politique intérieure, je le vois avec admiration diriger, de ses larges et habiles battoirs, notre frêle bâtiment entre les récifs d'une actualité à haute tension qui risque d'être mortelle à *Paris-Presse*.

Le mystère de Paris-Presse

Un journal de « droite », après mai 58, qu'est-ce que cela veut dire ? La politique algérienne du général de Gaulle divise la France en deux blocs et nous vivons le paradoxe d'avoir deux clientèles, dressées l'une contre l'autre, pour le même journal. *France-Soir* se tire de ce mauvais pas en mettant l'accent sur l'information plutôt que sur le commentaire et, en outre, une partie non négligeable de sa clientèle l'a toujours acheté pour « Les Potins de la Commère », les fameuses bandes dessinées verticales de Paul Gordeaux – *Les Amours célèbres* et *Le crime ne paie pas* –, les faits divers, les petites annonces, les grands feuilletons, l'horoscope, le jeu des « 7 erreurs » ou encore les brillants reportages d'un Lucien Bodard, d'un Jacques Chapus, d'un Michel Gordey et, plus tard, d'un Philippe Labro. Autant d'armes de vente que nous n'avons pas et, de même qu'il nous a fallu nous débrouiller, coincés entre nos publics avec Massu, la « gégène », le manifeste des « 121 », les accords d'Évian, les barricades à Alger, il nous faudra faire avec le « Je vous ai compris », le putsch des généraux, les attentats de l'OAS, la fusillade de la rue d'Isly, l'exode des pieds-noirs, le massacre des harkis, les coups de main des « barbouzes », les procès des chefs OAS, l'attentat du Petit-Clamart et combien d'autres drames qui jetteront les uns contre les autres nos lecteurs gaullistes et anti-gaullistes.

Certes, il nous en faudrait davantage, mais ceux que nous avons, nous réussissons, en dépit de tout, à les garder. La raison de ce mystère est que *Paris-Presse*, malgré son manque de moyens, est un bon, un très bon journal où le talent abonde. Pierre Charpy a su s'entourer d'une équipe solide et, à une exception près [1], d'une fidélité à toute épreuve.

Avec Letellier à la technique, et Jacques Imbert, dont l'efficacité n'a d'égale que sa souriante courtoisie, aux informations générales, la rédaction en chef est soudée dans une confiance et une amitié qui traversent le journal de haut en bas. Un heureux contraste avec tant de salles de rédaction jonchées de longs couteaux et de peaux de banane.

C'est dans cette atmosphère, non point unique – heureusement pour la profession – mais rare, que se sont croisés, se croisent ou se croiseront tant de chevau-légers, de lanciers et de hussards dont la plupart ne disparaîtront pas dans le naufrage de *Paris-Presse* et de son commensal hebdomadaire, *Le Nouveau Candide*, mais au contraire continueront longtemps de faire scintiller leur plume, sous des cieux divers.

Une énumération est bien ennuyeuse. Sauf quand les noms parlent d'eux-mêmes. Sans revenir sur ceux que j'ai cités précédemment, je les jette en vrac, comme le pêcheur qui ouvre ses filets. Françoise Verny, Geneviève Dormann, Georgette Elgey, Juliette Boisrivaud, Claude Le Roux, Odile Grand, Léa Marcou... Philippe de Baleine, Alain de Sédouy, Paul Giannoli, Jacques Faizant, Yvan Audouard, Marcel Haedrich, Henri Marque, Claude Brulé... Albert Vidalie, Louis Pauwels, Merry Bromberger, Pascal Pia, Jean Lartéguy... Jean-Loup Dabadie, Pierre Bénichou, Gilles Perrault, Philippe Diolé,

---

1. L'exception est un journaliste politique très bien introduit dont on apprendra qu'il n'a pas cessé d'alimenter *Le Canard enchaîné* en informations sur son journal et, particulièrement malveillantes, sur le compte de Pierre Charpy dont la seule vengeance sera, d'ailleurs, un haussement d'épaules.

Daniel Morgaine, René Barotte… Jean-François Kahn, Pierre Démeron, François Brigneau, Edgar Schneider, Michel Aubriant, Max Favalleli, François Corre, Jean Vermorel… Et pardon pour les oubliés.

Après la paire de claques, la douche froide

Pierre Lazareff et Max Corre se portent le même type d'affection : une affection acrimonieuse. S'y ajoute, pour le second, le syndrome du vizir qui rêve d'être à la place du Calife.

Cela commence par la Bentley que Max veut absolument avoir, à l'instant où Pierre se met à rouler dans la sienne, et se terminera par une ténébreuse tentative pour exécuter le Calife.

En 1965, tout se déglinguera. Hachette qui avait insisté pour qu'on lançât *Le Nouveau Candide*, afin de soutenir la politique du général de Gaulle, face à *L'Express* et à *France-Observateur* a coupé les vivres l'année précédente et le titre a disparu.

Poussé par son neveu et bientôt successeur, Ithier de Roquemaurel qui, dès le début, avait fait la grimace, le patron d'Hachette, Robert Meunier du Houssoy, bien qu'appréciant la très grande qualité de l'hebdomadaire, a fini par trouver l'aventure trop coûteuse. Malgré les efforts de toute l'équipe, plus aiguillonnée, il est vrai, par Max Corre que par son très urbain et très charmant directeur en titre, Philippe Boegner, les ventes n'ont pas réussi à s'envoler. L'anti-gaullisme est meilleur vendeur que son contraire.

Max a reçu cet échec comme une paire de claques. Il n'avait pas dû, non plus, se sentir d'humeur triomphante quand, le 9 janvier 1959, Lazareff, avec Dumayet, Desgraupes et Barrère, avait inauguré « Cinq Colonnes à la Une », depuis les Buttes-Chaumont. Lui, l'homme de la « photo parlante » qui, en toute logique, aurait dû être le premier à s'engouffrer dans la voie nouvelle du grand reportage en images réelles, restait au bord de la route, les bras ballants, tandis que Pierre, l'homme de l'écrit, lançait des étincelles sur le petit écran.

Après la douche froide de *Candide*, il y aura la douche glacée.

En 1965, *Paris-Presse*, en effet, va cesser d'exister. Enfin, presque. Il entre dans une drôle de maison de retraite où on commence par lui couper un bras et une jambe et où, ensuite, on l'habille d'une jaquette. La « jaquette » est un manteau d'Arlequin. Pour réduire les frais, on conserve à *Paris-Presse* son titre, ainsi que la première et la dernière page, plus la partie magazine et, pour le reste, c'est le *France-Soir* du même jour qui assure le ravitaillement.

Ce mariage de déraison durera, malgré tout, cinq ans, au bout desquels l'un se retrouvera mort et l'autre malade.

Entre-temps, le vizir aurait, paraît-il, essayé de chiper son trône au Calife, en essayant de se concilier les bonnes grâces du marquis de Roquemaurel. Cela au moment où la santé de Lazareff commençait à chanceler (il disparaîtra dans les douleurs atroces d'un cancer, en 1972) et où *France-Soir*, malgré un haut niveau de ventes, se livrait au jeu gaulois des batailles fratricides et des complots mortiféres.

Pour Max, le coup a raté et, d'ailleurs, il donnait depuis un certain temps le sentiment d'être ailleurs.

Et il l'était, en effet.

Un matin, me trouvant avec lui, seul à seul dans l'ascenseur du journal, je lui lance, à brûle-pourpoint : « C'est vrai, Max, que nous sommes foutus ? » « Non, répond-il. Pourquoi dis-tu cela ? » « Eh bien, il paraît que tu t'es mis à jouer au golf... ? »

Mi-furibard, mi-rieur, il me répond : « Tu es con. Vraiment con[1]. »

Quand tout aura sombré, il ne restera plus à Max qu'à aller se refaire une santé dans un autre type de presse et à faire perdre un peu de son argent à Sylvain Floirat, le bon prince d'Europe 1.

« La guerre va éclater et vous me parlez tennis... »

La presse écrite intéresse de moins en moins de monde. D'ailleurs, on annonce régulièrement son inéluctable disparition. C'est possible, je ne sais pas. Il est toutefois quelque

1. Je me permets de conseiller, néanmoins, à toute personne ayant des actions en Bourse, de les vendre aussitôt si elle apprend que le PDG d'un titre coté vient de s'inscrire à un quelconque 18 trous.

chose qui ne peut disparaître. C'est le petit crabe, nommé *passion du journalisme*, qui se loge à l'intérieur de sa bienheureuse victime et lui bouffe les entrailles. Cette passion, dont il est difficile de se faire une idée, en dehors de la profession, est un des visages de la folie.

Je suis donc confiant car la folie, sans laquelle rien de beau ne peut se faire, aura toujours l'avenir pour elle.

Pierre Lazareff, un soir de « Cinq Colonnes à la Une » où sa fidèle Mag Bodard réunissait chez elle, au parc Monceau, des amis, m'a raconté à ce propos une magnifique histoire.

Cela se passait à *Paris-Soir*, quelques jours avant la déclaration de guerre à l'Allemagne nazie, le 3 septembre 1939.

« J'étais dans mon bureau, entouré comme vous l'imaginez et l'oreille tendue à deux téléphones à la fois. Nous étions dans un état de surexcitation incroyable, quand ma secrétaire est entrée, me disant : "J'ai beau lui dire que vous ne pouvez pas le recevoir, il insiste et il paraît qu'il a une grande nouvelle à vous annoncer. Alors, qu'est-ce que je fais ?" Je ne vois pas très bien ce que le spécialiste du tennis à *Paris-Soir* a de si important à nous apprendre, en un moment pareil mais après tout... "Faites-le entrer." Mon gars débarque, les yeux hors de la tête et lance d'une voix de stentor : "Ça y est ! Nous avons gagné !" Je lui demande : "Gagné quoi ?" Il répond que la France vient de se classer en demi-finale, j'ai oublié où. Sidéré, je repose mes récepteurs et lui dis les yeux dans les yeux : "Le monde est en ébullition. Nous attendons d'un moment à l'autre la nouvelle que nous entrons en guerre. Je suis en contact avec toutes les grandes capitales, je n'ai pas fermé l'œil depuis des jours et c'est ça que vous venez m'annoncer : la France a gagné un match de tennis... Est-ce que vous vous rendez bien compte ?" Alors, il m'a regardé, l'air encore plus surpris que je ne l'avais été moi-même et m'a répondu : "Vraiment, je ne vois pas le rapport..." S'il y avait eu une médaille du journalisme, m'a dit alors Pierre Lazareff, il aurait mérité d'être fait Grand Officier. »

BRÈVE DE PARIS

Ça vous dirait d'aller pêcher la truite, de faire une partie de pétanque sous un figuier, de dîner au bord de l'eau et de finir la soirée en dansant la polka, avec Francis Blanche et Jacques Tati ? Et tout cela, à dix minutes de l'Étoile...

Je suis tombé sur Monsieur Jean en allant me balader, au hasard, dans l'île de la Jatte. Un rafiot déglingué, qui s'enfonce doucement dans la Seine, sous le regard indifférent de Neuilly, emportant avec lui ses cheminées d'usine branlantes, ses ateliers d'accessoires automobiles en perdition et ses terrains vagues, envahis par les herbes folles, où de petites communautés de clochards se réchauffent le soir autour de feux qui ne sont pas de joie.

Que diable Monsieur Jean est-il allé faire dans cette galère ? Tout y est à vendre mais personne n'achète, en cette fin des années 50, où Paris, orgueilleuse dans ses murs, ne veut pas voir plus loin que le bout de son nez. Une vieillerie, cette Grande Jatte, *à laquelle Georges Seurat avait consacré trente-huit peintures, il y a près de soixante-quinze ans.*

Mais il y a des amours qui ne se commandent pas. Ancien barman, Provençal au poil noir et à l'œil malin, Monsieur Jean est un mordu de la pêche à la ligne et de la sieste à l'ombre. Il y a peu, il tenait un petit bistrot, de l'autre côté de la Seine, à Neuilly. Un jour, se promenant dans l'île, il a eu un coup au cœur : il venait d'apercevoir, au bord de l'eau, un figuier, un vrai figuier, comme en Provence, offrant à la main de celui qui en voulait de belles grosses figues, prêtes à éclater. Il y avait aussi quatre saules pleureurs, quatre peupliers et un petit caboulot en ruines où les ouvriers du coin – les derniers – venaient prendre leur casse-croûte.

Il a acheté le tout pour une bouchée de pain, installé dans la salle une rangée de casseroles pour les jours de pluie (le toit était une passoire) et a commencé à faire la cuisine pour ses amis, aussi bien médecins que plombiers, uniquement à la commande. Une sorte de club à la bonne franquette où l'on jouait aux boules et dansait au son d'un piano mécanique.

Pour se « délasser », Jean trempait son fil dans l'eau. La première année, il a pris dix-sept truites, à vingt mètres de son caboulot. Il y en avait une qui était énorme : 1 kg 300 ! Un de ses copains a capturé un saumon. Peut-être qu'avec un peu de chance, Monsieur Jean rééditera l'exploit de ce pêcheur qui, dans les années 1900, avait sorti, sous le pont de Neuilly, un esturgeon d'un mètre cinquante de long.

L'autre semaine, deux Américaines ont échoué chez lui, aux Pieds dans l'eau, *alors que la fête battait son plein. En voyant tous ces gens s'amuser, l'une des deux, particulièrement élégante, a dit : « Nous restons », et a ajouté, en désignant l'assemblée : « Je les invite tous. Servez ce que vous avez de meilleur. »*

Jusqu'à 4 heures du matin, ils ont fait la fiesta et quand Monsieur Jean a apporté la note à l'Américaine, qu'il tutoyait déjà, celle-ci a dit :

— 70 000 francs, c'est bien cela ?

— Ah, là, là, je vois… a fait Monsieur Jean. On se prend pour Rockefeller mais on ne peut pas payer.

— Mais, lui a répondu la dame, en éclatant de rire. Je suis Mme Rockefeller.

Et elle a signé un chèque, que Monsieur Jean, d'ailleurs, me montre, encadré. Cette Américaine était la femme de Nelson Rockefeller. Si elle a exprimé sa surprise devant l'addition, c'est que la veille, elle avait dépensé 350 000 francs dans une boîte luxueuse et fort ennuyeuse.

Elle est revenue à la Jatte, avec une journaliste américaine et, de fil en aiguille, le Tout-Paris bon vivant va se mettre les pieds dans l'eau, dans cette île désolée où, pourtant, un jour…

CHAPITRE 39

HEMINGWAY AU BAR DU *RITZ*

« Paris est une odeur. Bandez-moi les yeux et emmenez-moi au café de la place de la Contrescarpe où se retrouvaient les ivrognes du quartier. Trente-cinq ans après, j'ai toujours dans les narines son parfum aigre de mauvais vin et de sciure humide. Emmenez-moi et je vous dirai où nous sommes… Mais comme tout cela est loin… »

Et comme il est las, ce regard étrangement jeune d'adolescent revenu de tout, dans le visage carré et superbement puissant du vieux condottiere, dont les joues et le menton s'enfouissent dans le collier de poil blanc, en forme d'auréole inversée.

★

Le message m'est parvenu la veille : « Si cela vous intéresse de rencontrer Hemingway, retrouvez-nous demain, vers sept heures, au "petit bar", côté Cambon. »

Charles Ritz respecte trop sa clientèle pour avertir les journalistes de l'arrivée d'une célébrité dans le palace de la place Vendôme. S'il rompt avec la règle qu'il s'est imposée, c'est qu'à ses yeux je suis moins un journaliste que le jeune disciple d'une religion dont il m'a ouvert les portes.

Le cigare est l'une des trois grandes passions de ce drôle de petit Suisse aux cheveux ras et lui-même pas plus épais qu'un haricot vert. Moi qui fume les saletés de la Régie, il m'a initié aux voluptés cubaines de la cape lisse et soyeuse, à la richesse de ses couleurs, du jaune mordoré au brun noir, à l'éventail des arômes épicés, fleuris, fruités ou terreux, à la complexité des saveurs, mielleuses, ambrées ou animales et à la variété des tailles et des formes. Charles a racheté à Londres l'une des plus fabuleuses caves de havanes existant au monde, celle de Lord Astor, dont à chacune de nos rencontres, il m'offre un spécimen différent.

Ses Bolivar Coronas Gigantes, ses Hoyo double Corona, ses Punch, ses Monte-Cristo, ont mûri, comme de grands bordeaux, quinze ou vingt ans au moins. Chacun est une œuvre d'art, qu'on se délecte à voir partir en fumée.

Aussi, quand il m'a invité à visiter sa réserve, aménagée dans son appartement privé, je m'attendais à trouver l'héritier d'Oscar Ritz dans un décor somptueux et ses cigares dans une royale nursery où l'humidité bienfaisante, calculée au degré près, arriverait par pipe-line, directement de Londres ou, qui sait même, de La Havane. Au lieu de quoi, j'ai découvert que son appartement consistait en deux chambres de « courrier », dont on avait abattu à moitié la cloison et que, pour tout mobilier, se trouvaient un lit de fer à une place, une table, deux chaises et une armoire en pitchpin. Sur un mur étaient accrochées de longues étagères aux portes coulissantes.

C'était sa fameuse « cave ». Entre les piles de boîtes et les cabinets en bois de cèdre, étaient posés de vulgaires pots de confiture, remplis de flotte.

— Il n'y a rien de mieux comme humidificateur, dit Charles, tout en fourrageant dans une valise qu'il venait de tirer de dessous le lit.

Une seconde plus tard, il en sortit une casquette à bordure rouge, telle qu'en portent les chefs de gare suisses.

Le sol de l'autre pièce était occupé en totalité par sa seconde passion : un réseau de chemin de fer où s'enchevêtraient rails, ponts suspendus, tunnels et aiguillages, dans le paysage, fidèlement reconstitué, de Niederwall, le village de montagne, près des sources du Rhône où son père avait passé sa jeunesse, comme garçon de salle puis sacristain, avant de devenir l'hôtelier le plus célèbre du monde.

Installé au poste de commandement, il sortit un sifflet de sa poche, le porta à sa bouche et le réseau s'ébranla dans un joyeux vacarme. Dès qu'il a cinq minutes de libre, Charles Ritz grimpe jusqu'à sa thurne et se mue en chef de gare de la Confédération helvétique. À un détail près : ce chef de gare-là fait joujou en tirant béatement sur un Presidentes Perfecto.

Sa troisième passion est la pêche sportive. Aux États-Unis, où il a passé plusieurs années, il est devenu une célébrité en inventant un moulinet considéré comme révolutionnaire. De cette passion est née son amitié avec Ernest Hemingway.

Ils ont pêché ensemble, maintes fois, sur le *Pilar*, ancien rafiot de contrebande au temps de la prohibition qu'Hemingway a transformé en yacht de pêche. Ils ont sillonné les eaux des Caraïbes, notamment là où le prix Nobel 1954 a situé l'action du *Vieil Homme et la mer*.

Leur première rencontre date d'il y a plus longtemps et Charles a tout le temps de l'évoquer : « Papa » a fait dire qu'il serait en retard.

« *Papa n'est pas un menteur* »

Le « petit bar » du *Ritz* est le résultat de la jonction d'un morceau de Londres et d'un autre de Manhattan qui, au terme d'une longue dérive, portés par une double vague de Chivas Regal et de Jack Daniel, ont fini par s'échouer rue Cambon. Les correspondants de Reuter et d'Associated Press, les vieux routiers de *Life*, de *Time*, du *Daily Mail* et du *Times*, les diplomates de l'avenue Gabriel et ceux du faubourg Saint-Honoré ont fait de cet abreuvoir d'élite leur parking permanent.

C'est dans ce bar que le héros barbu, en treillis poussiéreux, a fait une entrée martiale, en août 1944. Venu pour libérer Paris à lui tout seul, il a libéré la provision de champagne du *Ritz*. Charles était là, pour l'accueillir. Au-dessus des bulles, ils sont devenus amis.

— Et depuis ce jour-là, il n'a pas bougé du bar, jusqu'à son retour à Cuba ?

— C'est ce qu'ont dit les journaux. On a raconté qu'il avait pris Rambouillet, à la tête d'une bande de FFI dépenaillés qui l'appelaient « Mon général » et qu'avec cet équipage, il a devancé la colonne Leclerc pour entrer le premier dans Paris mais rien de tout cela n'était vrai. Ernie était correspondant de guerre et comme tel n'avait pas le droit de faire la guerre, mais de la raconter. Il a pris, c'est vrai, quelques libertés quand il s'est retrouvé à Rambouillet, à proximité des tanks allemands qui auraient pu isoler la ville et la couper du gros des troupes américaines. Il a mis à profit sa connaissance de la langue française et aussi de la région, qu'il avait jadis parcourue à vélo, pour récolter des renseignements sur les positions de l'ennemi. C'est vrai également qu'il s'est trouvé un moment en avant de la colonne Leclerc, du côté de Saint-Rémy-lès-Chevreuse mais ce n'était pas délibéré et il l'a rejointe, aussitôt, pour foncer vers Châteaufort et Toussus-le-Noble, où il y a eu un violent accrochage. Ensuite, il a fait son entrée dans Paris avec la colonne Leclerc et le petit groupe de FFI qui s'est très vite égaillé et comme il avait très envie de boire un coup, il est venu au *Ritz*. Voilà toute l'histoire. Le reste est du roman.

— Peut-être que les récits des journaux l'ont bien arrangé, pour sa propre légende ?

— C'est possible mais Ernie n'est pas un menteur. On ne le comprendra jamais si l'on ne sait pas ce que c'est que le correspondant de guerre d'une grande revue américaine, comme *Collier's* ou *Esquire*, pour lesquelles il a couvert la Deuxième Guerre mondiale. À ce poste-là, le plus inventif des romanciers oublie qu'il est romancier pour être le journaliste le plus précis et le plus scrupuleux possible. Si cela n'était pas le cas, il serait immédiatement viré.

« Qu'il s'agisse de journalisme – son métier d'origine qu'il n'a d'ailleurs jamais abandonné – de pêche, ou de chasse, je puis vous garantir qu'Ernie est un « pro », un vrai « pro », à l'américaine et quand on connaît ce pays comme moi, on sait ce que cela veut dire. Là-bas, tout est vérifié et revérifié. En France, pardon de le dire, on se donne plus rarement tout ce mal.

— Charles, vous oubliez que c'est dans la presse anglo-saxonne, après son double accident d'avion en Ouganda, en 1954, qu'on a laissé entendre qu'il avait soigneusement mis en scène le crash de son petit Cessna.

— Les journaux à sensation, cela existe partout. Je parlais

des grands reporters et de la grande presse américaine. Peut-être ne le savez-vous pas mais aujourd'hui, cinq ans après l'accident, il souffre encore de ses blessures. Un éclatement du foie et d'un rein, plusieurs vertèbres abîmées, trois entorses graves... Qu'est-ce qu'on aurait voulu de plus ? Qu'il en meure ? La vérité est qu'il tient à sa peau comme tout le monde. « Charles, m'a-t-il dit, après avoir débarqué au *Ritz*, savez-vous à quoi je pensais quand j'ai vu Paris se profiler au loin ? Je me disais : Mon Dieu, faites que je n'attrape pas une balle et quand je me suis retrouvé dans les rues, où ça tiraillait, j'avais une idée fixe : me mettre à l'abri. »

— Mais alors pourquoi cette légende de héros indomptable, de lion valeureux qui n'a peur de rien ?

— Parce que c'est un homme paradoxal. Il est profondément pacifiste et il a fait trois guerres, comme volontaire. Rien que cela. Et puis aussi parce qu'il a laissé se forger une légende. Peu d'œuvres s'y prêtaient autant que la sienne. S'il a agi par coquetterie, en laissant dire ? Je n'en sais rien. C'est bien possible. Mais ma conviction, c'est qu'il se fout royalement de tout ce qu'on raconte sur lui. Il n'y a d'ailleurs plus tellement de choses qu'il l'intéressent, à part la pêche et la boisson.

— Il n'y a aucune frime dans son personnage de « vieil homme et la mer » ?

— Ernie est un grand, un très grand pêcheur. Un jour que nous naviguions dans le Gulf Stream, lui, Grégorio et moi... Je m'arrête, le voilà qui arrive.

« Tu es un sacré bon pêcheur »

Dans la salle, les visages se dressent. Les conversations s'interrompent. Au milieu d'un public, aux neuf dixièmes anglo-saxon, « Papa » ne peut passer inaperçu.

Georges, le barman, se précipite : « Papa, ce sera un thé-tilleul, comme d'habitude ? Chambré ou frappé ? »

C'est une vieille plaisanterie entre eux. « Papa » ne boit plus que du whisky ou du rosé-cassis bien glacé.

Charles Ritz prend la parole : « Je racontais à notre ami

notre pêche dans le Gulf Stream, le jour où tu as voulu me faire prendre un espadon blanc. Tu te souviens ? »

Le regard voilé, « Papa » hoche la tête en signe d'acquiescement et reste muet. Je ne sais pas si je me trompe mais il a, sur nous, une sacrée avance en « thé-tilleul ».

— Ce n'est pas une mince affaire, poursuit Charles, de filer sur le Gulf Stream. Le courant, large de un à quatre kilomètres, n'arrête pas de serpenter. Toi, tu te guidais sur la couleur de la mer et je me suis rendu compte, ce jour-là, que tu avais un sixième sens.

Et se tournant vers moi :

— Il m'a dit : Charles, tu vois là-bas, à près de deux kilomètres, le Gulf Stream fait un crochet vers la gauche. Là, nous aurons probablement une touche.

— Ouais, je me souviens. Nous avons pris des *king-fish* et des barracudas mais je m'étais trompé. Il n'y avait pas le moindre espadon, et j'ai dit « Nous rentrons ».

— Sauf que le moment d'après, reprend Charles, tu as dit : « Nous ne rentrons plus. Allons vers le sud et je crois que tu auras ton espadon. » Trois quarts d'heure plus tard, je me bagarrais avec un espadon blanc de 75 livres. Le premier de la saison dans les Caraïbes. « Papa », tu es un sacré bon pêcheur, tu as le don.

Hemingway esquisse un sourire et fait signe au barman. Je profite de la courte pause pour lui demander :

— Vous pêchez comme Santiago, le « vieil homme » ?

— Non, les pêcheurs de *sword-fish*[1], comme il y en a près de chez moi, à Finca Vigia, pêchent en fond, à la traîne, avec un appât au bout d'une corde. Ils font cela pour gagner leur vie et prennent des risques car il leur arrive d'avoir au bout de leur ligne un poisson de 400 ou 500 livres. Il faut se mettre à deux pour le tirer à bord. Tout seul, c'est impossible, sauf un miracle. Avec Charles, nous pêchons à la traîne, en surface, avec une canne et un moulinet. C'est beaucoup plus facile.

— Oui, intervient Charles, mais ce que tu ne dis pas, c'est que tu ne pêches pas du tout, comme dans le *big-game*

---

1. Poisson-épée, variété d'espadon.

fishing[1]. Là, c'est le capitaine qui fait le travail en plaçant le bateau dans un angle toujours favorable et c'est l'équipage qui gaffe le poisson. Le pêcheur, lui, n'a qu'à le ferrer et le ramener le plus près possible. Toi, tu te mets sur le pont supérieur à chercher le poisson et quand il y en a un, tu restes là où tu es, sans fauteuil, sans harnais, debout, à tirer tout seul des livres et des livres d'un espadon qui se débat. Moi, j'en serais incapable.

Une lueur amusée passe dans l'œil d'Hemingway.

— C'est normal, Charles, tu fumes trop de cigares.

« Papa » fait, à nouveau, signe au barman et siffle son rosé-cassis en moins de deux.

« Même les officiers supérieurs me saluaient »

Sans attendre, je glisse ma question :

— Vous revenez d'Espagne, je crois. On dit que vous écrivez un livre sur Ordonez et sa rivalité avec Dominguin mais on dit aussi que vous en terminez un sur Paris. Vous allez raconter la Libération ?

— J'ai dit l'essentiel, à l'époque, dans *Collier's*. La vérité était beaucoup moins héroïque que ce qu'on a prétendu depuis et pas seulement pour moi, je vous prie de le croire... Non, j'essaie de parler du Paris que j'ai aimé, quand je suis arrivé en 1921, à l'âge de 22 ans, comme correspondant de Hearst et que je me suis installé dans une chambre minable, rue du Cardinal-Lemoine.

— Expliquez-moi les raisons de cet amour fou pour Paris de la part de tant de jeunes Américains, au début des années 20.

— Il est venu deux fois plus d'Anglais à Paris que d'Américains mais c'étaient les Américains qu'on remarquait. Peut-être parce qu'ils étaient les plus riches. Même les plus pauvres d'entre nous pouvaient vivre à peu près comme ils l'entendaient. Surtout, à partir de 1924 ou 1925. Après avoir valu 7 francs, le dollar a grimpé jusqu'à 50 francs. Pour l'équivalent

1. La pêche sportive au gros.

de 25 cents, on pouvait faire un repas très correct dans un petit restaurant et pour 2 dollars, c'était la fête au *Ritz* ou chez *Larue*. Mais bien sûr, ce n'était pas seulement pour cela que 5 000 Américains débarquaient chaque semaine au Havre ou à Cherbourg.

« Quand je suis arrivé, la première fois, en juin 1918, à Bordeaux, il y avait deux millions de soldats américains sur le sol de France. Nous étions non seulement aimés mais respectés. Je me souviens de mon étonnement quand j'ai vu que les officiers supérieurs français me saluaient dans la rue, moi qui n'étais qu'un ambulancier. Après l'armistice, les *Sammies* n'ont eu qu'une idée en tête : retourner le plus vite possible à la maison. Mais dès ce moment-là, pour un jeune Américain, Paris n'était plus inaccessible. Qu'ils s'y rendent pour la première fois ou qu'ils y retournent, ils avaient l'impression de faire vraiment partie de cette ville. Ils n'étaient pas de simples visiteurs et encore moins des touristes mais de véritables habitants. C'est ce que j'ai ressenti moi-même, immédiatement, et c'était une émotion si forte qu'on ne pouvait l'oublier de toute sa vie.

— Vous vous sentiez donc plus un Parisien qu'un Américain à Paris ?

— La majorité d'entre nous parlait couramment français, mais il y avait tout de même quelque chose de curieux : nous restions entre nous, comme si le reste du monde n'existait pas, dans cette ville qui nous avait adoptés. Ezra Pound a trouvé le mot juste quand il a parlé de « l'île de Paris ». Nous avions en effet une mentalité d'îliens.

— Les Français se méfiaient peut-être de l'Amérique ?

— Ils l'adoraient. En tout cas, l'image qu'ils s'en faisaient. L'Amérique des gratte-ciel, des millionnaires, du cinéma d'Hollywood qui avait complètement détrôné le cinéma français, des bandes dessinées et du jazz. Surtout du jazz.

— On a dit que les premières notes de jazz ont été jouées à Paris par des musiciens de l'armée américaine dans certaines boîtes de Pigalle, avant l'armistice.

— Je ne sais pas mais dès le début des années 20, il y a eu une véritable folie pour les clubs de jazz, ouverts par des Noirs américains, comme le *Zelli*, rue Fontaine, le *Florence*, ou le fameux *Bricktrop*. Les musiciens de jazz étaient fous de Paris.

Pour la première fois de leur vie, ils étaient considérés comme de vrais artistes. Cela n'empêchait d'ailleurs pas certains de se croire à Chicago. Ils avaient en effet un revolver dans la poche et ne se privaient pas de s'en servir. C'est d'ailleurs à la suite d'un mitraillage que Sydney Bechet a été expulsé de France.

« Le jazz a été l'un des ferments de cette époque mais il ne faut pas oublier que la plupart d'entre nous étaient des bohémiens qui étaient – ou croyaient être – des intellectuels. Ils venaient à Paris pour se faire publier et devenir célèbres.

« C'est à Paris qu'est le XXe siècle »

— *La génération perdue*... C'est bien vous qui avez inventé cette expression ?

— Je ne l'ai pas inventée. C'est Gertrude Stein et, moi, je l'ai fait connaître. C'est arrivé à l'occasion d'un incident mineur. Miss Stein avait donné sa vieille Ford T à réparer et le jeune apprenti qui aurait dû s'en occuper a bâclé le travail, si bien qu'il s'est fait attraper par son patron qui lui a dit, devant elle, quelque chose comme : « Ce n'est pas étonnant. Tous ces jeunes qui ont fait la guerre, c'est une génération perdue. » Après m'avoir raconté cette petite histoire, Miss Stein [1] m'a pris à partie, en me disant : « Vous et vos amis, qui gaspillez votre temps à boire, vous êtes tous une génération perdue. » Quand j'ai écrit *Le soleil se lève aussi*, j'ai repris l'expression. Elle est devenue célèbre et a fini par s'appliquer, non plus aux survivants de la guerre, mais à tous les Américains qui débarquaient en Europe.

---

1. Gertrude Stein a été dans son salon, 27 rue de Fleurus, le pôle d'attraction des jeunes intellectuels américains. Sa collection de Picasso, Jean Gris, Cézanne, Braque et Matisse, constituée avant 1914 par son frère, lui a valu une grande réputation d'avant-gardiste. Parmi ses fidèles, se trouvaient Man Ray, Ezra Pound avec qui elle s'est brouillée et Hemingway qui a fait paraître son premier livre, *The Making of American* dans la *Transatlantic Review,* à Paris, ce qui n'a pas empêché leurs liens amicaux de se distendre rapidement. Gertrude Stein qui n'aimait rien tant que de parler d'abondance d'elle-même et de son œuvre a fini par se prendre pour un génie.

— Cette génération perdue n'a pas eu de mal à se retrouver dans les cafés de Montparnasse... Y retournez-vous quelquefois dans ce que vous appeliez à l'époque « le Quartier » ?

— Mmm... Montparnasse, aujourd'hui... Je remue mes souvenirs sur le papier mais retourner sur les lieux de sa jeunesse, c'est la pire erreur qu'on puisse commettre. C'est comme si, dans un miroir, on se voyait passer d'un coup de l'état de jeune homme à celui de vieillard. Devant la feuille blanche que je vais noircir, je suis ce jeune homme. À la terrasse de *La Closerie des Lilas*, je serais ce vieil homme.

— Parlez-moi de votre Montparnasse à vous.

— Gertrude Stein a dit, dans ces années-là, quelque chose de très vrai : « C'est à Paris qu'est le XXe siècle. » Et notre XXe siècle à nous se trouvait au cœur de Montparnasse. Entre *La Closerie* et *La Rotonde*, *Le Dôme* et *Le Select*, le *Jockey* et le *Bingo Bar* ou le *Gipsy*, où le docteur Maloney, un Irlandais avorteur, boxeur professionnel et homosexuel, régnait sur une cour extravagante de vieux travestis et de lesbiennes. Mais je ne suis pas un très bon exemple de l'Américain type, vivant à Montparnasse. Levé à midi, il allait déjeuner à *La Rotonde*, filait ensuite à l'*Opéra* chercher son courrier à l'*American Express*, rentrait chez lui pour écrire, se retrouvait à l'heure de l'apéritif à *La Closerie* et, après le dîner, traînait jusqu'au petit matin dans les bars à discuter et à boire.

— J'ai connu Montparnasse à cette époque, intervient Charles Ritz. Ces jeunes gens n'étaient pas sérieux.

— Moi, dit Hemingway, j'étais sérieux. Je me levais de bonne heure pour écrire mes articles ou mes nouvelles. Au début, je restais dans ma chambre, à l'hôtel de la rue du Cardinal-Lemoine, là où est mort Paul Verlaine et, par la suite, j'ai pris l'habitude d'aller au café, écrire au crayon sur mon cahier à couverture bleue. Dans la journée, on était bien tranquille. De la rue du Cardinal-Lemoine, j'allais à la place Saint-Michel où il y avait un café bien chauffé et agréable. Ensuite, quand, avec ma femme Hadley, nous nous sommes installés 113 rue Notre-Dame-des-Champs, au-dessus d'une scierie bruyante, j'ai pris l'habitude de me réfugier à *La Closerie des Lilas*, parce que je m'y sentais bien.

— C'était un des hauts lieux de la génération perdue ?

— Absolument pas. Il y avait là une clientèle bourgeoise, décorée, tranquille, très à l'écart de l'agitation du carrefour Raspail-Montparnasse.

— Blaise Cendrars a raconté dans ses entretiens, à la Radiodiffusion française, que c'est là qu'il a fait votre connaissance. Il a même écrit : « Entre ivrognes, on bavarde et on trinque. »

— Il a dit cela ? Je ne me souviens pas avoir trinqué avec lui. En revanche, je l'ai trouvé envahissant. Il n'arrêtait pas de raconter comment il avait perdu son bras à la guerre.

— En somme, vous n'avez pas sympathisé ?

— Non, pas vraiment. Il insistait pour m'emmener chez lui, avec une bande de types ivres, pour me faire goûter à sa cuisine.

« Le Paris que j'aimais s'est envolé »

— Entre *Le Dôme*, *Le Select*, *La Rotonde* et *La Coupole*, comment s'opérait votre choix ?

— Ne me prenez pas pour un expert. Je ne passais pas mes journées dans les cafés. Je préférais pratiquer la boxe au Club américain, avec mon ami Morley Callaghan. Il est arrivé au peintre Miró de tenir le gong et aussi, une fois mais c'était une fois de trop, à Scott Fitzgerald qui a laissé le round continuer et je me suis retrouvé KO par surprise. Cela m'a rendu furibond contre lui. J'aimais bien aussi assister aux combats de boxe, au Cirque de Paris, et j'adorais les courses de vélo au Vél d'Hiv. Je me demande ce que tous ces endroits sont devenus.

— Le Vél d'Hiv est détruit.

— Tu vois, Charles, le Paris que j'aimais s'est envolé.

— Pardonnez-moi de vous faire revenir à Montparnasse mais parlez-moi un peu des quatre grands cafés.

— Je crois que la grande époque de Montparnasse a été l'avant-guerre de 14, quand on apercevait à la terrasse du *Dôme* Picasso, Stravinsky ou Trotsky. Et même chose à *La Rotonde* qui avait été un café d'artistes, avec Modigliani, Utrillo et Kisling mais, après l'armistice, le nouveau patron a voulu en faire un bar-restaurant chic. On n'avait même plus le droit de dormir sur les banquettes ! On a inventé l'expression d'« École de la Rotonde » mais c'était pour se moquer des Américains, plus ou moins romanciers ou poètes qui fréquentaient la maison. En fait, c'est deux ou trois ans après mon arrivée à Paris que Montparnasse a recommencé à bouger, avec l'ouverture du *Select* où la patronne qu'on appelait Mme Select était une sacrée bagarreuse. Il y a eu une soirée mémorable avec le poète Hart Crane qui, complètement saoul, a boxé Mme Select, assommé quatre garçons et démoli un agent de police. Plus tard, il y a eu *La Coupole* où l'on était très gentil avec les artistes mais, à ce moment-là, j'avais déjà quitté Paris et je n'y suis allé que lors de mes passages, entre deux séjours dans l'Espagne de la guerre civile.

« En dehors de *La Closerie*, l'endroit que j'ai le plus aimé, c'est le *Jockey*. Il n'y avait pas de meilleur night-club au monde.

— J'aimerais bien vous y conduire, mais après une soirée au *Jockey*, vous me tueriez... C'est vous qui avez raison. Ne jamais retourner sur les lieux de son bonheur... Mais, tout de même, faites un effort. Il n'y a pas deux ou trois endroits que vous aimeriez revoir ? La rue du Cardinal-Lemoine, par exemple ?

— Je n'y retrouverai sûrement pas le troupeau de chèvres qui grimpait la rue et son gardien qui jouait du pipeau. Non, le seul endroit où je serais revenu avec plaisir, c'est rue de l'Odéon, chez mon amie Sylvia Beach. De toutes les personnes que j'ai connues à Paris, elle a été pour moi la plus gentille. J'allais presque chaque jour dans sa librairie, *Shakespeare and Company*, où elle ne se contentait pas de vendre des livres. Elle était là comme la Providence pour les écrivains américains. Je l'appelais Mme Shakespeare. Quand elle a publié *Ulysse*, de James Joyce, le seul livre qu'elle ait jamais publié... Un travail effrayant car Joyce a ajouté au dernier moment, en relisant ses épreuves, l'équivalent d'un roman de taille normale... Oui, quand *Ulysse* a été interdit aux États-Unis, pour obscénité, je me suis arrangé pour faire passer des exemplaires, depuis le Canada où le livre était autorisé. Un de mes amis qui habitait près de la frontière les cachait dans une poche fixée à l'intérieur de son pantalon.

« J'ai revu Sylvia en août 44, en passant en jeep rue de

l'Odéon. Elle était sur le pas de la porte de la librairie de son amie Adrienne Monnier. Nous sommes tombés dans les bras mais Sylvia n'a jamais rouvert *Shakespeare Company* et je n'ai plus de raison d'aller rue de l'Odéon. Je n'ai plus de raison d'aller nulle part dans Paris… Sauf au *Ritz*, pour parler pêche avec mon ami Charles.

— Vous voulez dire que Paris a trop changé pour que vous l'aimiez encore ?

— J'ai écrit, il y a très longtemps, une « Lettre de Paris » où je disais à peu près ceci : « C'est une ville merveilleuse où il faut être très jeune. C'est une maîtresse qui ne vieillit pas mais ses amants prennent de l'âge et lui en veulent de ne plus la voir comme avant… » Georges ! Un thé-tilleul !

ÉPILOGUE

Deux couples tournent sur la piste de danse.

Onze moins quatre, reste sept, éparpillés dans la lumière rose du vieux sous-marin. Ajoutons-y les vingt cols blancs qui banquettent au milieu de la salle, fêtant on ne sait trop quoi : l'anniversaire de leur président, l'introduction au second marché ou peut-être bien la vente de leur société.

Vont-ils nous en pousser une au dessert ? Mais non, la surprise nous arrive des coulisses : le gâteau *HAPPY BIRTHDAY* qui fait des étincelles, destiné au petit couple, assis là-bas, près des ruines de la banquette royale que même les fantômes de la Callas et d'Onassis ont désertée.

Le ballet éploré des maîtres d'hôtel tournique autour du bûcher éteint de la fête. Ils font ce qu'ils peuvent pour ranimer le feu sous la cendre, mais ils savent bien que ce soir la partie est fichue d'avance et il ne leur reste plus qu'à souffrir dans les crampes de la dignité. On a envie de les prendre par la main, de les faire asseoir à côté de soi, de leur donner, du bout de la fourchette, une bouchée de son dessert, enfin, d'avoir un geste pour les consoler.

Ils le méritent. Ce sont les veufs de chez *Maxim's.*

Deux jours plus tôt, l'amie avec qui j'allais faire ce pèlerinage a appelé pour réserver. « Il faut téléphoner le matin même pour confirmer », l'a-t-on avertie. Et la voix a ajouté : « Pour les hommes, c'est cravate et veston. Vous comprenez, Madame, je préfère prévenir les gens. »

Paris sera foutu, seulement le jour où Maxim's *aura disparu.*

Paris n'est pas foutu puisque, dans son mausolée, *Maxim's*, enterré par Pierre Cardin, bouge encore un peu, un tout petit peu.

On y mange bien et même très bien. Alors, pourquoi se bilerait-on, puisque, comme l'a dit « Papa » :

Il n'y a jamais de fin à Paris.

Hiver 2000

INDEX

TABLE

Achevé d'imprimer sur presse Cameron
dans les ateliers de ***Bussière Camedan Imprimeries***
à Saint-Amand-Montrond (Cher)
en juin 2000

N° d'édition : 377. N° d'impression : 003082/4
Dépôt légal : juin 2000

Imprimé en France